Zeitsprung

7. Schreibwettbewerb an den
Schulen im Landkreis Augsburg

Herausgegeben vom
Landkreis Augsburg

Liebe Leserinnen und Leser,

der bereits traditionelle Schreibwettbewerb im Landkreis Augsburg ging in die nächste Runde. Zum siebten Mal waren die Schreibkünste aller Schülerinnen und Schüler gefragt – dieses Mal zum Thema „Zeitsprung". Die Einsendungen sprechen für sich: Insgesamt erreichten uns 559 Beiträge, wovon es 210 Texte nach Auswertung durch eine Jury, in das vorliegende Buch geschafft haben.

Was würde passieren, wenn wir einen Sprung in der Zeit wagen könnten? Ein Augenblick, ein Gedanke, und plötzlich finden wir uns an einem anderen Ort oder in einer anderen Ära. Genau diese spannende Frage haben sich alle Teilnehmenden des siebten Schreibwettbewerbs gestellt. Hier war natürlich viel Kreativität gefragt, umso beeindruckender ist es zu sehen, wie vielfältig die Vorstellungen und Geschichten der jungen Autorinnen und Autoren sind.

Mein herzlicher Dank gilt allen, die zum erfolgreichen Schreibwettbewerb und zum Entstehen dieses Buches beigetragen haben: dem Organisationsteam, der Jury, dem Wißner-Verlag und natürlich den Schülerinnen und Schülern, die fleißig ihre Beiträge eingereicht haben. Ich bin überzeugt, dass Sie beim Lesen ebenso begeistert sein werden wie ich. Viel Spaß!

Mit besten Grüßen

Ihr

Martin Sailer
Landrat

Augsburg, im Mai 2024

mit freundlicher Unterstützung von

Die Bildungsinitiative von LEW:

Bildung mit Energie
ENTDECKEN, ERFORSCHEN, ERLEBEN

Projektleitung: Armin Falkenhein, Landratsamt Augsburg
                    Ingrid Akdil, Landratsamt Augsburg
                    Carina Kaminski, Landratsamt Augsburg
                    Peter Dempf, Justus-von-Liebig-Gymnasium Neusäß

Covermotiv: © Bisams, 2023, Benutzung unter Lizenz von
                    shutterstock.com, Composing durch Lisa Schwenk

Bibliografische Information der Deutschen Nationalbibliothek
Die Deutsche Nationalbibliothek verzeichnet diese Publikation in der
Deutschen Nationalbibliografie; detaillierte bibliografische Daten sind im
Internet über https://dnb.dnb.de abrufbar.

ISBN 978-3-95786-361-4
© Wißner-Verlag, Augsburg 2024

Inhalt

Meine Reise in die Vergangenheit

Es gab keine Autos, nur Kutschen. Und es gab Pferde. Die Pferde mussten die Kutschen ziehen. Und die Kühe mussten schwere Säcke tragen. Ich helfe ihnen, damit sie es leichter haben. Mit einem Zauberspiegel habe ich mich zurück gezaubert und dann war ich wieder zuhause. Ich ging zu Bett und dachte, dass es schön war in der Vergangenheit.

Annalena Magg
Helen-Keller-Schule Dinkelscherben, Klasse 2d

Zeitsprung zu den Dinosauriern

Es war am Abend. Da fand ich auf dem Dachboden ein komisches Ding. Es war eine Zeitmaschine. Ich stieg in die Zeitmaschine und als ich wieder herauskam, war ich in der Dinozeit. Ich lief ein bisschen herum und da sah ich einen Vulkan. Es gab auch Büsche, Sträucher und Bäume. Da sah ich einen Dino. Er hatte schöne, dunkle Augen und grüne Haut. Auf dem Rücken hatte er rote Platten. Ich näherte mich ihm langsam und sagte leise: „Hallo." Aber dann staunte ich, denn der Dino begrüßte mich ebenfalls. „Du kannst sprechen?", fragte ich. „Ja", sagte der Dino. „Ich heiße Nino." „Ich bin Lillit", antwortete ich. „Wollen wir zu meiner Mama ins Nest und dort spielen?", fragte Nino. „Ja, gerne! Aber ich muss bald wieder zurück nach Hause." Als wir eine Weile gespielt hatten, sagte ich: „Lass uns die Zeitmaschine suchen." „Die Zeitmaschine?", fragte Nino. „Die ist gleich um die Ecke." Wir machten uns auf den Weg. „Sollen wir uns öfters sehen?", fragte Nino. „Ja, gerne! Bis bald!"

Lillit Schneid
Grundschule Untermeitingen, Klasse 2a

Die Reise ins Mittelalter

An einem Samstagmorgen wachte ich vom Klappern der Türen in der Küche und im Wohnzimmer auf. Meine Eltern liefen von Zimmer zu Zimmer und packten Kisten für den Umzug. Ich stand auf, zog mich an und wusch mich. Danach ging ich in die Küche, um zu frühstücken, doch meine Mutter rief: „Kannst du bitte den Dachboden aufräumen, deine alten Kinderspielsachen ausmisten? Was du noch behalten willst, musst du in eine Kiste packen. Der Rest kommt weg." Ich ging also auf den Dachboden, um meine alten Spielsachen auszumisten. Es gab echt sehr viele Dinge, die ich als Kind benutzt hatte. Eines davon sah jedoch sehr merkwürdig aus. Ich konnte mich gar nicht daran erinnern, es verwendet zu haben. Es war rund und etwa fußballgroß, mit einem Druckknopf in der Mitte. Ob es damit wohl angeschaltet werden konnte? Jetzt war ich richtig neugierig und drückte darauf. Sogleich fing es an zu brummen, und zu meinem Entsetzen fiel ich in ein tiefes, schwarzes Loch. Mir wurde schlecht und ich verlor das Bewusstsein. Als ich schließlich wieder zu mir kam, fand ich mich auf einer großen, grünen Wiese mit vielen verschiedenen Blumen wieder. Ich blickte mich um. Tulpen, Krokusse, Narzissen, Nelken und Primeln wuchsen auf ihr. Die Sonne strahlte auf mich, und der Himmel leuchtete hellblau. Neben mir war eine große Mauer. Hinter ihr befand sich eine Stadt. Offenbar war ich im Mittelalter gelandet! Ich nahm die Kugel, versteckte sie hinter einem Busch, der ganz nah an der Mauer wuchs, bedeckte sie mit Blättern und Zweigen und machte mich auf den Weg in die Stadt. Von außen sah man schon den Weg, der in die Stadt führte. Gerade fuhr eine Kutsche mit Pferden durch das Tor in die Stadt. Ich folgte der Kutsche. Vom Stadttor aus sah man einen großen Platz, zu dem ich ging. Dort angekommen stand ich vor einer großen Kirche. Aus der Kirche drang laute Musik und eine Frau fragte mich nett: „Wollen sie etwas von meiner Wolle kaufen? Sie ist die beste der ganzen Stadt." „Nein, danke, ich schaue mich noch ein bisschen um", antwortete ich und ging weg. „Was für eine schöne Reiterschar, die sich da nähert", sagte eine andere Frau. „Das sind Ritter Dietrich der Starke und seine schwarzen Reiter!", schrie ein Mann aufgeregt. „Das ist ein Überfall! Verstecke sich, wer kann!". Der Ritter ritt direkt auf mich zu. Er sah sehr böse und groß aus. Starr vor Schreck konnte ich mich nicht bewegen. Im letzten Moment zog mich die nette Wollverkäuferin von eben zur Seite. Eine andere Frau hatte jedoch nicht so viel Glück und wurde vom Ritter mitgerissen. Er legte sie quer vor sich über den Sattel und stob davon. Ich konnte ihm nur noch hinterherschauen. Jemand musste der Frau helfen! Da niemand gewillt zu sein schien, dies zu tun, lief ich kurzentschlossen hinterher. Ich musste all meinen Mut zusammennehmen und verfolgte die Reiter bis zu ihrer Burg. Das Tor war durch ein Fallgitter verschlossen. Ich versuchte darüber zu klettern, doch es funktionierte nicht. Plötzlich sah ich einen Knappen auf der anderen Seite und versteckte mich. Ich überlegte, wie ich in die Burg gelangen konnte. Die Frau war bestimmt in dem riesigen Turm gefangen, der aus der Burg aufragte. Während ich nachdachte, wurde es im Burghof plötzlich laut. Ich duckte mich neben dem Tor in den Schatten der Mauer und beobachtete die Szene. Ritter Dietrich der Starke schien sich für einen erneuten Raubzug bereit gemacht zu haben. Schließlich ritt er mit seinen schwarzen Reitern aus dem Tor. Das war meine Gelegenheit!

Unbemerkt schlich ich mich in die Burg und hoch in den Turm. Ich musste aufpassen, dass mich keiner der Knappen sah, die überall in der Burg verteilt waren, um aufzupassen, dass keiner einbrach. Doch es gelang! Ich schaffte es bis hoch in den Turm. Die Frau war tatsächlich im obersten Geschoss des Turms eingesperrt. Das Gitter war mit einem Schloss versiegelt, doch ich hatte noch eine Haarnadel im Haar. Ich nahm sie aus meinen Haaren, verdrehte sie und versuchte damit das Schloss zu knacken. Es funktionierte sehr gut, da das Schloss sehr alt war. Die Frau war verwundert und blickte mich ängstlich an. Als sie aber nur ein kleines Mädchen sah, kam sie erleichtert heraus und bedankte sich bei mir. Sie flüsterte: „Wir müssen hier ganz schnell verschwinden, da der Ritter gleich wiederkommt. Das konnte ich vorhin hören, als ich gelauscht habe." Wir gingen also den Turm hinunter, bis wir einen Knappen sahen, der fast zu uns herschaute. So schnell wir konnten, drückten wir uns ganz fest gegen die Mauer. Der Knappe ging weiter. Wir rannten aus der Burg und aus dem Tor hinaus ins Freie und in den nahegelegenen Wald. Als wir sicher waren, dass uns keiner folgte, verschnauften wir. Nach einer Weile liefen wir schließlich gemütlich zurück zur Stadt. Als wir dort ankamen, jubelten uns alle zu und freuten sich, dass wir es gesund zurück geschafft hatten. Ich blickte hoch zur Kirchturmuhr und sah, dass es schon sehr spät geworden war. Ich verabschiedete mich von allen und ging aus der Stadt hinaus. Der Busch, in dem ich meine Kugel versteckt hatte, war schnell gefunden. Ich nahm sie, drückte auf den Knopf und es brummte erneut. Ich fiel wieder in ein tiefes, schwarzes Loch, doch diesmal landete ich wieder auf dem Dachboden. Ich sortierte meine restlichen Spielsachen. Da es schon halb sieben war, ging ich runter in die Küche, um Abend zu essen. Danach zog ich mich um, putzte meine Zähne und ging ins Bett. Was für ein Abenteuer! Ich dachte noch mal an die coole Zeit im Mittelalter und schlief endlich ein.

Helene Romanowski
Staatliches Gymnasium Königsbrunn, Klasse 5g

Wie ich ein Chaos angerichtet hatte, aber trotzdem ein großer Fußballstar wurde

Als ich ein kleiner Junge war, ging ich mit einer ollen Pille spazieren. Ich lief und lief, bis ein großes Stadion kam. Ich sah mich um. Über dem Stadion hing ein großes Schild: „WWK-Arena". Ich ging ins Stadion. Da spielten zwei Mannschaften, der FC Augsburg und die Bärenstarken Tigerkicker.

Der FC Augsburg hatte schon sieben Tore geschossen und die Bärenstarken Tigerkicker hatten null Tore geschossen. Sie waren in der zweiundfünfzigsten Spielminute. Ein muskulöser junger Mann kam zu mir. Er sagte zu mir: „Willst du beim FC Augsburg Fußball spielen?". Ich war ganz baff und antwortete: „Ja." „Ok, dann komm am Samstag in die WWK-Arena!" Er ging wieder auf die Ersatzbank. Ich schrie ganz laut zum FC Augsburg: „FC Augsburg vor, noch ein Tor!" und zu den Bärenstarken Tigerkickern: „Jeder muss es wissen, die Bärenstarken Tigerkicker sind beschissen, die Bärenstarken Tigerkicker kommen nie wieder in die Erste Bundesliga." Die Fans der Bärenstarken Tigerkicker wurden sauer und gingen in unseren Block hinein. Ein Chaos entstand und Männer prügelten sich. Das SEK klärte zum Glück alles. Das Spiel konnte endlich weitergehen. Wir waren in der neunundachzigsten Spielminute. Der FC Augsburg startete einen Angriff. Tobias Strobel hatte den Ball. Er passte ihn zu Michael Gregoritsch, der schoss eine Flanke zu Alfred Finnbogason, der machte einen Fallrückzieher. „Tooooooooooooor!" Jubel brach aus. Das Spiel war aus. Ich ging auf das Spielfeld und lobte die Spieler: „Gut gespielt!" Aber niemand hörte mich, außer einem Spieler – meinem Lieblingsspieler! Er sagte: „Danke!" und ging auch zu den Anderen. Ein Polizist kam zu mir und ermahnte mich: „Runter vom Spielfeld!" Ich rannte aus dem Stadion mit meiner ollen Pille. Da hielt mich ein Bärenstarker Tigerkickerfan am Kragen. Der Mann war stark, aber ein Polizist kam und schrie: „Lass den Jungen in Ruhe!" Er ließ mich los.

Ich rannte schnell nach Hause, aß und trank. Alle schliefen schon. Ich freute mich schon auf morgen und wachte früh auf, genau um sechs Uhr morgens. Schnell Hose an, T-Shirt an und los zum Stadion. Mein Lieblingsspieler war schon da und begrüßte mich freundlich mit einem Handschlag. Er redete mit mir: „Hey Kumpel, du bist schon ganz früh aufgestanden! Ich hoffe, du bist auch fit, weil unser Trainer ist ganz schön streng!" „Ach was, das halt ich schon aus, ich bin ja keine Memme!" „Glaubst du mir etwa nicht?" „Schon, aber ich bin in einer Muckibude!" „Kuck mal, da kommt unser Trainer." „Euer Trainer hat aber ein cooles Auto." „Ja, der Mann gibt ganz schön an, ist mir aber egal. Hauptsache ich spiele beim FC Augsburg. Du wirst auch mal ein berühmter Fußballstar, glaube wenigstens an diese Worte. Und jetzt leise."

„Hallo, freust du dich schon Max?" „Ja sicher doch, ich will ja auch ein berühmter Fußballer werden." „Das freut mich sehr, dann können wir eine neue Taktik probieren und wenn die klappt, dann hauen wir die dummen Bärenstarken Tigerkicker-Spieler dreizehn zu null weg." „Kann dann mein

Kumpel auch im Sturm spielen?" „Das werden wir sehen. Kommt, umziehen und aufs Spielfeld – hopphopp. In fünf Minuten will ich euch auf dem Spielfeld sehen!" „Alles klar, Trainer."

Schnell anziehen und raus aufs Spielfeld. „Da sind wir, Trainer!" „Alles klar, zehn Runden warmlaufen, danach dribbeln und dehnen und dann machen wir deine Prüfung, Max." „Ja, ok. Machen wir!" „So, Max, kannst du bitte kommen?" „Ok." „Du könntest die Probe bestehen. Also, los geht's: 10 Liegestützen, Dribbeln, Schussübungen und Passen. Dann hast du die Prüfung bestanden. Schade, du hast die Prüfungen leider nicht geschafft, aber es gibt in zwei Jahren noch eine Chance."

Ich rannte enttäuscht nach Hause in mein Zimmer und legte mich ins Bett. Meine Tränen kullerten über mein Gesicht. Da klingelte es. Ich machte auf. Mein Lieblingsspieler stand vor der Tür. „Hallo!" „Hi!" „Darf ich reinkommen und dich trösten?" „Meinetwegen." „Du darfst nicht aufgeben, du musst kämpfen, und ich trainiere dich jeden Tag, ja?" „Ja." „Dann kannst du es in zwei Jahren wieder probieren." „Ok, ab jetzt. Los geht's!"

Nach zwei Jahren probierte ich die Prüfung nochmal. Endlich hatte ich sie geschafft! Ich war ein großer Fußballstar und da war mein fünfter Auftritt im Finale. Es stand null zu null. Wir waren in der Nachspielzeit. Der FC Augsburg startete einen Angriff. Niklas Dorsch hatte den Ball. Er schoss eine herrliche Flanke in den Strafraum. Da stand ich, Max, und machte einen Fallrückzieher. „Toooooooooooor!" Aus, das Spiel war aus! Der FC Augsburg gewann den DFB-Pokal. Alle feierten, auf dem Spielfeld, auf der Tribüne – einfach überall! Das war das beste Spiel EVER!

Max Wölfle
Grundschule Meitingen, Klasse 3a

Vorwärts in die Vergangenheit

„Komm, lass uns angaloppieren", sagte ich zu meiner besten Freundin Lana. An diesem schönen sonnigen Frühlingssamstag entschieden wir uns, zusammen mit unseren Pferden Jackie und Lady einen Ausritt im Wald zu machen. „Na gut", gab sie zurück, als sie Ladys dunkelbraunen Hals streichelte. „Da ist eine Geländestrecke beim Fluss, wir können auch ein paar Sprünge einbauen." „Worauf warten wir dann?", erwiderte ich, als ich Jackie angaloppierte. Dann hob ich mich aus dem Sattel und lehnte mich über ihren Hals. Nach ein paar Minuten erreichten wir die Strecke. Ein alter, moosbedeckter Baumstamm stach mir ins Auge und Jackie galoppierte darauf zu. Schnell machte ich mich für den Sprung bereit. Vor dem Sprung blieb Jackie abrupt stehen. Durch die ruckartige Bremsung fiel mein Oberkörper nach vorne und ich flog aus dem Sattel und über den Stamm – aber ohne Pferd. Wham! Ich schlug mit großer Wucht auf dem Boden auf. Sofort begann mein Kopf zu pochen. Die Welt schien sich um mich herum zu drehen. Langsam rollte ich mich nach links und sah, wie warmes, weinrotes Blut auf den Boden tropfte. Bei diesem Anblick wurde mir ganz wirr im Kopf. Dann wurde alles plötzlich schwarz und mein regloser Körper lag am Boden. Grelles Licht blendete mich, als ich die Augen langsam zu öffnen versuchte. Ich kniff sie fest zusammen, um überhaupt etwas erkennen zu können. Wo war ich? Schnell realisierte ich, dass ich im Krankenhaus war, genau genommen in der Charité, der Universitätsklinik in Berlin. Ich war schon einmal hier gewesen, als ich sieben Jahre alt war und mein Bein gebrochen hatte. Aber jetzt, als ich immer mehr zu mir kam, merkte ich, dass es anders aussah. Da waren große Fenster vor mir und auch ein paar Betten … Nein, der ganze Raum war voller Betten; voll mit anderen Personen, jung und alt, krank und verletzt. Von der Wand hingen Fetzen der abblätternden grauen Farbe. Rechts von mir hing eine Ansammlung von alten Schwarzweiß-Bildern. Mein Blick schweifte zurück zum Bett. Es war so klein, dass ich mit angezogenen Knien im Bett liegen musste, damit ich nicht gegen den weißen Metallrahmen stieß. Die Bettwäsche sah außerdem so aus wie die von meiner Oma. In der Ecke standen ein paar weiße Metallstühle, sonst nichts. Es war still. Still wie die Nacht in diesem Krankenhauszimmer. Meine Gedanken rasten. Ein Gedanke war kaum zu Ende, bevor der nächste schon begann. So in meinen eigenen Gedanken gefangen, realisierte ich nicht, dass jemand an mein Krankenbett trat. Ich blicke langsam hoch, als ich sie bemerkte. Es musste Frau Kriegel sein, eine Krankenschwester, die mich gefühlt schon mal in meiner Zeit im Krankenhaus betreut hatte. Jedoch schienen ihre Augen viel heller auszusehen, mit einem Ausdruck, der mir fremd und unbekannt erschien. Ihre Augen schienen auch noch nicht so eingefallen und müde auszusehen, wie ich sie kannte. Sie sah jünger aus. Die Falte zwischen ihren Augenbrauen war auch verschwunden. Sie lächelte mich an und ich merkte, dass es etwas erzwungen und unecht aussah. „Hallo. Wie geht's Ihnen?", fragte sie mich. „Äh … gut", sagte ich verwirrt. „Ist alles ok, meine Liebe? Sie sehen ein bisschen unsicher aus." „Ämm … Ich bin mir nicht ganz sicher. Welcher Tag ist heute?" „Der 18. Juli", antwortete sie mit einem schrägen Lächeln. Ok … dann bin ich wohl einen Tag lang bewusstlos gewesen. Daher kommt wahrscheinlich meine Desorientierung. „Ok. Und in welchem Jahr befinden wir uns, Frau. Kriegel?" „1936", antwortete sie. 1936! Wie konnte das sein? Die letzten Wörter blendete ich aus. Sie schaute ihr Klemmbrett an. „Können Sie mir bitte Ihren

Namen nennen, Alter, Geburtsdatum, Größe und Gewicht?" „Ich heiße Naomi, ich bin 17, mein Geburtstag ist der 9. Juli 2006", sagte ich stumpf, aber an den Rest konnte ich mich nicht erinnern. Ich stand immer noch unter Schock; wie konnte ich im Jahr 1936 landen?! „Alles gut, meine Liebe. Den Rest können wir später herausfinden. Aber ihr Geburtsjahr … 2006? Sie sind bestimmt noch etwas benommen, sie waren sehr lange bewusstlos", sagte sie und ging weg. Nach einigen Tests wurde ich entlassen. Ich war endlich draußen und durfte erkunden, wie eine Stadt in 1936 wirkte. Die Straßen waren nur Pflasterstraßen … und die Autos! Die sahen so anders aus, auch die Gebäude und Kleider … es war zu viel. Alles war anders, sehr anders. Ich hatte ein Kleid an, das mir im Krankenhaus gegeben worden war. Es war ein knielanges, eng anliegendes, langärmliges Kleid mit einem runden Ausschnitt. Ich starrte in den Spiegel. Selbst ich sah anders aus. Meine Augen erschienen mir etwas trüber als gewohnt und etwas blasser war ich. Alle Frauen, die ich bis jetzt gesehen hatte, trugen Kleider und Stiefeletten oder Stilettos. Ich stellte also fest, dass die Kleidung in den 1930ern nicht verschiedener sein konnte von dem, was ich gewohnt war. Außerdem sahen die meisten Leute auch sehr ähnlich aus, das war noch ungewöhnlicher: Hier schienen Kleider und Stiefeletten im Trend zu sein. Ich sah viel, da ich für eine Stunde nur herumlief. Ich sah das Olympische Gelände, den Berliner Sportpalast und andere wichtige Gebäude. Dabei sah ich auch viele Poster, um die Olympischen Spiele zu bewerben. In der Schule hatten wir viel über die Olympischen Spiele 1936 gelernt. Ich konnte sagen, dass ich das Jahr 2024 lieber mochte. Mein Leben spielte dort, meine Freundinnen, Jackie, meine Familie … aber vielleicht sollte ich lernen, hier auszukommen, da ich nicht wusste, wie lange ich hier bleiben würde. Überleben war mein Ziel. Am Ende war ich vielleicht nie mit Jackie auf der anderen Seite des Sprungs gelandet, sondern in der Vergangenheit. Dies veränderte mein Leben dramatisch und ohne die Möglichkeit zurückzukehren. Man springt nicht rückwärts. Vor allem nicht durch die Zeit.

Celine Hopfenzitz und Mallory Suit
International School Augsburg Gersthofen, Klasse 8

Die Zeit

Heute, Gestern, Morgen,
mit sich bringt die Zeit Sorgen.
Vor einem Jahr, vor einem Jahrzehnt, vor einem Jahrhundert,
die Zeit hat der Mensch schon immer bewundert.

Die Erde ist Zeit, wir müssen sie schützen,
wir müssen sie stützen.

Leonard Mattheo Braun
Grundschule Diedorf, Klasse 4c

Die Zukunft im Land der Träume

Es war ein Freitag, und zwar die letzte Stunde vor den Ferien. Geschichte stand heute noch auf dem Stundenplan: mein Hassfach. Ich hörte nur noch, wie meine Lehrerin irgendetwas von griechischer Mythologie faselte. Dann schloss ich meine Augen und war genau dort: im sonnigen Griechenland. Doch bevor ich die warme Luft und die Strahlen der Sonne auf meiner Haut genießen konnte, stieß mich meine beste Freundin Nina an. Die Schulstunde war aus! Beim Verlassen unseres Klassenzimmers knallte ich gegen die Tür und fiel ohnmächtig auf den Boden. Im Unterbewusstsein hörte ich noch die Stimme meiner Lehrerin, die versuchte mit mir zu reden. Dann war ich völlig bewusstlos. Ich stand in einer wunderschönen Lichtung im Wald und sah etwas: In dieser wunderbaren, grünblühenden Umgebung war vor mir eine schwarze Tür, die mit Goldsplittern verziert war. Ich ging auf diese zu und bewegte mich vorsichtig hindurch.

Zunächst bemerkte ich nichts, bis mir nach und nach bewusst wurde, dass ich gerade ins Jahr 4028 gereist war. Vor mir hing ein Countdown. Dieser stand bei einer Stunde, die Minute für Minute ablief, bis ich in einer ganz anderen Welt gefangen war. Was würde mich wohl erwarten? Würden mich Roboter herumführen oder mich fliegende Autos zu meinem Haus, zu meiner Wohnung oder wo immer man in der Zukunft lebte, bringen? Was hatte sich alles verändert? Gab es Aliens? Mir blieb keine andere Wahl. Ich wollte all diese Fragen beantworten. Der Countdown war bei zehn Sekunden. Ich schloss meine Augen und wartete ab, was passieren würde. Ein heller Strahl schoss mir in die Augen, als ich diese wieder öffnete. Drei Sonnen und unendlich viele Sterne bedeckten den Himmel. Alles um mich herum war blendend hell. Ich ging ganz aus der Tür und sah nun mit offenem Mund zu, wie Autos über mich hinwegflogen. Zwei Jungen, die etwa so alt waren wie ich, übten auf Schuhen das Schweben über dem Boden. Ich rieb mir meine Augen, falls das nicht real war, aber es war so! Plötzlich flogen wie aus dem Nichts zwei andere Kinder haarscharf an mir vorbei. „Was glotzt du so?", fuhr mich der Junge unhöflich an. Aber ich konnte nur stotternd antworten: „Ich, ich, ich was, ihr …" Das andere Kind war ein Mädchen und rief: „Bist du nicht die Prinzessin vom Saturn?" Mein Mund stand offen und ich konnte nichts sagen. Außerdem wusste ich nicht einmal, ob es oder dass es Lebewesen auf diesem Planeten gab. Bevor ich etwas erwidern konnte, packte mich das blonde Mädchen und zog mich hinter sich her. „Komm mit zu mir nach Hause. Ich zeige dir alles. Mein Name ist Sakaria", erzählte sie mir, während wir durch eine riesige, glitzernde Stadt liefen. „Du heißt wie?" „Sakaria", wiederholte sie. „Aber du kannst mich auch Saki nennen." Wir liefen noch eine ganze Weile durch diese prachtvolle Stadt, bis Saki endlich stehen blieb und auf etwas Längliches zeigte, das aussah wie eine Raupe. Wir setzten uns in einen Wagen. Ich sah fasziniert zu, wie Saki auf einem tabletähnlichen Gerät einen Code eingab. „Wie heißt du eigentlich?", fragte sie, ohne den Blick vom Tablet abzuwenden. Ich antwortete: „Ich bin Isabell, kurz Izzy." „Außergewöhnlicher Name und das auch noch für eine Prinzessin!" Dann fuhr die „Raupenbahn" los. Ich schaute gespannt aus dem Fenster und hätte fast aufgeschrien, als diese plötzlich abhob. Denn ich kannte das Gefühl nicht, da ich auch noch nie in einem Flugzeug geflogen war. Mir wurde leicht mulmig. Auf der Fahrt bzw. auf dem Flug erzählte ich Saki, dass ich keine Prinzessin sei und aus der Vergangenheit käme, nämlich aus dem Jahr 2024, und nicht einmal wüsste, wie ich wieder zurückkommen sollte. Zuerst lachte das blonde Mädchen mich aus und glaubte mir kein Wort. Sie hörte mir dennoch zu und fing an, mir Fragen zu stellen. Ich versuchte alle zu beantworten. Als die Bahn wieder sanft auf dem Boden landete, erklärte mir Saki, dass wir einen kurzen Zwischenstopp einlegten und zwar im Museum. Ich war total gespannt, was es dort zu sehen gäbe. Als wir das erste Ausstellungsstück sahen, blieb mir der Atem weg. Es war eine Zahnbürste! Daneben lagen in einem anderen Fach eine Brille und ein iPhone 15 Pro Max und dazu ein uraltes, vergilbtes Handbuch. Ich kam aus dem Staunen nicht mehr heraus. Mein Kopf war sehr verwirrt, als wir das Museum verließen. Endlich erreichten wir Sakis Zuhause. Ich fiel erschöpft ins Bett und konnte keinen klaren Gedanken mehr fassen. Kurz vor dem Einschlafen schwebte mir noch eine Frage im Kopf herum. „Putzt du dir vor dem Schlafengehen deine Zähne nicht mehr?" Saki warf mir einen Knopf zu. Ich schaute diesen fragend an. „Gib einfach deinen Namen ein!", erklärte mir das Mädchen lachend. Als ich alle Buchstaben eingegeben hatte und den Knopf drückte, waren meine Zähne blitzeblank geputzt. Dann schliefen wir beide ein. Als ich wieder aufwachte, war ich …

Ich war im Klassenzimmer! Meine Lehrerin und Nina waren neben mir und kühlten meine Stirn. „Izzy, du bist wieder da!", rief Nina erfreut und reichte mir ein Glas Wasser. „Wie geht es dir?" Ich schloss noch einmal kurz meine Augen und wünschte mir, Saki würde mich bald besuchen kommen und mir viel mehr von der Zukunft erzählen können. Im Gegenzug hätte ich ihr dann unser Leben im Hier und Jetzt zeigen können. Ob dieser Wunsch noch in Erfüllung geht? Wird die Zukunft tatsächlich in diese Richtung gehen? Ich machte mich mit meiner Freundin auf den Weg nach Hause und zwar ganz normal zu Fuß.

Magdalena Wagner
Dr.-Max-Josef-Metzger-Realschule Meitingen, Klasse 6c

Zeitsprung

Vor zwei Jahren
Ich schaue in den Spiegel und betrachte etwas, dass perfekt sein sollte. Ich betrachte eine Nase, lang und klein, aber nicht klein genug, um nicht perfekt zu sein. Ich betrachte meine Stirn, die nicht zu hoch ist, ich betrachte zwei Augen, die nicht zu groß sind. Und dann putze ich meine Zähne, die weiß sind und gerade. Ich ziehe mich an, ein buntes Top, enge Jeans, denn meine Beine sehen gut darin aus, sagen alle. Ich nehme meine Tasche, steige in den Bus, fahre zur Schule und lerne fleißig. Dann, zu allem Überfluss, gehe ich tanzen. Ich gehe reiten und lernen. Ich schreibe Songs und Romanzen. Dann, leider, kommt die Nacht. Ich schlafe und ehe die Nacht vollbracht, wache ich auf, schon zehnmal gelacht und nicht einmal aufgewacht, denn, klar, die Träume waren gleich einer Pracht.

Heute
Ich stehe auf. Ich sehe mich im Spiegel, die kleinen Lippen, die krummen Brauen, die sich nicht gehören für schöne Frauen. Ich ziehe mich an. Ein weites Shirt, denn es soll verbergen, was ich mir nicht verkneifen konnte. Eine weite Jeans, denn ohne eine zweite Leggins drunter, ist mir kalt, kalt, wie es früher niemals war. Ich nehme meine Tasche, fahre in die Schule und komm nach Hause, erschöpft und müde. Es wäre eine Lüge, denn ich verfüge nicht mehr über Kraft, die Mühe oder Betrügerei, die ich mir erlaubt habe. Es ist Zeit vergangen. Zeit zu weit, Zeit allein, denn soweit weiß ich nur, ich habe was verloren, die Achtsamkeit. Ich habe sie verloren, mich verloren, gegen mich verschworen und doch bin ich jetzt hier. Denn die Zeit geht weiter, sie stoppt nicht einfach. Nein. Sie gibt uns

Chancen, uns zu finden und uns festzuhalten. Denn zu springen, mit der Zeit zu ringen und dabei etwas zu erzwingen, macht kaputt. Zeit. Tapferkeit, Bitterkeit, Munterkeit und Einsamkeit. Erleben wir sie, denn es ist unsere Zeit.

Ella Dobrindt
Leonhard-Wagner-Gymnasium Schwabmünchen, Klasse 10a

Die Reise zur Vernunft

„Wie es wohl in hundert Jahren ist, ob dann noch mehr Tiere ausgestorben sind? Ob es dann noch Elefanten gibt oder ob es vielleicht weniger Menschen auf der Erde gibt? Vielleicht weil man dann schon auf dem Mars leben kann?", fragte sich der kleine Mike. Er war so in Gedanken, dass er vergaß, dass er ja noch Hausaufgaben machen musste. Viel lieber würde er schnitzen, malen oder mit seinem Hund Wastel spielen – alles, außer den blöden Hausaufgaben! Also dachte er lieber weiter nach: „Zu gern würde ich in die Zukunft reisen. Ich würde die Welt erforschen. Ich würde alle Länder der Welt bereisen. Aber nein, stattdessen diese Hausaufgaben, das nervt." Da fiel ihm Mamas Spruch ein: „Wenn man ganz fest an etwas denkt, wird es wahr!" Der kleine Mike schloss die Augen und träumte von der schönen Zukunft: „Vielleicht sind da ja Roboter, die in der Erde sind und sofort anfangen Blumen und Bäume wachsen zu lassen oder eine Wunschzentrale, die alle guten Wünsche erfüllt. Menschen, Tiere und Maschinen, alle zusammen in einer bunten schönen Natur." Er lehnte sich lächelnd zurück und kraulte Wastel am Kopf. Während des Träumens war er wohl eingeschlafen, denn als er aufwachte, schien es dunkler geworden zu sein. Erschrocken dachte er daran, dass Wastel noch raus musste. Also zog er sich an, holte die Leine, rief Wastel, der sofort angeschossen kam und ging vor die Tür. Doch was war das? Alles sah anders aus, die Häuser waren riesig, wo eigentlich das kleine Häuschen stand, war jetzt ein riesiges Hochhaus, es gab keine Bäume mehr, nur noch Häuser, Reih an Reih, alle gleich, grau und düster, die ganze Straße lang. Da kam ein fliegendes Ding auf sie zugerast. Wastel erschrak und wollte wie immer hinter seinem Lieblingsbaum verschwinden, um Schutz zu suchen. Aber da war kein Baum und es sah fast lustig aus, wie er versuchte, sich hinter einem dünnen Metallstab, der oben einen Kasten hatte, zu verstecken. Mike schnappte Wastel und rannte zurück zum Haus, aber wo war ihr Haus? Welches der grauen Ungetüme war es? Verzweifelt rannte er die Straße entlang, mal hin, mal her. Nirgendwo waren Menschen, die gleichaussehenden Häuser nahmen einfach kein Ende. Alles war still, bis auf die rasenden, fliegenden Dinge, die an Ihnen vorbeizogen und ohrenbetäubenden Lärm machten. Täuschten ihn seine Augen, oder sah er da wirklich einen alten Mann, der von einem Roboter geschoben wurde, auf der anderen Seite der Straße? Sollte er es wirklich wagen auf die andere Seite zu gelangen? Dazu müsste er an diesen fliegenden Metalldingern vorbei. Doch da winkte der alte Mann und Mike holte tief Luft, packte Wastel und rannte so schnell er konnte zu ihm hinüber. Mike sagte nervös, aber höflich: „Hallo, ich bin Mike und wer sind sie?" „Hallo Mike, ich bin Robert!", antwortete der alte Mann. Daraufhin fragte Mike: „Wo und in welchem Jahr sind wir denn gerade, wo sind die alten Häuser, die Geräusche und die Natur, wo sind die ganzen Menschen?" „Wir sind im Jahr 2124, Mike, in Burgrieden, aber welche alten Häuser meinst du? Welche Geräusche, außer die von den Motoren? Die Menschen sind in ihren Häusern, spielen Computerspiele oder programmieren ihre Roboter, um Sachen zu erledigen. Natur gibt es schon lange nur noch weit außerhalb der Stadt", antwortete der alte Mann geduldig mit fragendem Blick. Doch da kam Wastel auf Robert zu und begrüßte ihn ganz herzlich mit Schlecker und wedelndem Schwanz. Da rief Robert fröhlich: „Ein Wunder ist geschehen, ein Hund in der Stadt und so süß und zutraulich, wie in den alten Geschichten, die meine Mutter mir erzählt hat. Bei uns gibt es keine Tiere mehr, außer auf Farmen und in Zoos außerhalb der Stadt und getrennt von uns Menschen." „Ganz ehrlich, ich habe mir die Zukunft ganz anders vorgestellt: dass die Roboter in der Erde vergraben sind, um Blumen und Bäume wachsen zu lassen oder dass es eine Wunschzentrale gibt, die nur alle guten Wünsche erfüllt. Also ganz ehrlich, ich bin enttäuscht von der Zukunft!", sagte der kleine Mike traurig. „Ich kann dich verstehen und ich habe da auch schon eine gute Idee: Wir könnten die alten Menschen fragen, ob sie dabei mitmachen, deine Vorstellung zu verwirklichen. Sie könnten ihre Kinder und Enkel fragen, ob sie helfen. Verstehst du, was ich meine?", fragte Robert aufgeregt. „Ja klar, das ist gar keine schlechte Idee. So machen wir es!" Also rannten die drei so schnell es halt ging zum Altenheim. Beim Altenheim angekommen, rief Robert alle zusammen und erzählte ihnen von dem Plan. Die alten Leute wurden ganz aufgeregt, wach und plapperten wild durcheinander. Sie erzählten sich alte Geschichten von der Natur und von Tieren, die sie selbst hatten oder von denen ihnen ihre Eltern erzählt hatten. Da holte Mike Wastel hinter sich hervor und die alten Leute freuten sich wie kleine Kinder. Wastel sprang von einem zum anderen vor lauter Aufregung, es war ein großes Fest. Doch Robert wurde es zu viel, er wollte den Plan so schnell wie möglich umsetzen, damit die Menschen bald wieder zur Vernunft kamen, normal wurden und miteinander sprachen, einander halfen und Freude hatten. Also rief er laut: „Ruhe! Teleportiert euch jetzt zu eurer Familie und überredet sie uns zu helfen."

Zwei Wochen später war die Stadt ganz verändert. Die Menschen waren draußen, sie bohrten mithilfe von ihren Robotern den Beton auf, manche pflanzten Bäume, manche hatten ihre Roboter in Maschinen umgebaut, die sie unter die Erde setzten und die dann neue Pflanzen wachsen ließen. Andere Leute erzählten anderen, was noch zu tun war oder zeigten ziemlich stolz, was sie schon geschafft hatten. Immer mehr Leute kamen, zwischen den grauen Häusern waren nun manchmal Häuser, die bunt gestrichen waren. Ab und zu wuchs ein kleines Bäumchen, wo alles kahl gewesen war, wuchsen schon ein paar Grashalme, und eine klitzekleine Blume war auch schon zu sehen. Robert und Mike sprachen am Ende der Straße, während Wastel zwischen den Arbeitern hin und her huschte und alles beobachtete. Mike sagte: „Du Robert, nach einiger Zeit, wenn die Pflanzen groß und die Menschen verantwortungsvoll genug sind, um ein Tier zu übernehmen, könnten wir doch auch die Tiere freilassen." Daraufhin antwortete Robert nachdenklich: „Bestimmt, wenn sie so weit sind, aber du siehst doch: Im Moment müssen sie erst lernen mit der Natur umzugehen. Und dann müssen sich die Tiere erst wohlfühlen, aber das ist ein neuer Plan." Sie schauten sich glücklich um und sahen den Menschen beim Arbeiten zu, als plötzlich Wastel bellend auf sie zu sprang. Da sahen sie, was er anbellte: Es war ein kleiner blauschimmernder Vogel, der zu einem kleinen Baum flog.

Lisa Schulz
Leonhard-Wagner-Gymnasium Schwabmünchen, Klasse 5a

Zeitsprung in verschiedene Welten

Zeitsprung
Ich wachte auf und erkannte eine andere Welt, die ich noch nie zuvor gesehen hatte. Die Gebäude, die Autos und die Tiere waren anders in einer Weise, die ich nicht erklären konnte. Auch die Menschen sahen ganz unnatürlich aus, viel zu lange Beine und riesige Ohren prägten ihr Aussehen. Es fühlte sich an wie ein Albtraum, aber das war es nicht.

Zeitsprung

Ich wachte auf und erkannte eine Welt, die ich noch nie zuvor gesehen hatte. Dieses Mal war alles normal, aber die Städte waren wie ein Gemälde und alles war farbenfroh. Ich fühlte mich wohl und versank in der Welt der Farben und der Harmonie zwischen Menschen und Tieren.

Zeitsprung

Ich wachte auf und erkannte eine Welt, die ich noch nie zuvor gesehen hatte. Eine Welt, die kaum schrecklicher sein konnte. Der Himmel war schwarz und die Welt war vermutlich so, wie sie in der Zukunft aussah, wenn nicht viele Probleme gelöst würden und man immer so wenig wie möglich an Aufwand aufbringen würde, um durch den Tag zu kommen.

Zeitsprung

Ich wachte auf in einer Welt, die ich kannte. In der Welt, in der ich zuhause war. Alles war schön, aber es gab leider auch viele Probleme. Probleme, deren Lösung nicht erst in ein paar Jahren erforscht werden darf. Probleme, die nicht länger existieren dürfen. Probleme, die uns und allen anderen das Leben schwermachen. Dennoch war ich froh, dass ich endlich zuhause war.

Kilian Eberle
Gymnasium Königsbrunn, Klasse 6F

Ein Herz für Tiere

Ich springe in die Zukunft und bin schon 20 Jahre alt. Ich arbeite in der Tierklinik. Dort sind viele Tiere. Den Tieren geht es bei uns gut, weil sie mehr Platz haben und ausreichend Futter da ist. Ich wünsche mir, dass es überall so sein wird.

Luisa Nachreiner
Grundschule Gessertshausen, Klasse 1a

Die Technologie

1. Die Technologie entwickelt sich schnell weiter.
2. Man kann mit Hilfe von Handys teleportieren.
3. Mit Hilfe von Handys kann man sich größer oder kleiner machen.
4. Die Technologie entwickelt sich schnell weiter.
5. Handys erkennen, wenn es dir nicht gut geht.
6. Hunde lernen durch Halsbänder sprechen.

7. Die Technologie entwickelt sich schnell weiter.
8. Man kann mit Hilfe von Handys teleportieren.

Saphira Neidlinger
Helen-Keller-Schule Dinkelscherben, Klasse 5G

Eine Reise in vergangene Zeiten

„Hallo, Tim! Hast du Lust, heute zu unserem Geheimversteck zu gehen?", fragt Lilli. „Ja, klar", antwortet Tim. Die beiden sind Nachbarn und verbringen den Nachmittag gerne in einem Wald in der Nähe. Dort haben sie ein Baumhaus. „Super, ich hole dich gleich ab." Lilli legt das Telefon auf. Während sie durch den Wald laufen und sich über die Hausaufgaben unterhalten, fällt Tim ein Pfad auf, den sie noch nie gesehen haben. Sie entschließen sich, den Pfad gleich auszuprobieren. Am Ende des Weges sehen sie einen Felsen mit seltsamen Schriftzeichen. „Die sehen aus wie Hieroglyphen", sagt Lilli und wischt den Staub darauf weg. Auf einmal öffnet sich ein Spalt im Felsen. Neugierig gehen sie hindurch. Plötzlich wird ihnen der Boden unter den Füßen weggerissen. Lilli und Tim wirbeln herum und finden sich im Sand wieder. „Lilli, schau, da ist eine Pyramide!", ruft Tim. Lilli öffnet die Augen und sieht eine riesige Baustelle mit vielen Menschen. Die Pyramide wird erst gebaut, denkt sich Lilli. Die beiden kommen langsam näher und sehen sich neugierig um. „Ich glaube, wir sind in Ägypten", sagt Lilly verwirrt. „Aber nicht im Jahr 2024", fügt Tim erstaunt hinzu, „sondern im ganz, ganz alten Ägypten." Während sie den Arbeitern dabei zusehen, wie sie diese riesigen Bauwerke errichten, kommen sie an einen kleinen versteckten Winkel. Dort können sie beobachten, wie ein gut gekleideter Mann dem Aufseher Gold zusteckt und sagt: „Ich verlasse mich darauf, dass du die Arbeit sabotierst." Auf wundersame Weise können Lilli und Tim ihn verstehen. Ob das mit dem Portal zu tun hat, denkt sich Lilli …? Plötzlich stehen Wachen hinter ihnen: „Was wollt ihr hier?" Die Wachen nehmen sie fest, noch bevor sie etwas sagen können.

Vor ihnen erstreckt sich ein riesiger Saal. In der Mitte steht ein goldener Thron. Darauf sitzt eine Pharaonin. Sie fragt: „Wer seid ihr und was wollt ihr hier?" Lilli und Tim fällt auf, dass der gut gekleidete Mann neben der Pharaonin steht. „Ich heiße Lilli und das ist Tim. Wir wissen auch nicht genau, wie wir hergekommen sind …", antwortet Lilli. Die Pharaonin unterbricht sie: „Eindringlinge! Ihr wolltet mein Bauwerk ausspionieren! In den Kerker mit ihnen!" „Halt", ruft Lilli. „Wir haben gesehen, wie dieser

Mann dem Aufseher Gold in die Hand gegeben hat. Er hat ihm gesagt, dass er die Arbeit sabotieren soll." Lilli zeigt auf den gut gekleideten Mann. Er ist der Berater der Pharaonin. Er will gerade etwas sagen, aber in diesem Moment befiehlt die Pharaonin: „Bringt mir den Aufseher". Sie finden das Gold wirklich beim Aufseher. Daraufhin wird der Berater in den Kerker gesperrt.

Die Pharaonin ist sehr dankbar. Deshalb dürfen sich Lilli und Tim etwas wünschen. Die beiden erzählen ihr, wie sie hierher gekommen sind. „Wir möchten gerne nach Hause", sagen sie. Die Pharaonin bringt die Kinder an einen magischen Ort. Da ist auch ein Felsen mit den gleichen Schriftzeichen. Lilli streicht wieder mit ihrer Hand darüber und es öffnet sich ein Spalt. Die beiden gehen hindurch und plötzlich stehen sie wieder im Wald. Sie wollen das Geheimnis ihrer Reise in vergangene Zeiten für sich behalten und machen sich auf den Weg nach Hause.

Laura Gabriel
Grundschule Steppach, Klasse 2b

Zeitsprung der Träume

Ein Mädchen nachts im Wald allein,
Ein Feuer bricht herein.
Man hörte sie fern noch schrein.
Sie rannte und fiel und brach ihr Bein.
Sie rappelte sich auf und lief allein,
Bis zum Rande des Waldes mit blutendem Bein.

Am Rande des Waldes ein Tor erschien,
Auf grüner Wiese,
Mit goldenem Rahmen
Und einem eingravierten Namen.
Ein glitzernder Wind kam heraus,
Er packte sie, und sie fuhr auf.
„Hilfe!", kreischte sie
Sie schlug und trat und versuchte, was ging,
Doch sie hing mittendrin.

Sie öffnete die Augen ganz geschwind
Und über sie fegte ein kühler Wind.
Sie setzte sich auf und sah

Ein kleines Holzhaus am Rande,
Mit einer saftig grünen Blättergirlande.
Ein paar Mädchen saßen ringsum,
Und flochten sich das Haar stumm.
Ein großer Mann mit eiserner Rüstung erschien,
Und mit ihm viele andere Männer mit polierter Rüstung auf ihren Pferden,
Ja, es waren schon fast Herden.
Der Mann gab der ältesten einen Kuss und ging.
Er zog sein Schwert und brüllte los,
Weg waren sie schneller als ein Windstoß.
Ein Ritter vermutete ich.

Das Mädchen zog sich an einem Stein hoch und setzte sich hin,
leise ran ein Tropfen Blut ihr Bein hinab.
Ein stechender Schmerz traf sie,
Und sie kippte um
Erwachte aber bald in einem Krankenhaus
Mit vielen Leuten um sie herum.
Diese beachtete sie kaum,
Sie schloss die Augenlieder wieder und schlief ein.
Die nächsten Stunden schlief sie wie ein Stein.

Magdalena Beslmeisl
Leonhard-Wagner-Gymnasium Schwabmünchen, Klasse 7

Die Dinoretter

Eva wachte mitten in der Nacht auf wegen eines hellen Lichts im dunklen
Wald. Sie weckte Harald aus dem tiefen Schlaf und dieser sagte schläfrig:
„Was ist los, Eva? Lass mich weiter schlafen." „Aber da draußen im dunklen
Wald ist ein helles Licht!", sagte Eva. Harald sagte: „Na gut, lass uns
schauen, was es ist." Harald zog sich noch schnell an und dann gingen sie
in den dunklen Wald. Da sahen sie ein Portal, das aus Wurzeln bestand.
Sie gingen durch das Portal und auf der anderen Seite sahen sie eine Welt
mit vielen Dinosauriern. Als sie an einem Turm vorbei kamen, hörten sie
plötzlich einen Schrei. Da sagte Harald erschrocken: „Was war das?" Eva
sagte: „Lass es uns herausfinden." Am Turmeingang sahen sie ein Schild.
Harald las das Schild laut vor: „Karald, der dunkle Dinofresser". Eva öffnete
die zerfressene Eisentür. In diesem Moment hörten sie ein grausames
Gelächter. Da sagte Harald: „Das war bestimmt Karald, der dunkle

Dinofresser." Da sahen sie ein Monster mit einer großen Stachelkeule. Das Monster sagte grauenhaft: „Wer seid ihr, was wollt ihr?" Harald sagte stotternd: „Wir sind von der Erde." Eva sagte: „Wir wollen zum dunklen Karald." Das Monster sagte grimmig: „Gerne." Da gingen sie runter in die Hölle, auf dem Weg sahen sie Skelette und Totenköpfe. Da sahen sie Karald, er saß auf einem Thron aus schwarzem Stein, er hatte ein schwarz-rotes Königsgewand an und er hatte blutrote Haare. Karald sagte mürrisch: „Soso, was wollt ihr?" Da rief ein Dino: „Wir werden verhungern!" Harald flüsterte: „Lass uns den Dinos helfen." Karald rief: „Was flüstert ihr da?" Harald und Eva gingen zu den Käfigen. Harald nahm seinen Rucksack, zog den Bolzenschneider heraus und zerschnitt das Stahlseil. Da flog ein großer Käfig auf Karald zu. Harald sagte: „Wenn du frei sein willst, dann musst du die Dinos frei lassen." Karald rief: „Nie im Leben, die Dinos sollen verrotten, dass nur die Knochen übrig bleiben!" Da sah Harald noch ein Seil, er nahm den Bolzenschneider und schnitt das Seil durch – und alle Käfige der Dinos gingen auf. Da rannten die Dinos aus den Käfigen. Sie rannten wieder die Treppe nach oben mit den tausend Stufen. Karald rief: „He, wo wollt ihr denn so schnell hin? Wachen, hinterher, ergreift sie!" Bis die Monster sich bewegten, waren Eva und Harald schon längst oben angekommen. Aber oben stand noch eine Wache. Diese versperrte ihnen den Weg. Doch Eva und Harald schlüpften einfach unter den Füßen des Monsters hindurch. Das Monster war so entsetzt, dass die Dinos leichtes Spiel hatten. Sie rannten das Monster einfach um. Zum Dank für die Rettung brachten die Dinos Eva und Harald schnell zum Portal. Nach einer herzlichen Verabschiedung gingen Eva und Harald durch das Portal zurück zur Erde und das Portal schloss sich für immer. Eva sagte: „Ich bin froh, dass wir wieder Zuhause sind." Da schrie Mutter: „Frühstück!" Harald sagte: „Das wurde aber auch mal Zeit."

Leonhard Fischer und Moritz Walkmann
Grundschule Altenmünster, Klasse 4b

Der doppelte Zeitsprung

„Boah, ist das anstrengend", stöhnte ich. Ich war bei meiner Oma auf dem Dachboden und räumte auf. Dies tat ich, weil meine Oma in fünf Tagen nicht mehr in Augsburg, sondern in Günzburg wohnen wird. Für sie war es ein großer Aufwand, denn sie war schon 84 Jahre alt. Wie man sich sicher schon denkt, hilft der super-liebe Enkel seiner alten Oma beim Umzug. Das tat ich sehr gerne, denn dafür bekam ich von meinem Vater

20 Euro. Doch so einfach war es gar nicht, denn Omas Dachboden war ziemlich groß, so wie ihr Haus auch. Um genau zu sein: Oma hatte eine fette Villa am Stadtrand Augsburgs. Doch das Allerbeste war, wenn Oma mal nicht mehr in diesem großen Haus wohnte, würde meine Familie in dieses Haus ziehen. Gerade als ich fast fertig war, entdeckte ich einen großen Kasten in der hintersten Ecke. „Wow!" Mir blieb der Mund vor Staunen offen stehen. Ich untersuchte das verstaubte Ding: Es sah aus wie ein alter Projektor, doch an der linken Seite war ein Rädchen mit den Zahlen 1–3000 und an der rechten Seite fiel mir ein großer, schwarzer Knopf ins Auge. Auf diesem stand: „Start". Ich drehte nichtsahnend an dem Rädchen, wo die Zahl 1584 stand. Mit meiner linken Hand drückte ich auf den schwarzen Startknopf. Plötzlich wurde alles um mich herum schwarz, und ich drehte mich in einem Tempo, bei dem mir übel wurde. Nach gefühlten fünf Minuten wurde wieder alles still um mich herum. Ich spürte eine riesige Beule an meinem Kopf. Ich musste irgendwo dagegen gestoßen sein. Ich stand auf und schaute mich um. Ich sah nur, dass neben mir dieser komische Apparat stand, und jetzt fiel es mir wie Schuppen von den Augen: Es war gar kein alter Projektor, sondern eine Zeitmaschine! In diesem Augenblick hörte ich von unten ein Rumpeln und ich bemerkte, dass ich gar nicht mehr in Omas Haus, sondern in einem anderen Dachboden war. Ich versteckte mich schnell hinter der Zeitmaschine, denn die Schritte von unten kamen jetzt immer näher in Richtung Dach. Ich hatte höllische Angst und in diesem Augenblick ging die Tür auf. Ich machte mich so klein, wie ich nur konnte. Ich erkannte eine große, mächtige Gestalt. Sie schaute sich mit ihren finsteren Augen im Dachboden um. Sie schritt immer näher auf mich zu. Als sie dann direkt vor mir stand, drehte sie sich plötzlich um und richtete ihren Blick auf die Tür. Ich nutzte die Chance, nahm meinen ganzen Mut zusammen und stand auf. Da sprach die Gestalt mit dunkler Stimme: „Da bist du ja endlich." Ich erschrak! Woher kannte mich dieser Mensch? Ich flüsterte mit angespannter Stimme: „Wo…, woher kennen Sie mich?" Die Gestalt antwortete mir nicht. Ich wiederholte meine Frage. „Halt den Mund!" Ängstlich wich ich zurück. Dann wartete ich kurz, bis ich von unten erneut Schritte hörte. Diese kamen genauso wie vor zehn Minuten die Treppe hinauf … oder hinab? Ich wusste ja eigentlich gar nicht, ob ich wirklich in einem Dachboden oder in einem Keller war. Da ging die Tür erneut auf und ein lautes Getrampel riss mich aus meinen Gedanken. Ich blickte auf und sah einen jungen Mann mit Cowboyhut und Revolver in der Tasche. Er blickte mich streng an. „Na, endlich. Unser junger Gast ist eingetroffen",

knurrte er. „Hey, Totenblume, bring den Jungen nach unten." „Jawohl, Chef." „Hey, Kleiner, mitkommen!" Widerwillig stand ich auf und folgte den zwei Männern nach unten. Wie sich herausstellte, war ich in einem Dachboden gelandet. Als wir unten ankamen, schubste mich „Totenblume" auf einen Stuhl. Da sagte der Typ mit dem Cowboyhut: „Woher hat Sabine den Schatz?" Sabine? Wer war Sabine? Ich dachte nach und kam auf den Gedanken, das das meine Ur-Ur-Ur-Ur-Ur-Großmutter war. „Was … was meinen Sie?" „Na, du weißt schon. Den Schatz, den sie im Jahr 1543 gefunden hat." Langsam wurde mir klar, warum Oma so viel Geld hatte. Ihre Familie hatte den Schatz von Sabine über fünf Generationen immer weitergegeben. „Ich kenne diesen Schatz nicht." Da baute sich Totenblume vor mir auf und sagte: „Sag uns jetzt sofort, wo der Schatz ist, oder du wirst einschlafen und nicht wieder aufwachen!" Auf einmal rannte ich los. Die zwei Männer waren kurz verwirrt, doch dann rannten sie hinter mir her. Ich sprintete die Treppe hinauf. Nun hechtete ich in Richtung Zeitmaschine und stellte sie zurück in die Gegenwart. Dann drückte ich den schwarzen Startknopf. Wie beim ersten Mal wurde es wieder schwarz um mich herum und ich begann mich wieder sehr schnell zu drehen. Nach fünf Minuten stand ich in einem leeren Dachboden. Ich blickte auf die Maschine und sah, dass ich ein Jahr zu weit gereist war. Schnell stellte ich die Zeitmaschine wieder auf 2024 und war kurze Zeit später wieder auf Omas Dachboden. Was für ein Erlebnis! Aber meiner Oma werde ich davon wohl besser nichts erzählen …

Theo Mühlenbein und Lukas Schamböck
Justus-von-Liebig-Gymnasium Neusäß, Klasse 5E

Wie ich einen Zeitsprung machte

Hallo, ich bin Adrian. Ich lebe in einer Hütte am Waldrand. Meine Eltern hatte ich eines Tages verloren, als ich noch ganz klein war. Ich hatte nur gehört, dass sie in den Wald gegangen waren, um Essen zu finden, und sie sind nie wiedergekommen. Sie hatten mir allerdings einen Zettel zurückgelassen, auf dem stand: „Lieber Adrian, wir sind sehr weit weg, aber eines Tages wirst du den Weg zu uns finden."
Ich schlief noch, als plötzlich ein grelles Licht den Wald erhellte. Ich beschloss, dem Licht zu folgen. Als ich ankam, traute ich meinen Augen nicht: Vor mir war ein Portal. Ich ging hinein. Es war ein Zeittunnel. Eine Minute später fand ich mich auf dem Boden wieder. Ich sah blaue Gestalten. Sie waren groß, hatten abstehende Ohren und lange

Schwänze. Vor mir stand ein riesiges Auto. Ein junger Man stieg in das Auto. Ich dachte für ein Moment, dass er es fahren würde, doch es stellte sich heraus, dass man dieses Auto nicht fahren konnte. Stattessen kam der Mann aus dem Auto als „Bluetail" wieder heraus (ich wusste nicht, wie ich diese Gestalten nennen sollte).

Der Bluetail mit ernster Mine zeigte zuerst auf mich und danach auf die Autotür. Ich verstand seine Anweisung und beschloss, es ebenso wie er zu machen. Ich stieg ins Auto, und plötzlich fing alles um mich herum an, sich zu drehen. Auf einmal hörte alles auf. Jetzt sah ich genauso aus wie die anderen, nur dass ich kleiner war. Sie nannten mich aus irgendeinem Grund Miles.

Auf einmal näherte sich eine Gruppe Bluetails auf schwimmenden Wesen, die sie Snakefishes nannten. Sie waren groß, hatten orangene Flügel und ein krokodilähnliches Maul. Sie sagten, ein Snakefish gehöre mir. Ich hatte Angst aufzusteigen, aber ich beschloss, es dennoch zu tun und es hat mehr Spaß gemacht, als ich erwartet hatte! Später stand vor mir eine junge Bluetail. „Hallo", sagte sie. „Ich bin Ariana." Sie schien sehr nett zu sein. Mit der Zeit wurden wir Freunde und verbrachten viel Zeit miteinander.

Plötzlich kamen zwei Flugzeuge angeflogen und schnappten alle außer uns beide, weil wir uns versteckt hatten. Jetzt lag es an uns, die anderen zu retten. Wir verfolgten sie auf Snakefishes. Schliesslich sprangen die Snakefishes hoch und zerstörten die Flugzeuge mit ihren Mäulern. Alle waren gerettet bis auf die Jäge r… Sie waren wahrscheinlich schon im Himmel.

Ich lebte den Rest meines Lebens auf Green Island. Ich fand viele neue Freunde und wurde sogar zum Anführer erwählt. Es war schön, hier zu leben. Ich weiß nicht, wie es passieren konnte, aber ich denke nicht einmal daran, wieder zurückzukehren. Ich glaube aber immer noch, dass ich meine Eltern eines Tages finden werde.

Adrian Benza
Grundschule Neusäß bei St. Ägidius, Klasse 3a

Rettung durch Raum und Zeit

Die Monitore um mich herum gaben piepsende Signale von sich, als ich auf meine kleine Schwester blickte. Es gab mir einen Stich in mein Herz, wie ich sie da so liegen sah. Fest entschlossen, meine Schwester von ihrer Krankheit zu retten, lief ich nach Hause. Und ich hatte auch schon einen Plan, wie ich das anstellen würde …

Zu Hause warteten bereits meine Eltern auf mich. Eigentlich wollte ich direkt in mein Zimmer, aber meine Mutter hatte andere Pläne: „Eve, mein Schätzchen, wie war es im Krankenhaus?" „Liv hat einfach nur geschlafen, wie immer", antwortete ich meiner Mutter schroff, um so schnell wie möglich in mein Zimmer zu kommen. „Der Arzt hat uns gesagt, dass es für ihre Krankheit noch keine Medikamente gibt", versuchte es meine Mutter mir zu erklären, aber woher sollte sie auch ahnen, dass ich den Brief schon vor ihr gelesen hatte? „Ja, Mum, aber ich muss jetzt auch los!", sagte ich schnell und ließ meine Mutter ratlos und verwirrt zurück. Endlich war ich in meinem Zimmer und allein, als ich auch schon das Amulett aus meiner Kommode holte. Ich würde dieses Medikament für meine Schwester besorgen, ganz richtig, denn das Amulett ermöglichte es mir und meiner Familie durch die Zeit zu reisen. Was konnte denn schon bei so einer Aktion schiefgehen, auch wenn meine Eltern nichts davon wissen würden? Nichts – dachte ich zumindest …

Ich wusste nur grob, wie es ging, sich in die Zukunft zu katapultieren, aber das reichte mir schon. Ich würde das schon irgendwie hinkriegen. Und so ging ich alle Schritte im Kopf noch einmal durch: Erstens, das Amulett bereitlegen. Zweitens, den genauen Ort und den Zeitraum hineinsprechen. Drittens, das Amulett um den Hals legen, und viertens, sich fünf Mal im Kreis drehen.

Und tadaaa, schon bist du irgendwo im Nirgendwo in der Zukunft. Das einzige Problem bei der Sache war, dass ich nicht genau wusste, in welche Zeit ich springen musste. Vielleicht gab es das Medikament schon in ein paar Jahren, vielleicht aber auch erst in 10, 100 oder 1000 Jahren! Ich entschied ich mich für 50 Jahre. Angespannt flüsterte ich das Datum in das Amulett. Schritt für Schritt befolgte ich alles und war nun bereit, mich zu drehen: „Vergebt mir, Mum und Dad", krächzte ich, während ich in Raum und Zeit verschwand. Es fühlte sich an, als würde ich durch eine wässrige Wand gleiten, doch danach verlor ich das Bewusstsein.

Langsam öffnete ich meine Augen und bemerkte, wie schwindlig mir war. Unter mir spürte ich weiches Gras, und ich versuchte, mich aufzurichten, aber es ging nicht. Denn mein Körper reagierte nicht auf die Signale, die mein Kopf sendete, der wollte, dass ich mich jetzt endlich aufsetzen sollte. Benommen fragte ich mich, was passiert war und plötzlich fiel mir alles wieder ein. Ich konnte wieder klar denken und ruckartig stand ich auch schon auf den Beinen. Um mich herum sah alles fast genauso aus wie in der Kleinstadt, in der ich lebte. Ich überlegte schon, ob es vielleicht nicht geklappt hatte, doch da bemerkte ich, dass da, wo die Wiese war, auf der ich lag, eigentlich ein Haus hätte stehen müssen. Auch die Gebäude um mich herum wirkten anders. Suchend lief ich durch die Straßen und atmete erleichtert auf, als ich sah, dass das Krankenhaus immer noch an Ort und Stelle stand wie auch schon vor 50 Jahren.

Mein Herz klopfte wie wild, denn ich stand vielleicht kurz davor, dieses Medikament, das meine Schwester so dringend benötigte, zu bekommen! Also ging ich zum Krankenhaus und fragte am Empfangsschalter nach einem Medikament gegen die Krankheit meiner Schwester. Und tatsächlich bekam ich die Auskunft, dass es dieses gäbe. Jetzt war nur noch die Frage, wie ich darankommen konnte. Ich schaute mich unauffällig in der Empfangshalle um, als gerade ein Arzt mit einer großen Gruppe Praktikanten in weißen Kitteln an mir vorbeiging. Und da hatte ich eine Idee. Ich schlüpfte schnell in einen weißen Kittel, der an einer der Kleiderstangen im Gang hing und schloss mich den anderen Praktikanten an. Jetzt durfte mich nur niemand ansprechen. „Hey, machst du auch ein Praktikum hier?", kam auch schon die Frage von einem Mädchen mit rot gelocktem Haar. „Ähm ja, bin aber neu hier", versuchte ich mich noch rauszureden. Sie musterte mich kurz, zuckte dann aber mit den Schultern und begann zu reden. Wie sich herausstellte, redete sie sehr gerne und schon kurz darauf wusste ich, dass sie Alissa hieß, drei Brüder hatte und dass ihr großer Traum war, einmal Ärztin zu werden und Menschen zu helfen.

Eigentlich fand ich das alles recht spannend, aber genau in dem Moment liefen wir an dem Raum vorbei, an dem ein großes Schild mit der Aufschrift „Vorratsraum Medikamente" hing. Glücklicherweise mussten die Praktikanten dem Arzt in ein anderes Zimmer folgen, und so klinkte ich mich unauffällig aus und testete mit angehaltenem Atem, ob die Tür abgeschlossen war. Entgegen aller Erwartungen gab die Tür nach und öffnete sich. Ich suchte nach dem Namen des Medikaments, den mir die Frau am Empfangsschalter genannt hatte und wie durch ein Wunder fand ich es sogar. Jetzt musste ich nur noch hier raus, zurück in die alte Zeit reisen, und dann hätte ich es geschafft. Ich zog den Kittel aus, verließ das Zimmer und mischte mich unter die zahlreichen Besucher und verließ unauffällig das Krankenhaus. Überglücklich lief ich die Straßen zurück zur Wiese, als mich der Schreck wie ein Schlag ins Gesicht traf. Das Amulett war verschwunden! Einfach weg! Hatte ich es verloren? Panisch suchte ich meine Taschen und die Wiese ab – nichts. War das mein Ende? Gefangen in diesem Zeitalter? Ohne die rettende Hilfe für meine kleine Schwester? Meine Eltern würden mein plötzliches Verschwinden nicht verstehen und über den Verlust sicher nicht hinwegkommen. Denn wenn ich wieder zurückkönnte, wäre es für sie nur eine Sekunde gewesen, in der ich weg war, und sie hätten nichts davon bemerkt. „Wenn das Amulett nicht auf der Wiese ist, musste es im Krankenhaus sein", dachte ich panisch. Ich sprintete so schnell ich konnte zurück und sah Alissa, die Praktikantin, wie sie gerade herauskam. Sie winkte mir zu und kam her. Mir stockte der Atem, was sie da in der Hand hielt, war mein Amulett! „Dir ist das hier runtergefallen, als du so schnell verschwunden bist. Eigentlich wollte ich es dir morgen geben, aber jetzt, wo du schon mal hier bist, bitte schön." Sie hielt mir die Kette hin und ich nahm sie dankbar entgegen. Kurz darauf verabschiedeten wir uns voneinander. Ich fand es schade, dass ich meine neue Freundin und diese spannende Zukunft schon wieder verlassen musste, freute mich aber vielmehr darüber, meiner Schwester das rettende Medikament bringen zu können.

Ich half meiner Schwester gerade, all ihre Sachen zu packen. Das Medikament hatte so gut geholfen, dass sie schon nach kurzer Zeit nach Hause durfte. Es war zwar schwer, für alles eine Ausrede zu finden, woher ich das Medikament hatte oder wer davon wusste … aber am Ende waren alle nur froh, dass ich es hatte und meine Schwester gerettet werden konnte. Und wer weiß, vielleicht werde ich Alissa irgendwann einmal wiedersehen.

Hanna Frank
Leonhard-Wagner-Gymnasium Schwabmünchen, Klasse 6f

Ein verrückte andere Welt

Eines Tages sagte meine Mutter zu mir: „Hol mir bitte aus dem Keller ein Glas eingelegte Gurken." Ich ging runter. Doch auf einmal tat sich vor mir ein unbekannter Raum auf. Seltsam! Ich dachte mir aber nichts weiter und ging hinein, machte das Licht an und schaute mich um. Der Raum war leer, aber im Eck hinter der Heizung fand ich einen komischen Spiegel. Ich schaute hinein, und auf einmal fing das Licht über mir an zu flackern. Der Spiegel zerbrach. Im Raum wurde es wärmer und wärmer und mir war es schon recht unwohl. Plötzlich saugte mich von oben etwas ein und dann stand ich irgendwo. War ich etwa mehrere Jahre zurück gelandet? Die Straßen zwischen den Häusern waren matschig, es stank fürchterlich. Die Menschen trugen irgendwelche Fetzen. Viele sahen sehr krank aus und hatten Verletzungen und Wunden. Überall liefen Tiere, es war sehr unangenehm, hier im Matsch zu stehen. Eine alte Frau sah mich an und fragte mich: „Kindchen, was hast du denn da an?" Ich antwortete: „Ich komme aus der Zukunft, ich muss unbedingt wieder nach Hause." Die Frau konnte sich das kaum vorstellen, entschied sich aber, mir zu helfen. Wir gingen zusammen durch die engen matschigen Straßen. Ich erschrak darüber, wie es früher aussah. Die alte Frau fragte mich: „Was ist passiert? Erzähl mir alles." Also beantwortete ich ihre Frage: „Da war ein komischer Spiegel in unserem Keller und dann saugte irgendwas mich ein." Die Frau war im Gegensatz zu den anderen Menschen ordentlich und schön gekleidet. Dann waren wir an einem Marktplatz und sie meinte: „Wir sollten dahinten auf den Berg." Da ist eine alte Burg, vielleicht gibt es dort einen Spiegel, der genauso aussieht. Bevor wir auf den Berg stiegen, holten wir uns noch etwas zu essen. Die Burg erschien finster, dreckig und düster. Wir gingen hinein. Wachsoldaten waren keine zu sehen. Alles knarrte. Ich hatte Angst. Mein Herz pumpte so laut, dass ich es selber hören konnte. Da fing die alte Frau an, komisch zu werden und seltsame Sachen zu murmeln. Schnell entschied ich mich dafür, alleine weiterzugehen, weil ich ja wieder nach Hause wollte. Ich nahm meinen ganzen Mut zusammen und ging in diese dreckigen Räume. „Wie sieht es denn hier aus!" Ich erschauderte. Als ich in den letzten Raum hineinging, schaute ich in jedes Eck. Da war wieder dieser Spiegel! Ich schaute in den Spiegel und wie zuvor zerbrach er. Die Kerzen flackerten und von oben zog mich etwas ein. Und dann war ich wieder zuhause. „Oh, was für ein Abenteuer!" Ich landete in dem Raum, aus dem ich verschwunden war. Schnell rannte ich die Treppen hoch. Meine Mutter fragt mich, wo die eingelegten Gurken wären. „Du warst zwei Minuten im Keller!" Anscheinend war ich tatsächlich in einer anderen Zeit gewesen. Ich entschied mich, das für mich zu behalten. Aber ich war erleichtert, dass ich wieder Zuhause war. Daraus lernte ich, dass ich froh sein sollte über das Schöne, was ich habe.

Eva-Valentina Baur
Mittelschule Schwabmünchen, Klasse 6ag

Das Jahr 4000 nach Christus

Stell dir vor, du wirst von einem verrückten Wissenschaftler entführt und er zwingt dich, durch ein Portal zu gehen, das dich in das Jahr 4000 bringen soll. Nachdem du durchgegangen bist, zerstört der Wissenschaftler das Portal. Du landest in einem Wald und hörst nahe bei dir Menschen schreien: „Er hat Leben entdeckt! ER HAT ES GESCHAFFT! Ein neuer Planet!"

Ein paar Wissenschaftler wollten noch am selben Tag mit einer Rakete die 100.000 Kilometer zum Planeten fliegen. Du wolltest mit und hast dich mit auf die Rakete geschlichen. Du bist mit den Wissenschaftlern zu dem Planeten geflogen. Dann haben die Wissenschaftler die Nachricht bekommen, dass der Planet VITA heißt. Als sie ankamen, wurden sie begrüßt. Die Außerirdischen sprachen Lateinisch. Sie hießen Flavius, Julius und Antonius. Sie erzählten, dass der Planet eine Sonne sei und durch Wasser abgekühlt wird. Alle 10–12 Tage kommen etwa 100 Liter Wasser durch Quellen, von denen es Tausende auf dem Planeten gibt. Das Wasser ist sehr heiß und braucht etwa einen Tag, um abzukühlen und als Trinkwasser zu dienen. Das Trinkwasser war sehr lecker und schon bald wurden Kapseln voller Wasser zur Erde geschickt. Manche Menschen siedelten sogar um, du aber bist durch eine Raumfähre zurück zur Erde gegangen.

Als du bei dem Portal warst, hast du den Wissenschaftler gesehen. Er hatte Dynamit in der Hand. Du hast ihn zurück durch das Portal in sein Labor gezogen. Damit er nichts anstellen konnte, hast du seine Hände hinter seinem Rücken zusammengezogen. Erst dann hast du bemerkt, dass um den Wissenschaftler herum viele Polizisten standen und ihn festnahmen. Der Wissenschaftler hat dir noch etwas zugeworfen, es war ein Schlafpfeil. Plötzlich findest du dich in deinem Bett wieder. Du wirst langsam wach und bist nicht sicher, ob das alles ein Traum war. Völlig verwirrt schaltest du das Radio an und hörst, dass ein verrückter Wissenschaftler festgenommen wurde. War es etwa doch kein Traum?

Leo Pittner
Grundschule Täfertingen, Klasse 3a

Schulen-Zeitsprung: 1924 und 2024

Schule 2024
Schule
Freies Lernen
Gemeinsamkeit, Interesse, Spaß
Manchmal gibt's „Rote Karten"
Freunde

Hannah Müller
Grundschule Nordendorf, Klasse 3c

Alle sagen es, doch nur du glaubst an dich

Du willst vieles an dir ändern, doch schaffen wirst du es eh nicht. Alle sagen es, doch nur du glaubst an dich. Am Ende bist du der, der das erreicht hat, was du von Anfang an haben wolltest. Du bist stark. Glaub an dich, gib nicht auf. Am Ende du wirst es schaffen, egal was die Anderen sagen, du bist für dich selbst verantwortlich.

Lea Degele
Mittelschule Diedorf, Klasse 7b

Die Weinachtsnacht

Ich bin Benn und ich erzähle dir, wie ich in der Zukunft gelandet bin.
Es war der 23.12.1995. Ich war damals 12 Jahre alt, und es war der Tag vor Weinachten. Ich freute mich schon das ganze Jahr lang auf Weihnachten, denn für mich war Weihnachten immer der schönste Tag im ganzen Jahr. Die ganze Familie war zusammengekommen, es wurde gegessen, geredet und natürlich gab es Geschenke. Naja, es wurde Abend, und ich musste ins Bett, damit ich für den morgigen Tag ausgeruht war. Doch schon bald merkte ich, dass etwas komisch war.
Ich hörte eine Uhr ticken, doch ich hatte gar keine Uhr in meinem Zimmer. Sie wurde immer lauter: tick-tack, tick-tack. Es hörte einfach nicht auf, und ich hatte langsam ein mulmiges Gefühl. Ich verkroch mich unter meiner Bettdecke und schloss meine Augen. Doch als ich meine Augen wieder öffnete, war ich an einem anderen Ort, neben mir lag eine Frau. Ich sprang ruckartig aus dem Bett, doch es war gar nicht mein Bett. Es war auch nicht mein Zimmer. Die Frau drehte sich um und schaute mir in die Augen und sagte zu mir: „Was machst du denn, Benn?" „Benn? Woher kennst du meinen Namen?" Die Frau guckte mich ganz verwundert an. „Deinen Namen? Ich bin doch deine Frau, Jenny." „Meine Frau? Wie kann das sein? Ich bin doch erst 12." Jenny erwiderte: „Du machst doch Witze. Du bist 42 Jahre alt und wir sind seit 7 Jahren verheiratet." „Wir sind verheiratet? Das kann doch alles gar nicht sein. Wie ist das passiert, und wo bin ich?" Jenny sagte: „Ich weiß zwar nicht, was mit dir los ist, aber wir haben den 23.12.2025. Wir sind in der Brunnengasse 2 in Augsburg, und wir haben 22:30 Uhr." „Warte! Stopp, stopp, stopp! Ich wohne auch in der Brunnengasse 2 in Augsburg, aber nicht im Jahr 2025. Wie kann das sein?" Jenny sagte: „Also, du willst mir sagen, dass du nicht Benn Peter bist, sondern jemand anders?" „Doch, ich bin Benn Peter, aber ..." Jenny: „Aber was?" „Ich bin sicher nicht 42 und ganz sicher auch nicht verheiratet." Jenny:

„Du willst mir etwa erklären, dass du Benn Peter bist, aber der Benn Peter von vor 30 Jahren, wie soll ich denn das glauben?" „Mhh." Ich überlegte. Ich hatte einen Beweis. Mir fiel ein, dass ich noch einen Müsliriegel in meinem Bademantel hatte. „Hier hast du es! Das steht es schwarz auf weiß: Mindesthaltbarkeitsdaum 2.3.1997. Kein Riegel der Welt schafft es, 30 Jahre haltbar zu bleiben. Der ist ganz frisch, hier probier mal, Jenny." Jenny: „Wie kann das sein? Du kommst ja wirklich aus der Vergangenheit." „Das habe ich doch gesagt." Doch, was ist das? Da ist noch mehr in meinem Bademantel. Ich greife hinein und hole eine Taschenuhr heraus, doch sie geht falsch. Sie zeigt 23:30 Uhr und nicht nur das, sie läuft auch noch rückwärts. Das könnte mein Weg nach Hause sein. Ich muss nur warten, bis die Uhr so weit zurückgedreht ist, bis sie wieder die richtige Uhrzeit anzeigt.

NUR NOCH EINE MINUTE!
Wie ich es vermutet hatte, die Uhr schlug Punkt 23:00 Uhr. Ich hörte die Uhr wieder: tick-tack, tick-tack, und ich schlief wieder ein.
Als ich aufwachte, war es früh am Morgen. Doch dieses Mal war ich im richtigen Zimmer aufgewacht und in dem richtigen Jahr.

Sebastian Schneider
Mittelschule Zusmarshausen, Klasse 9b

Reise ins Referat?

„Lena, hast du deine Hausaufgaben gemacht?", fragte meine Mutter. „Ja, ja", rief ich laut aus meinem Zimmer zurück. Das war eigentlich gelogen, denn ich hatte keine Lust, Hausaufgaben zu machen. Ich saß an meinem Schreibtisch mit den Gedanken ganz woanders und wollte an meinem Referat für Geschichte weiterarbeiten. Doch irgendwie blieben die Ideen aus und so nahm ich mein Handy in die Hand und suchte weiter nach irgendwelchen „spannenden" Informationen zum Alten Ägypten. Als ich nach einiger Zeit frustriert und genervt die Suche aufgab, da die vielen Texte nur noch mehr Arbeit bedeuteten, kam meiner Mutter der Einfall, es mit Büchern zu versuchen. Leider war meine Bibliothek nicht gerade vielversprechend, also beschloss ich, auf die ganz altmodische Weise am nächsten Tag in die Bücherei zu gehen.
Es wurde der übernächste Tag, da die Bücherei mittwochs wohl grundsätzlich geschlossen hatte. So stand ich nun zwischen den vielen Abteilungen der Stadtbibliothek. Es roch nach Kaffee aus der Kaffeeecke und jeder Menge Staub, der meine Nase kitzelte. Zum Glück half mir eine

nette ältere Bibliothekarin, da ich ziemlich verloren ausgesehen haben musste. Sie führte mich in den dritten Stock und meinte: „Dort findet gerade unsere Ausstellung zum Thema ‚Im Reich der Pharaonen' statt, da gibt's bestimmt etwas Interessantes für dein Referat." Höflich bedankte ich mich und bewunderte die dekorative und künstlerische Ausstellung mit allerlei antiken Gegenständen wie Schmuck, Figuren und jeder Menge Papyrusteilen mit Hieroglyphen. Alles wurde durch die dämmrige Beleuchtung in ein geheimnisvolles Licht getaucht und die goldenen Statuen und Bücher zogen mich magisch in Richtung eines kleinen Zimmers, in dem sich eine nachgebildete Grabkammer befand. Neugierig betrat ich den winzigen Raum, in dem es nach Kräutern und harzigen Ölen duftete. Plötzlich wurde ich ganz müde und schläfrig. Vor meinen Augen wurde alles unscharf und auf einmal umhüllte mich Dunkelheit.

Als ich wieder zu mir komme, stelle ich fest, dass alles ganz echt aussieht. Ich stehe auf und fasse mir an den Kopf. Er scheint in Ordnung zu sein. Ich fühle keine Beule. Auf einmal sind seltsame Geräusche aus dem Gang der Bücherei zu hören. Schnell laufe ich aus dem komischen Grabzimmer und stehe plötzlich mitten auf einer staubigen Straße irgendwo in einem, Niemalsland. Nichts als Sand, Staub und einige Menschen mit bepackten Kamelen, die vorbeilaufen. „Ist ja wie im Film", denke ich und bekomme schlagartig die stechende Hitze der Sonne zu spüren. Voller Panik drehe ich mich in alle Richtungen, aber die Bibliothek bleibt verschwunden. Irgendwelche fremden, seltsam gekleideten Menschen traue ich mich nicht anzusprechen. Also laufe ich zur Grabkammer, um noch einmal nachzusehen, ob es wieder zurück in die Bibliothek geht. Doch dort gibt es keine Tür. Die Kühle tut mir gut, um wieder einen klaren Kopf zu bekommen. Mir fällt auf, dass in diesem Grabzimmer besondere Gegenstände aufgestellt sind, und ich betrachte sie genauer. Eine Papyrusrolle mit Bildern über die Landwirtschaft der Ägypter stecke ich in meinen Rucksack, ebenfalls einen gekrümmten Stab, der besonders glänzt, und auch ein Gefäß mit einem seltsam duftenden Öl packe ich ein. Als ich das stark riechende Öl rieche, wird es mir wieder schummrig vor Augen und es wiederholt sich das Gleiche wie bei meiner ersten Ohnmacht. Total benommen wache ich auf und befinde mich wieder im Grabzimmer der Bücherei.

Voller Schrecken und Unglauben schnappte ich mir meinen Rucksack und rannte durch die Ausstellung zurück und soweit wie möglich weg von der verrückten Bücherei. In meinem Kopf kreisten tausend Fragen: War das echt? Habe ich das geträumt? Und wie ist das möglich? Da klingelte auf einmal mein Handy. Meine Freundin rief an. Aus mir sprudelte es wie aus einem Wasserfall. Meine Freundin verstand nur Bahnhof, also verabredeten wir uns bei ihr zuhause. Auf jeden Fall musste ich ihr mein Erlebnis erzählen, auch wenn sie mich für verrückt hielt. Blitzartig fielen mir die Gegenstände in meinem Rucksack wieder ein, die ich sofort überprüfte. Beweise genug und vielleicht sogar die richtigen Ideen für mein Referat. Eventuell könnte meine Freundin mit mir noch einmal in die Bücherei gehen und wir probierten zu zweit eine Zeitreise aus. Diesmal natürlich ausgerüstet. Völlig in Gedanken kam ich bei meiner Freundin an.

Leonie Tiessen
Staatliches Gymnasium Königsbrunn, Klasse 6c

In New York

Es ist gerade Nacht und ich schlafe sehr gut. Und – ich träume auch sehr gut.
Ich habe etwas Cooles vor mir. Einen Zeitsprung.
In meinem Traum springt ein Engel auf mein Bett und sagt: „Es ist 7 Uhr in der Zukunft, Dominik. Auf in die goldenen Zeiten. Wir sind im Jahr 2046."
Der Engel spricht weiter: „Du kannst jetzt nach New York fliegen."
Das lasse ich mir nicht zweimal sagen. Ich fahre heim, hole meine Freundin und mein kleines Kind ab und fahre schnell mit dem Taxi zum Flughafen.
„Wir sind gerade auf dem Weg nach New York – juhu!", schrie ich laut. „Ab nach New York."
Am Flughafen erschrecke ich kurz: „Petra, haben wir ein Ticket besorgt?"
„Ja, klar," meint sie. „Sonst wären wir ja nicht im Flugzeug drin."
„In 30 Minuten sind wir da", rufe ich dann begeistert.
Wir landen, schnell den Koffer holen und raus aus dem Flughafen.
Das Baby braucht jetzt Ruhe und wir fahren ins Hotel.
„Gute Nacht, Baby! Bis morgen früh. Morgen werden wir im Meer schwimmen und New York besichtigen."
Ich schlafe ein und …

Dominik Baar
Christophorus-Schule Königsbrunn, Klasse 5a

Brief an mein zukünftiges Ich

Liebes zukünftiges Ich in zehn Jahren,
wie geht es dir? Bist du zufrieden mit deinen Noten, deinem Schulabschluss und deinem Beruf? Heute, am 27.02.2024 bin ich gerade

einmal 13 Jahre alt und gehe in die 7. Klasse. In zehn Jahren werde ich 23 Jahre alt sein und wahrscheinlich nicht mehr in die Schule gehen. Ich hoffe, dass der Kontakt zu meinen engsten Freunden immer noch so gut sein wird wie heute. Werde ich meine alte Klasse jemals wiedersehen oder war dies das letzte Treffen? Lebe ich noch bei meinen Eltern zuhause oder besitze ich eine eigene Wohnung? Habe ich meinen Traumeinrichtungsstil benutzt, um meine Wohnung einzurichten oder einen anderen? Es gäbe noch so viele Fragen, die ich dir stellen würde, aber ich möchte mich überraschen lassen, was noch alles in der Zukunft passiert. Ich hoffe, es geht dir gut.
Bis in zehn Jahren
Angelina

Angelina Geßl
Mittelschule Diedorf, Klasse 7b

Zeitreisen

Eine Zeitreise ist für mich, wenn ich in jede erdenkliche Zeit reisen kann, ohne Einschränkungen. Ich würde in die Neunziger reisen, weil ich ein großer Filmfan bin und in den Neunzigern die besten Filme rauskamen. So wie ,Space Jam', ,Hör mal, wer da hämmert', ,Matrix', ,Titanic', ,Kevin allein zu Haus' und so weiter. Deswegen würde ich in der Zeit zurückreisen und all diese Filme im Kino anschauen. Am Ende würde ich dann wieder zurückreisen, weil zu Hause ist es immer noch am besten. Home sweet home.

Sankung Sillah
Helen-Keller-Schule Dinkelscherben, Klasse 7Gb

Ein Erlebnis in der Steinzeit

Auf einmal lag ich in einer dunklen kalten Steinhöhle. Als ich mich aufrichtete und mich umschaute, bemerkte ich, dass mir der Kopf wehtat. Ich überlegte, wie ich wohl in die Höhle gekommen war. Das letzte, an das ich mich erinnern konnte, war, dass ich in den Wald gegangen war und vom Weg abging. Ich lief eine ganze Weile quer durch den etwas dunklen und schaurigen Wald, bis ich plötzlich einen hölzernen Türbogen vor einem Felsen sah. Ich hob vom Waldboden einen Stein auf und warf ihn gegen die geschlossene Türe. Der Stein prallte nicht ab, sondern verschwand. Wie konnte das sein? Ich beschloss, einen Stock zu nehmen, und ging auf die Türe zu. Ich richtete den Stock genau auf die Türe und ging weiter, auch dieser verschwand immer mehr in der Türe. Plötzlich kam ein helles Licht aus den Ritzen der Türe. Ich musste immer wieder blinzeln, weil es viel zu hell war. Das Licht wurde immer heller, bis es blau leuchtete, ich ging wie magisch von dem Licht angezogen immer weiter, bis ich im Türbogen stand. Mir wurde schwindelig und alles drehte sich um mich, und ich schloss die Augen. Als ich diese wieder öffnete, sah ich wie verschiedene Uhren mit verschiedenen Zeiten um mich herumflogen. Doch plötzlich kam eine große alte Wanduhr auf mich zu, ich konnte nicht ausweichen und diese traf mich dann am Kopf und ich wurde ohnmächtig.

Jetzt erinnere ich mich, warum mir der Kopf wehtat. Ich überlegte, wo ich war, und wie ich wieder nach Hause käme. Ich nahm meinen Rucksack und sah hinein, ob noch alles darin war, was ich zur Wanderung eingepackt hatte. Ja, es war alles noch da: mein Taschen-messer, die Streichhölzer, meine kleinen Beutel mit Erste-Hilfe-Sachen, was zu trinken und zu essen. Sogar eine Schnur, die ich immer zum Angeln mitnahm, hatte ich gefunden. Als ich aus der Höhle gehen wollte, um mich draußen umzusehen, stellte ich fest, dass es draußen schon dunkel war. Also suchte ich noch schnell nach etwas Holz, um ein Lagerfeuer zu machen, und schlug mein Lager auf. Als das Feuer hell brannte und es langsam wieder warm wurde, musste ich eingeschlafen sein, denn ich erschrak, als ich ein sehr lautes Brüllen vor der Höhle hörte. Ich sah nur noch einen Schatten vorbeilaufen. Ich wurde neugierig und schlich mich zum Ausgang der Höhle. Da sah ich – aber ich rieb mir mehrmals die Augen, weil ich dachte, ich träume – einen T-Rex, der gerade geduldig auf seine Beute wartete. Ich blieb leise und wie versteinert hinter einem Felsen stehen und wartete, bis er wieder verschwunden war. Langsam ging die Sonne auf und es dämmerte. Ich nahm meinen Rucksack und suchte einen Weg nach unten, sah mich noch mal um. Als ich eine Möglichkeit gefunden hatte, kletterte ich nach unten. Als ich unten angekommen war, stellte ich fest, dass alles sehr viel größer war. Die Büsche und Sträucher hatten Blätter so groß wie Regenschirme. Ich versteckte mich wieder schnell hinter so einem Busch und da spürte ich, dass die Erde unter mir zu beben begann. Ich bekam etwas Angst und dann kamen noch mehr Dinosaurier auf die Lichtung, die direkt vor mir lag. Ich sah mich um, was ich als Waffe zum Schutz benutzen konnte. Ich fand einen starken Stock und band einen Stein daran, der vorne spitz war. Das müsste reichen, dachte ich. Etwas Besseres fand ich gerade nicht. Ich beobachtete die Tiere eine ganze Weile, da bemerkte ich, dass mein Essen und Trinken langsam zur Neige gingen. Ich musste mich auf die Suche nach Nahrung und Wasser machen, um in dieser Wildnis zu überleben. Ich musste mich auch nach einen geeigneten Schlafplatz für die Nacht umsehen. Also ging ich los und durchquerte den Dschungel. Ich sah überall faszinierende Tiere, die man nur aus Büchern kannte.

Es wurde Abend des zweiten Tages und ich hatte immer noch kein Wasser gefunden. Doch da hinten schimmerte etwas – das konnte ein See sein. Ich lief langsam und vorsichtig in diese Richtung und tatsächlich: Vor mir lag ein großer, schimmernder See. Ich ging näher und sah Fische im Wasser springen. Das Wasser sah sauber und klar aus. Trinken und Essen habe ich jetzt, dachte ich, jetzt muss ich mir nur noch schnell einen Unterschlupf für die Nacht bauen. Also sammelte ich schnell sehr große Blätter und ein paar Zweige, um mir eine Art Zelt zu bauen. Ich zündete noch schnell ein Lagerfeuer an, um mir dann das Wasser abzukochen und meinen Fisch, den ich dann noch fangen wollte, zu grillen. Also bastelte ich mir aus meiner Schnur und einem Stock eine Angel und versuchte, einen Fisch zu angeln. Leider klappte dies nicht und ich ging zurück zu meinem Lager. Ich saß hungrig am Lagerfeuer und dachte nach, wie ich wieder nach Hause käme. Ich wurde müde und legte mich hin zum Schlafen.

Am nächsten Morgen wurde ich wieder von verschiedenen komischen Geräuschen geweckt. Ich hatte so einen großen Hunger, dass ich gleich zum See ging und meine Angel in den See warf. Ich musste dieses Mal zum Glück nicht lange warten, da zog ich einen sehr großen, mir unbekannten Fisch heraus. Ich machte mich wieder auf den Weg zum Lager zurück, um das Wasser abzukochen und den Fisch zu grillen. Als ich wartete, bis das Wasser abgekocht war und der Fisch durch war, sah ich mich etwas um. Hinter etwas Gestrüpp entdeckte ich eine kleine Höhle, ich glaubte, die sei sicher. Also nahm ich sie als meinen Unterschlupf und verlagerte mein Lager. Ich baute noch einen kleinen Zaun darum, um etwas sicherer zu sein. Als der Fisch dann fertig war, hörte ich ein Winseln. Ich ging diesem nach und fand einen kleinen verletzten Dinosaurier. Ich ging langsam näher. Es war ein Triceratops, der eine Fleischwunde am Beim hatte. Ich ging zurück und holte meinen Erste-Hilfe-Beutel und versorgte das Bein des Tieres. Als ich dies gemacht hatte, ging ich zurück in mein Lager. Dabei fiel mir auf, dass der Dinosaurier mich verfolgte. Ich setzte mich an mein Lagerfeuer und aß meinen Fisch. Auf einmal bemerkte ich, wie sich der Dinosaurier immer näher anschlich und sich ganz in meiner Nähe zum Schlafen hinlegte. Ich beobachtete das Tier gespannt am Feuer. Ich bemerkte auch, das ich jetzt schon vier Tage hier war und machte mir echte Sorgen, ob ich jemals wieder nach Hause käme. Ich kam zu dem Entschluss, das ich wieder zurück in die Höhle musste, in der ich das erste Mal aufgewacht war. Nur blöd – dazu musste ich wieder die ganze Strecke zurück durch den Wald laufen. Am nächsten Morgen baute ich mir dann einen Bogen und Pfeile, um besser vorbereitet zu sein. Als ich damit fertig war, war es schon Mittag. Die Sonne stand direkt über mir. Aber ich machte mich trotzdem auf den langen Weg zurück zu dieser Höhle. Ich ging immer geschützt durch den Wald, als plötzlich ein sehr großer Dinosaurier mit sehr großen spitzen Zähnen vor mir stand. Ich stand wie versteinert da und konnte mich nicht mehr bewegen. Der Dino beute sich langsam zu mir herunter, da sprang aus dem Gebüsch ein sehr großer Triceratops und stellte sich dem anderen Dinosaurier in den Weg. Er kämpfte mit dem anderen Dinosaurier. Dieser war ein T-Rex. Mein Schutzengel konnte den T-Rex in die Flucht schlagen und rettete mir somit das Leben. Als ich mir den Dinosaurier genauer ansah, bemerkte ich, dass er einen Verband am Bein hatte. Es war genau der Dino, den ich versorgt hatte. Als ich mich von meinem Schreck erholte hatte, lief ich wieder weiter, um die Höhle zu finden. Als ich in die falsche Richtung lief, stupste mich der Dino in die richtige Richtung, als würde er wissen, wo ich hinwollte. Nach einer kurzen Zeit kamen wir wieder an den Berg, in dem sich die Höhle befand. Ich sah mich um und überlegte, wo genau sie sich befand und ich wieder dort hineinkäme. Da schubste mich der Dino wieder und ich sah, dass hinter Ranken und Blättern ein hölzerner Türbogen versteckt war. Ich sah den Dinosaurier an und bedankte mich bei ihm. Da kratzte sich der Dinosaurier und es fiel eine Schuppe ab. Ich hob diese auf und steckte sie in meinen Rucksack. Ich drückte den Dinosaurier zum Abschied und er schubste mich dann durch die Türe. Ich befand mich wieder dort, wo die Uhren durch die Luft flogen. Dieses Mal traf mich keine Uhr am Kopf, mir wurde aber trotzdem schwindelig und ich wurde wieder ohnmächtig. Als ich wieder zu mir kam, wachte ich mitten im Wald vor der Felswand auf. Ich ging dann sehr schnell zurück auf den Wanderweg und rannte nach Hause. Zu Hause angekommen entschuldigte ich mich bei meinen Eltern, dass ich so lange weg war. Sie sagten, dass ich nur zwei Stunden weg gewesen sei. Ich erzählte ihnen, was mir passiert war und was ich alles erlebt hatte. Sie lachten nur und glaubten mir nicht. Sie sagten nur, dass ich meine Geschichte aufschreiben und sie in der Schule vorlesen sollte. Ich ging in mein Zimmer, legte mich auf mein Bett und erinnerte mich an die Schuppe des Dinosauriers. Ich griff in den Rucksack und fand die kleine Schuppe. Ich grinste und dachte: „Ich habe für mich den Beweis, dass ich nicht geträumt habe." Ich versteckte die Schuppe in meinem Schreibtisch, um mich immer wieder an dieses Abenteuer erinnern zu können.

Korbinian Vale
Mittelschule Fischach-Langenneufnach, Klasse 6b

Einmal Zukunft und zurück

2070! Die Menschen leben in einer Welt, in der die Künstliche Intelligenz mehr kann als der Mensch. Überall sind Straßen und dort, wo keine Straßen sind, sind Hochhäuser. Die wenigen, winzigen Stellen, an denen es grün ist, sind zugemüllt. An den Schulen unterrichten keine Lehrer mehr, nur noch Roboter. Aber Schule ist sowieso nicht mehr wichtig. Du kannst nämlich noch so dumm sein, dein Haustierroboter macht sowieso alles für dich. Es gibt nur noch sehr wenig Arbeit, weil alles von Robotern erledigt wird. Die Luft ist extrem schlecht, weil viele Abgase in die Umwelt gepustet werden, und es so gut wie keine Bäume mehr gibt, um die Luft zu filtern. Die Welt ist häßlich und schlimm!
Aber noch ist es nicht soweit, also helft alle mit, dass es nicht so wird!

Nora Uhrig
Leonhard-Wagner-Gymnasium Schwabmünchen, Klasse 5a

Zeitsprung

Zeit. Jetzt ist die Zeit, die mein Leben bestimmen wird.
Ich bin alt genug, um kein Kind mehr zu sein, zu jung, um wirklich als erwachsen zu gelten. Ich muss mich entscheiden, was ich mit meinen Leben anfangen will und so mache ich einen Zeitsprung in die Zukunft. Ich denke darüber nach, wo ich sein werde in fünf, zehn oder zwanzig Jahren. Werde ich studieren oder doch reisen? Strahlt mir eine goldene Zukunft entgegen oder wird die Welt in Dunkelheit und Krieg versinken? Wird die Welt im Meer ertrinken oder im Feuer verbrennen? Werden meine Freunde an meiner Seite sein oder wird mein einziger Freund ein Handy oder gar ein Roboter sein? Die Zukunft ist unsicher und instabil, ich weiß nicht, was zu tun ist, also besinne ich mich zurück in die Vergangenheit. Ich mache einen weiteren Sprung in die gute alte Zeit, denn war früher nicht alles besser? Musik und Kleidung erstrahlten in bunten Farben, die Gesellschaft war noch nicht gespalten, Kinder spielten noch draußen und um das Klima musste man sich noch keine Sorgen machen. Doch war die Zeit wirklich scheinend oder doch nur Schein?

Musste man nicht sein Glück durch Schuften ersetzen, seine Meinungen für sich behalten? Musste man nicht mit Stillschweigen mit diesen neumodischen Ideen verfahren und war nicht alles, was nicht altbewährt war, falsch? Die Frauen gehörten in die Küche, der Vater sah seine Kinder kaum vor Arbeit und Gewalt nannte man noch Erziehung. Und so kehre ich zurück in die Gegenwart und sollte froh sein, dass ich jetzt und nicht damals geboren bin. So viele Möglichkeiten fliegen mir entgegen, es gibt Vielfalt und Freiheit. Und dennoch bin ich gespalten. Ich stehe zwischen den Zeiten. Meine Gedanken gehören der Zukunft an, genauso wie meine Sorgen, im Herzen trauere ich der Vergangenheit nach. Doch sollten wir nicht im heute leben? Die Zeit auskosten, die wir haben und jede Sekunde wahrnehmen wie ein ganzes Jahr? Denn Zeit ist kostbar und vergeht viel zu schnell. Wir sollten uns nicht durch die Zukunft verängstigen, noch durch die Laster der Vergangenheit hemmen lassen. Denn das ist das Hier und Jetzt und es ist gut so, wie es ist, mit all seinen Fehlern und Hoffnungen. Mit all seinen Unsicherheiten und Chancen. Es ermöglicht uns so viel. Das ist unsere Zeit und die kann uns keiner nehmen, wenn wir sie bewahren wie einen unbezahlbaren Schatz. Zeit.

Celina Sechi
Schmuttertal-Gymnasium Diedorf, Klasse 12

Ein Blick in die Vergangenheit

Hallo, ich heiße Helena Schillinger und bin 35 Jahre alt.

Ich habe mich eigentlich schon immer für das Reisen in der Zeit interessiert, aber dass Zeitreisen wirklich möglich sind, hielt ich für ausgeschlossen.

Vor ein paar Tagen war ich auf einer Auktion, dort wurde eine „angebliche" Zeitreise-Maschine verkauft. Alle dachten, es sei ein Scherz oder moderne Kunst. Davon ging ich auch aus. Trotzdem wollte ich sie haben. Mein Gefühl sagte mir einfach, dass ich sie brauche. Also bezahlte ich und hielt sie schließlich in meinen Händen. Die Maschine war aus Metall, hatte viele Schalter, Knöpfe und bunte Kabel. Ich steckte das Gerät in meine blaue Handtasche.

Als ich zuhause war, setzte ich mich auf mein Sofa mit der Zeitmaschine in der Hand. Ich wollte sie noch einmal betrachten, bevor ich sie in die Vitrine stellte. Da fiel mir auf der Unterseite ein kleiner Bildschirm auf. Darauf konnte man Zahlen einstellen. Ich dachte, es sei ein schönes Detail. Also überlegte ich mir, was ich einstellen sollte. Da kam ich auf die Idee, das Todesdatum meiner Oms zu nehmen, da ich noch heute jeden Tag an meine Großmutter und den Verlust denke. Leider wusste ich das genaue Datum nicht und wollte meine Eltern nicht damit stören. Also gab ich einfach den 5. Dezember 2019 ein. Ich entdeckte neben dem Bildschirm einen roten Knopf und drückte ihn.

Plötzlich fand ich mich in meinem Elternhaus wieder. Ich lief ein paar Schritte und sah mich selbst im Flur stehen. Ich muss ungefähr sechs Jahre alt gewesen sein. Mein Bruder stand neben mir und wir weinten. Anscheinend konnten mich die Kinder nicht sehen.

In diesem Moment erinnerte ich mich an die Situation von damals. Meine Oma hatte Krebs und lag auf der Intensivstation. Ich hatte verstanden, dass ich sie nicht besuchen durfte und dass ich nie wieder die Gelegenheit hatte, meine Großmutter zu sehen. Mein Bruder versuchte, mich zu trösten, er war zu klein und verstand nicht, warum ich weinte.

Langsam kamen auch mir die Tränen. Mich selbst so unglücklich zu sehen, brachte all die Ereignisse von damals zurück. Ich schloss meine Augen, als ich mich plötzlich wieder auf meinem Sofa wiederfand. Aufgewühlt fiel mir der 18.12.2019 ein. Ich schloss erneut die Augen. Als ich sie öffnete befand ich mich in der Wohnung meiner Tante. Meine Eltern hatten entschieden, mich und meinen kleinen Bruder nicht mit auf die Beerdigung zu nehmen. Wir sollten später Gelegenheit haben, ganz in Ruhe auf den Friedhof zu gehen, dort legten wir zu Weihnachten angemalte Steine ab und zündeten eine Kerze an. Ich habe noch lange danach jeden Tag geweint, aber die Trauer wurde weniger und die schönen Erinnerungen haben mittlerweile einen festen Platz in meinem Leben. Und wenn ich mich an einen besonderen Moment mit meiner Großmutter nicht mehr genau erinnern kann, kann ich ja jetzt meine Zeitmaschine benutzen.

Helena Schillinger
Leonhard-Wagner-Gymnasium Schwabmünchen, Klasse 5c

Krieg der Roboter

Als ich heute aufstand, war ich anstatt mit dem rechten Fuß mit dem linken aufgestanden. Ich wollte eigentlich zur Schule gehen, doch ich hörte Schreie aus dem Garten meines Freundes. Er heißt Marc und ich ging zu ihm. Doch ich fand nur ein Portal, aber ich hatte keine Zeit zum Überlegen. Ich wurde hineingezogen. Als ich zu mir kam, sah ich Marc. Wir befanden uns auf einem Metall-Planeten. Wir sahen keine Menschen, doch wir sahen etwas sich bewegen. Es war ein Roboter. Er kam zu uns und fragte, wer wir seien. Wir antworteten: „Menschen." Der Roboter sagte: „Ihr seid doch ausgestorben!"

„Ausgestorben?", fragten wir. Der Roboter antwortete: „Im Krieg der Menschen und Roboter." Ich fragte, in welchem Jahr wir wären. Der Roboter sagte im Jahr 99999. Der Roboter sagte auch, dass es gerade einen Krieg zwischen den Robotern gäbe. Er fragte, ob wir ihm helfen könnten. Ich antwortete: „Ok." Als wir zu seiner Basis gingen, sahen wir viele Roboter. Auf einmal hörten wir Explosionen. Wir wurden angegriffen. Wir konnten uns zum Glück verteidigen. Die feindlichen Roboter waren es. Doch die freundlichen Roboter hatten einen Plan zum Gegenangriff. Dieser bestand darin, eine Bombe zu zünden, die alle Roboter für eine Stunde im Radius von einem Kilometer ausschaltete, um die feindlichen Roboter umzuprogrammieren. Also wollten Marc und ich die Bombe zu deren Basis bringen. Wir schafften es, die Bombe in die Basis zu bringen. Als die Bombe explodierte, kamen die freundlichen Roboter und programmierten die feindlichen Roboter um zu netten. Als alles zu Ende war, halfen alle Roboter, ein Portal zurück in unsere Zeit zu bauen. Wir gingen danach nach Hause. Wir sagten tschüss zu den Robotern und freuten uns darauf, zuhause zu sein.

Ludwig Nadler
Staatliches Gymnasium Königsbrunn, Klasse 6c

Zeitsprung

Z eitreise
E xotisch
I ndigene
T raum
S ekunde
P ortal
R ichtung
U niversum
N achforschung
G egenwart

Leon Kranz
Helen-Keller-Schule Dinkelscherben, Klasse 7Gb

Gestern war heute noch morgen —eine Zeitsprung-Geschichte

Max, ein 11-jähriger Junge aus Augsburg, hat heute Bundesjugendspiele. Es ist ein heißer Sommertag und ihm ist schon leicht schwindelig und übel vor Hitze und Anstrengung. Nun ist er im Weitsprung an der Reihe. Er nimmt Anlauf, rennt so schnell er kann los und springt! Er dreht sich nach der Ladung um und schaut, wie weit er gesprungen ist, aber huch! Wo ist er denn jetzt gelandet?

Er schaut sich um und entdeckt hinter sich ein riesiges Gebäude: weiße Säulen, antike Statuen und - haha! - als römische Legionäre verkleidete Männer, die den Eingang bewachen. „Ich glaube, ich habe einen Sonnenstich!", denkt sich Max. Er bekommt einen heftigen Stoß und jemand beschimpft ihn auf lateinisch. Völlig überrumpelt schaut Max einem Mann hinterher, der in ein Bettlaken gekleidet, Schriftrollen zu diesem komischen Gebäude trägt. „Wo bin ich eigentlich und wo sind die anderen aus der Schule bloß hin?", fragt er sich verwundert. Er steht auf und klopft sich den Sand von der Sporthose. Dann schaut er nach vorne und traut seinen Augen kaum. Da steht ja das Kolosseum! Und seit seinem letzten Urlaub weiß er, dass das in Rom steht. Aber vor fünf Wochen, als er eine Führung mit seiner Familie gemacht hat, da war es kaputt und bemoost und die Menschen haben nicht Latein gesprochen und sind nicht in original alt-römischen Kleidern herumgelaufen! Was ist nur passiert? Zwei prächtig gekleidete Männer laufen an ihm vorbei und Max schnappt die Worte „constructum" und „Germania" sowie „Augusta Vindelicorum" auf. „Fassen wir zusammen: Latein lernen lohnt sich, wenn man einen Sonnenstich hat und halluziniert, man ist im alten Rom kurz nach Christi Geburt. Alles klar, wo ist die nächste Krankenstation?", murmelt er vor sich hin.

Da wird er an der Schulter gepackt und erschrickt sich fast zu Tode! „Hey du, Junge, das Training hat schon begonnen und Briseradius wird stinksauer, wenn man zu spät kommt! Los, nimm den Weg durch den Gladiatorentunnel, dann schaffst du es vielleicht noch rechtzeitig!", brüllt ein muskelbepackter Mann ihm zu. Max rennt in den Tunnel beim Kolosseum auf den der Mann gezeigt hat. In seinem Kopf arbeitet es: „Wie bin ich hierhergekommen, wie komme ich hier wieder weg, passiert das gerade echt, bin ich ernsthaft auf dem Weg ins Kolosseum?" Im Inneren angekommen erschrickt Max fürchterlich, denn vor ihm stehen echte Gladiatoren wie aus dem „Was ist was"-Buch! Ein Secutor (Max erkennt ihn am Schwert und großen Schild) deutet auf eine Wand mit lauter Ausrüstungsgegenständen und nickt Max zu. „Ich soll mir da etwas aussuchen?! Wirklich?" Ein Tracio mit Krummschwert und kleinem Schild und ein Retiarius mit Dreizack und Netz kommen vorbei. Max nimmt sich ganz vorsichtig die Ausrüstung für einen Provocator, den kennt er auch aus dem Lateinunterricht. Ein Kurzschwert und ein Schild, der so schwer ist, dass er ihn fast nicht heben kann, so ein Mist. Max stellt sich zu den anderen in die Reihe auf dem sandigen Boden der Arena und glaubt zu verstehen, dass sie jetzt Aufwärmübungen machen. Die anderen Gladiatoren legen ihre Waffen vor sich ab, also macht er es ihnen nach. „Cerebrosus prosilit Gladiatores!" Alle fangen an, auf und ab zu springen, Max macht das auch mit. Und beim zweiten Sprung hat er wieder das komische Gefühl, ihm ist schwindlig und leicht übel.

Er landet auf seinem Hintern, aber es ist weich, es piekt etwas, es riecht nach Kuh – er sitzt in einem Heuhaufen! Max schaut sich um, er erwartet eigentlich seine Lehrer und Mitschüler zu sehen. Aber irgendwie laufen hier nur Menschen in echt eigentümlichen Klamotten herum, sie schauen aus, wie bei Robin Hood! Sieht nicht nach Bundesjugendspielen aus, sondern eher nach … hmmmm … einer mittelalterlichen Stadt!? Fachwerkhäuser, eine Stadtmauer mit bemannten Türmen, eine große Kirche, die ihm irgendwie bekannt vorkommt. Wie kann das denn sein? Eben noch in Rom und jetzt in … „He, runter da Bürschle! Des is koi Spielplätzle hier!", wird er unsanft aus seinen Grübeleien gerissen. „Entschuldigen Sie, das wusste ich nicht!", entschuldigt sich Max. „Bloß ned frech werdn!", schimpft der Mann und zieht ihn vom Heuhaufen runter. „I hob koi Zeit für an so an Schmarrn. I muss woida, des Heu zua Siegesfeier vom Bischof Ulrich bringa! Die Pferdle vom König wolla schließlich was z'fressa ham!" Max fragt: „Was denn für eine Feier?" Der Mann antwortet: „Sag a mal, hinter welchem Busch hasch du denn gschlofa und die glorreiche Rückkehr von unserm liaba Bischof ned mitkriegt?! Des isch ja unglaublich!" Er schnappt sich seinen Heuwagen, geht murmelnd weiter und lässt Max stehen. „Was?! Ich bin im Mittelalter in Augsburg gelandet? Wie cool!" Er erschreckt sich riesig, als plötzlich die Kirchenglocken zu läuten beginnen. Alle um ihn herum jubeln und werfen Blumen und drängeln sich in Richtung der Kirche. Pardon, des Doms. Oder ist das zu der Zeit noch gar kein Dom? Mist, er hätte bei der Führung mit der Schule echt ein bisschen besser aufpassen sollen, denkt sich Max, während er von der Menge mitgeschoben wird.

Im Inneren des Doms stehen Holztische und -bänke mit massig Essen und alle stürzen sich drauf. Max bekommt einen Holzkrug in die eine Hand und ein Brot mit Fleisch belegt in die andere Hand gedrückt. Vorne in der Kirche stehen Bischof und König und winken den Menschen zu. Max ist beeindruckt von den vielen schwer bewaffneten Rittern, die in voller Rüstung an den Kirchenwänden Spalier stehen. Am liebsten hätte er sie über alles ausgefragt, denn Ritter und das Mittelalter sind seine absoluten Lieblingsthemen! Vor lauter Schauen und Staunen fällt ihm das Brot aus der Hand, als er sich bückt, um es aufzuheben, merkt er, dass der Boden ganz sandig ist. Er bekommt einen Schubs von hinten und im Fallen wird ihm wieder schwindlig und leicht übel. Max weiß, was jetzt passieren wird und denkt sich nur noch „Hoffentlich wird es spannend!".

Max öffnet die Augen und ist verwirrt. Er sitzt im Augsburger Dom. Aber die Feierlichkeiten sind wohl zu Ende gegangen, denn um ihn herum ist es mucksmäuschenstill. Er schaut sich um und stellt fest, dass er wohl in einer Messe gelandet ist. Viele Menschen um ihn herum stehen betend da und eine laute Stimme sagt: „Gott segne unseren guten Kaiser Maximilian und unseren lieben Herren Jakob Fugger!" Alle Leute verneigen sich und Max sieht ganz vorne zwei großgewachsene Männer in renaissanceartigen Kleidern stehen und dem Bischof die Hand schütteln. „Ich kann es nicht glauben! Mein Lieblingskaiser steht 20 m vor mir! So was Tolles!" Max versucht, sich nach vorne zu drängeln, weiß aber gar nicht, was er da machen soll. Er bleibt stehen. Max steckt seine Hände in die Hosentaschen und überlegt. Da spürt er, dass er ein kleines Stück Stoff und einen Faden in der Tasche hat. „Mama wollte ja noch das kleine Loch in meinem T-Shirt flicken und hat wohl ihr Nähzeug vergessen", stellt er fest. Als alle Leute aus dem Dom gehen, folgt er ihnen. Draußen setzt er sich unter einen Baum in den Schatten und beobachtet das bunte Treiben auf dem Domvorplatz. „Wie kann ich nur mit dem Kaiser sprechen?" überlegt er. „Vielleicht sollte ich ihm einfach ein lustiges Geschenk machen?" Max zieht Stoff und Faden wieder aus der Tasche, sucht sich noch ein paar Holzstecken und beginnt ein Kasperle zu basteln. Er weiß, sowas gibt es noch nicht, aber sowas gibt es in Augsburg! Mit der fertigen Marionette geht er auf den Kaiser zu. Aaaah, eine Wurzel! Max stolpert und das Übelkeitsgefühl und der Schwindel kommen wieder. „So knapp!", denkt er sich, bevor er fällt.

„Hey du! Hallo! Wer bischn du?", piepst eine Stimme in Max' Ohr. Er öffnet die Augen und schaut in ein fröhliches Holzgesicht. „Kannsch du mir sagen, was mia hia macha?" Max antwortet verblüfft: „Ich habe keine Ahnung?! Wer bist denn du? Wo sind wir denn hier gelandet? Und warum ist es so laut?" Von überall her kommen grölende Stimmen und Fangesänge?! Offensichtlich wieder nicht die Bundesjugendspiele aber immerhin ein Sportstadion. „I bins Kaschperle und I werd glei der Gastmannschaft gschenkt. Wie mas halt imma macha, beim Heimspial!" Max schaut sich um und erkennt die WWK-Arena. Er ist an einer Eckfahne gelandet und das Wahrzeichen der Augsburger Puppenkiste spricht mit ihm. „Ich kann ja nur einen heftigen Sonnenstich haben, sonst würde ich hier nicht mit dem Kasperle sprechen. Naja, ich seh ja auch schon Gespenster und Kaiser und Ritter und Gladiatoren, warum dann auch nicht eine nette Unterhaltung mit dem Kasperle." Max zuckt mit den Schultern und wundert sich einfach nicht mehr. „Irgendwie glaube ich, ich springe durch die Augsburger Zeitgeschichte. Wäre ja schön, wenn diese Lichtjahre auch beim Weitsprung zählen würden …", wünscht er sich. „I versteh ned, was du willsch. I will auf jeden Fall jetzt zum Mittelkreis, weil jetzt geht's los!", sagt das Kasperle. Max steht auf und trägt die Marionette zum gewünschten Ort und übergibt sie dem etwas überrascht guckenden Kapitän der Augsburger. Max geht zum Spielfeldrand und stellt sich zu den Balljungen, irgendwie hat er auch keine Idee, wo er sonst hinsoll. Gerade dreht er sich zum Spielfeld, als er den Ball auf sich zufliegen sieht …

… und ihn voll an der Stirn trifft. „Oh Gott, Max, ist alles ok?", hört er seine Lehrerin rufen. Max öffnet die Augen und schaut in die Gesichter seiner Klassenkameraden und Sportlehrer. Er fühlt eine riesige Beule auf seiner Stirn. „Hey, Max, es tut mir voll Leid! Aber hey, Frau Mayer, ich hab echt weit geworfen!", sagt Anton, sein Freund. „War gar nicht so schlimm, ich hatte schon Angst, ich hab einen Sonnenstich, so hat es mich weggebeamt!", lacht Max, steht auf und klopft sich den Sand von den Klamotten. In seiner Hosentasche piekt etwas, er greift hinein und hat einen kleinen Miniatur Kasperl in der Hand. „So könnten Bundesjugendspiele echt immer sein!"

Maximilian Weber
Grundschule Leitershofen, Klasse 4a

Der Zeitsprung

Es ist Montag, 7.25 Uhr, und ich sitze im Bus auf dem Weg zur Schule. Wie immer ist der Bus überfüllt, und wie immer steigen trotzdem noch mehr Leute ein. Auch heute war es Glück, dass der Bus seit der Umstellung des Fahrplans überhaupt gekommen ist, denn es ist mal wieder Streik! So sitze ich hier und warte auf die Dinge, die da kommen. Ich schaue aus dem Fenster in die eisige Dunkelheit und wünsche mir nichts sehnlicher, als an einem anderen Ort zu sein. Ich stelle mir vor, dass Hier und Jetzt zu verlassen und einfach woanders und wann anders zu sein. Ein Zeitsprung in eine andere Welt! Dabei frage ich mich, ob das wirklich möglich ist und wohin ich reisen würde.

In die Zukunft oder doch in die Vergangenheit? Vielleicht komme ich auch aus einer anderen Zeit und bin hier in dieser Zeit, in diesem Bus gelandet? Würde das nicht heißen, dass wir jeden Tag aufs Neue einen Sprung durch die Zeit machen können? Die Zeit bleibt nicht stehen, sie geht stets vorwärts. Und trotzdem kommen uns Minuten manchmal wie Stunden vor. Jeder von uns erlebt in solchen Momenten einen Zeitsprung, weil die Zeit für einen selbst anders vergeht als für die Menschen um uns herum. Und wenn es möglich wäre, einen Sprung in die Zukunft zu machen, was würde mich erwarten? Ist die Zeit unveränderlich und läuft von der Vergangenheit über die Gegenwart bis hin zur Zukunft in einer einzigen Linie ab, von der es keinerlei Abweichungen gibt? Oder gibt es etwa verschiedene Zeitlinien nebeneinander und der Sprung durch die Zeit geht nicht nur nach vorne und hinten sondern auch in die Gegenwart die parallel zu dieser existiert? Könnte ich den Bus dann auch in eine parallele Zeit, in eine andere Gegenwart verlassen? Dort würden die Schüler vielleicht später zur Schule gehen oder etwas ganz anderes lernen, wie zum Beispiel die Entwicklung von Geräten, von denen wir nur träumen können. Fliegende Autos oder Geräte, mit denen du dich von einem Ort zum anderen teleportieren könntest?

Alle sprechen immer von einer Zukunft, doch was bedeutet das eigentlich? Wenn ich eine Zukunft habe, bedeutet es dann, dass der Weg, den ich gehen werde, schon feststeht? Würde ich also in die Zukunft reisen, würde ich da schon mein ganzes Leben mit all den noch offenen Entscheidungen, die ich getroffen habe, sehen? Würde ich einen Sprung in die Vergangenheit wagen, wäre es dann immer noch dieselbe? Erinnerung verändert, die Zeit und Zeit verändert das Ich. Würde ich also in die Zukunft reisen, würde ich dann ein anderes Ich meiner selbst treffen?

Luisa Helmschrott
Staatliches Gymnasium Königsbrunn, Klasse 6b

Die Geschwister und die verzauberte Welt

Die Geschwister Jonas und Lucia waren mit ihrem Hund Lui unterwegs im Wald. Plötzlich sahen sie etwas leuchten und gingen darauf zu. In einem Baum war eine Tür eingebaut. Die Geschwister öffneten die Türe langsam und vorsichtig. Lui kam näher und sprang hinein. Die Geschwister versuchten, den Hund zu stoppen, aber er war zu schnell und sie haben es nicht geschafft. Schließlich wurden sie mit ihm mitgerissen und sie verschwanden. Als sie ihre Augen öffneten, sahen sie eine geheimnisvolle Welt mit ganz vielen Fabelwesen. Es waren Tiere aus der ganzen Welt dabei, wie zum Beispiel: Hunde, Drachen, süße kleine Eidechsen, Rehe und schöne bunte Vögel.

Plötzlich huschte etwas an ihnen vorbei. Die Geschwister erschraken und sprangen vor Angst in die Luft. „Was war das?", rief Lucia. „Ich weiß es nicht", antwortet Jonas. Sie drehten sich um und sahen eine Prinzessin. Sie hatte schöne, geflochtene, goldene Haare. Es waren lauter Tiere um sie versammelt. Auf einmal sah die Prinzessin zu den Geschwister rüber und sie erschraken. Die Tiere rannten vor Angst in alle Richtungen.

Die Prinzessin rief zu den Tieren: „Habt keine Angst, das sind doch nur Kinder." „Entschuldigung, dass wir ihre Tiere erschreckt haben", sagte Lucia. Die Prinzessin antwortet mit sanfter Stimme: „Nicht schlimm, aber woher kommt ihr?" Die Geschwister antworten: „Wir sind mit Lui in den Wald spazieren gegangen. Plötzlich sahen wir eine Tür und sind hindurch gegangen." „Aha, also willkommen im Tierland."

„TIERLAND? WAR DAS ETWA EIN ZEITSPRUNG?", fragte Jonas erschrocken. „Ja! Etwas in der Art. Fühlt euch wie Zuhause." „Cool!", sagte Lucia und verschwand. Sie ging und ging und wundertete sich, wo die ganzen Tiere waren. „Hallo, wo seid ihr?" Plötzlich gingen alle Tiere auf sie zu. „Hallo, ich bin Lucia und ihr?" Da antwortete der Drache: „Hallo, ich bin Hanno." Da erwiderte die Prinzessin: „In dieser Nacht kommen die Tiere, die von den Zauberern und den Hexen verzaubert wurden. Bitte helft uns! Weil sie zu mächtig sind." Die Kinder sagten: „Ja, wir helfen euch." Da freuten sich alle Tiere, denn vielleicht wurden sie endlich erlöst.

Der Tag verging sehr schnell, am Abend machten sie ein großes Feuer und auf einmal sahen sie eine Hexe am Himmel fliegen, da erschraken alle Tiere und rannten ins Gehege und die Prinzessin rief: „Nehmt euch in acht!" Und plötzlich kamen noch mehr Hexen und Zauberer, dazu kamen noch all die verzauberten Tiere. Der Drache sah seine Familie, und auf einmal flogen sie hinunter und versuchten, die Tiere zu fangen. Die Kinder fragten, wieso sie so böse seien. Die Prinzessin erklärte: „Früher wahren sie noch nett zu uns, aber nachdem die gute Fee einen falschen Zauber getan hat, wurden alle, die Zauberkräfte besaßen, böse." Plötzlich hörten sie einen lauten Schrei und sahen Benni, den Hirsch, der entführt wurde. Die Geschwister rannten hinterher und versuchten, den Hirsch zu befreien, aber er war zu hoch. Plötzlich bekam Benni ganz rote Augen. Da sagte die Prinzessin: „Ihr müsst den Zauber rückgängig machen, sonst wird es schlimmer, und ihr müsst eine Karte, die vor vielen Jahren verschwunden ist, finden und sie zusammenstellen." Anschließend verschwand die Prinzessin. Die Kinder schauten nach oben. Lucia sprach: „Komm, wir müssen Lui und die zerstreuten Teile finden, los jetzt, bevor wir auch noch gefangen werden." „Also los!", rief auch Jonas. Und sie rannten in den Wald.

Nach einer Stunde Laufen fanden sie ein Stück der Karte. Aus dem Gebüsch sprang Lui und hatte noch ein Stück der Karte dabei. „Super, jetzt sehen wir auch, wo wir hin müssen!" Aber wo hatte Lui den zweiten Teil der Karte her? Da sagte Lui: „Ich kann sprechen und ich zeige euch, wo ich den zweiten Teil der Karte her habe." Die Kinder waren ratlos. Seit wann konnte Lui sprechen, aber egal – Hauptsache sie konnten den Wald retten.

Nach ein paar Minuten kamen sie dort an. Aber was war das! Es glitzerte und blinkte. Lucia kam näher und sah einen Kristall, und nahm ihn weg. Plötzlich löste sich eine Falle. Lui rief: „Rennt weg!" Aber es war zu spät, sie war drin. Ihr Bruder versuchte, seine Schwester zu befreien, aber das Gitter war zu schwer. Plötzlich hatte Lui eine Idee und fing an zu graben. „Gute Idee", sagte Jonas und half ihm. Nach einer Weile hatten sie das Loch so groß, dass Lucia hindurchschlüpfen konnte. „Ein Glück", sagte Jonas. Lucia sah sich den Stein genau an und legte alle drei Sachen auf den Boden. Plötzlich zog der Stein die Teile zusammen und eine rote Linie zog sich kreuz und quer, aber am Ende war ein Kreuz. Das ist eine Schatzkarte. „Zu welchem Ziel?", fragte Lui. „Wir müssen zu der lieben Fee. Kommt! Wir müssen los und die gute Fee finden." Dann gingen sie los. Nach drei Stunden Laufen erreichten sie die Höhle. Sie riefen nach der Fee. Sie gab keine Antwort, aber plötzlich erinnerte sich Lucia daran. Als sie den Kristall nahm, sagte er zu ihr: „Passt auf! Die Fee ist gemein aber sie ist nicht daheim." Lui sagte: „Ich schaue mal in die Höhle rein." Da sagte Lucia: „Tu das nicht! Sonst wirst du für immer dort bleiben müssen." „Aber wie sollen wir es dann tun? Als ich den Stein genommen habe, hat er zu mir gesagt, dass die Fee gemein, aber nicht daheim sei." Jonas sagte: „Was soll das bedeuten?" „Keine Ahnung!", sagte Lucia. „Wir müssen es herausfinden." Plötzlich sahen sie noch so einen Kristall. Neben diesem Kristall lag noch eine Karte. Sie nahmen diese und den Stein. Sie versuchten diese miteinander zu verbinden. Es geschah das gleiche wie bei dem anderen Kristall. Eine grün gestrichelte Linie erschien auf der Karte, und sie folgten dem Verlauf. Nach einer Weile kamen die Kinder an eine große Lichtung. Dort brannte ein großes Feuer. Um dieses Feuer saßen lauter Feen und zwischen ihnen auch die gute Fee. Plötzlich drehten sich alle Feen zu ihnen um. Die gute Fee erkannte die beiden Kinder. „Willkommen!", sprach diese. „Kommt zu uns ans Feuer. Ich stelle euch meine Freunde vor." Sie sagte: „Dort hätten wir Milly, die Hüterin des Wassers, Lilly, die Hüterin des Feuers, Amarillis, die Hüterin der Tiere, und Mavka, die Hüterin des Waldes, und ich bin Tinkerbell, eure gute Fee und Hüterin der Kristalle.

Die Prinzessin hat mir schon von euch erzählt und ihr wisst wahrscheinlich auch schon, warum ihr zu mir kommen solltet. Ihr seid die einzigen, die unsere Welt noch retten können. Der dritte Kristall ist verschwunden und ohne ihn kann ich den Zauber nicht rückgängig machen. Ich gebe euch eine Karte, darauf ist kein Weg, den müsst ihr selbst entschlüsseln. Da sagte Mavka: „Ihr müsst entziffern, was auf der Karte geschrieben steht. Die Schrift taucht aber nur für wenige Augenblicke auf." Da rief Lucia: „Das ist ja unsere Schrift!" „Ja, stimmt!", sagte Jonas. „Da steht, dass der dritte Kristall in einem großen Berg versteckt ist. Nur die Zwerge, die da hausen, wissen, wo sie versteckt ist." Die Kinder fragten sich, wo der Berg sei. Da sagte Milly: „Ich weiß, wo der Berg zu finden ist und ich führe euch gerne dorthin."

Am nächsten Morgen machten sie sich auf den Weg. Sie liefen fünf Stunden, als sie den Fuß des Berges erreichten. Dort sahen sie einen kleinen Eingang und krochen hinein. Um so tiefer sie kamen umso lauter vernahmen sie Stimmen, die aus dem Berginneren zu kommen schienen. Als sie näherkamen, sahen sie einen Wächter, der vor einem Tor stand und Wache hielt. Die Kinder gingen zu ihm hin und baten ihn, hindurchgelassen zu werden. Der Zwerg wollte sie nicht hindurchlassen. Da erschien Milly. Der Zwerg bekam große Augen und frage sie, welche Fee sie denn sei. „Ich bin die Hüterin des Wassers und komme in Frieden!", sagte Milly.

Der Wächter, schwer beeindruckt, entschied, sie passieren zu lassen. Alle Zwerge starrten sie an. Plötzlich kam der König der Zwerge und sprach: „Was wollt ihr hier?" Da sagte Milly: „Wir kommen in Frieden. Die Prinzessin hat uns hierher geschickt, um den dritten Kristall zu finden." „Aha." „Aber wie sieht der Kristall denn aus?", fragte Lui. Da sagte der König: „Ich zeige euch etwas. Vielleicht ist es das, nach dem ihr sucht." Der Zwerg führte sie durch einen Tunnel. An dessen Ende war ein Thron, auf dem ein kleines Kästchen stand. Der Zwerg nahm das Kästchen und öffnete es. In der Truhe lag ein blauer Kristall. „Das ist er", sagte Milly. „Jetzt haben wir alle drei Kristalle!", rief Milly. Da fragte Jonas: „Wieso haben die Kristalle alle eine unterschiedliche Farbe?" Da sagte Milly: „Der rote steht für die Liebe, der grüne für die Natur und der blaue für Leben." „Ach so!", sagte Lucia. „Jetzt müssen wir nur noch den Zauber rückgängig machen." Die vier machten sich wieder auf den Weg zur Lichtung, wo alle anderen Feen auf sie warteten. Als sie dort ankamen, sahen sie die Prinzessin, die mit Tinkerbell redete. „Hallo, ihr beiden. Wir sind wieder zurück. Den dritten Kristall haben wir auch dabei", sagte Jonas. „Jetzt müssen sich die Steine nur noch miteinander verbinden, erst dann kann der Zauber rückgängig gemacht werden." Tinkerbell holte schnell die zwei Kristalle und sie verbanden die drei Kristalle miteinander.

Mavka brachte Tinkerbell den Zettel, auf dem der Zauberspruch stand, um alles rückgängig zu machen. Sie sagte den Zauberspruch aber es klappte nicht. Dann versuchten sie es zusammen. Der Bann wurde gebrochen, die Zauberer und Hexen wurden endlich erlöst. Die Tiere, die sie verzaubert hatten, waren endlich wieder erlöst. Alle trafen sich nun wieder auf der Lichtung und es war alles normal. Auf einmal tauchte das Tor zum Zeitsprung auf, die Geschwister verabschiedeten sich von allen und gingen hindurch. Als sie wieder in ihrer Welt waren, sagte Lucia: „Ich finde es hier viel schöner als in anderen Welten. Zum Glück ist der Zeitsprung jetzt vorbei und wir sind wieder zu Hause."

Ronja Krauß und Diana Ochsner
Grundschule Altenmünster, Klasse 4b

Alles zu seiner Zeit

Mit dreizehn ist das Leben schwer,
oft fühle ich mich ausgebrannt und leer.
Für die Schule lerne ich immerzu,
bei Problemen hört mir niemand zu.

Einfach weggehen, wann ich will,
das ist mein größtes Ziel.
Bei allem muss man die Eltern fragen,
dabei will ich doch auch 'mal ein Risiko wagen.

Drum träum` ich nachts von nichts anderem mehr,
als baldmöglichst zu sein mein eigener Herr.
Endlich eigene Entscheidungen treffen,
das sollte all meine Erwartungen übertreffen.

Auf einmal wach ich auf und bin erwachsen,
ich fühle mich allen Herausforderungen gewachsen.
Schnell stelle ich jedoch nun fest,
das Erwachsensein auch ganz schön stresst.

Nun muss ich arbeiten den ganzen Tag,
auch wenn ich mal gar nicht mag.

Kochen, putzen, waschen und so vieles mehr,
das fällt mir nun doch ziemlich schwer.

Ich war so froh, als ich erwacht,
und merkt´, dass alles nur vom Traum gemacht.
Das Erwachsensein hat sicher seine schönen Seiten,
aber das doch lieber erst beizeiten.

Jetzt bin ich lieber noch ein Kind,
weil die Kindheitstage am schönsten sind.
So ein Zeitsprung ist von vielen heiß ersehnt,
doch dann wird die Jugend schnell zurückgesehnt.

Leonie Knoll und Lilly Knoll
Justus-von-Liebig-Gymnasium Neusäß, Klasse 8c

Geheimnis des Archivs

Es war ein wunderschöner Herbsttag Anfang November, als ich mich ganz gewöhnlich, wie jeden Dienstag, in der örtlichen Bücherei befand, um mein Ehrenamt auszuführen. Nach etwa einer Stunde jedoch wurde ich von meiner Chefin, Frau Wolf, ins Archiv geschickt, um alte Bücher auszusortieren und neue mit hinauf zu bringen. Also machte ich mich, wie verlangt, auf den Weg in den Keller, wo sich das Archiv befand. Wenn ich gewusst hätte, welche Dinge sich dort ereignen würden, hätte ich mich selbst für verrückt gehalten … Mit fünf Büchern unter dem linken Arm und dem Schlüssel für das Archiv in der rechten Hand lief ich vorsichtig die alten steinernen und steilen Treppenstufen hinunter, schloss die Tür auf und trat ein. Das Archiv war überraschend hell und einladend, wenn auch etwas verstaubt und bis an die Decke voll mit Büchern jeder Art, von Krimis bis zu Romanen war alles vorhanden. So räumte ich die fünf Bücher ihren Genres geordnet nach auf und suchte die neuen, welche ich mitbringen sollte, heraus. Bis ich plötzlich ein helles, leuchtendes Funkeln von einem kleinen Tisch in der Ecke wahrnahm. Ich lief interessiert zum Tisch, hob das Buch auf und blätterte durch die Seiten. Es schien ein Geschichtsbuch zu sein, welches trotz seines altertümlichen Aussehens ziemlich aktuell war. Ich klappte das Buch wieder zu, ich hätte es mir zwar gerne noch genauer angesehen, allerdings sollte ich mich langsam wirklich wieder nach oben begeben. Doch auf einmal bemerkte ich eine kleine goldene Taschenuhr neben dem Buch, welches das gleiche

Phoenixsymbol hatte, wie das auf dem Cover des Buches, was mir zuvor nicht aufgefallen war. Doch diese Uhr war anders, sie besaß weder Stunden- noch Minutenzeiger, stattdessen hatte sie acht Felder, zwei Doppelfelder und ein Vierfachfeld. Man konnte je Zahlen von null bis neun einstellen und ich begann, mich zu fragen, wofür die wohl gut sein könnten. Ein Code? Nein, das macht keinen Sinn. Eine Reihenfolge? Das würde die Auswahl der Zahlen unnötig machen. Vielleicht Daten? Möglich. Meine Finger fuhren über die Kerben des Metalls und über die aktuell eingestellten Zahlen: 14-07-1789. Irgendwie kamen sie mir bekannt vor, ich konnte mich aber nicht erinnern woher. Plötzlich stießen meine Finger auf etwas kleines Rundes und aus Versehen drückte ich darauf. Sofort spürte ich, wie mich ein goldenes Licht umgab, es schien so stark, dass ich meine Augen schließen musste. Erst als alles totenstill war, wagte ich es, die Augen zu öffnen und bemerkte sofort, dass ich nicht mehr im Keller der Bücherei war. Ich befand mich in einer Menschenmenge vor einem großen Gebäude, welches ich durch den Staub leider nur schlecht erkennen konnte. Um mich herum wurde geschrien in einer Sprache, die wie französisch klang, nur älter. Auf einmal ertönte ein Schuss und die Kugel flog direkt auf mich zu. Doch sie traf mich nicht, sie flog einfach durch mich hindurch. Was um alles in der Welt passierte hier? Die Kugel traf stattdessen einen Mann, der genau hinter mir stand. Sofort rannten einige Menschen zu ihm, zwei davon flitzen geradewegs durch mich hindurch, als wenn sie mich gar nicht sehen könnten. „Hallo? Können Sie mich hören", fragte ich, ohne eine Antwort zu erhalten. Bin ich tot, im Koma oder vollkommen verrückt geworden, was ist hier los? Plötzlich wurde ich aus meinen Gedanken gerissen, als eine dunkel gekleidete, vermummte Gestalt mich mitzog. Augenblicklich machten sich Angst und Panik in meinem Körper breit, doch ich war wie erstarrt, ich konnte mich nicht bewegen. Sie zog mich in eine dunkle, enge Gasse und ließ mich dann los. Ich frage: „Was soll das? Wo bin ich? Und warum?" „Wir haben nicht viel Zeit. Ich beantworte dir deine Fragen später. Sie werden bald hier sein", antwortete sie. Die Gestalt griff nach meiner Hand und bediente gleichzeitig eine Taschenuhr, die meiner goldenen sehr ähnlich sah, allerdings war sie saphirblau und hatte ein Luchssymbol, anstatt dem des Phoenix. Sie betätigte den Knopf, und wir wurden in ein grelles, saphirblaues Licht gehüllt, so stark, dass ich meine Augen erneut schließen musste. Als ich sie wieder öffnete, befanden wir uns an einem Strand mit vielen riesigen Felsen und Klippen, sowie mehreren Höhlen. Die dunkle Gestalt leitete uns in eine Höhle. „Jetzt rede", forderte ich. „Die gleichen Fragen wie vorher." Die Schattenfigur stöhnte genervt auf, aber antwortete dann: „Du befindest dich in der Vergangenheit, du erlebst die Geschichte mehr oder weniger mit. Du bist genau an diesem Ort, weil wir hier vorerst vor ihnen sicher sind." „Wer sind sie?", fragte ich neugierig. „Zeiträuber", erwiderte er. „Es gibt mehr Zeitreisende als dich und mich. Um genau zu sein, gibt es insgesamt dreizehn. Jeder von uns besitzt eine Uhr, auf der ein bestimmtes Tier eingeprägt ist. Niemand von uns hat besondere Fähigkeiten, abgesehen vom Phoenix. Er wird dank seiner Stärke und Intelligenz als Beschützer angesehen." „Schön und gut", meinte ich. „Aber was hat dies mit mir zu tun?" Die Gestalt erklärte: „Der Phoenix hat dich als deinen Träger auserwählt, und da er der einzige ist, der gegen den Zeiträuber Diego und seine Schergen ankommen kann, ist es deine Aufgabe, ihn zu besiegen. Denn sollte Diego den Phoenix in seine Fänge bekommen, ist es vorbei. Dann sind Zeitreisende tot und so gut wie ausgestorben. Möglicherweise könnte er sogar Ereignisse der Geschickte verändern, und das hätte für alle Folgen. „Also erwartet man von mir", schlussfolgerte ich, „dass ich diesen Diego vernichte?" Er nickte: „Genau. Aber im optimalen Fall sollte das instinktiv funktionieren. Wenn nicht, musst du durchhalten bis dies eintritt, mehr Rat kann ich dir nicht geben." Plötzlich fing der Boden an zu beben, der Himmel verdunkelte sich und grelle blaue Blitze jagten über ihn. Am Horizont war eine nachtschwarze Gestalt zu erkennen und neben ihr alle möglichen Arten von Monstern, darunter gigantische Spinnen, Riesen, Schlangen, Chimären, Drachen und viele mehr. Sie bewegte sich in einem rasenden Tempo auf uns zu, ich war wie gelähmt, und meine Augen weiteten sich. Eine Chimäre stürzte auf mich, doch als das Wesen mich berührte, zuckte ein goldenes Licht durch mich, welches, als es die Schattenfigur berührte, diese zu Staub zerfallen ließ, kurz nachdem die goldene Flamme sie verbrannte. Wow, was war das? Doch ich hatte keine Zeit, länger über diese Frage nachzudenken, weil sich mehrere Wesen augenblicklich auf mich stürzten. Irgendwie schaffte ich es, ihren Angriffen auszuweichen, und sie durch meine Berührung zu Staub zerfallen zu lassen. Wo hatte ich gelernt zu kämpfen? Mein Blick schweifte zurück zu der nachtschwarzen Gestalt, die sich nicht zu beteiligen schien, mich aber nie aus den Augen ließ und jede meiner Bewegungen beobachtete. Sie bewegte sich langsam in meine Richtung und ich rannte auf die Gestalt zu, dabei so viele Schattenmonster vernichtend wie möglich. Wenige Meter voreinander kamen wir beide zum Stehen und die Gestalt zückte ihr Schattenschwert. Ich versuchte dem ersten Angriff auszuweichen, war dabei allerdings zu langsam und ihr Schwert schnitt in meine Stirn. Ich spürte warmes, rotes Blut meine Haut hinunter laufen, und in diesem Moment fühlte es sich an, als würde mein Körper auf Autopilot schalten. Ich wich ihren nächsten Angriffen geschickt aus, und schaffte es, einige Gegenattacken zu landen. Sie holte noch einmal aus, doch diesmal schaffte ich es, die Waffe mit meinen Händen festzuhalten. Ich ignorierte den Schmerz des Schwertes, das sich tief in meine Handflächen grub, und schaffte es, ihr das Schwert zu entreißen. Es flog in hohem Bogen gegen einen Felsen, wo es in Bruchstücke zerbrach. Ein markerschütternder Schrei ging von jedem einzelnen der Schattenwesen aus und alle von Ihnen zerfielen zu Staub. Ich bekam die Kontrolle über meinen Körper zurück, mir war schwindlig und alles drehte sich. Erschöpft fiel ich zu Boden, wo meine Sicht immer undeutlicher wurde. Schließlich wurde es schwarz um mich herum und still. Totenstill. Ich öffnete meine Augen und blickte um mich. Der Raum kam mir sehr bekannt vor und ich realisierte, was passiert war. Bei genauerem Hinsehen bemerkte ich, dass ich mich wieder Im Archiv der Bücherei befand. Ich richtete mich auf und blickte auf mein Smartphone Es waren ungefähr fünf Minuten vergangen, seid ich nach unten gekommen war. Doch die Frage, ob die Zeitreise real gewesen war, blieb unbeantwortet. Also nahm ich die neuen Bücher unter meinen linken Arm, verließ das Archiv und schloss die Türe ab. Während ich die Treppen hinaufstieg, durchzuckte mich ein kurzer Schmerz und instinktiv fasst ich an meine Stirn. Eine neue kleine Narbe befand sich darauf …

Jasmin Weh
Staatliche Realschule Bobingen, Klasse 9d

Abenteuer im Amsaland

Ich bin Benny und wohne in Deutschland. Mein bester Freund ist mein Hund Fassel.
Ich erzähle euch eine Begebenheit, die uns passiert ist und die ich kaum glauben kann – hätte ich sie nicht selbst erlebt.
Ich bekam von meiner Mutter morgens den Auftrag, mit meinem Hund spazieren zu gehen. Es war noch recht früh, so gegen 8 Uhr morgens. Über den Wiesen hing eine weiße Tauschicht und tauchte die Umgebung in eine magische Stimmung.
Wir gingen in den Wald, wo Fassel plötzlich eine schwarze Katze sah und sie wild jagte. Ich rannte hinterher.

Flink sprang die Katze in einen ausgehöhlten Baum. Fassel hinterdrein. Ich blickte in das Loch im Baumstamm und sah weder die Katze noch meinen Hund.

Ich stutze. Hörte ich da nicht etwas? Ein Bellen? „Fassel?!", rief ich vor Angst um ihn. Um mich herum war es schwarz, als ich in das Loch trat und im selben Moment schon gar keinen Halt mehr hatte. Ich stürzte in die Tiefe!

Plötzlich leuchtete unter mir ein Lichtpunkt auf. Das Licht wurde immer größer, und wie durch ein Wunder landete ich einigermaßen sachte in einem Haufen von Heuballen.

Und neben mir bellte mein Hund und schleckte mir das Gesicht ab.

Mit dem Rücken im Heu liegend blickte ich nach oben. Der Himmel sah irgendwie anders aus, es roch auch anders und über mir schwebten seltsame grüne Wesen mit riesigen Köpfen. Fassel war zum Glück immer noch neben mir, aber meine reale Welt mit dem Wald und den Tauwiesen war verschwunden.

Da schwebte ein Wesen zu mir herab und begrüßte uns freundlich: „Hallo und willkommen in Amsaland. Ich hoffe Sie hatten einen angenehmen Flug und Sie sind gut gelandet. … Ich heiße Frieder und bin auf dem Weg zur Arbeit. Ich bin Amsazist und habe gleich Dienst."

Ich stammelte: „Äh, … freut mich, Herr Frieder. Ich bin Benny und das ist mein Hund Fassel. … Irgendwie … bin ich hier gelandet …"

Mein Gegenüber nickte verständnisvoll und besorgt zugleich. Fassel ließ sich von diesem Fremden sogar die Ohren kraulen (das lässt er normalerweise bei Fremden nicht zu!). „Du kommst wie gerufen. Amsaland braucht dich und deinen Hund! Wir haben ein Problem hier und das im Jahr 2050. Wie konnte uns so etwas passieren! Unser wertvollster Stein, ein magischer Stein, der unseren Einwohnern hilft, fliegen zu können, wurde gestohlen. Wir werden immer schwächer, unsere Flugenergie wird weniger …" Traurig ließ Frieder seinen großen Kopf hängen. Doch dann sah er mich übermütig an und schnippte dreimal mit seinen Fingern. Auf einmal schwebten Fassel, ich und Frieder in der Luft.

„Folget mir!", rief Frieder. „Ich zeige euch unser wunderschönes Land."

Ich kam aus dem Staunen nicht mehr heraus. Erst jetzt - so von oben - fiel mir auf, dass wir uns in einer großen Stadt befanden. Eine Wiese mit Heuballen lag mittendrin. Drumherum gab es riesige bunte Häuser, berankt mit Türmchen und wilden Pflanzen. Es gab hier keine Autos, Busse oder Züge, sondern die Amsaländer flogen in langen Flugbahnen durch die Stadt. Es roch nach frischem Sommerregen, so ganz anders als in den Städten, wo ich schon gewesen war. Auch die Luft und das Licht fühlte sich anders an, weicher, wärmer.

Mein Hund und ich folgten Frieder auf seiner Bahn. Das Fliegen war überhaupt nicht anstrengend und machte Riesenspaß. „Aber, was ist genau passiert? Dieser magische Stein, was ist das für ein Stein? Und wie kann ich, ein 9-jähriger Junge mit einem kleinen Hund den Amsaländern helfen? Und wir sind in einer anderen Zeit? In der Zukunft? ..." Diese Gedanken schwirrten mir im Kopf herum, während ich dieses atemberaubende Erlebnis zu Fliegen in mir aufnahm.

„Jetzt bereit machen zur Landung!", hörte ich auf einmal Frieder rufen. Wie von Zauberhand wurde mein Flug abgebremst. Automatisch stellte ich meine Beine nach vorne und landete auf allen Vieren neben meinem Hund im Heuhaufen.

„Juhuu, das hat Spaß gemacht!", jubelte ich und Fassel bellte bestätigend. Doch da kamen mir wieder meine Fragen in den Sinn.

Frieder nickte mir zu und lehnte sich an einen Heuballen. Sein Gesicht trübte sich und leise begann er zu erzählen: „Ja, das Fliegen ist etwas Besonderes, und wir Amsaländer leben dafür. Wir haben unsere ganze Stadt danach ausgerichtet. Der magische Stein ist unser Schatz. In diesem Stein liegt das ganze Land, obwohl er nur so groß ist wie ein Tennisball. Er verleiht uns Zauberkräfte. Nun hat ihn ein Erdling geklaut und mit in den finsteren Wald genommen. Wir Amsaländer kommen da leider nicht hinein. Nur ein Wesen von der Erde kann uns da helfen und den Stein zurückholen. Also, Benny, wir brauchen dich und Fassel! Du bist mutig und klug ... Wenn du uns nicht hilfst, nicht auszumalen ... wird der Schrecken über uns kommen ... alles vernichten. All unsere Freude und Energie wird schwarz und ausgelöscht ... alles vernichtet ..."

„Ich helfe Amsaland", hörte ich mich antworten. „Warum nur sage ich das?", fragte ich mich selbst. „Ich bin doch gar nicht mutig."

Laut fragte ich Frieder: „Wie kann ich den Stein erkennen? Wo genau kann ich ihn im Wald finden? Und wer ist dieser Mensch?"

„Ich zeige dir den Eingang zum Wald. Du musst nach einem smaragdfarbenen Edelstein Ausschau halten. Dein Hund kann ihn erschnüffeln. Er riecht nach einer Mischung aus Lava-Feuerstein und Lavendel. Er ist rund und eckig zugleich und wenn du dir nicht sicher bist, dann frage den Stein, während du ihn in der Hand hältst. Frage: Bist du der Stein von Amsaland? Als Zeichen wird eine Schrift aufleuchten mit den Zeichen von Amsaland. Alles andere wirst du selbst herausfinden. Los, wir haben keine Zeit zu verlieren."

Frieder schnippte wieder, und auf der Stelle stiegen wir zwei Meter in die Luft und dann nochmal ein paar Meter und noch ein paar bis wir in unserer Flugbahn waren und über die Stadt flogen. Etwa dreißig Minuten, sagte mir meine Armbanduhr. Das war so ein cooles Gefühl zu fliegen, auch wenn mir etwas mulmig war vor dem, was uns noch erwarten würde.

Schließlich konnte ich vor uns einen dunklen, unheimlichen Wald erkennen. Dicht gefüllt mit schwarzen Tannen.

Frieder winkte uns zu, während er an Höhe verlor. „Hier ist der Wald. Wir Amsaländer können zwar weit hineinsehen mit unseren großen Leuchtaugen, aber betreten oder befliegen können wir ihn nicht."

Kaum waren mein Hund und ich gelandet, wünschte uns Frieder noch eilig viel Glück und zack war er weg. Verdutzt sah ich mich um. Da, eine Katze! Eine schwarze Katze! Die schwarze Katze!

Fassel jagte los, ich hinterher. Anfangs mit klopfendem Herzen und schweren Beinen. Doch je mehr wir liefen, wurden wir etwas langsamer und mein Körper entspannte sich zunehmend. Der Wald kam mir vertraut vor, auch wenn er dunkel und geheimnisvoll auf mich wirkte. „Im Wald kenne ich mich aus", dachte ich mir und redete mir selbst Mut zu: „Mein schlauer Hund ist bei mir. Die schwarze Katze hilft uns … Ich darf den Amsaländern helfen …

Nach wieder einer halben Stunde raschen Schrittes, blieben Katze und Hund stehen und spitzten die Ohren. Ich hielt den Atem an. Wir vernahmen ein Rascheln. Fassel knurrte kaum hörbar. Doch dann blieb es still. Fassel legte sich auf den moosigen Grund. Die Katze kletterte auf leisen Pfoten den Baum hoch. Ruhten sich die Tiere nun aus? Legten sie sich auf die Lauer? Keine Ahnung.

Plötzlich ein erneutes Rascheln. Dann war es wieder still. Fassel spitzte die Ohren und nahm eine Witterung auf. Nun folgte er einer unsichtbaren Spur, die schwarze Katze mit etwas Abstand und ich versuchte, so unauffällig wie möglich zu folgen.

Da blieb mein Hund vor einer schwarzen Holzkiste stehen, die von Efeu berankt kaum sichtbar war. Mit zittrigen Händen hob ich den Deckel hoch. Die Kiste ließ sich erstaunlicherweise leicht öffnen. Ein bunter Regenschirm lag drinnen. Neugierig öffnete ich ihn. Da war ein Etikett dran, darauf stand in leuchtender Schrift: „Stelle dich unter den Schirm, nenne deinen gewünschten Ort und du wirst dich dort wiederfinden."

„Denkst du, man kann sich auch eine Person als Ziel wünschen?", fragte ich meinen Hund. „Ach, probieren wir es aus.", sagte ich mutig, nahm

Fassel unter den Arm, stellte mich unter den geöffneten Schirm und sprach: „Bringe mich zu demjenigen, der den wertvollsten Stein von Amsaland gestohlen hat." Ich sah noch, wie die Katze zu mir unter den Schirm gesprungen kam. Plötzlich drehte sich alles um uns. Fassel bellte und wedelte mit dem Schwanz. Schneller und schneller drehten wir uns, bis es plötzlich einen Ruck gab und wir uns auf einer Lichtung wiederfanden. Um uns herum dunkler, dichter Wald. Kein Mensch offensichtlich zu sehen. Leise drehte ich mich auf der Stelle.

Fassel nahm wieder eine Spur auf und lief zielstrebig auf einige bedrohlich wirkende Büsche zu. Ich nahm all meinen Mut zusammen und spitzelte hinter meinem Hund in das Buschwerk: Vor uns lag ein Lager. „Da hat sich doch jemand ein Lager gebaut!", entfuhr es mir voller Staunen. Weit und breit war jedoch niemand zu sehen. Vorsichtig durchsuchten wir Lager und Umgebung, aber fanden nichts als ein paar Decken und Seile. Aus den Seilen bauten wir eine Falle am Eingang des Verstecks. Ich legte die Seile so, dass sie sich zusammenschnürten wenn man hineintritt. „Na, was meinst du, Fassel, ist das eine gute Falle?", fragte ich ihn stolz. Die schwarze Katze beobachtete alles in einiger Entfernung auf einem Ast sitzend. Ihre grünen Augen leuchteten im Dämmerlicht. Langsam wurde es Abend. Mein Hund und ich versteckten uns im Gebüsch neben der Falle.

Kaum hatte sich mein Atem etwas beruhigt, bemerkte ich, wie Fassels Körper sich plötzlich anspannte. Kaum hörbar knurrte er warnend. Da kam ein großer, stämmiger Mann angelaufen. Er trat in die Falle! Das war unser Moment! Im selben Moment sprangen wir aus dem Gebüsch und die Katze auf das Gesicht des Mannes. Dieser war so verwirrt und erschrocken, dass ich ihn mühelos fesseln konnte.

Dabei entdeckte ich eine kleine Tasche, aus der ein smaragdgrünfarbener Stein herausschimmerte. Der Amsastein! Ich griff nach dem Schatz. Ich schaute ihn ungläubig an. Der magische Stein in meiner Hand. Ich kann den Amsaländern helfen!

Ich fühlte mich auf einmal unbeschreiblich glücklich und erleichtert. Da blinkte der Stein auf, und ich sah die Zeichen, von denen mir Frieder erzählt hatte.

„So, diesen Stein bringen wir wieder zurück an seinen Platz und dich ins Gefängnis", hörte ich mich selbstbewusst sagen. Fassel wedelte mit dem Schwanz. So brachten wir den unbekannten Dieb hinaus aus dem Wald, wo Frieder schon auf uns wartete. Da kam ein großer roter Drache vom Himmel gestürzt und landete elegant neben uns auf der Wiese. Auf ihm flogen wir alle mitsamt Katze und Hund zurück in die Stadt.

Auf dem Rücken des Drachens erklärte Frieder: „So ein Prachtstück wie diesen Drachen hat nur die Polizei, Feuerwehr oder der Rettungsdienst."
Wir landeten vor der Polizeiwache, wo wir den Verbrecher, der sich als Malz herausgestellt hatte, ins Gefängnis warfen. „Ein Malz ist im Übrigen ein Zwerg, der sich als in einen Riesen oder Menschen verzaubern wollte und dabei böse Kräfte heraufbeschworen hat", wurde mir erklärt.
Den magischen Stein brachten wir zurück in den Wassersafe im Amsapark, wo sich die Katze von uns verabschiedete.
Noch einmal drehten wir – Frieder, Fassel und ich – eine Runde über der Stadt, landeten auf den Heuballen und ich wusste, dass das Abenteuer im Amsaland ein gutes Ende nehmen würde. Frieder verabschiedete sich mit einem freundlichen Augenzwinkern und durch einen Schnipp zauberte er mich und Fassel in meine reale Welt zurück in den Wald von Grünenbaindt, wo ich mit Fassel Gassi gehe, den Morgentau betrachte und feststelle mit einem Blick auf meine Armbanduhr: „Acht Uhr. Die Zeit in der langen Zeit unserer Abwesenheit in Amsaland ist nicht weitergelaufen."

Elias Johannes Kratzer
Grundschule Dinkelscherben, Klasse 4b

Die riesige Seifenblase

„Miezi, komm! Essen ist fertig!", rief ich Elena, meiner Katze, zu. Als ich merkte, dass sie nicht kommt, ging ich zu ihr, nahm sie auf den Arm und ging in Richtung Fressnapf, als plötzlich eine riesige Seifenblase auftauchte. Das fand ich etwas merkwürdig, weil die Seifenblase größer war als ich. Trotzdem sprang ich mit Miezi auf dem Arm durch die Seifenblase, als es passierte. Auf einmal merkte ich, dass ich nicht wieder auf dem Boden landete – und überall sah ich Bilder von mir, meiner Katze, meinen Eltern und meinem zweiten Geburtstag. Nach einer Weile bemerkte ich, dass ich meine Gedanken und Erinnerungen sah. Dann spürte ich Boden unter meinen Füßen. Ich wusste nicht, wo ich war. Doch eines war klar, es war die Vergangenheit. Ich bemerkte es daran, dass alle Leute sehr schick angezogen waren, dass sie keine elektronischen Sachen hatten und kein einziges Auto in Sicht war. Ich ließ meine Katze herunter und gab ihr zur Beruhigung ein Leckerli, das ich zufälligerweise noch in meiner Hosentasche hatte. Ich stellte mir die Frage, wie ich zurück in meine Zeit komme. In dem Moment kam mir ein super Gedanke, und zwar, dass wir einfach so zurückgehen, wie wir gekommen waren. Jetzt war nur noch die

Frage, wo wir eine riesige Seifenblase herbekommen. Ich dachte mir, dass ich dafür erst einmal wissen müsste, in welchem Jahr ich war. Also ging ich zu einer Frau und fragte: „Hey, welches Datum ist heute?" Die Frau guckte mich erschrocken an und blieb wie angewurzelt stehen. Dann fiel es mir ein: „Entschuldigung, ich meinte, natürlich: Könnten sie mir netterweise sagen, welches Datum wir heute haben?" Ich kam mir dabei etwas hochnäsig und altmodisch vor, trotzdem sagte mir die Frau das Datum: „Heute ist der 18.11.1875." Ich rannte, ohne zu wissen, wo ich hingehe, loß und schrie: „Danke! Ehh, ich meine: vielen Dank." Wie eingefroren blieb ich stehen. Ich merke, dass ich meine Katze vergessen hatte. Ich rannte zurück, nahm sie auf den Arm und lief wieder weg. Ich sah mich um und sah eine Wäscherei. Ich dachte mir, dass es dort bestimmt Sachen zur Herstellung von Seifenblasen gab. Es war sehr nützlich, dass wir uns letztens in Biologie angeguckt hatten, wie man Seifenblasen herstellt. Da ich draußen war, besorgte ich mir erst einmal ein paar Stöcke. Von ihnen suchte ich mir die zwei besten aus. Ich lief zur Wäscherei hinüber. Als ich drinnen war, sah ich mich nach Schildern um. Ich konnte zwar ein paar sehen, aber es war sehr schwer, sie zu lesen. Sie hatten eine sehr alte und verschnörkelte Schrift. Zum Glück konnte ich ein Schild entziffern, darauf stand: „Waschraum". Dort angekommen, suchte ich nach Seife und fand Seife, jedoch keine Flüssigseife. Ich steckte sie ein und ging in den nächsten Raum. Dort fand ich einen Kanister mit Wasser. Ich versuchte, ihn unauffällig in den Trockenraum zu schmuggeln. In diesem Raum versuchte ich, eine Wäscheleine herunterzureißen. Ich wusste, dass es keine gute Idee war. Ich tat es aber trotzdem. Auf einmal rief irgendjemand: „Hallo, ist da wer?" Ich rannte, so schnell ich konnte, aus der Halle und suchte hinter einem verlassenen Haus Schutz. Glücklicherweise war der Supermarkt von dort aus nicht weit entfernt. Diesmal ließ ich meine Katze allerdings draußen, weil ich im Nachhinein bemerkte, dass es sehr schwer war, mit einer Katze auf dem Arm einen Wasserkanister zu tragen. Ich ging hinein, nahm den Zucker mit und verschwand so schnell wie möglich wieder. Ich nahm meine Katze und ging zurück hinter das verlassene Haus. Auf dem Weg dorthin sah ich einen spitzen Stein. Ich dachte mir, dass er gut dafür wäre, die Seife klein zu hacken und nahm ihn mit. Hinter dem Haus fing ich an, die Seife kleinzuhacken. Es fühlte sich wie drei Tage an, die Seife kleinzuhacken. Ich gab sie nun in den Kanister und den Zucker auch. Dann nahm ich den Kanister und schüttelte ihn. Als Nächstes band ich die Schnur an die Stöcke in der Hand und tunkte die Schnur in die Seifenblasenmischung ein. Ich drehte mich, und es entstand eine riesige Seifenblase. Ich nahm Miezi und sprang hinein. Zum zweiten Mal heute sah ich meine Gedanken und Erinnerungen. Ich landete auf dem Boden. Ich war sehr glücklich und auch gleichzeitig etwas traurig, dass das Abenteuer jetzt vorbei war.

Lilli Brzovic
Staatliches Gymnasium Königsbrunn, Klasse 6c

Das Gespräch mit der Vergangenheit

Olivia:	„Hallo, ich bin Olivia. Und wie heißt du?"
Katrina:	„Hey! Ich bin Katrina. Wie geht es dir so?"
Olivia:	„Mir geht es super! Ich hätte eine Frage. Und zwar, wie war es in den 90er-Jahren? Was habt ihr so im Alltag alles gemacht, und war es anders wie in der jetzigen Zeit?
Katrina:	„Puh … da habe ich wohl sehr viel zu erzählen, aber ich fange ganz von vorne an. Es gab natürlich keine Handys. Und man konnte sich ganz einfach auch ohne Handy mit Freunden treffen. Es war auch sehr im Trend, Schlaghosen zu tragen. Das tollste war, dass es einen Gameboy gab."
Olivia:	„Ein Game…was?"
Katrina:	„Es gab Gameboys."
Olivia:	„Okay und was ist das?"
Katrina:	„Ein Gameboy ist wie ein Nintendo-Switch nur aus den 90ern."
Olivia:	„Ah, verstehe, hört sich cool an."
Katrina:	„Ja, das war es auch. Alle wollten einen haben, aber es konnte sich nicht jeder einen leisten. Die Musik damals war auch viel besser und es gab viele bekannte Bands, wie die Spice Girls oder die Backstreet Boys. Nach der Schule waren immer tolle Serien zum Anschauen und es wurde einem selten langweilig. Man konnte mit seinen Freunden auch so viel mehr als jetzt unternehmen. Es gab so viele Sachen, die man machen konnte und das ist nicht mal alles. Ich könnte stundenlang erzählen."
Olivia:	„Wow, das alles hört sich echt toll an. Und als du gesagt hast, dass man sich mit Freunden treffen konnte, ohne sich über ein Handy zu verabreden, war ich echt schockiert. Ich könnte das niemals schaffen, da ich mich oft verspäte, aber ich denke mal, dass es in eurer Zeit anders war?"
Katrina:	„Genau, in unserer Zeit hat sich kaum jemand verspätet. Aber wenn man sich heute trifft, kommt der eine überpünktlich und der andere dreißig Minuten zu spät."

Olivia:	„Ja, so ist es. Dankeschön für die Zeit, die ich mit dir verbringen konnte. Es hat mir sehr viel Spaß gemacht, mit dir zu sprechen."
Katrina:	„Bitteschön und ich bedanke mich auch. Ich bin froh, dass ich dir das alles erzählen konnte und dass es dich so interessiert hat. Dann sage ich mal tschüss!"
Olivia:	„Bitte. Und einen schönen Tag dir noch. Tschüss!"

Ipek Saglam
Staatliches Gymnasium Königsbrunn, Klasse 6c

Mein Erlebnis auf dem Mars

Wir schreiben das Jahr 2090. Ich wache auf und stelle fest, dass ich genau heute seit zehn Jahren auf dem Mars lebe. Schnell springe ich auf und ziehe meine Klamotten an. Ich will nach draußen und brauche dafür natürlich meinen Hightech-Raumanzug. Wally wartet schon ungeduldig auf mich. Er freut sich darauf, endlich mit mir Gassi zu gehen. Ach ja, ihr kennt mich ja noch gar nicht. Ich bin Nanomek, und Wally ist mein Roboterhund. Heute gehen wir Gassi, wo wir noch nie waren. Dort gibt es noch richtige Krater. In der Stadt wurden leider alle zugeschüttet oder noch viel tiefer ausgegraben. Zum Glück finde ich eine alte Ladestation, denn meine Luftflasche ist ziemlich leer. Nach kurzem Warten geht es weiter. Aber irgendwie ist mir komisch. Ich habe das Gefühl nicht allein zu sein. Ich bin mir sicher, dass ich beobachtet werde. Immer wieder sehe ich etwas Grünes aufblitzen. Das sind doch wohl nicht ... Nein! Die hätte man doch schon längst entdeckt. Ich gehe trotzdem weiter. Nach ein paar Schritten, entdeckte ich sie. Zwei grüne Augen, Ohren, Nase und Mund – einfach alles grün. Eigentlich will ich nicht schreien, aber ein lautes „AAHHH!" entfährt mir. Also waren es doch Aliens. Wir beide, Wally und ich, bleiben stehen. Mein Hund, schnüffelt begeistert. In der Hand des Aliens ist ein Korb und dieser zieht Wally magisch an. Wally zieht am Korb – der Alien hält ihn fest – Wally zieht stärker und ... Es passiert, was passieren muss. Wally leert den Korb aus. Das Fleisch, welches im Korb war, liegt auf dem staubigen Marsboden. Na toll! Ich schaue das Alien an und stelle erschrocken fest, dass es knurrt. Es ist richtig böse auf uns und wechselt seine Farbe in knallrot. Wally und ich drehen uns um und versuchen wegzulaufen. So schnell wir können, laufen wir nach Hause. Immer wieder drehe ich mich um, ob uns das Alien verfolgt. Voller Entsetzen stelle ich fest, dass es uns hinterherläuft. Schneller, denke ich, schneller! Beinahe hätte es uns eingeholt. Gerade noch rechtzeitig schaffen wir es, in die Stadt zu kommen. Sofort drücke ich auf einen der roten Alarmknöpfe, die man drücken muss, wenn man ein Alien gesehen hat. Das weiß hier in der Stadt jedes Kind. Sofort heult ein lauter Ton auf. Irgendwie scheint sich der Ton heute aber zu verändern. Verwirrt schaue ich mich um. Was geht hier vor sich? Die Stadt verschwindet, nein sie verändert sich. Erschrocken fahre ich hoch – mein Wecker klingelt.

Ich habe das alles nur geträumt! Ich schaltete ihn aus, gehe mich fertigmachen, um dann zur Schule zu fahren. Vielleicht wird mein Traum ja irgendwann Realität und ich entdecke ein Alien auf dem Mars, denke ich noch einmal schmunzelnd. Das wäre schon sehr verrückt!

Julian Lang
Dr.-Max-Josef-Metzger-Realschule Meitingen, Klasse 6c

Die Reise in die Vergangenheit

Ich wache auf und sehe eine Kette, an der eine Uhr hängt, auf meiner Kommode liegen: „Wie kommt die denn hier her?", frage ich mich. Ich nehme die Kette und ziehe sie an. Ich schaue sie mir an und bemerke, dass die Zeit nicht stimmt. Ich drehe an der Krone der Uhr und plötzlich verändert sich die Gegend ... ich bin nicht mehr zuhause, also zumindest nicht in meinem jetzigen Zuhause. Ich bin in unserer alten Wohnung und alles sieht aus wie früher. Ich gehe durch den Flur ins Wohnzimmer und bemerke, dass nur mein früheres Ich und meine Schwester zuhause sind, meine Mutter ist wohl arbeiten und mein Vater wohnt ja nicht mehr bei uns. Also gehe ich in mein früheres Kinderzimmer und sehe mein früheres Ich und meine Schwester spielen. Als sie mich sehen, fragen sie mich, wer ich bin und wie ich hier reingekommen bin. Ich erkläre ihnen alles und sage ihnen, dass wir jetzt genug Zeit haben, um etwas zu unternehmen. Sie freuen sich und wir gehen raus zum Spielplatz und spielen dort ein bisschen. Danach gehen wir Eis essen. Am Ende des Tages gehen wir zu unserer alten Wohnung und ich muss wieder zurück in die Gegenwart. Also verabschiede ich mich von ihnen und drehe wieder an der Krone der Uhr. Ich bin wieder in der Gegenwart. Es ist schon Abend und ich lege die Uhr zurück auf meine Kommode und gehe schlafen. Am nächsten Morgen schaue ich auf meine Kommode und die Uhr ist weg! Mein Leben geht ganz normal weiter.

Esila Nisa Öz
Mittelschule Gersthofen, Klasse 8a

Das Zeit-Durcheinander

Es war ein wunderschöner Sommertag und ich lag in meiner Hängematte. Ich war ein bisschen müde vom anstrengenden Schwimmtraining, da entdeckte ich eine interessante Metallkiste, die ein bisschen wackelte. Ich war sofort hellwach, denn ich wusste genau, was es war: Es war eine Zeitkapsel!
Ich rannte sofort hin, drückte auf den Knopf „Dinozeit".
Einen Moment später ging die Tür wieder auf und ich sah in das weit geöffnete Maul eines T-Rex.
„Nein", diese Zeit war wirklich nichts für mich. Also drückte ich schnell auf irgendeinen Knopf.
Als die Tür wieder aufging, war ich in einer riesigen Höhle, auch dieses Mal wusste ich sofort, in welcher Zeit ich war. Ich war in der Jungsteinzeit. Zögernd trat ich aus der Zeitkapsel und sah mich um. Ich staunte ordentlich, als ich überall Felsenmalereien sah. In einer Ecke sah ich einen uralten Menschen, der gerade Teile eines Mammuts aß. Schnell lief ich zu ihm, da sagte er: „Mongu de treseka." Zum Glück hatte ich mir erst vor einem Tag eine „Deutsch-in- Steinzeit-Sprachentabelle" gekauft, deshalb wusste ich, was er sagte. Er fragte: „Wer bist du?"
Ich antwortete: „Reltuda de nistira." Das bedeutet: „Ich bin Romeo."
Wir erzählten uns noch viele Geschichten.
Da merkte ich, dass ich Hunger hatte, also teleportierte ich mich nach Hause und aß erst mal ein paar Pfannkuchen.
Ich dachte mir, falls ich das nächste Mal in eine sehr spannende Zeit gehen würde, sollte ich mir Ausrüstung mitnehmen. Also packte ich ein: meinen Teleskop-Laser-Stab, mein Laser-Zielrohr, dazu natürlich meine Super-Boost-Schuhe und meine Riesen-Laser-Gun.
Ich ging wieder in meine Zeitkapsel und drückte den Knopf „Zukunft". Und da ging die Tür wieder auf, ich war geblendet, weil ich noch nie so viele Laser gesehen hatte. Da merkte ich, dass ich in einer Laser-Tag-Arena war. Eine Laser-Tag-Arena ist etwas, in dem man nicht schädliche Laser-Pistolen bekommt und dann aufeinander schießt. Wie gut, dass ich zu Hause einen Laserparkour habe. Deshalb wich ich allen Lasern geschickt aus. Ich duckte mich aus der Schussbahn und sprang in ein Portal, dass sich direkt vor mir öffnete. Als erstes atmete ich tief ein, dann bemerkte ich plötzlich, dass ich keine Luft mehr bekam und ich direkt ohnmächtig wurde. Als ich wieder aufwachte, steckte ich in einem großen schweren Anzug, einem Raumanzug. Ich sprang ein bisschen in die Luft und ich flog fünf Meter weit. Nochmal sprang ich ein bisschen hin und her, oder

vielleicht doch ein bisschen länger, auf jeden Fall war ich vier Stunden beschäftigt. Als ich fertig war, ging ich in eine große, gruselige Höhle. Da spürte ich etwas Scharfes am Hals und eine gruselige, aber sehr computerhafte Stimme sagte: „Ich gebe dir eine Aufgabe, und wenn du diese nicht löst, dann kannst du dein Leben vergessen."

Die Aufgabe lautete: „Drei mal sechzig Meter sind ja bekanntlicherweise 180 Meter. Du musst es schaffen, so hoch zu springen und wenn du ganz oben bist, musst du eine ein mal ein Millimeter große Blume abschießen."

Also zog ich meine Super-Boost-Schuhe an und schob mein Laser-Zielrohr auf die Riesen-Laser-Gun und sprang die 180 m in die Luft und – schoss daneben. Ich hörte ein grausames Lachen: „Har-har-har, also du wolltest es so! Also, wie möchtest du sterben? Es gibt ersticken, ertrinken, erschlagen, verhungern, verdursten und erschießen." Ich wollte gerade wegrennen, aber ich konnte nicht, denn ich steckte in einem Käfig. Aber zum Glück war der Käfig meine Zeitkapsel. Erleichtert drückte ich den Knopf: „Jahr 2024".

Aber was war das? Ein rotes Lämpchen leuchtete auf. Eine Stimme sagte mir, dass die Batterie nicht mehr für diese Teleportation reiche. Ich überlegte, zog kurzerhand meine Lampe aus der Hosentasche und nahm die Batterien heraus. Die Batterien steckte ich in das Batteriefach der Zeitkapsel.

Auf einmal fand ich mich in dem Jahr 2024 wieder. Puh, zum Glück war ich gerade noch davongekommen.

Romeo Wüchner
Grundschule Altenmünster, Klasse 4b

Die Zeitreise ins Mittelalter

Ich war einmal auf einem Flohmarkt. Ich fand da für fünf Euro einen hübschen Spiegel, also habe ich ihn mir gekauft. Als ich wieder zu Hause war, habe ich mir den Spiegel aufgestellt und habe dann auf meinem Handy Tiktok geschaut. Es wurde spät und ich wurde müde, also beschloss ich, schlafen zu gehen. Doch plötzlich wachte ich auf, weil da so ein grelles Licht war. Dann habe ich gesehen, dass der Spiegel grell leuchtete. Ich stand auf und ging zu dem Spiegel hin. Ich fasste den Spiegel an und dann ging meine Hand plötzlich durch das Spiegelglas hindurch, wie bei einem Portal. Ich zog meine Hand aus dem Portal. Ich hatte Angst. Aber ich habe meinen Mut zusammengenommen und schritt durch den Spiegel. Auf einmal sah alles so alt aus. Ich drehte mich um, und da sah ich, dass der Spiegel auf einmal weg war. Dann bemerkte ich erst, dass alles so mittelalterlich aussah, die Leute, die Stadt, alles! Ich war sehr geschockt und musste erst damit klarkommen, dass ich im Mittelalter gelandet war. Voller Angst lief ich herum. Ich sah viele Bauern, ich sah auch wie ein Tier geschlachtet wurde, ich musste sogar auf einem Feld arbeiten und musste wie ein Bauer leben, es war schrecklich. Zum Glück wusste ich viel vom Mittelalter. Ich sah Ritter, reiche Kaufleute, eine Burg, ein Kloster, eine Kirche und alles Typische, was man im Mittelalter finden konnte. Dann kam ich irgendwann in einer Gasse an. Ich wollte mein Handy benutzen, aber mein Handy lag in meinem Zimmer. Ich lief durch die Gasse und sah, dass da ganz viele kranke Leute waren. Voller Schrecken bemerkte ich, dass hier die Pest hauste. Ich erkannte das an den schwarzen Beulen und an dem Blutspucken, denn darüber hatte ich im Geschichtsunterricht gehört. Also bin ich schnell aus der Gasse rausgerannt. Zum Glück hat mich die Pest nicht erwischt. Ich lief weiter und dann sah ich plötzlich den Spiegel, mit dem ich hierhergekommen war. Ich rannte zum Spiegel hin, berührte ihn mit meiner rechten Hand und schlüpfte durch den Spiegel wieder in mein Zimmer. Kurzentschlossen zerstörte ich den Spiegel. Später dachte ich mir, dass es im Mittelalter schlimmer war, als man denkt. Ich habe mich in mein Bett gelegt und habe mir gedacht, dass ich froh bin, noch am Leben zu sein. Und dann schlief ich ein.

Julia-Katharina Radat
Mittelschule Schwabmünchen, Klasse 6ag

Meine Geschichte in der Zukunft

Ich bin in einem Lufttaxi gefahren. Und ich habe Tiere gesehen, die ihre Farbe wechseln können. Es gab einen Roboter, der das Essen bringt. Einen Roboter, der das Zimmer aufräumt. Ich bringe Frieden überall. Ich lebe nachhaltig. Ich bin wieder zurückgekehrt.

Raphael Weyreter
Helen-Keller-Schule Dinkelscherben, Klasse 2d

Andere Seite der Zeit

Vor circa 50 Jahren kam Neil Armstrong auf den Mond.
Alle schrien zusammen, die machen das schon.
Auf dem Mond, sie trotzen der Kälte,
das ist nichts, was die Astronauten „abhälte".
Heute gibt es Vögel wie den Elon Musk.
Er war schon auf vielen Kontinenten Aber nicht auf dem Mars.

Da kam Ihm die Idee vom Flying–Tesla.
Auf dem Weg zum Mars, wie in Italien mit der Vespa.
Als nächstes brauchen wir Geschwindigkeit,
um zu kommen auf die andere Seite der Zeit.
Laut Einstein müssen wir schneller sein als das Licht,
ein Brechen der Schallmauer reicht da nicht.
Wenn wir sind auf der anderen Seite der Zeit,
dann sind hoffentlich alle bereit,
für eine neue Zukunft der Welt,
die uns sicher Allen gefällt.

Lilli Tamms und Matilda Treichel
Justus-von-Liebig-Gymnasium Neusäß, Klasse 5e

Zeitsprung zum Ersten Weltkrieg

Es war ein ganz normaler Samstag. Doch wie aus dem Nichts tauchte ein Portal vor mir auf und ich wurde hineingesaugt. Dieses Portal führte zum Ersten Weltkrieg. Da war ein braunes Pferd mit einem weißen Fleck auf der Stirn. Es lief weg und ich rannte hinterher. Der Punkt wurde bei Vollmond zum Horn. Durch das Horn konnte das Pferd sprechen. Das wusste ich bis dahin nicht. Doch eines Vollmonds sah ich es. Und seitdem wollten wir den Ersten Weltkrieg verhindern. Wir redeten mit den Menschen. Ich sagte: „Es ist keine Lösung zu kämpfen. Ich weiß nicht, wie ihr auf diese Idee kommt." So beendeten wir den Ersten Weltkrieg. Wie aus dem Nichts erschien das Portal wieder und ich kam mit dem Einhorn nach Hause.

Emma Sutter
Grundschule Untermeitingen, Klasse 2a

Ein Zeitsprung

Ein Zeitsprung
wenn ich einen machen könnte
würde ich zu dem Zeitpunkt zurückreisen
an dem du noch da warst
an dem ich dir noch sagen konnte wie lieb ich dich habe
mit meinen Problemen zu dir kommen konnte
und du mir zugehört hast und mir Ratschläge gabst
zu dem Zeitpunkt an dem ich gute Noten mit nach Hause brachte
und du stolz auf mich warst

zu dem Zeitpunkt an dem ich dich noch in den Arm nehmen konnte
zu dem Zeitpunkt an dem noch alles gut war
doch jetzt - nichts
du bist nicht mehr da
und ich konnte dir nicht mehr sagen wie lieb ich dich hab
wie sehr ich dich jetzt vermisse
wo ich dich nie wieder sehen kann
nie wieder zu dir kommen kann
und nie wieder deine Stimme hören kann
ich vermisse dich
und ich wünschte du wüsstest das

Annika Huber
Staatliche Realschule Zusmarshausen, Klasse 9e

Zerstörerischer Zeitsprung

Tagebuch des Professors
Tag 3
Heute fand ich in einem verlassenen Minenschacht von Südkorea einen seltenen Phyrosmaragd, welcher unendlich Elektrizität erzeugt und für meine Maschine die nötige Anzahl an Jahren zur Verfügung stellt.
Tag 67
Heute ist meine Zeitmaschine fertig geworden. Ich muss nur noch den Energie-Abnehmer und den Hersteller von künstlichem Sykro-Gas stabilisieren.
Tag 71
Heute wollte ich meinen Hund Nessie als Vorprobe an meine nun fertiggestellte Maschine lassen. Anstatt dass Nessie 24 Stunden in die Zukunft teleportiert wurde, schien alles um uns herum zwei Monate in die Zukunft gewandelt zu sein, nachdem eine Art Energie-Schockwelle aus meinem Gerät kam. In der Nacht entdeckte ich am Nachthimmel auf den Koordinaten X=203 Y=78 eine Art Riss. Ich habe mich erkundigt und festgestellt, dass sich so etwas nicht in der Datenbank der NASA findet.
Ende des Tagebuchs

Heute, zwei Jahre später am 11.07.2027
Die Risse kommen vermehrt vor und werden größer. Gestern wurde von Hackern offenbart, dass die NASA folgendes herausgefunden und vor der Außenwelt versteckt hat: Gegenstände & Lebewesen verschwinden bei

Kontakt vollständig. Fremde Materialien & Formen tauchen in unmittelbarer Nähe auf. Unbekannte Mächte & Energien werden abgestoßen. Heute haben nach der gestrigen Offenbarung die Politiker zugegeben, dass Menschen auftauchen, die sie nicht kennen. Diese Personen scheinen aus anderen Jahren bzw. Zeiten zu kommen. Auch Menschen und Tiere in unserer Zeit verschwinden spurlos.

2028

Jetzt ist klar, dass unser Universum sich auflöst. Die Zeit-Energie-Welle vor zwei Jahren hat dafür gesorgt, dass die Zeit instabil wurde, was wiederum eine Kettenreaktion verursacht hat. Es sind höchstens noch zwei Monate, bis unser Universum nicht mehr existiert. Einige meinen, man muss mit einer Rakete aus der Milchstraße raus, während andere sagen, man sollte durch einen der Zeitrisse in eine andere Dimension fliehen.

7 Wochen später

Mittlerweile werden den Menschen Raketen ins All angeboten. Alle wollen nur noch weg von der Erde. Einige reisen durch die Dimensionsrisse. Doch nun kommt das Ende des Universums: Keine Erdbeben, kein Massensterben, sondern viel erstaunlicher: Alle Planeten ziehen sich zusammen und verschmelzen und es entsteht der kleine Kern vom Moment vor dem Urknall. Die gesamte Energie eines Universums, gebündelt in einem Punkt kaum größer als ein Kirschkern. Hier beginnt der Neustart eines Universums…

Samuel Engel
Staatliches Gymnasium Königsbrunn, Klasse 6e

Zeitsprung ins Dinoland

Ich bin über tausend Jahre zurück gegangen und traf einen Dinosaurier. Der Dinosaurier brüllte mich an. Ich rannte wie der Blitz davon und fand auf der Flucht einen Freund, der mit Dinosauriern umgehen kann. Er wurde hier geboren und ist mit einem Dinosaurier aufgewachsen. Er beruhigte den Dinosaurier, der mich verfolgte durch Streicheln, und er hat mit ihm leise geredet. Ich habe gut zugeschaut und dabei gelernt, seitdem kann ich auch gut mit Dinosauriern umgehen. Zusammen gingen wir zum Fluss. Dort sahen wir sehr viele Dinosaurier und sogar ein Dinosaurier-Baby. Das Baby war in Gefahr, weil andere Dinosaurier es angriffen und es seine Mama nicht finden konnte. Es sah so hilflos aus, dass wir es durch ein Ablenkungsmanöver retteten und es mitnahmen. An einem sicheren Ort bauten wir ein Holzhaus mit Gehege für das

Dinosaurier-Baby. Wir lebten noch sehr lange zusammen in dem Holzhaus und erlebten viele Abenteuer mit unserem Dinosaurier-Baby.

Luis Dießner
Grundschule Untermeitingen, Klasse 2e

Die Legende des magischen Tors

Die Legende erzählt von einem magischen Tor in den Tiefen des tiefsten Waldes im Schutz der Bäume. Einst lebte dort ein mächtiger Magier friedvoll im Wald, doch die Menschen in den Dörfern nahe des Waldes fürchteten ihn wegen seiner Macht. Sie beschlossen, ihn zu vertreiben. So floh der Magier und erschuf ein Tor, das die Macht hatte, ihn durch die Zeit reisen zu lassen. Wenige mutige Menschen folgten ihm, doch ihre Seelen waren zu schwach und sie verloren sich in der Zeit. Seitdem sah man sie und den Magier nie wieder. Und die Geschichte wurde zu einer Legende. Niemand weiß, ob das Tor immer noch in dem Wald steht, in dem es einst erschaffen wurde.

Sara Köhler
Via-Claudia-Realschule Königsbrunn, Klasse 8c

Die Welt in 1000 Jahren

In der Schule ist es langweilig. Das weiß jedes Kind. So geht es mir auch oft. Gerade mache ich wieder einmal die Augen zu und verfalle meinen Tagträumen. Doch plötzlich dringt die Stimme der Lehrerin an mein Ohr: „Passt auf! Jetzt nehmen wir den Term und wandeln ihn in eine Summe um." Doch anstatt in der Schule die Augen aufzumachen, befinde ich mich mitten in der Stadt! Alles sieht anders aus! Auf einer Tafel lese ich: „Am 13.3.3023 große VR-Brillen-Show!" Ich kneife mich. Aber es ist wahr: Ich befinde mich im Jahr 3023: Der Umweltschutz hat sich durchgesetzt; und überall sind wieder saftige Wiesen und grüne Wälder. Aber es braucht auch keine Straßen mehr: Überall sind Portale und Teleporter aufgebaut. Sie sind nicht groß; nur so, dass gerade ein erwachsener Mensch hindruchpasst. Wenn man sich etwas bestellen will, muss man nur daran denken. Ein Headset sendet dann sofort eine Nachricht an einen Roboter der jeweiligen Firma. Das Geld wird automatisch überwiesen, denn es gibt eh nur noch die Währung Bitcoin. In Computerspiele kann man jetzt mit Headset und VR-Brille eintauchen. Wenn man das nicht will, kann man Computerspiele auch einfach so spielen. Gesteuert werden sie aber in beiden Fällen mit einem Headset. Es gibt nur noch Quanten-computer. Sie können die schwierigsten

Aufgaben in wenigen Sekunden lösen. Meistens sind sie in Roboter eingebaut. In Mathe sind sie besonders gut. Jeder Mensch hat eine kleine Fernbedienung, mit der er jederzeit z. B. das Sofa herholen oder es verschwinden lassen kann, usw. Auch Möbelstücke kann man damit verschieben. Telefone gibt es nicht mehr. Wenn man jemanden anrufen will, braucht man auch nur daran zu denken. Das Headset stellt die Verbindung her, ein Roboter bringt einen Bildschirm und schon kann man sogar mit Bild telefonieren. Doch woher weiß ich das überhaupt alles? Warscheinlich hat sich das Wissen jener Zeit in meinen Kopf übertragen! Aber wenden wir uns jetzt wichtigeren Dingen zu: Wie komme ich wieder zurück in die Schule? Womöglich muss ich für immer hierbleiben?! Vielleicht klappt es ja, wenn ich noch einmal die Augen zu und wieder aufmache? Und tatsächlich: Als ich die Augen zu mache, spüre ich im Bauch ein leichtes Kribbeln! Ich mache die Augen wieder auf; Und siehe da: Ich bin wieder in der Schule! Seit meiner Zukunftsreise ist keine Zeit vergangen! In der Pause erzähle ich es meinem Freund. Er will es mir nicht glauben, aber ich weiß: Es ist wirklich passiert!

Martin Groß
Leonhard-Wagner-Gymnasium Schwabmünchen, Klasse 5A

Zeitsprung?

Der Wecker klingelte. Wie ein heftiger Schlag in die Magengrube, fiel es mir wieder ein. Mein Desaster, mein Desaster, an dem ich schuld war, ich ganz allein. Aber ich fang noch mal von vorne an: Vor ungefähr einer Woche war meine beste Freundin in den Urlaub gefahren und hat mir ihren „Schatz" anvertraut. Dieser Schatz ist ein Papagei, der ihr wirklich alles bedeutet. Sie hatte ihn von ihrem Großvater bekommen, bevor er starb. Sie hatte ihm sehr nahe gestanden, und der Papagei hat für sie eine wirklich große Bedeutung. Jedenfalls sollte ich auf ihn aufpassen, und ich war mir eigentlich der großen Verantwortung bewusst. Aber irgendwie ist es passiert, dass ich ihn mal frei im Haus habe fliegen lassen und dabei eventuell ein Fenster offengelassen habe. Er ist mir entwischt. Ich habe wirklich überall nach ihm gesucht und jeden meiner Mitbürger gefragt, ob sie einen Papagei gesehen haben, der hier irgendwo herumschwirrt. Aber Fehlanzeige. Er war wie vom Erdboden verschluckt. Das Ganze ist jetzt zwei Tage her und ich bin wirklich am Verzweifeln. Wenn meine Freundin morgen zurückkommt, weiß ich nicht, ob unsere Freundschaft das aushält. Auf einmal fing ich an zu schluchzen, ich hielt diesen Stress einfach nicht mehr aus. Als ich versuchte, mich von den Tränen zu befreien und mit roten Augen in die Mitte meines Zimmers blickte, musste ich gleich noch einmal blinzeln. Da stand jemand. In der Mitte meines grasgrünen Teppichs. Ich schreckte zurück und rief: „Wer bist du? Was machst du in meinem Haus?" Die Person, ziemlich groß und dick, drehte sich um und lächelte mich mit leicht vergilbten Zähnen an. „Ich bin deine Lösung, mehr musst du nicht wissen." Bevor ich irgendwas darauf erwidern konnte, erklärte mir die Person, ich war mir nicht sicher, ob Mann oder Frau, dass sie mir helfen könnte, aus meiner schwierigen Situation zu entkommen. Ich weiß nicht warum, aber irgendwie bekam ich meinen Mund nicht auf, sondern starrte das Geschöpf nur an und bewegte mich kein Stück. Das Wesen sprach davon, wie es meine Verzweiflung schon aus weiter Entfernung gespürt hatte und das Gefühl hat, dass ich bereit wäre, seinen Preis zu zahlen. „Ich mache dir einen Vorschlag, hihihi, du kriegst deinen Papagei wieder, indem du einen kleinen Zeitsprung in die Vergangenheit machst und dein Badezimmerfenster schließt. Aber alles hat seinen Preis … Dein Leben wird danach eine Lüge sein …" Ich legte meinen Kopf schief und fragte: „Wie meinst du das: eine Lüge?" Er antwortete: „Naja, deine Freundin wird immer noch deine Freundin sein und dein Leben wird sich ganz anders entwickeln und es wird nicht real sein, damit musst du dann klarkommen. Ich komme heute um Mitternacht wieder, bis dahin musst du dich entschieden haben." Auf einmal war er weg und ich starrte wieder auf den leeren grünen Teppich. Was war das denn? War das real? Oder war ich gerade am Durchdrehen? Wenn das Angebot jedoch wahr war, würde ich es auf jeden Fall annehmen, egal wie bizarr es wirkte, einem fremden Wesen zu vertrauen, was auf einmal in meinem Schlafzimmer erschien. Ich musste irgendwie aus meiner Situation entfliehen, oder? Andererseits, wenn ich jetzt noch mal genauer darüber nachdachte: Was meinte es mit „eine Lüge leben"? Meinte es damit, nicht mehr seinen wahren Weg zu folgen? Bedeutete das, dass ich den leichten Weg nehmen würde und dieser Situation so entfloh, dass ich zwar etwas Schreckliches verhinderte, aber etwas in dem Sinne noch Schrecklicheres für mein wahres Schicksal getan hätte? Das ist nicht das, was ich will. Ich will keine Lüge leben, ich will meinem Schicksal nicht entkommen und es mir einfach machen. So funktioniert das irdische Leben nicht, wir müssen erfahren und lernen und dürfen nicht entkommen. Ist das eine Prüfung? Es ist doch nicht fair, dass ich so eine Chance bekomme und Leute, die in noch einer schlimmeren Situation stecken, einfach damit klarkommen müssen. Ich atmete tief durch und entschloss, das Angebot abzulehnen, für die Wahrheit, für die Fairness, gegen die Lüge. Als ich das in der Nacht dem Wesen erklärte, schaute es mich perplex an und sagte: „Wie, du willst mein Angebot nicht annehmen? Du weißt schon, dass du dann einfach deine beste Freundin behalten kannst, ohne Komplikationen?" Ich antwortete mit lauter und mutiger Stimme: „Ja, das könnte ich, aber das wäre zu einfach. Warum sollte ich meinem Schicksal entkommen können, während so viele Menschen viel mehr leiden als ich? Ich werde meinen Weg gehen, auch wenn es kein Zuckerschlecken wird." Das Wesen verschwand, einfach so, ohne ein Wort zu sagen. Ich brach in Tränen aus und legte mich ins Bett. Diese Entscheidung zu treffen, war für mich alles andere als leicht gewesen. Auch wenn meine Ansprache mutig und entschlossen gewirkt hatte, war ich kurz davor, zusammenzubrechen. Aber ich hatte das Richtige getan, tief in meinem Herzen wusste ich das. Niemand kann seinem Schicksal entfliehen, und niemand sollte es.

Junia Esch
Staatliches Gymnasium Königsbrunn, Klasse 10d

Zeitsprung zum Ende des Zweiten Weltkriegs

Hallo, ich bin Elias. Ich habe eine kleine Zeitmaschine und zwei Teleporter gebaut. In der Zeitmaschine ist ein Förderband, auf dem der Teleporter liegt. Leider passe ich nicht in die Zeitmaschine. Ich lasse einen Teleporter ans Ende des Zweiten Weltkriegs reisen und einen Sender, der mich über die Landung informiert. Dann reise ich nach. Hier sieht es aber chaotisch aus! Überall tote Menschen, kaputte Panzer und Flugzeuge und überall brennt es. Gas steigt auf.
Ich bin müde und will zurück nach Hause.

Elias Sergl
Grundschule Untermeitingen, Klasse 2a

Bob und Excalibur

Hallo, ich heiße Bob und ich will euch eine Geschichte erzählen.
An einem schönen Freitagabend in Zwergenhausen machte ich mich auf den Weg zum besten Pizzaladen der Stadt. Mein Freund Leon wartete schon am Eingang auf mich. Als ich angekommen war, betraten wir sofort die Pizzeria. Es roch schon beim Betreten der Pizzeria nach Pizza. Wir setzten uns an unseren Tisch und bestellten eine Pizza. Als die Pizza kam, fragte Bellocchio, ob wir noch Pizzias aus dem Restaurant-Keller holen

würden. Wir nickten beide und gingen in den Keller, um die Zutaten zu holen. Ich fand stattdessen eine alten Stab, er sah veraltet aus und darauf standen chinesische Zeichen und ich las sie vor: „???" Ich konnte sie lesen, weil ich mal in China gewohnt habe und ich die Sprache konnte. Im nächsten Augenblick erschien ein Portal und ich und Leon sind in Deckung gegangen. Wir warteten und nach einer Zeit guckte ich aus meinem Versteck raus und sagte: „Komm raus, das ist nur ein Portal!" „Nur ein Portal!", brüllte er. Ich ging aus meinem Versteck und sagte besserwissend: „Kuck, alles okay." Aber dann kamen aus dem Portal Hände und zogen mich hinein. Als ich aufwachte, saß ich vor einer einer Frau, sie sah aus wie eine Hexe. Sie hatte einen Umhang, der war blutrot und war mit Hörnern verziert. Neben ihr standen zwei Skelette mit Schwertern und Schilden. Plötzlich sagte die Frau: „Wo ist Excalibur?" Ich schaute sie an und fragte: „Was für ein Ding?" „Excalibur!", schrie sie. Ich erklärte ihr dann, dass ich noch nie etwas von diesem Ding gehört hatte, und dann wurde die Frau so wütend, dass sie mich in den Kerker geworfen hat. Ich regte mich auf, weil ich nichts getan hatte und wo bin ich und … Plötzlich schrie eine Stimme aus der Ecke: „Stopp, das nervt, hör auf zu reden und fahr mal einen Gang runter!" Ich atmete tief durch und fragte dann entspannt: „Wer bist du?" Er antwortete: „Ich bin ein Zwergenritter und komme aus Pilzhausen, und wer bist du?" Ich antwortete: „Ich bin Bob. Wo bin ich?", fragte ich. „Und weißt du was oder wer Excalibur ist?" Er sagte leise zu mir, dass früher Skelette und Zwerge in Hamoni …, aber als er weitererzählen wollte, kam ein Haken in die Wand und riss sie raus. „Hallihallo, ihr Turteltäubchen. Und habt es ihr da oben gemütlich?" Wir sprangen aus drei Metern in die Tiefe außerhalb der hohen Mauern. Unten stand ein kleinerer Zwerg als wir und wie sich herausstellte, war er richtig frech zu mir und meinem neuen Begleiter. Der sagte: „Punito, beruhige dich, sonst muss ich dich wieder in den Sack stecken und dich wieder loslassen und hierlassen!" „Nein, nein, bitte nicht!", sagte er. Wir liefen in den Wald und versteckten uns. Nach einer Weile kamen wir aus unserem Versteck raus und ich sagte dann: „Und jetzt?" „Komm, folge mir!", sagte Punito leise. Ich folgte ihm. Kurz vor Sonnenuntergang kamen wir an. Plötzlich kam ein Gang oder Tunnel aus der Erde und wir gingen hinein. Wir waren an einem schönen Ort und im Felsen steckte ein Schwert und der Zwergeritter sagte: „Versuche mal, das Schwert herauszuziehen." Ich versuchte es und zog mit voller Wucht daran. Ich schaffte es und alle schauten. „Er ist der Auserwählte", sagte der Zwergenritter, und er fragte: „Halt, du kommst aus Pilzhausen und du bist der Auserwählte. Dann musst du ja einen Zeitsprung gemacht haben. Halt, in welchem Jahr sind wir?" Ich antwortete: „Im Jahr 2398 und heute ist der 1.4." Der Zwergenritter schrie: „Nein, nein, das kann nicht sein." „Was kann nicht sein?", fragte ich. „Also du bist 1000 Jahre zurückgekehrt und in deiner Welt ist kein Krieg und du hast einen Riss in unsere Welten geöffnet." Er ging aus der Höhle und ich folgte ihm, aber plötzlich holte er ein Schwert aus der Erde und er sagte dann, dass wir die Burg stürmen würden. Als die Sonne erwacht war, waren wir an der Burg. Mein Freund sagte: „Attacke!" Er rannte auf die Burg zu, aber die Skelette lachten nur und sagten: „Ihr zwei gegen uns … hahahahahaha." Aber plötzlich ertönte ein „törö" aus einem Horn und hinter uns standen 10.000 Soldaten mit Schwertern und Schildern, Katapulten und Armbrüsten, und die Skelette riefen nur: „Mama, hol uns hier raus!" Und alle ergaben sich und es herrschte wieder Frieden. Am Abend sagte der Zwergenritter: „Hier, damit kannst du immer in unsere Welt und in deine Welt huschen." Ich bedankte mich und ging in meine Welt. Ich saß an meinem Tisch und eine Pizza stand vor mir und Leon sagte: „Wo warst du?" Ich kicherte und antwortete: „Auf der Toilette."

Maximilian Mrugalla
Mittelschule Stadtbergen, Klasse 6a

Meine Zukunft

In der Zukunft habe ich einen Bären als Freund. Er heißt Tim und sieht braun und schwarz aus. Das Problem ist nur, dass Tim ständig Hunger hat. Deswegen werde ich auch noch viele Bienen haben, die ganz viel Honig für Tim machen. Tim liebt nämlich Honig ohne Ende. Ich liebe Honig auch. Wir setzen uns immer zum Honig essen unter den großen Baum, der schon ganz alt ist und keine Blätter mehr trägt. Dieser Baum befindet sich auf einem Hügel, in dem auch die Höhle von Tim liegt. Dort machen wir uns es immer schön gemütlich. Ich hoffe sehr, dass die Zukunft nie endet, sonst wäre ich sehr traurig ohne Tim.

Sascha Stelter
Christophorus-Schule Königsbrunn, Klasse 5a

Die Zeitreisen der mutigen Hüterin Lina

In einem verschlafenen Dörfchen namens Zeitlingen erlebte die junge Entdeckerin Lina ein außergewöhnliches Abenteuer. Eines Tages, während sie im örtlichen Antiquariat stöberte, fiel ihr Blick auf eine mysteriöse Taschenuhr. Als sie die Uhr in die Hand nahm, begann sie plötzlich zu ticken und leuchtete in schillernden Farben auf.

Mit einem neugierigen Kribbeln in der Nase drückte Lina auf den kleinen Knopf an der Seite der Uhr. Ein magischer Wirbelwind umhüllte sie, und im nächsten Moment fand sie sich in einer anderen Zeit wieder.

Als sich der Nebel lichtete, befand sie sich in einer ganz anderen Ära – in einer Zeit, in der die Welt von Dinosauriern bevölkert wurde.

Mutig wagte sich Lina durch prähistorische Landschaften, freundete sich mit einem fliegenden Pteranodon an und lernte, wie man mit den Urtieren kommunizierte. Dabei stellte sie fest, dass die Taschenuhr nicht nur durch menschliche Epochen reisen konnte, sondern auch durch die Geschichte der Erde selbst.

Plötzlich jedoch wurde Lina von einem Donnergrollen erschüttert. Ein gewaltiger T-Rex näherte sich, und Lina erkannte, dass dies ihr größtes Abenteuer werden würde. Nach einer wilden Verfolgungsjagd durch den Dschungel entkam sie ihm, als sie sich schließlich in einer dunklen Höhle hinter einem Wasserfall versteckte. Von dort aus gelangte sie zurück nach Zeitlingen, einem kleinen verschlafenen Dorf, das von Rittern, Bauern und Burgfräulein bevölkert wurde.

Lina hatte entdeckt, dass die Taschenuhr sie durch die Jahrhunderte reisen ließ. Sie erlebte Abenteuer im alten Ägypten, tauchte in die Renaissance ein und wagte sich sogar in eine futuristische Stadt im Weltall.

Jede Epoche brachte neue Freunde und Herausforderungen. Mit einem freundlichen Delfin schwamm sie durch antike Meere, half Leonardo da Vinci bei seinen Erfindungen und begegneten netten Robotern in der Zukunft. Doch bei all den Reisen spürte Lina immer, dass ihr Herz am meisten für ihre eigene Zeit schlug. Sie war froh immer wieder mit einem Rucksack voller Geschichten und einem Herzen voller Weisheit in ihr Dorf, zu ihren Freunden und ihrer Familie zurückzukehren. Und so war Zeitlingen nicht mehr nur ein kleiner verschlafener Ort, sondern – dank Linas mutigen Sprüngen durch Vergangenheit und Zukunft – zu einem Ort der Zeiten geworden.

Aber einmal, als Lina in ihre Zeit zurückkehrte, spürte sie, dass etwas anders war. Die Straßen von Zeitlingen waren mit glitzerndem Sternenstaub gepflastert, und bunte Blumen blühten in den ungewöhnlichsten Farben. Es schien, als hätte ihre Reise durch die Zeiten eine magische Veränderung in der Atmosphäre hinterlassen.

Die Menschen um sie herum hatten plötzlich Fähigkeiten erlangt, die an die verschiedenen Epochen erinnerten. Ein Bäcker konnte mit einem Fingerschnippen Backwaren aus der Renaissance zaubern, und der

Dorfälteste erzählte Geschichten von vergangenen und zukünftigen Ereignissen, als ob er die Zeit selbst lesen könnte.

Lina erkannte, dass ihre Abenteuer nicht nur die Geschichte beeinflusst hatten, sondern auch die Gegenwart veränderten. Doch bald wurde klar, dass nicht jeder begeistert über die magischen Veränderungen war. Ein mysteriöser Schatten tauchte auf, der die neu gefundene Harmonie der Zeiten bedrohte.

Die Taschenuhr machte Zeitlingen zu einem verzauberten Treffpunkt zwischen den Zeiten. Hier versammelten sich Menschen aus verschiedenen Epochen, um Erfahrungen auszutauschen und das Wissen über die Geheimnisse der Zeit zu erweitern.

Das einst verschlafene Dörfchen Zeitlingen wurde so zu einem lebendigen Knotenpunkt der Zeit selbst. Die Bewohner, inspiriert von den Abenteuern Linas, formten eine Gemeinschaft, die die Magie der Vergangenheit, die Dynamik der Gegenwart und die unendlichen Möglichkeiten der Zukunft feierte.

Die Taschenuhr, weiterhin im schimmernden Regenbogenlicht erstrahlend, wurde zum Symbol der Einheit und des respektvollen Miteinanders. Und so schloss sich der Kreis – Zeitlingen wurde nicht nur zu einem Ort in der Welt, sondern zu einem zeitlosen Zentrum, in dem die Wunder der Geschichte in jedem Augenblick erlebbar waren. Die Taschenuhr ruhte nun auf Linas Nachttisch, immer bereit für weitere Abenteuer.

Eines Nachts, während ein silberner Vollmond den Himmel erhellte, hörte Lina ein leises Ticken aus ihrem Zimmer. Die Taschenuhr auf ihrem Nachttisch erwachte zum Leben und begann erneut zu leuchten. Diesmal jedoch strahlte sie in einem geheimnisvollen Lila. Neugierig nahm Lina die Uhr in die Hand, und bevor sie es realisieren konnte, wurde sie erneut von dem magischen Wirbelwind umhüllt.

Geschickt nutzte sie die Taschenuhr, um sich in die Zukunft zu katapultieren, wo sie wieder von schwebenden Städten und den netten Roboterwesen begrüßt wurde.

Dort erfuhr sie von der Gefahr, die die verschiedenen Zeiten bedrohte. Entschlossen kehrte Lina in ihre eigene Zeit zurück. Gemeinsam mit Freunden aus der Geschichte und der Zukunft schmiedete sie, mit all dem Wissen, das sie gesammelt hatte, einen Plan, um die Zeit selbst zu schützen. Sie stellte Teams aus verschiedenen Ären zusammen und gemeinsam starteten sie eine abenteuerliche Reise durch die Zeit, um das Gleichgewicht wiederherzustellen. Sie durchquerten das alte Ägypten, kämpften gegen Roboterheere in futuristischen Städten und wandelten durch Welten, in denen Dinosaurier und Menschen in friedlicher Koexistenz lebten.

Am Ende ihrer epischen Reise entdeckten sie eine vergessene Zauberkraft, die die Zeit in einem harmonischen Tanz vereinte. Mit vereinten Kräften gelang es Lina und ihren Freunden, den schattenhaften Störenfried zu vertreiben und die Zeit zu einem Ort der Wunder zu machen. Gemeinsam feierten sie ein großes Fest.

Die Taschenuhr, nun in einem schimmernden Regenbogenlicht erstrahlend, wurde zum Hüter der magischen Zeitspanne. Und so lebte Zeitlingen weiter in einem zauberhaften Geflecht aus Vergangenheit, Gegenwart und Zukunft – einer Welt, in der die Zeit selbst ein Abenteuer war. Mit dem schwindenden Schatten und der Wiederherstellung der Zeit verblassten die magischen Fähigkeiten der Bewohner von Zeitlingen langsam. Doch die Erinnerung an die Abenteuer und die vereinte Gemeinschaft blieb bestehen.

Lina, nun eine weise Hüterin der Taschenuhr, führte die Menschen von Zeitlingen in eine Ära der Verständigung und Zusammenarbeit. Die Straßen wurden zu einem lebendigen Museum der Geschichte, wo die Menschen nicht nur ihre eigene Zeit, sondern auch die Zeiten ihrer Vorfahren und Nachkommen schätzten.

Die Taschenuhr, nun in einem warmen Goldton leuchtend, war zum Symbol der Verbundenheit aller Zeiten geworden. Und so hatte Lina nicht nur Abenteuer in Vergangenheit und Zukunft erlebt, sondern auch das Gleichgewicht der Zeit für kommende Generationen bewahrt.

Fulden Ibryamova
Staatliches Berufliches Schulzentrum Neusäß, Klasse KiTZ 11

Gestern – Heute – Morgen

Als ich ein Baby war, schaukelte mich meine Mama in den Schlaf. Heute lesen wir zusammen, dann streichelt sie mir über den Kopf und gibt mir einen Gutenachtkuss. Was morgen ist, weiß keiner, aber ich hoffe, es bleibt noch lange so wie heute. Ich liebe es, Kind zu sein und mit meinen Geschwistern zu spielen. Meine Geschwister sind meine besten Freunde. Lorenz, Viktoria und Johann, ich hab euch lieb und wir gehen gemeinsam bis ans Ende der Welt. Wer weiß, vielleicht sind wir ja wirklich mal am anderen Ende der Welt. Wir leben zu viert auf einer einsamen Insel in einer kleinen Hütte. Wir angeln Fische und grillen sie. Meine kleine Schwester sammelt Früchte für die Nachspeise. Wir essen am Strand. Es ist wunderschönes Wetter, blauer Himmel und Sonnenschein. Wir gehen jeden Tag schwimmen und haben ein schönes Leben. Oder aber unser Zeitsprung sieht ganz anders aus. Wer weiß schon, was gestern war und heute und morgen kommt.

Clemens Stegmann
Grundschule Gessertshausen, Klasse 3a

Schweiß unter Sandsteinen

Es handelt sich um eine Geschichte aus dem Jahr 2509 v. Chr. Zwei Brüder, Erik und Sebastian aus Rom, machten sich lange auf den Weg andere Städte zu erkunden. Sie waren schon in Athen, Augusta Vindelicorum, Jerusalem und jetzt wanderten sie nach Kairo. Die Brüder kamen für ein paar Nächte in einem Baumhaus unter. Es wurde im Moment eine Pyramide gebaut, dabei mussten alle Slaven und Bauern mithelfen. Erik und Sebastian wurden mit einbezogen, weil sie lebten und aussahen wie Bauern. Sie schrieben in ihrer Freizeit Tagebuch. Sie konnten schreiben, weil ihr Vater selbst als Schreiber arbeitete. Hier sind Ausschnitte aus Eriks Tagebuch:
13.06.2509 v. Chr.
Wir probieren am 26.06.2509 auszubrechen. Hier ist unser Plan: Sebastian muss Wasser am Nil für die Gruppe holen. Er schüttet sie mit den Wasserkübeln an und nimmt deren Waffen. Sebastian befreit uns. Er peitscht sie noch ein paar Mal und kommt zu uns. Es ist jetzt Morgen. Ich muss wieder Sandsteine tragen.
26.06.2509 v. Chr.
Der Ausbruch ist gescheitert. Die Schriftgelehrten suchen jetzt mein Tagebuch. Sebastian hat noch weniger Freiheiten und muss mehr schleppen. Ich versuche, mich mit anderen Leuten hier anzufreunden.
09.07.2509 v. Chr.
Heute bin ich 33 Jahre alt geworden. Ich habe vier Freunde: Yoishur, Guirassy, Mohamed und Ali. Es ist mein Ziel, so viele Freunde zu haben, dass wir uns gegen die Angestellten des Pharaos wehren können. Von meinem Bruder habe ich nichts mehr gehört und ihn nicht mehr gesehen.
24.7.2509 v. Chr.
Dank Ali weiß ich jetzt, wo mein Bruder ist. Er ist auf der anderen Seite der Pyramide und wenn er seine Freizeit hat, ist er in einem Gefängnis in der Nähe des Pharaos. Wir planen einen Ausbruch, darin werde ich meinen

Bruder retten. Erik hat lange nichts mehr von Sebastian gehört. Ob sie sich jemals wieder sehen werden, liegt nun an ihm.

13.08.2509 v. Chr.

Wir werden wahrscheinlich in einem Monat in Rom sein. Mein Bruder ist gar nicht mehr sauer auf mich. Den Ausbruch haben wir so angestellt: Der stärkste, Yoshua natürlich, ist mitgekommen. Wir haben alle Peitschen und Rüstungen genommen. Mohamed hat es nicht überlebt. Er bekam zu viele Peitschenhiebe auf seinen Rücken. Alle Aufpasser sind rausgerannt. Aber die meisten waren schon geflohen. Sebastian und ich machten uns nach Norden auf. Wir haben daraus gelernt und werden keine Reisen mehr zum Spaß machen.

Erik Neufeld und Sebastian Block
Staatliche Realschule Neusäß, Klasse 6e

Familientreffen

Ich springe in ein neues Jahr und reise ins Zauberwunderland mit meinem Bruder, meiner Mama und meinem Papa. Jetzt sind wir dort und wir sehen Uroma und Uropa wieder. Es ist schön sie wieder zu sehen und wir bleiben für immer dort.

Katharina Vogg
Grundschule Gessertshausen, Klasse 1a

Mein Zeitsprung

Ich würde gerne ins Jahr 2020 reisen, das ist nämlich das Jahr, in dem unsere Familie noch zusammen war! Im Jahr 2021 erfuhr ich, dass meine Eltern sich trennen, einige Wochen vergingen und alles war ganz komisch! Hätte ich das gewusst, hätte ich die Zeit mit meinen Eltern und die Ausflüge als Familie viel mehr geschätzt, als ich es schon tat. Der Schmerz war nicht zu ertragen, und ein Gefühl wie dieses werde ich nie vergessen. Doch im Jahr 2022 hat sich viel verändert, und neue Wege wurden eingeschlagen. Eine Veränderung liegt mir sehr am Herzen, und zwar unser altes Haus. Wir sind nämlich umgezogen, doch in diesem Haus in dem wir hier und jetzt sind, werden wir genauso schöne und wertvolle Erinnerungen erschaffen und sammeln wie zuvor! Doch eines habe ich mit dieser Erfahrung gelernt, schau nicht zurück und halte dich an den Dingen fest, die mal waren, sondern lass los und sieh in die Zukunft, und sei gespannt, was dort noch alles auf dich wartet!

Julia Dusch
Staatliches Gymnasium Königsbrunn, Klasse 6b

Zeitsprung

Z eitlich unbegrenzt mit
E nergie-Unmengen
i st der
T elsa Cybertruck großartig und
s chnell. Der
P reis ist hoch, doch die
R echnung höher.
U nmengen an Strom aus
N euer Energie der Zukunft, von
G eneration zu Generation weiterentwickelt.

Nico Mayr
Helen-Keller-Schule Dinkelscherben, Klasse 8G

Die Geschichts-Ex

Ich, Clara, hatte die schlaue Idee, mich in der letzten Geschichtsstunde von meinen Gedanken weit wegtragen zu lassen – ich musste so kämpfen, um nicht einzuschlafen. Ich wusste nicht warum, aber irgendwie hatte mich dann doch die Müdigkeit übermannt. Als ich mich allerdings am Nachmittag mit meiner Freundin Lilli treffen wollte, sagte sie mir, das ginge nicht, weil sie für die Geschichtsex lernen müsse. Da wurde ich hellhörig – eine Ex, aha. Ich schaute nach, wann das nächste Mal Geschichte war. Mist! Schon morgen in der zweiten Stunde. Mein Problem war jetzt aber, dass ich keinen Hefteintrag hatte, ja, mich nicht einmal an das Thema der letzten Geschichtsstunde erinnern konnte. Ich überlegte. Meine Freundin wollte ich nicht anrufen, das wäre oberpeinlich gewesen, weil ich dann hätte zugeben müssen, dass ich gar nicht aufgepasst hatte. Also dachte ich mir, ich würde die Sache ruhig angehen. Am Abend kam dann doch das schlechte Gewissen. Ach, hätte ich sie doch gefragt, aber jetzt war es eh zu spät. Ich wälzte mich den ganzen Abend im Bett und fand keine Ruhe.

Als ich dann doch irgendwann einschlafen konnte, fand ich mich in einem sehr interessanten Traum wieder, den ich so schnell nicht vergessen werde. Ich träumte, dass ich durch die Tür des Geschichtsraumes ging, als es plötzlich direkt vor mir grell blitzte. Schon stand ich nicht mehr in der Tür des Geschichtsraumes, sondern zwischen zwei antiken Säulen. Um mich herum waren viele Menschen mit komischer Kleidung und begutachteten mich. Dann kam ein alter Herr auf mich zu und fragte, wer ich denn sei. Ich war so erstaunt, dass ich kein Wort herausbrachte. Die Leute tuschelten, ich sei ein Geschenk der Götter. Der nette alte Mann führte mich durch diese große Stadt und erklärte mir, dass sie Rom heiße. Ich erfuhr viel über die Leute und das Leben in Rom, zum Beispiel hießen die komischen Kleidungen der Römer Tunika und Toga. Als er mir die Stadtgründung durch Romulus und Remus erklären wollte, hörte ich von Fern die Stimme meiner Mutter. Da machte es Puff, der Lichtblitz erschien wieder und ich wachte auf.

Die Geschichtsex lief super. Das Thema war das antike Rom. Am Ende wurde es sogar eine Zwei. Im Geheimen denke ich mir heute noch, da hatten bestimmt die römischen Götter die Hände im Spiel.

Clara Wagner
Staatliches Gymnasium Königsbrunn, Klasse 6c

Der außergewöhnliche Schulweg

Es war neblig. Stille legte sich im Morgengrauen über das kleine Wäldchen. Ich wanderte auf einem kleinen Kiesweg in der Nähe eines Flusses. Auf meinem Rücken trug ich die schwere Schultasche. Ich war auf dem Weg zur Schule. Ich kickte gerade einen Stein vor mir her, als ich eine Stimme hörte. Komisch, das ist irgendein Singsang! Schließlich folgte ich der Stimme. Sie klang so verlockend und wunderschön. Ich setzte einen Fuß vor den anderen. Irgendwie wurde ich angezogen von einer unsichtbaren Kraft! Ich wusste nicht mehr, wo ich war, was geschah! Mit aller Kraft wand ich mich im Griff des Liedes. Doch so wurde es nur noch stärker! Alles um mich herum drehte sich, ich verlor meine Schultasche und wollte nach ihr greifen, es ging aber nicht. Die Panik erreichte ihren Höhepunkt. Ich drehte durch, schlug um mich, wand mich, doch es (was auch immer das war), war stärker als ich. Sehr viel stärker, genauer gesagt. Schließlich wurde ich in die Höhe gerissen. Lichtpunkte flimmerten vor meinen Augen auf, als ich auf harten Steinboden geworfen wurde. Dann wurde ich ohnmächtig. Als ich wieder aufwachte, konnte ich nichts sehen. Also ging ich erst einmal geradeaus. Ich tastete mich an der glitschigen Steinwand entlang, die anscheinend zu einer Höhle gehörte. Plötzlich sah ich ein helles, blendendes, grelles Licht. Schützend hielt ich mir den Arm vor die Augen. Komisch, ich wanderte ohne Probleme durch eine glatte Scheibe, die sich schleimig anfühlte. Plötzlich war ich wieder im Wald. Aber was für einer das war! An den Bäumen hingen bunte Lichter. Erstaunt merkte ich, wie ich schneller wuchs. Die Hände und die Arme wurden beide länger, genauso wie der Rest des Körpers. Ich betastete mich von oben bis unten. Die Kleidung drohte aus allen Nähten zu platzen. Ich entdeckte eine Holztreppe, die zu einem Wanderweg über den Bäumen führte. Auf einer Aussichtsplattform ließ ich gerade meinen Blick über die Umgebung schweifen, da erschreckte mich ein Geräusch. Erschrocken drehte ich mich um, aber hinter mir war nichts! Ich ging also zurück zu meiner Beschäftigung, mich umzuschauen. Vor mir erstreckte sich ein riesiges Tal. Holzhütten mit Photovoltaik und grün bewachsenen Wänden besetzten es. Dort war auch ein kleiner Hafen mit riesigen Windrädern. Ein Gebiet weiter abseits war völlig verbrannt. Kohlschwarze Baumstümpfe ragten aus dem Boden hervor. Weiter vorn befand sich ein riesiger Wald. Die grüne Fläche erstreckte sich über Kilometer. Da! Da war es schon wieder! Ich nahm ein leises Rascheln wahr. Ich drehte mich abrupt um und packte ein braunes Wesen am Schwanz. „Hab ich dich!", rief ich. Das komische Ding wimmerte. „Ups, das wollte ich nicht", sagte ich. Das „Tier" drehte sich um. Ich sah in seine schwarzen, niedlichen Knopfaugen. Blaues Fell lief an seinem schmalen Körper herunter. Auf den weiß geflecken Pfoten waren scharfe Krallen zu erkennen. Seine Schnauze wirkte eher flach, ansonsten ging mir das gefährliche Tier bis zu den Schultern. Es fauchte mich leise an. Erschrocken wich ich zurück, stieß mich am Geländer und fiel in die Tiefe. „Aaaaaaah!", schrie ich. Meine Kleidung flappte im Wind, die braunen Haare hingen mir ins Gesicht. Komischerweise fiel ich auf etwas Weiches. Beruhigt sah ich, dass ich auf einem hochfliegenden Vogel gelandet war. Zum Glück hatte ich keine Höhenangst. Der grau-schwarze Vogel flog mit mir über das kleine Tal, über kleine und große Wälder, und das über den Wolken! Das schöne, stolze Tier setzte mich auf einem Felsen ab. Ich bewunderte seinen grünen Schnabel, der super zu seinem weißen Kopf passte. Unten hatte der Vogel Krallen, die so groß waren wie ich. Sie glänzten im Sonnenlicht. Ich schluckte. Hier war bestimmt sein Nest! Und ganz sicher hatte er Jungtiere! Schnell suchte ich nach einer Fluchtmöglichkeit, doch da stieß der Vogel ein schrilles Kreischen aus. Kleinere Wesen seiner Art kamen herangeflattert und trugen mich in etwas, das aus Bambusstäben und (wie ich erschrocken feststellen musste) aus Knochen bestand. Schreiend blickte ich auf einen Tierschädel herab, der direkt vor meinen Füßen lag. Drei Jungtiere kamen mir bedrohlich nahe. Die einzige (leider auch lebensmüde) Fluchtmöglichkeit war, mich von dem Abhang zu stürzen. Zögerlich bewegte ich mich an den breiten Rand des Nests. Mein Kopf brüllte „Nein!" Ich schwitzte und mein Herz pochte wie verrückt. Sollte ich es wirklich wagen? Unter mir schimmerte ein kleiner See im Sonnenlicht. Ich war hier in mindestens einhundert Metern Höhe! Wo sollte ich landen? Die Vögel kamen mir mit gefährlichem Fauchen immer näher. Mein Fuß bewegte sich vor, mein Körper schrie: „Nein!" Kurzerhand traf ich die Entscheidung. Ich machte einen Schritt nach vorn und fiel. Was hatte ich da bloß gemacht?! Ich schloss die Augen. Ach, egal. Immerhin besser, als gefressen zu werden, schoss es mir durch den Kopf. Ich bereitete mich auf die Landung vor. Der Aufprall war hart, mir tat alles weh. Pünktchen flimmerten vor meinen Augen auf. Dann war alles schwarz. Ich musste eine Ewigkeit hier gelegen haben, denn es war schon dunkel. Nur sah man nirgendwo Sterne! Hä?! Wie spät war es überhaupt? Was denken sich meine Eltern? Ging die Zeit hier anders? Mühsam rappelte ich mich auf. Da sah ich ein rot blinkendes Objekt, das auf mich zuflog. Bildete ich es mir nur ein? Nein, anscheinend nicht. Jetzt hatte das Objekt mich erreicht. Das Ding sah wie ein Auto aus, nur waren statt Reifen Rotoren befestigt. In fett rot leuchtender Schrift stand an der Seite „Taxi". Das Auto flog von selbst, jedenfalls konnte ich keinen Fahrer sehen. Das Auto öffnete automatisch die Tür. Ich stieg ein. Es sah von innen ganz anders aus. Die Sitze waren gemütlicher, neben ihnen befanden sich Bildschirme und erstaunlicherweise konnte es sogar sprechen! „Hallo, ich bin KI. Sag mir, wohin du willst", flötete die Stimme. Verdutzt antwortete ich: „Äh, dahin, wo Menschen sind." Das Taxi raste los. Interessiert betrachtete ich das Tablet neben mir und tippte auf ein Zeichen mit einer Uhr. Direkt unter dem Tablet öffnete sich eine Klappe. Dort war eine Uhr, die wie aus einem Agenten-Film aussah. Fasziniert betrachtete ich sie und drückte einen Knopf, der sich am Band der Uhr befand. Eine Uhrzeit erschien auf dem Bildschirm. Es war viel später, als ich gedacht hatte! Ich band die Uhr an mein Handgelenk und stellte das Tablet auf „schlafen". Eine helle Stimme verkündete: „Wir sind da!" Ich öffnete mühsam die Augen und riss sie gleich darauf auf. Fasziniert blickte ich aus dem Fenster nach unten. Überall schwirrten Autos durch die Luft. Hochhäuser und Wolkenkratzer ragten in den Himmel. Alles leuchtete in einem türkisen Farbton. Menschen liefen überall herum. Alle hatten einen Anzug, der direkt auf ihrer Haut lag, an. Manche hatten eine Art Brille, mit der sie anscheinend Sachen scannen konnten. Blau schimmernde Hologramme waren überall in der Stadt verteilt. Ich wusste gar nicht, wo ich zuerst hinblicken sollte. Das Auto glitt auf einer Schiene in eine Art Taxihaltestelle hinein. Eine Glaskuppel umgab die Haltestelle. Viele Menschen, die alle den silbrigen Anzug und die Uhr, die ich mir angeschnallt hatte, trugen, standen auf einer Plattform, die von Schienen umkreist wurde. Dort hielt das Taxi an. Als ich von meinem Sitz aufstand, hatte ich plötzlich das Gleiche an, wie die Menschen hier. Ich stieg auf die Plattform ... und wurde nicht weiter beachtet. Mittendrin war ein gläserner Aufzug, der nach unten führte. Ich ging hinein und fuhr nach unten. Dort bemerkte ich eine ältere Frau, die wahrscheinlich über die Straße wollte. „Kann ich Ihnen helfen?", fragte ich höflich. Die Frau erklärte: „Aber nein, es passt schon." Sie scannte mich mit ihrer Brille. „Du bist aus der Vergangenheit!" „Ja, das bin ich", gab ich zu. „Ja, willst du denn nicht zurück?", fragte sie mich. „Wie denn?" „Heutzutage hat jeder mindestens eine Zeitmaschine im Haus", murmelte die Frau. „Aber ich kann dich beruhigen, du kannst gerne mit zu mir nach Hause. Ich habe auch eine." „Danke, das ist sehr nett von Ihnen", bedankte ich mich. Ich folgte der Frau zu einem hohen Wolkenkratzer. Wir fuhren den Aufzug hinauf bis in den 100.(!) Stock. Das Zimmer hatte riesige Fenster. Komische Geräte standen überall herum. Die Frau setzte mir einen Hut auf den Kopf und drückte ein paar Tasten. Es fühlte sich an, als würde ich in Stücke gefffffffwerden. Mir wurde schwindelig. Farben rauschten an mir vorbei. Plötzlich war alles still. Ich stand in meinen normalen Sachen und wieder als elfjähriges Mädchen auf dem Scffffff. Hatte ich das alles nur geträumt? Es war die gleiche Zeit, bevor der Gesang losgegangen war. Doch da spürte ich etwas Kaltes an meinem Handgelenk. Es war die Uhr, die ich mitgenommen hatte. Ich lächelte in mich hinein und ging zur Schule.

Luisa Schulze
Grundschule Thierhaupten, Klasse 4a

Das Portal

Als ich von der Schule nach Hause kam und die Tür öffnete, erschien plötzlich ein Portal. Ich sah das Portal zu spät und ging aus Versehen hinein. Zuerst wusste ich nicht, was passiert war, und ich brauchte eine Weile, bis ich verstand, dass ich in das Portal hineingelaufen war. Ich stand mitten in einer Stadt. Hier bewegten sich alle Menschen auf fliegenden Sesseln, und mir fiel auf, dass das Portal mich in die Zukunft gebracht hat. Ich musste unbedingt zurück, aber wie? Vielleicht sollte ich bei jemandem klopfen. Die Menschen hier wussten bestimmt, wie ich wieder zurückkommen konnte. Also klopfte ich beim erstbesten Haus. Plötzlich ging die Türe auf und mit einem leisen Summen kam einer von den fliegenden Sesseln angeschwebt. Darauf saß jemand, der aussah wie ich nur als Opa. Er sagte: „Hallo!", und ich sagte hallo zurück. Ich erzählte ihm, was mir widerfahren war. Er brummte: „Ich weiss, wie du hierhergekommen bist. Wissenschaftler haben ein Portal entwickelt und es gab Schlagzeilen in den Nachrichten, dass hier große Probleme auftreten können. Wahrscheinlich bist du dadurch in der Zukunft gelandet." Ich war sprachlos. Als ich mich wieder gesammelt hatte, gingen mir sehr viele Fragen durch den Kopf und ich stammelte: „Bin ich etwa du, nur als Kind?" Der Mann antwortete: „Ich denke ja. Aber um eine genaue Antwort zu erhalten, müssen wir mit den Wissenschaftlern sprechen. Vielleicht gibt es sogar eine Möglichkeit, dich wieder zurückzubringen."

Wir machten uns auf den Weg zu den Wissenschaftlern. Dort angekommen erzählte ich auch ihnen, was mir widerfahren war. Die Frage, die mich am meisten interessierte, war, ob der alte Mann wirklich ich sein konnte.

Ich staunte nicht schlecht über die Antwort: „Ja, der alte Mann bist Du in 70 Jahren." Plötzlich wurde ich ganz traurig. Habe ich etwa mein ganzes Leben verpasst? Habe ich 70 Jahre meines Lebens nicht erlebt? Was ist mit meiner Familie und mit meinen Freunden? Ich hoffte, dass die Wissenschaftler mich wieder zurückbringen konnten und sie antworteten: „Natürlich, wir können das. Es dauert ungefähr eine Stunde, und bis dahin kannst du mit deinem älteren Ich ein Game spielen. Dieses Game kannst du mit VR-Brille spielen." Davon war ich natürlich total begeistert. In dem Spiel ging es darum, ein neues Leben auf einem anderen Planeten aufzubauen. Als wir damit fertig waren, gingen wir zu den Wissenschaftlern zurück. Sie hatten es tatsächlich geschafft, das Portal wieder herzustellen.

Ich trat in das Portal ein und stand ganz plötzlich wieder zu Hause. „Was für ein Abenteuer", rief ich und freute mich riesig, dass ich wieder zurück war und noch mein ganzes Leben vor mir hatte.

Jonathan Brüning
Grundschule Fischach-Langenneufnach, Klasse 4d

Ich in 41 Jahen

Als ich noch klein war, war alles noch ganz normal. Ich wollte unbedingt 41 Jahre in die Zukunft reisen! Und dann habe ich beschlossen 41 Jahre in die Zukunft zu reisen. Und dann als ich 41 Jahre in die Zukunft gereist bin, habe ich gesehen, dass alles anders war. Alles war so trocken und es gab kein Wasser mehr und ganz wenige Tiere und fast gab es keine Pflanzen mehr und nur ganz selten regnete es. Jetzt habe ich gesehen, was nach 41 Jahren passiert. Deswegen müssen wir Wasser sparen und uns um die Natur kümmern und keinen Müll in die Natur werfen!

Defne Sentürk
Grundschule Bobingen an der Singold, Klasse 2b

ZEIT — so wertvoll wie Gold

Zeit kann man nicht bezahlen.
Zeit muss man haben und nutzen können.
Zeit muss man sich einteilen.
Zeit sollte man nicht mit sinnlosen Dingen, z. B. Ärgern oder Traurigsein verbringen.
Man kann keinen Zeitsprung in die Zukunft machen oder in die Vergangenheit reisen, um etwas rückgängig zu machen und umzukehren.
Deswegen ist Zeit etwas Einmaliges, denn sie kommt nicht wieder.

Jannis Gebhardt
Staatliches Gymnasium Königsbrunn, Klasse 6c

Eine Reise zu den Indianern und Cowboys

Ich reise nach Amerika in die Zeit, in der die Cowboys und Indianer zusammenwohnen. Ich komme an und es geht gleich los mit einem Westernturnier. Danach darf ich auch mal auf einem wilden Westernpferd reiten. Es heißt Sturmwind. Es ist mit mir durchgegangen. Zum Glück bin ich in einer Koppel. Ich bin vom Pferd gefallen und es ist um mich herumgelaufen. Dann zeigt mir ein Cowboy-Mädchen mein Zimmer. Sie heißt Pippa. Ich darf auf dem Heuboden schlafen. Unter mir sind Pferde. In der Nacht bin ich durch eine Luke zu den Pferden gegangen. Alle bis auf eines schlafen. Sturmwind war noch immer wach, weil draußen ein Gewitter ist. Dann gehe ich in der Früh zu den Indianern. Dort treffe ich eine Indianerin, die immer für das Kochen verantwortlich ist. Sie heißt Palua. Sie zeigt mir, wie sie kochen. Es gibt dort keine Herde und keine Kochbücher. Dann sammle ich mit ihr Kräuter und Pilze. Ich darf mit ihr kochen und das Lagerfeuer anzünden. Ich frage Palua: „Wo sind die Streichhölzer?" Sie fragt mich: „Was sind Streichhölzer?" „Was? Wisst ihr das nicht?" Wir tun alle Kräuter in den Kochkessel. Dann machen wir mit den Hölzern Feuer. Bei mir hat's nicht geklappt. Aber bei Palua schon. Dann frage ich: „Wo ist der Esstisch?" Sie sagt: „Wir haben keinen Esstisch. Wir essen auf dem Boden." „Und das Geschirr?" „Wir haben nur Holzschüsseln und Holzlöffel." „Habt ihr keine Schüsseln aus Glas und Löffel aus Metall?" Dann kommt das ganze Volk zusammen. Palua und ich bringen jedem etwas zum Essen. Dann wird es Abend. Ich kehre zu den Cowboys zurück. Da klettere ich auf den Heuboden und lasse mich ins Stroh fallen. Dann schlafe ich sofort ein. In der Nacht werde ich aufgeweckt von einem Miauen. Da steht die Katze vor mir. Es ist Mimi. Dann sehe ich, dass es Morgen ist und vor mir steht Pippa, das Cowboymädchen. Sie sagt: „Hallo, bist du noch nicht wach?" Dann packe ich wieder alles zusammen und reite auf meinem Pferd Fanny nach Hause. Das war ein schönes Abenteuer und ich würde sie gerne wieder besuchen.

Antonia Schuster
Grundschule Gablingen, Klasse 1b

Roboterbrust

Ich bin aufgewacht und Drohnen schwebten.
Ich bin aufgewacht und Autos flogen.
Ich bin aufgewacht und Roboter liefen.
Ich bin aufgewacht und mein Arzt war als Roboter am Bohren.
Ich bin aufgewacht und sah meine Roboterbrust.
Ich bin aufgewacht und es gab niemanden mehr.
Ich bin aufgewacht und mein eigenes Werk brach die Erde entzwei.
Ich bin aufgewacht und will wieder schlafen.
Ich bin aufgewacht und sah meinen Fehler.

Soraj Sulaiman
Mittelschule Gersthofen, Klasse 8c

Ab in die Zukunft

Als meine Freundin Ida und ich mit dem Bus am Augsburger Hauptbahnhof angekommen waren, war ich sehr froh, dass wir endlich aus diesem stickigen Bus heraus konnten. Wir hatten am Vormittag in der Schule spontan ausgemacht, dass wir am Nachmittag zum Shoppen nach Augsburg fahren. Unsere Eltern waren sofort einverstanden. Als wir vom Hauptbahnhof in Richtung Dom liefen, kauften wir richtig schöne Kleider, Hosen und vieles mehr. Als wir endlich am Dom ankamen, waren wir vollbepackt mit Tüten. Nach drei Stunden Shoppen waren wir richtig fertig. Wir setzten uns auf eine Bank und aßen Semmeln, die wir auf dem Weg gekauft hatten. Danach machten wir noch ein paar Selfies. Als wir auf die Uhr guckten, sahen wir, dass es schon Viertel nach vier war. Wir wollten gerade unsere Sachen zusammenpacken, als es plötzlich ratterte und ratterte. Wir drehten uns um und sahen, wie sich die Zeiger von der Uhr am Kirchturm drehten. Und immer weiterdrehten. Plötzlich kam eine Windböhe, und diese wurde zu einem Tornado, in dem Ida und ich gefangen waren. So schnell wie der Tornado gekommen war, so schnell war er auch wieder weg. In meinem Kopf drehte sich alles. Ich hörte, wie Ida fragte, ob alles OK sei. Ich sagte: „Ja." Wir setzten uns auf die Bank und ruhten uns aus. Ich brach als erste das Schweigen: „Was war das? Hast du das auch gesehen?" „Ja, habe ich, die Uhr die rattert, der Wind …", sagte sie fassungslos. Ich rief: „Komm, lass uns nach Hause gehen, du kannst bei mir essen!" „Super", antwortete Ida, und so gingen wir zurück zur Bushaltestelle und stiegen dort in den nächsten Bus, der uns nach Hause fuhr. Als wir aus dem Bus ausstiegen, kam uns eine ältere Frau entgegen. Sie steuerte direkt auf uns zu und sprach uns an: „Hallo, wisst ihr zufällig, wo es zum Amselhof geht?" Wir sahen uns fragend an und schüttelten die Köpfe. „OK, trotzdem danke" und so gingen wir nach Hause. Plötzlich blieb ich abrupt stehen. Ich sah meine Freundin an und sagte: „Meine Füße sind gewachsen und meine Haare sind länger!" „Bei mir auch! Ich bin größer geworden!", rief Ida. „Was ist nur los?" Nach einiger Zeit gingen wir weiter. Auf dem ganzen Weg grübelten wir, warum das so war. Plötzlich rief Ida: „Schau mal, Leonie, da hängt ein Schild. Da steht Amselhof drauf!" „Hä? Ich kenne keinen Amselhof in unserer Nähe." Als wir um die Ecke bogen, wo mein Zuhause lag, blieb ich mit offenem Mund stehen, auch Ida staunte. Vor uns lag ein riesiger Reiterhof. Kinder liefen herum. Auf dem Reitplatz war gerade Unterricht. Plötzlich kam ein älterer Mann auf uns zu. Ich dachte noch: „Ist das mein Vater?" und schon umarmte er mich und sagte: „Na, Schatz wart ihr schön shoppen? Du musst dich noch um deine Pferde kümmern, sie warten auf dich" „Ich habe Pferde?", sagte ich. „Ja", lachte er. „Hast du es vergessen?" „Nein, nein", log ich. „Ich gehe gleich zu ihnen." Ida sagte: „Ich wusste ja gar nicht, dass ihr einen Reiterhof habt." „Das ist komisch, wie, dass wir plötzlich größer sind", murmelte ich. Ich sagte: „Du, Ida, ich glaube, wir sind in der Zukunft, was ich selber eigentlich nicht glauben kann." „Du hast recht, ich kann es nicht fassen!" Als wie im Stall standen, sah ich fragend zu Ida: „Weißt du, wo meine Pferde stehen?" „Ne", antwortete sie. Da kam ein blondes Mädchen die Stallgasse herunter. Dieses fragten wir, wo meine Pferde stünden, und sie sagte uns, dass sie ganz hinten in den letzten Boxen stünden. Als wir an den Boxen ankamen, staunte ich. Das sind also meine Pferde! Zwei wunderschöne schwarze Hengste streckten mir die Nasen hin. Ich holte sofort Trense und Sattel und fragte Ida, ob sie auch reiten wollte, aber sie lehnte dankend ab. Und so verging der Tag wie im Flug. Ich half meinem Vater bei der Stallarbeit und meiner Mutter im Haushalt. Am Abend verabschiedete ich mich dann von Ida und ging nach einem leckeren Abendessen ins Bett. Dort dachte ich mir noch: „So kann es immer bleiben" und so blieb es auch. Ida und ich, wir waren in der Zukunft. Das wollten wir auch nicht rückgängig machen. Und so blieben wir in der Zukunft Tag für Tag, Woche für Woche, Jahr für Jahr.

Leonie Letroe
Staatliches Gymnasium Königsbrunn, Klasse 6c

Im Mittelalter

Vergangenheit
Im Mittelalter
Da war Krieg
Die Bauern waren arm
Traurig

Anna Mayr
Helen-Keller-Schule Dinkelscherben, Klasse 7Gb

Der Lauf der Zeit

Ein Augenblick, so schnell vergangen,
von Schulbüchern schwer, im Kindergarten leicht,
ein Zeitsprung ereignet sich, unerwartet,
wo Vergangenheit mit Gegenwart sich vereint.
Ein Junge mit Ranzen und Buch
durchstreifte die Gänge, lernte hart,
doch die Zeit verging, wie ein rascher Fluch,
und der Wind des Lebens blies in eine anderen Zeit.
In einem plötzlichen Strudel, ohne Vorwarnung,
da stellt er fest, dass er war wieder ein Kind!
In seinem Garten, bunt und tiernah,
wo die Welt voller Wunder und Freiheit neu ist.
Die Schultasche schmiss er im hohen Bogen,
da landete sie auf dem mit Blättern bedeckten Boden.
Da rannte er schnell, um im Sandkasten zu bauen.
Ein Lachen erklang so unschuldig, so bang.

Das alles spiegelte, was er fortan nicht mehr verlieren kann!
Die Lehrer und der Stress, sie sind nun fort,
nur Erinnerungen die bleiben.
Im Kreis des Kleinen, da schlägt sein Herzakkord,
ein neues Kapital beginnt.
So dreht sich das Rad der Zeit, unaufhaltsam, schnell,
das den Zeitsprung begleitet, vom Kind zum Mann,
doch im Herzen, bleiben wir ein Leben lang gleich.

Elian Gröll
Leonhard-Wagner-Gymnasium Schwabmünchen, Klasse 7a

Zeit, Zeit, Zeit

Die Zeit spielt eine sehr große Rolle. Sie entspricht dem Alter oder zeigt an, wie lange etwas dauert. Leider kann man nicht mit einer Zeitmaschine in verschiedene Zeiten reisen. Das finde ich sehr schade.

Jannik Mikowski
Grundschule Bobingen an der Singold, Klasse 4c

Zeitsprung zu den Dinosauriern

Eines Nachts, als es gerade milder geworden war, bin ich aufgewacht. Ich sah eine Türe und bin hindurchgegangen. Sie führte in einen Tunnel, an dessen Ende die Dinowelt wartete. Wow! Ich ging in den Wald und kam zu einem Fluss. Dort waren drei Dinosaurier: ein Stegosaurus, ein Flugsaurier und ein T-Rex. Ich ging näher auf sie zu. Sie fingen an zu reden. „Ah, ah, rrrr, rrrr, wooooaaaauuuu, wooooaaaauuuu", und komischerweise konnte ich sie verstehen. Sie sagten: „Hallo, wir sind Coco, Cico und Cici." „Hallo, ich bin Zoey", antwortete ich. „Was wollen wir machen, Zoey?" „Wir könnten doch ein Abenteuer erleben?" „Oh ja! Vielleicht könnten wir ja auf den Dinoberg klettern?" „Was ist denn der Dinoberg?", fragte ich. „Das ist der höchste Berg in der Dinowelt", antworteten die Dinos. „Okay, dann machen wir uns bereit." Zunächst mussten wir laufen. Zum Glück trug Coco mich. Danach mussten wir noch schwimmen. Schließlich mussten wir klettern und dann wieder laufen. Endlich hatten wir es geschafft! Ich holte meine Kamera aus meinem Rucksack, um eine Erinnerung zu haben. Nun rutschten wir von einer Art Rutsche herunter. „Juhu, das macht Spaß!" Als wir wieder unten waren, überlegten wir, was wir nun machen konnten. „Wir könnten doch Verstecken spielen?", schlug ich vor. Begeistert stimmten alle ein.

Nachdem ich mich versteckt hatte und mich die drei Dinos gefunden hatten, bekam Coco Hunger: „Können wir jetzt etwas essen?" „Was denn?", wunderte ich mich. Coco nahm sich Fleisch, Coci fraß Fisch und Cici etwas Gras. Ich machte mir einen Tomatensalat. Wir tranken Fanta. Dann war es auch schon Abend und wir schliefen auf einem Blätterbett ein. Am nächsten Tag frühstückten wir und danach flog ich mit Coci herum. Das machte Spaß. „Leider muss ich wieder nach Hause", sagte ich. Ich ging wieder in die Höhle und zurück in mein Zimmer. Mama und Papa fragten: „Wo warst du?" „Das ist mein Geheimnis", antwortete ich.

Zoey Scheremet
Grundschule Untermeitingen, Klasse 2a

Eine Zeitreise zu Opa, Uropa und Oma

Wenn ich eine Zeitmaschine hätte, würde ich zu meinem Opa zurückreisen. Er ist der Papa vom Papa. Er ist kurz vor meiner Geburt gestorben. Deshalb würde ich ihn gern einmal kennenlernen. Nach Erzählungen von Mama und Papa war er ein kluger und lustiger Mensch, der Witze machte, die man nur verstand, wenn man ein schlaues Köpfchen hatte. Beruflich war er Lehrer. Sehr gerne würde ich einmal eine Schulstunde oder Schultag bei ihm in der Klasse verbringen, um zu sehen, wie er unterrichtet. Als die Mama ihn kennengelernt hat, öffnete er die Tür, stand da, schaute die Mama an und sagte: „Du hast ein sehr schönes Lächeln." Da wäre ich gerne dabei gewesen.

Dann würde ich zu meinem Uropa in die Vergangenheit reisen. Leider ist er, als ich sieben Jahre alt war, an Krebs gestorben. Er lebte ihm Saarland in einem kleinen, gemütlichen Haus am Fuße eines Hanges. Zu gern würde ich noch einmal mit ihm den Berg hochgehen und dem Ball nach unten hinterherlaufen. Unten ist zum Glück keine Straße gewesen. Er baute in der Arbeit Rollläden. Der ganze Wintergarten war mit Holzrollläden vertäfelt. Sehr, sehr gemütlich. Er war ein sehr lustiger Mensch, der sagte, als er die erste Zahnlücke von mir sah, dass ich den Zahn anmalen und ihn mir wieder in den Mund stecken soll.

Nun würde ich zu meiner Oma väterlicherseits reisen. Sie wird bald 85 Jahre alt und war genauso wie Opa Lehrerin. Auch bei ihr würde ich gerne mal eine Schulstunde mitmachen. Sie strickt gerade sehr viel. Wie eine Weltmeisterin. Wo sie das wohl gelernt hat? Bei ihrem Stricklehrer will ich auch stricken lernen. Oma kann nämlich super gut stricken. Als wir letztens bei ihr waren, hat sie meiner Mama vier Paar Socken geschenkt.

„Die sind sehr schön geworden, Oma!" Da es aber keine Zeitmaschine gibt, kann ich diese Zeitsprünge leider nicht in die Tat umsetzen. Wenn es Zeitmaschinen aber doch gäbe, würde ich ungefähr einen Tag lang in der Vergangenheit bleiben.

Rebekka Selig
Grundschule Gessertshausen, Klasse 4b

Die mysteriöse Maschine

Als meine Mutter verstorben war, zogen mein Vater, mein kleiner Bruder und ich in einen alten und verlassenen Ort um. Um einen neuen Abschnitt in unseren Leben zu beginnen. Das Haus war sehr alt und befand sich am Ende der Stadt. Meine Mutter verstarb an dem Tag, als mein Bruder geboren wurde. Mein Vater erzählte nicht viel vom Tod meiner Mutter, deswegen war es unklar, was mit meiner Mutter geschehen war. Der Umzug ins neue Haus ohne Mutter war ganz neu. Am Morgen beschloss mein Vater, etwas zu kochen. Doch schnell bemerkte er, dass er keine Milch mehr hatte. So eilte ich in den Keller, um eine Packung Milch zu holen. Im staubigen Keller standen fünf Kisten vor einem braunen Regal, dass schon vor unserem Umzug dort gestanden hatte, das fiel mir direkt auf. Um an die Milch zu gelangen, musste ich die Kiste wegschieben. Da bemerkte ich eine mysteriöse Tür hinter dem Möbelstück. Doch als ich nachschauen wollte, rief mein Vater nach mir. Ich griff nach der Milch, stellte die Kartons zurecht und rannte nach oben. Nach dem Abendessen ging ich heimlich in den Keller, um herauszufinden, was sich hinter der geheimen Tür verbarg. Als ich die Tür öffnete, sah ich ein großes und schwarzes Regal mit Konservendosen und Taschenlampen. An den zwei Enden befanden sich zwei grüne Hängematten. Außerdem bemerkte ich viele schlechte Landkarten die an den Wänden klebten. Es sah so aus wie ein Bunker. Danach entdeckte ich eine Art Radio auf einem kleinen Beistelltisch. Es besaß viele Tasten und einen Bildschirm, die sehr verstaubt waren. Anschließend schlich ich mich in mein Zimmer, um mehr über diese Gegenstände herausfinden. Nach tagelanger Recherche stellte sich heraus, dass es eine Zeitmaschine war, um in andere Zeit zu gelangen. Früh am Morgen beschloss ich, in die Vergangenheit zu reisen, um meine Mutter ein letztes Mal zu sehen und vielleicht herauszufinden, weshalb sie gestorben war. Als mein Vater zum Vorstellungsgespräch aufbrach, schnappte ich mir die Zeitmaschine und schwupp – befand ich mich im Jahre 2014. Genau gesagt 23.10.2014. Es war der Tag, an dem meine Mutter starb. Früher lebten wir in einer kleinen Wohnung in der Innenstadt. Nachdem ich dort ankam, sah ich, wie eine hochschwangere junge Frau mit ihrer kleinen Tochter spazierenging. Doch ich konnte nicht sagen, dass ich aus der Zukunft sei, sonst würde sie mich für verrückt halten. Plötzlich bekam sie Unterleibsschmerzen und eine unbekannte Person trug sie in das Auto und fuhr sie ins Krankenhaus. Ich verfolgte die beiden, während eine andere Frau mein früheres Ich tröstete. Am Krankenhaus angelangt wurde meine Mutter auf eine Trage gelegt und sie wurde in den Kreißsaal geschoben. Dort dürfe niemand rein, hieß es. Die Geburt dauerte Stunden. Ich setze mich in den Wartebereich, ich war sehr angespannt. Eine halbe Stunde verging, und ich fragte die Krankenschwester, ob sie die Geburt gut überstanden hat. Doch die Schwester erzählte mir, dass sie an innere, Blutungen gestorben sei und man nichts mehr für sie tun konnte. Man konnte nur das Neugeborene retten. Ich brach in Tränen aus, aber jetzt kann ich die Vergangenheit hinter mir lassen. Jetzt verstehe ich, wieso mein Vater mir nichts vom Tod meiner Mutter erzählt hat.

Sophia Fakhri
Staatliches Gymnasium Königsbrunn, Klasse 8b

Die komische Tür

Eines Tages war ich alleine zuhause und wollte gerade in mein Zimmer gehen. Aber die Tür … sah anders aus als sonst. Ich wusste nicht, was los war! Ich wollte zu meinen Eltern rennen und es ihnen sagen, aber sie waren ja nicht da. Stimmt, hmm … Ich dachte mir, gehe ich halt einfach mal durch. Doch ich war nicht in meinem Zimmer, ich landete stattdessen auf einem Flughafen, doch hier starteten und landeten nur Raketen. Ich sah Roboter, die herumfuhren, es roch nach Zuckerwatte und die Roboter verkauften Zuckerstangen. Ich sah rot, blau, schwarz und weiß karierte Raketen. Ich kaufte mir einen Fahrschein und bezahlte mit Fingerabdruck. Dann ging die Reise mit der Rakete los. Zuerst ruckelte es heftig, schließlich hoben wir ab. Ich betrachtete die Welt mal von ganz oben. Nach ein paar Tagen landeten wir mit einem ganz besonderen Anzug auf der Sonne. Es war ganz heiß. Die anderen Passagiere und ich stiegen aus. Wir blieben noch ein paar Stunden und flogen wieder zurück. Auf dem Rückflug gab es einen lauten Knall und Feuer, ich erschrak sehr. Gut, dass ich nach kurzer Zeit Grünlicht sah. Es kamen schon Alien-Sanitäter mit einem Ufo angeflogen und halfen uns. Sie brachten uns mit dem

Rettungsufo wieder zum Flughafen zurück. Anschließend ging ich wieder durch die komische Blasentür. Ich war wieder zuhause. Meine Eltern und meine Schwester waren auch wieder zuhause. Ich war froh, weil ich sie so vermisste. Sie vermissten mich auch schon. Als ich zu dieser komischen Blasentür sah, verschwand sie auf einmal …

Emilian Michelitsch
Grundschule Adelsried, Klasse 3b

Der Sprung nach London

Es war einmal eine Familie im Wald. Die Mutter hatte zwei Kinder, eines hieß Tim und das andere Kira. Am Mittwochnachmittag musste Kira für die Familie Pilze sammeln und sie fand auch ein paar, aber dann hörte sie ein lautes Geräusch tief aus dem Wald. Sie wurde neugierig, weil das Geräusch immer lauter und lauter wurde.
Kira folgte dem Geräusch und plötzlich sah sie einen leuchtenden Spiegel. Sie glaubte, dass es ein Spiegelportal wäre und ging hindurch. Plötzlich tauchten Tausende Lichter auf.
Wie ein Blitz war sie in London. Erst später erschien ihr der Gedanke, dass sie fünfzehn Jahre vorgesprungen war. Sie schlenderte durch die Stadt und bemerkte ihre drei besten Freundinnen, die an einem Brunnen saßen und redeten. Ihre drei besten Freunde hießen Ida, Ilaria und Sara.
Kira hatte Heimweh und fand nicht mehr zurück. Sie beschloss in London zu bleiben. Aber wo? Plötzlich sah sie ihre Familie. Sie war auch dabei, nur 15 Jahre älter. Sie fragte ihre Familie, ob sie bei ihnen wohnen könne. Jeden Tag besuchte sie ihre Freundinnen. Sie fragte, ob sie Zeit hätten, und wenn sie Zeit hatten, gingen sie zum London Eye oder gingen Essen. Sie führte jetzt ein gutes Leben in London.

Ilaria Heinze, Ida Rode und Sara Surger
Grundschule Altenmünster, Klasse 4a

Wandel der Zeit

Ich lege mich in mein Bett und schlafe ein. Wenige Sekunden später finde ich mich in der Vergangenheit wieder. Ich sehe um mich herum nur Grün und Bäume. Grüner, moosiger Boden und viele Tiere. Ich muss Tausende von Jahren in die Vergangenheit gereist sein. Kein Rauch und kein Feuer von brennenden und abgeholzten Wäldern. Ich laufe zu einem riesigen Wasserfall, der herrlich rauscht. Nur wenige hundert Meter weiter fließt ein kleiner Fluss, vielleicht ist es auch ein Bach? Ich bin mir nicht sicher. Ich werfe einen Stein hinein. Pfatsch macht es! Das zwitschern der Vögel und das Rascheln der Blätter ist wie Musik in meinen Ohren. Die Tiere, von denen es womöglich unzählbare in meiner jetzigen Umgebung gibt, interessieren sich nicht für mich, sie scheinen mich einfach so zu akzeptieren, wie ich bin. „Diese Natur ist so wahnsinnig schön", denke ich mir. Bunte Vögel, die um meinen Kopf kreisen und mir alles nachsprechen können!

Plötzlich zieht ein großer Sturm auf, es blitzt und donnert, es reißt Bäume aus dem Boden. Auf einmal bekomme ich einen Ast an den Kopf geschleudert und werde ohnmächtig. Nach einiger Zeit komme ich wieder zu Bewusstsein, doch ich stehe in Schockstarre. Keine grüne Welt aus Bäumen, Büschen und Wasserfällen mehr, sondern aus Soldaten, zerstörten Häusern und Trümmern.

Die Soldaten scheinen mich nicht zu bemerken, da sie gerade dabei sind, ihre großen Pistolen und Waffen nachzuladen. Plötzlich ertönt ein lauter Alarm, es muss sich um einen Bombenalarm handeln, denn ich sehe nur panische und kreischende Menschen, die mit mir zusammen in einen Bunker flüchten. Nur wenige Sekunden danach nehme ich einen fast ohrenbetäubenden Knall wahr. Es ist eine Bombe! Genauer gesagt eine Atombombe! Erst nach zwei Wochen dürfen wir zum ersten Mal wieder die Außenwelt mit Atemschutzmasken betreten. Es ist unmöglich hier in den nächsten zehn Jahren zu leben!

Ich spreche mit dort lebenden Menschen und erfahre, dass diese Angriffe Alltag für sie sind, das macht mich traurig.

Präsidenten, die mit Atomwaffen drohen, Million von Menschen, die während Kriegen getötet und entführt werden. Kriege, die nur wegen Flächengebieten geführt werden.

Deshalb teilt miteinander und helft euch gegenseitig.

Schützt die Natur und lasst Menschen Menschen sein!

Mika Seltmann
Staatliches Gymnasium Königsbrunn, Klasse 6b

Zeitreise in die USA

Es war einmal ein Mädchen namens Laura und sie war 14 Jahre alt. Sie liebte die USA, weil dort alle Filmstars und berühmte Drehorte sind. Auch gibt es viele unterschiedliche Shops sowie natürlich den Ozean vor Los Angeles. Lauras Traum war, das alles einmal zu sehen, doch ihre Eltern konnten sich diese Reise nicht leisten und ihr großer Bruder war zwar bereits volljährig, würde ihr diesen Wunsch aber niemals erfüllen. Laura hatte bald

Geburtstag und glaubte langsam nicht mehr daran, dass sie in die USA fliegt. Die Tage vergingen wie im Fluge und Lauras Geburtstag kam immer näher. Als es dann endlich soweit war, dekorierten ihre Eltern das Wohnzimmer für die Feier. Laura erwachte, nachdem sie auf einmal Musik hörte. An ihren Geburtstag hatte sie im ersten Moment gar nicht mehr gedacht. Schnell sprang sie deshalb aus ihrem Bett und flitzte nach unten ins Wohnzimmer. Ihre Familie sang für sie "Happy Birthday" und gratulierte ihr. Laura bedankte sich und packte Geschenke aus, über die sich Laura riesig freute, wobei leider keine Reise in die USA dabei war. Doch dann sagte ihr Bruder plötzlich: "Laura, ich habe da noch etwas für dich!" "Echt? Was denn?", fragte Laura aufgeregt. "Also, du wünscht dir ja schon sehr lange eine Reise in die USA und deswegen habe ich uns beiden Flugtickets besorgt. In drei Tagen geht`s los!", sagte ihr Bruder Moritz. "Was? Wirklich? Wie cool, vielen Dank!", rief Laura begeistert und umarmte ihren Bruder. Sie freute sich riesig über diese Überraschung und wollte am nächsten Tag gleich zu packen anfangen. Aber heute feierten sie erstmal noch schön ihren Geburtstag. Am nächsten Tag erwachte Laure erst um dreizehn Uhr wieder, nachdem sie noch bis ein Uhr nachts wach gewesen war. Ihre Mama und ihr Bruder kamen in ihr Zimmer und meinten: "Guten Morgen Laura – willst Du nicht mal aufstehen"? Daraufhin erwiderte sie erschrocken: „Ups, ja ich stehe jetzt auf!" „Ok, dann komm runter zum Frühstücken", sagte ihre Mama. Als sie fertig war mit Frühstück, ging sie wieder nach oben und packte ihren Koffer für die Reise, weil sie am darauffolgenden Tag bereits um fünf Uhr aufstehen musste, da ihre Familie um sieben Uhr am Flughafen sein musste. Der Tag verging ziemlich schnell und Laura ging früh schlafen, um für den 12-stündigen Flug fit zu sein. Endlich war der Tag gekommen auf den Laura so lange gewartet hat. Ihre Eltern waren auch bereits wach, um ihren Bruder und sie zum Flughafen zu bringen. Als sie am Flughafen angekommen waren, verabschiedeten sie sich voneinander. Ihre Eltern wünschten den beiden noch einen guten Flug. Danach gingen Laura und Moritz in den Flughafen, um ihre Koffer abzugeben und anschließend zum "Check in" zu gehen. Alles hatte gut geklappt und beide gingen noch kurz auf die Toilette. Auf dem Weg dorthin fanden die beiden ein Zeitreiseportal. Im ersten Moment wussten sie gar nicht, was das sein sollte, da es eine komische Eisentür war. Moritz öffnete die schwere Tür und helles Licht leuchtete ihnen entgegen. Laura fragte: „Weißt du, was das hier ist?" Ihr Bruder erwiderte daraufhin: „Ich glaube, ein Zeitreiseportal, ich habe sowas schon mal in einem Film gesehen." „Wow! Wollen wir mal reingehen?", fragte Laura. „Aber wir haben doch schon Flugtickets gekauft", meinte ihr

Bruder. „Bitte", bettelte Laura. „Ja, ok", sagte Moritz und die beiden gingen Hand in Hand in das Portal. Drinnen konnten sie allerdings nichts erkennen und die Zeit verging darin wie im Flug. Als sie wieder aus dem Portal geschmissen wurden, mussten Moritz und Laura erst einmal realisieren, was überhaupt passiert war. Moritz fragte: „Alles okay bei dir?" „Ja, und bei dir?", antwortete Laura. „Auch", sagte Moritz. Die beiden waren am Flughafen in den USA, aber das wussten sie zu diesem Zeitpunkt noch nicht. Auf einmal kam eine Durchsage: „Welcome in the USA – we hope you have a nice flight?" Laura sagte aufgeregt: „Moritz wir wurden in die USA teleportiert, kannst Du das glauben?!" Daraufhin rief ihr Bruder: „Wow, wie cool! Lass uns unsere Koffer holen!" Sie liefen zur Gepäckausgabe und verließen den Flughafen. Sie konnten es noch gar nicht fassen, dass sie nun in den USA gelandet waren. Um ins Hotel zu kommen, riefen sie ein Taxi. Dort angekommen, ruhten Moritz und Laura sich etwas aus. Abends gingen sie noch in ein Restaurant und stärkten sich erst einmal von der abenteuerlichen Reise. Erschöpft, aber glücklich schliefen sie später von dem ereignisreichen Tag ein.

Isabel Woock
Staatliches Gymnasium Königsbrunn, Klasse 6b

Der Erste Weltkrieg

Ich saß in der Bahn und hörte Musik. Natürlich von Michael Jackson. Es war ein schöner Tag, die Sonne schien durch das Fenster. Auf einmal wurde ich müde und schlief ein. Alles war schwarz, doch auf einmal wachte ich im Regen wieder auf. Ich lag im Matsch. Mein Rücken angelehnt an eine Hausmauer oder besser gesagt, das was davon noch übrig war. Ich hatte einen Helm auf dem Kopf und trug eine Uniform. Ich war überschüttet von Dreck und Matsch. Als ich aufstand, sah ich ihn den Ersten Weltkrieg. Anscheinend war ich Brite oder Franzose. Auf dem Schlachtfeld überall Tote. Feuer, das die letzten Bäume verschlang, die auf dem Felde standen. Vor mir ein verbündeter Soldat, der mehr tot als lebendig war. Der Gestank der Leichen und der Bomben, die Rauch übers Feld und in die Gräben brachten. Das Geschrei der Soldaten ließ dir das Blut in den Adern gefrieren. Der Schock vom Anblick der deutschen AV7 Panzer zwang mich in die Knie. Ich nahm mir eine Waffe und sprintete durch die Schützengräben. Ich sah einen Freund, der von einem deutschen Soldaten mit seinem Bajonett erstochen wurde. Ich nahm mein Gewehr und schoss, und er fiel zu Boden. Seine Kleidung wurde langsam rot vor Blut. Aus dem Hinterhalt kam ein Feind, der mich erstechen wollte, aber meine Rettung war ein Soldat, der ihn erschoss. Es verging alles in Zeitlupe, als ob mir der Krieg zeigen wollte, wie grausam er sei. Es wurde wieder alles schwarz, und ich wachte in der Bahn auf, glücklich darüber, dass ich wieder in einer friedlichen Welt war. Danke für Frieden, erinnert an die Opfer.

Luka Trubarac
Staatliches Gymnasium Königsbrunn, Klasse 5e

Es fängt mit der Leere an, damit will ich es nicht anfangen lassen

Ich will zurück, zurück in meine Vergangenheit, in die Zeit, bevor ich einen Teil von mir für immer verloren habe.

Ich will zurück, damit ich SIE noch einmal sehen und SIE in meine Armen schließe kann …

Sie ist gegangen, ohne sich an IHRE Versprechen zu halten, ohne Tschüss zu sagen und ohne eine letzte Umarmung …

Sie schaut mich an, ohne zu blinzeln und ich fühle einen kalten Zug auf meiner Haut. SIE schaut mich an und die Tränen fließen auf meinen Wangen … Bitte, bitte DU sollst kämpfen, bitte du sollst aufstehen, DU hast mir immer versprochen, dass DU bei mir bleibst … SIE redet nicht, und ich spüre nur die Kälte. Plötzlich fließen die Tränen auch aus IHREN Augen auf IHRE zarte Haut.

SIE schaut mich an, aber SIE kann sich nicht bewegen, ich weiß nicht, was ich in IHREN Augen sehe, aber es ist nicht Gutes. Es fühlt sich so an, als wolle SIE mir etwas sagen … Sie kann es nicht mehr … aber ich kann auch nicht ohne SIE …

SIE liegt auf dem kalten, schmalen, unbequemen Bett. Auf IHR liegt die dünne Bettdecke.

Ich trage ein langes Kleid und mein Kopftuch. Ich stehe neben IHREM Bett und sehe IHREN Kopf, der sich auf die Seite neigt. Was ist passiert, was ist zu tun? Eine letzte Träne tropft aus IHREN Augen. Nasenblut fängt an zu fließen. Es hört nicht auf. Ich reiße mein Kopftuch ab und lege es unter IHRE Nase, damit das Nasenblut IHRE Kleidung nicht blutig macht.

Das Blut hört einfach nicht auf. Es wird immer mehr. Verzweifelt renne ich durch das Krankenhaus – ohne Kopftuch und ohne zu wissen, was ich machen soll! Ich weiß nur, ich muss Hilfe holen. Ich schreie laut „Hilfe, Hilfe, Hilfe!" Warum ist keiner da. Warum hilft mir niemand? Warum hört mich niemand? Plötzlich finde ich jemanden. Sie schaut mich an. Ich kann nicht sagen, was die Krankenpflegerin sieht, aber Sie rennt weg. Sagt sie, sie holt die Ärzte. Die Ärzte kommen nach wenigen Sekunden in den Saal. Sie sind hektisch, schließen meine MAMA an Geräte an, versuchen Sie wiederzubeleben. Ich weiß es nicht. Ich weine, aber ich sage mir: „SIE wird es schaffen, SIE wird wieder gesund." Aber tief in mir weiß ich, dass diesmal etwas anders ist, aber ich will es nicht wahrhaben und frage mich: „Warum weine ich? Es wird doch alles gut mit IHR." Aber nein, es ist nicht so wie ich denke ... IHR Kopf neigt sich auf die Seite und die Ärzte lassen SIE so liegen. Sie nehmen Abstand. Ich weiß nur, ich muss SIE nur umarmen und betteln, dass SIE aufsteht, aber die Ärzte ziehen mich auf die Seite, ich darf SIE nicht drücken, sonst blutet IHR Körper noch mehr ... in diesem Moment kommt mein kleiner Bruder, er sieht, dass ich weine und verliert sein Gleichgewicht. Er fällt auf den Boden ... Ich will nicht da sein, ich wünsche mir, dass das alles nur ein Albtraum und bald vorbei ist, wenn ich aufwache.

Ich gehe zu meinem Bruder. Die Leute auf dem Gang helfen mir und meinem Bruder. Die Leute helfen uns. Sie nehmen eine Decke und legen meine MAMA hinein, ich sehe nur zu, ich spüre meinen Körper nicht, aber ich muss aufstehen, ich muss für meinem Bruder da sein und bei meiner MAMA bleiben ...

Die Ärzte und ein paar Freiwillige tragen meinem MAMA hoch und sagen mir, ich solle ihnen folgen. Ich helfe meinem Bruder, und zusammen folgen wir meiner MAMA. Die Leute legen meine MAMA in einen Krankenwagen und wir dürfen mit IHR mitfahren. Die Zeit vergeht einfach nicht, und ich wache auch nicht aus meinem Albtraum auf ... Der Krankenwagen bleibt stehen, die Türen gehen auf, wir sind an einer Moschee. Sie bringen meine MAMA in einen Raum. Da darf mein Bruder nicht rein, und ich darf erst ganz zum Schluss zu ihr gehen. Wir müssen in der Moschee warten. Mein Bruder legt sich auf den Boden und schließt seine Augen. Wir beide haben kein Wort miteinander geredet. Ich weiß auch nicht, was ich ihm sagen soll! Ich glaube, er will für mich da sein, aber ich sehe an diesem Tag wie er gebrochen ist, aber ich will für uns stark sein ...

Eine Frau ruft mich und sagt mir, ich könne jetzt zu meiner MAMA gehen. Ich gehe in den Raum. Dort spüre ich nur die Kälte. Meine MAMA liegt auf einem großen Stein. Die Frau hat SIE gewaschen, und sagt mir, sie müssten IHRE Nase vergipsen, weil das Nasenbluten nicht aufgehört hat. SIE bewegt sich nicht, und IHRE Augen sind jetzt geschlossen. Ich will SIE aufwecken, aber die Frau lässt SIE mich nicht anfassen, weil sie meine MAMA gewaschen haben und SIE jetzt rein ist, aber ich nicht … Ich muss mich von IHR verabschieden, aber das will ich nicht. Ich bitte und bitte, SIE solle doch aufstehen und uns nicht allein lassen. Sie schicken mich raus und nehmen SIE mit in den Krankenwagen. Jetzt darf mein Bruder mitgehen zu IHREM Begräbnis, aber ich als Frau darf nicht bei IHRER Beerdigung dabei sein … ab diesem Zeitpunkt habe ich SIE nicht mehr gesehen, und ein Stück von mir ist mit IHR begraben worden. Komm und besuche mich in meinen Träumen. Ich warte schon zu lange auf dich MAMA … wie schön wäre es, die Zeit zurückzudrehen.

Fereshta Hosseini
Staatliches Berufliches Schulzentrum Neusäß, Klasse KiTZ 11

Emilia und Leni — die Weltretter

An einem ganz normalen Montag gingen Leni und Emilia, die besten Freunde, spazieren. Der Himmel war wolkenfrei und die Sonne hat gestrahlt. Ein Strommast hat sie plötzlich in eine Zeitmaschine gezogen. Die Zeitmaschine war grau mit einem roten Knopf. Ganz verwirrt sind sie plötzlich auf dem Mond gestanden. Emilia flüsterte: „Wo sind wir denn?" „Auf dem Mond", antwortete Leni. Nach einer Stunde wurde der Mond langsam kleiner. Emilia und Leni dachten, sie müssten bald sterben. Nach langer Zeit war nur noch ein kleines Stück Mond übrig. Leni bekam langsam Durst. Zum Glück hatten sie eine große Apfelsaftflasche im Rucksack. Mit großer Sorge kam dann eine bunte Rakete mit einem grünen und einem blauen Glibbermonster vorbei. Sie haben unsere Angst in den Augen gesehen. Deshalb sind sie auf dem kleinen Stück Mond, das noch da war, gelandet. Sie haben uns gefragt, warum wir auf dem Mond sind. Wir haben ihnen alles erzählt, was passiert war. Sofort nachdem wir ihnen es erzählt hatten, haben die Monster uns gesagt, dass sie auf dem Weg sind, die Welt zu retten, und dass alle Menschen auf der Welt in einer Zeitmaschine gefangen sind. Auch erzählten sie uns, dass alle Menschen auf einem anderen Planeten gefangen sind. Erst wenn die Welt wieder gerettet sei, kämen alle Menschen zurück auf die Erde. Das blaue Glibbermonster fügte hinzu: „Wir sind die Auserwählten, die die Welt retten müssen. Sonst werden die Menschen für immer auf all den Planeten gefangen sein." Also sind wir in die bunte Rakete gestiegen und zur Erde geflogen. Die Fahrt dauerte so lange, dass wir fast eingeschlafen sind. Die Aussicht war sehr schön. Man sah Sterne, Planeten mit Leuten und die Erde, die immer größer wurde, weil wir näher kamen. Nach gefühlt fünf Stunden waren wir angekommen. Die Luft roch nach Motorgas, weil die Wälder abgeholzt waren. Wir wussten nicht, wie wir anfangen sollten. Wir entschlossen uns dazu, Bäume zu pflanzen. Natürlich dauerte es lange, bis die Bäume gewachsen waren – am Ende waren es fünf Jahre. So lange mussten die Menschen auf den fremden Planeten leben und durch die Rakete mit Essen und Trinken versorgt werden. Nach diesen fünf Jahren waren die Bäume groß und haben die Luft verbessert.

Der Mond wurde auch langsam wieder größer. Nun fanden wir die Zeitmaschine, in der alle Menschen gefangen waren. Emilia fragte: „Soll ich den roten Knopf drücken?" Leni schrie: „NEIN!"

Nach langem Diskutieren drückte Emilia einfach den Knopf. Plötzlich waren wir wieder in der alten Welt, aber die Leute kümmerten sich mehr um die Umwelt. Leni fragte Emilia: „Sollen wir nicht ein Umweltfest machen, weil die Leute sich so gut um die Umwelt kümmern?" Emilia antwortete: „Das ist eine tolle Idee." Drei Tage später sollte des Fest statfinden, doch es war schlechtes Wetter. Zum Glück war am nächsten Tag schönes Wetter und das Fest konnte stattfinden.

Alle Gäste, die wir eingeladen hatten, kamen auch, weil sie es eine tolle Idee fanden ein Umweltfest zu machen. Die Feier verlief toll und allen hat es Spaß gemacht.

Leni Mengele und Emilia Lauter
Grundschule Altenmünster, Klasse 4b

Zukunft

Z eit
U nerwartet
K raftvoll
U niversum
N eugeschaffen
F lüchten
T auchen

Menira Kutlu
Helen-Keller-Schule Dinkelscherben, Klasse 7Gb

Mein genialer Freund

Mein Schultag fing gewöhnlich an. Nach dem Frühstück eilte ich in die Schule. Wie immer war ich spät dran. Am Klassenzimmer stieß ich mit einem Klassenkameraden zusammen. Meine Blätter und Stifte fielen aus der Tasche. Eigentlich war der Junge ein Außenseiter, und keiner wollte mit ihm befreundet sein, weil er so seltsam war. Ich war sehr überrascht, als der Junge mir half, meine Schulmaterialien aufzuheben.

Nach der Schule kam Albert, der freundliche Außenseiter, zu mir und lud mich ein, den Tag mit ihm zu verbringen. Er wohnte viel weiter von dem Gymnasium entfernt als ich. So liefen wir schnell zu ihm nach Hause. Seine Familie war sehr nett und freundlich. Es roch nach frisch gebackenem Brot, was uns seine Mama liebevoll zum Essen servierte.

Nach dem Essen gingen wir in das Forschungslabor – so nannte Albert sein Kinderzimmer. Das war wie ein echtes Labor. Während ich die zahlreichen Notizen auf dem Tisch las, stellte ich fest, dass Albert sich viel mit Zeitreisen beschäftigte. Er war gut in der Schule, vor allem in Physik. Aber in den Notizen waren kaum verständliche Forschungs- berechnungen erkennbar. Er erzählte mir vom Universum, und der Relativitätstheorie, von Sternen und ungewöhnlichen Kräften. Besonders beeindruckt war ich von dem Urknall.

Anschließend hat er noch viele Details und Informationen erklärt, die ich leider nicht verstehen konnte. Albert führte mir ein Experiment vor – er ließ seinen Stift verschwinden. Plötzlich war er nicht mehr da. Ich suchte ihn überall, aber meine Suche blieb erfolglos. „Wie hast du das gemacht?", fragte ich staunend. Er antwortete mit einem einzigen Wort: „Zeitreisen." „Geht das auch mit Menschen?", fragte ich neugierig. Die Antwort darauf wusste er nicht. Wir beschlossen, es gemeinsam herauszufinden. Ich schloss die Augen und dann … dann wachte ich in meinem kuscheligen Bett auf, in meiner neuen Familie. Ich musste feststellen, dass sich so einiges verändert hatte. Im Fernsehen sah ich meinen Freund – er war zu einem weltberühmten Wissenschaftler geworden. Seine Erfindungen hatten die Welt verändert. Ich war sehr stolz darauf, dass Albert Einstein mein Freund war. Leider ist er schon gestorben, aber die Welt wird sich immer an ihn erinnern.

Daniel Vasilenko
Staatliches Gymnasium Königsbrunn, Klasse 6f

Die Dinosaurier

1. Früher gab es Dinosaurier vor den Menschen.
2. Diese Dinosaurier waren sehr groß und gefährlich.
3. Die Dinosaurier suchten nach Nahrung.

4. Früher gab es Dinosaurier vor den Menschen.
5. Die Dinosaurier haben um Leben und Tod gekämpft.
6. Die Dinosaurier sind ausgestorben.
7. Früher gab es Dinosaurier vor den Menschen.
8. Diese Dinosaurier waren sehr groß und gefährlich.

Habib Faizi
Helen-Keller-Schule Dinkelscherben, Klasse 5 G

Der Sprung ins Mittelalter

Es war einst ein Forscher, mutig und schlau,
Der sich in die Zeitmaschine traute, oh wow!
Er drehte an den Knöpfen und schaltete ein,
Bereit für das Abenteuer, groß und klein.

Plötzlich begann die Maschine zu surren,
Der Forscher konnte das Abenteuer schon spüren.
Er wurde hin und her geschüttelt und gepresst,
Und landete schließlich in einer anderen Zeit, ganz unerwartet, wie's scheint.

Da stand er nun, in einer mittelalterlichen Stadt,
Umgeben von Rittern in Rüstungen, wie verrückt!
"Seid gegrüßt, tapferer Recke!", rief ihm einer zu,
Der Forscher staunte und wusste nicht, was er tun soll.

"Was ist dies für eine Zeit, in der ich gelandet bin?",
Fragte er einen alten Mann mit Bart, so dünn.
"Mein lieber Fremder, du bist im Jahr 1345,
Eine Zeit voller Abenteuer und Geschichten, so lebendig!"

Er beobachtet Ritter bei Turnieren,
Die mit ihren Lanzen die Herzen rühren.
Die Burgfräulein mit ihren zarten Gemütern,
Verzaubern ihn mit ihren lieblichen Liedern.

Doch auch die Schattenseiten des Mittelalters sieht er,
Armut, Krankheit und manchmal auch Krieg und Gefahr.
Er lernt, dass das Leben damals nicht immer leicht war,
Und schätzt die Errungenschaften der Gegenwart

Der Forscher war begeistert von dem, was er sah,
Doch er wollte zurück, in die Gegenwart, ganz klar.
Er stieg wieder in die Zeitmaschine, bereit für den Sprung,
Und plötzlich fand er sich in einer futuristischen Welt, so bunt.

Roboter und fliegende Autos waren allgegenwärtig,
Die Menschen sprachen mit Hologrammen, so faszinierend!
Der Forscher konnte es kaum fassen, was er hier sah,
Doch er sehnte sich nach seiner Zeit, das war klar.

Er kehrte zurück, in die Gegenwart, mit einem Lächeln im Gesicht,
Denn er hatte Abenteuer erlebt, so wunderbar und schlicht.
Die Ballade von seinem Zeitsprung, sie wird erzählt,
Von mutigen Forschern und Zeiten, die die Welt enthüllt.

Paula Schilling
Leonhard-Wagner-Gymnasium Schwabmünchen, Klasse 7a

Das Amulett

Es war ein stinknormaler Samstag, fast schon ein zu normaler Samstag, die Sonne schien vom Himmel. Ich spürte wie mir der Schweiß von der Stirn tropfte. Da wollte ich mich auf dem Weg zu meiner Freundin Alina machen. Ich nahm meinen Hund Rufus mit, damit er mit Alinas Hündin Ally spielen konnte. Wir nahmen den Weg durch den Wald. Dort war es schön schattig und kühl. Im Wald angekommen ließ ich Rufus von der Leine. Ein Schatten huschte an ihm vorbei. Rufus lief dem Schatten bellend hinterher. Ich rannte Rufus hinterher, doch nach ein paar Metern war der Abstand zwischen mir und Rufus zu groß geworden, so dass ich ihn verlor. Keuchend setzte ich mich auf den feuchten Waldboden. Ich war verzweifelt, mein Handy hatte ich zuhause vergessen. Sollte ich ihn suchen? Doch dann fiel mir ein, dass er jederzeit zurückkommen konnte und wenn ich ihn in der Zeit suche, sehen wir uns vielleicht nie wieder. Allein bei der Vorstellung spürte ich, wie ich Gänsehaut bekam. Schließlich nahm ich allen Mut zusammen und stand auf, um Rufus zu suchen. Als ich ein paar Meter gegangen war, hörte ich ein leises Bellen, das sich fast so anhörte wie Rufus Bellen. Ich rannte in die Richtung, woher das Bellen gekommen war. War vielleicht doch noch nicht alles verloren? Mein Herz machte einen Sprung vor Freude. Hinter einem Baum sah ich Rufus goldbraunes Fell.

Aber unter Rufus Fell sah ich etwas hellgrün Schimmerndes. Vorsichtig schaute ich nach. Es war ein altes Amulett, auf dem eine Art Portal eingeritzt war. Was hatte das zu bedeuten? Vor lauter Aufregung vergaß ich das Treffen mit Alina. Doch das konnte warten, es dauerte bestimmt nicht allzu lange. Rufus bellte aufgeregt in Richtung Baumkrone, dort saß ein kleines Eichhörnchen das ebenfalls ein hellgrün schimmerndes Amulett um seinen Hals hängen hatte. Was hat das zu bedeuten, murmelte ich leise vor mich hin. „Was hat was zu bedeuten?", fragte eine leise hohe Stimme über mir. Ich erschrak. „Keine Angst, ich bin es nur, das Eichhörnchen", sagte es. „DU?", fragte ich immer noch erschrocken. Meine Knie zitterten vor Aufregung. „Ja, ich", kam es zurück. „Warum kann ich mit dir reden?", fragte ich mit einer etwas festeren Stimme. „Naja, du trägst das Amulett, ich trage das gleiche Amulett. Um es deutlicher auszudrücken, wenn Menschen oder Tiere diese Amulette tragen können sie einander verstehen", erklärte das Eichhörnchen. „Und was hilft mir das?", fragte ich. „Ich helfe dir, das Portal zu finden, das auf dem Amulett eingeritzt ist", antwortete das Eichhörnchen „Oh, okay, danke dir", kam es von mir zurück. „Folgt mir", sagte das Eichhörnchen. Wortlos folgte ich ihm. Rufus lief uns mit wedelndem Schwanz hinterher. Inmitten einer Lichtung stand ein großes, leuchtendes Portal, dessen Rahmen aus Stein und mit Pflanzen überwuchert war. Es sah magisch aus. Das Eichhörnchen sagte: „Ich gebe Rufus mein Amulett, dann könnt ihr zwei miteinander reden." „Oh, okay", kam es von mir. Plötzlich lag, wo vorher das Eichhörnchen gestanden hatte, nur noch das Amulett. Vorsichtig hob ich es auf und legte es Rufus um den Hals. Ich sagte leise: „Kannst du mich wirklich hören?" Eine tiefe Stimme (die anscheinend Rufus Stimme war) flüsterte: „Jj…Ja." Ich war so glücklich, dass ich beinahe vergaß, weswegen wir eigentlich hier waren. Mit einem misstrauischen Blick betrachtete ich das Portal. War das ein Traum? Wie es aussah nicht. Deswegen gab ich mir einen Ruck und ging langsam und mit schweren Schritten auf das Portal zu. Mein Herz raste. Ich hörte wie unter Rufus' Pfoten die Blätter raschelten. Unsicher schaute ich zu Rufus. Der meinte nur, ich solle mir einen Ruck geben und wovor ich mich denn fürchte. Mit einer zittriger Stimme sagte ich zu Rufus: „Jaja du hast recht." „Na also, geht doch!", sagte Rufus zufrieden. „Aber du kommst mit", sagte ich leise aber entschlossenen. Als Antwort kam nur: „Ähh also…äähh, na gut." Kaum 30 Sekunden später befanden wir uns … IN DER ZUKUNFT! Ich rief Rufus begeistert zu, der misstrauisch zu mir herüber blickte. „Wie?", stotterte er. „Sind wir wirklich in der Zukunft?" „Ja", sagte ich ungeduldig.

Komm, lass uns die Gegend erkunden! Na gut, kam es mürrisch zurück. Kaum waren wir fünf Minuten gegangen, standen wir vor einem riesigen Gebäude, das aussah wie eine Villa. Kurz darauf kam uns ein merkwürdiger Roboter entgegen. Er sah eigentlich aus wie ein Mensch, nur dass er aus einem merkwürdigen, silbern schimmernden Material bestand. Kurz blickte er mich und Rufus an, verschwand dann aber im Gebäude. Leise folgten ich und Rufus dem Roboter. In dem Gebäude roch es nach Chemie. Es wimmelte nur so von Robotern.

Die Menschen brauchten gar nichts mehr zu tun. Sie hatten ihre Roboter. Die Decke war aus Glas: Als ich hinausschaute, sah ich nichts als Leere und viele Häuser, die alle gleich aussahen. Alles wurde durch Roboter gesteuert. Es wirkte so, als gäbe es überhaupt keine Bäume mehr. Kein Stück Natur war weit und breit zu sehen.

Ich bekam ein mulmiges Gefühl bei der Sache. Sollte ich das wirklich tun? Eigentlich wollte ich noch gar nicht wissen, wie unsere Zukunft aussehen wird.

Ich nahm Rufus auf den Arm. Der protestierte, doch das störte mich in dem Moment gar nicht. Ich wollte nur noch raus hier und raus aus der Zukunft. Ich wollte das nicht sehen. Dafür war ich noch nicht bereit. Keuchend blieb ich vor dem Portal stehen. Ich betrat das Portal. Es kribbelte. Ich hatte das Gefühl, dass ich gleich abstürzen würde. Doch anstatt abzustürzen, befand ich mich mit Rufus wieder auf der Waldlichtung. Jemand rannte auf mich zu. Es war … ALINA. Freudig rannte ich auf sie zu. Alina wirkte im ersten Moment etwas sauer. Sie wartete schon lange auf mich. Doch als sie sah wie glücklich ich war, konnte sie mir nicht länger böse sein. Leise murmelte ich vor mich hin: „Wie schön es ist, wieder in der Gegenwart zu sein!"

Greta Jakob
Grundschule Thierhaupten, Klasse 4b

Hätte ich das wohl früher gemacht?

Cristina verbrachte nicht so viel Zeit mit ihrer Mutter, denn sie fand es langweilig. Sie schämte sich für ihrer Mutter, weil sie eine Krankheit hatte. Sie wollte nie mit ihrer Mutter von anderen gesehen werden, weil sie zu jedem gesagt hat, dass sie der Boss von einem erfolgreichen Restaurant sei, obwohl sie Putzfrau an ihrer Schule war. Als Cristina neu an die Schule kam, wurde sie von den anderen wegen ihrer Klamotten gehänselt, aber sie dachte sich, wenn sie sich mit den Coolen anfreundete, dann hörte alles auf. Cristinas Mutter wollte jede Minute mit ihr verbringen, denn sie wusste, dass ihre Zeit zum Sterben nahe war. Sie wollte es ihr aber nicht mitteilen. Sie wollte ihre Tochter nicht am Boden sehen. An einem Freitagnachmittag fragte die Mutter noch einmal, ob sie zusammen zum Spielplatz gehen wollten. „Nein, ich wurde zu einer Poolparty eingeladen, da werde ich neue Freunde kennenlernen." Das ging eine Weile so, bis Cristina eines Tages nach Hause kam und ihre Oma vor ihre Haustür weinend warten sah. Die Oma teilte ihr mit, dass ihre Mutter an einer Panikattacke gestorben war. Cristina war geschockt; sie sah verschwommen und fiel in Ohnmacht. Als sie aber wieder aufwachte, lag sie im Krankenhaus mit ihrer Oma an ihrer Seite. Die Oma erklärte: „Du warst ihr einziges Kind, alles was deine Mutter wollte, war Zeit mit dir zu verbringen, denn sie wusste, dass sie nicht mehr lang hatte, aber sie wollte diese kurze Zeit mit dir verbringen, damit du sie in Erinnerung behältst. Hier, nimm diesen Ring, er führt dich in die Vergangenheit, wo du alles richtig machen kannst!" Cristina steckte sich ohne zu reden den Ring an und landete an dem Tag, als sie an der neuen Schule ankam. Wie erwartet wurde sie von den anderen ausgelacht. Cristina wurde traurig. Ihr flossen fast die Tränen, aber sie konnte noch rechtzeitig auf die Toilette rennen, ohne dass die anderen bemerkten, dass sie weinte. Als sie in der Toilettenkabine war, hörte sie zwei Mädchen reden. Cristina erkannte deren Stimmen: Es waren Ashley und Mia. Sie war kurz davor, die Türe zu öffnen, als sie hörte, dass ihr Name in deren Gespräch erwähnt wurde. „Hast du die neue gesehen, ihre Klamotten sehen aus, als würden sie von der Mülltonne kommen." Die beiden kicherten. Cristina war zerstört und bemerkte, dass die Mädchen vor ihr nett waren und hinter ihrem Rücken schlecht über sie redeten. Cristina beschloss, dass sie solche Freunde nicht brauchte. Sie verließ die Toilettenkabine und ging zum Unterricht. Da musste sie zwischen zwei Mädchen sitzen. „Hallo, ich heiße Cristina und bin neu an der Schule." Die Mädchen fragten sie viele Fragen, um sie besser kennenzulernen. Cristina beantwortet jedoch alle Fragen, bis sie fragten, als was ihre Mutter arbeitete. Cristina wusste nicht, was sie sagen sollte, erinnerte sich aber daran, dass sie gekommen war, um alles richtig zu machen. „Ich lebe bei meiner Mutter und sie arbeitet als Putzfrau an dieser Schule." Cristina war sehr überrascht, als die anderen sie nicht auslachten. Als die Schule aus war, lief sie schnell nach Hause. Als Cristina nach Hause kam, sah sie ihre Mutter in der Küche Plätzchen backen. „Das riecht aber gut, soll ich dir helfen?", fragte Cristina. Darauf antwortete die Mutter: „Ja, leg deine Tasche weg und komm in die Küche!" Cristina tat das, was ihr gesagt wurde. Die beide backten zusammen und hatten sehr viel Spaß. Es wurde sehr viel gelacht. Cristina bemerkte, dass es gar nicht so langweilig war, wie sie es sich vorgestellt hatte. Am nächsten Tag war Wochenende und Cristina ging zu ihrer Mutter und schlug vor, dass die beiden ins Schwimmbad gehen könnten. Sie zogen sich also an und fuhren zum nächsten Schwimmbad. Die zwei schwammen wie die Wilden, rutschten und sprangen vom Drei-Meter-Sprungbrett. Beide hatten sehr viel Spaß miteinander und genossen die Zeit, die sie zusammen verbrachten. Cristina wusste aber, dass der Zeitpunkt, zu dem ihre Mutter sterben würde, bald käme und sie dann wieder in ihr normales Leben teleportiert würde. Am nächsten Tag ging Cristina ganz normal zur Schule. Nach ein paar Stunden hatte sie Schule aus und lief nach Hause. Wie erwartet sah sie ihre Oma vor der Haustür, und die Oma teilte ihr mit, dass ihre Mutter aufgrund einer Panikattacke gestorben war. Cristina sah verschwommen. Bevor sie in Ohnmacht fallen konnte, zog sie den Ring schnell aus. Sie wurde wieder ins Krankenhaus teleportiert mit ihrer Oma an ihrer Seite. Die Oma sprach: „Ich finde es gut, dass du deine Fehler in der vergangenen Zeit verbessert hast." Darauf antwortete Cristina: „Ich fand die Zeit mit meiner Mutter schön. Ich fühle mich jetzt besser, weil ich die besten Erinnerungen mit ihr habe. Ich wünschte, dass ich das alles gemacht hätte, denn ich habe auch gemerkt, dass ich meine ganze Zeit an falsche Freunde verschwendet habe." Die beiden umarmten sich ganz fest und waren froh, dass sie einander hatten.

Crispina Pridi
Mittelschule Stadtbergen, Klasse 6a

Ein dunkles Zeitalter

Der schwarze Knauf, in den ein geschwungenes „Z" eingraviert wurde, liegt in meiner Hand. Die metallene Zeitmaschine, die wie ein antiker Adler aussieht, steht anmutig vor mir in der dunklen Höhle. Ich konnte kaum glauben, dass ich vor einer Stunde noch in den kalten Atlantikwellen schwamm und dass, wenn diese Flaschenpost nicht an mein Knie gestoßen wäre, ich nie von dieser magischen Konstruktion erfahren hätte. Ich habe nach der Flaschenpost gegriffen und bin mit ihr zurück ans Ufer geschwommen. Ich setzte mich auf mein Handtuch und löste den halb aufgelösten und veralgten Korken aus dem Flaschenhals. Ein dünnes Blatt Papier rutschte heraus. Ich entfaltete es, darauf stand.

23.5.1734

Dem Finder!

Dieser Brief erklärt, wo mein Lebenswerk steht.

Mit dem sogenannten „Traumadler" kannst du die Zeit deiner Wahl besichtigen. Lege deine Hände auf das Steuer und nenne Datum und Ort, schließe deine Augen und sprich deinen Namen. Der Adler wird sich in einen Zeitstrom begeben und an deinem gewünschten Ort wieder auftauchen. Er steht in einem unterirdischen Verließ, in der Stadt Lyon in Frankreich. Ein frohes Leben und gute Reise dem Finder.

Alchemist Zirbenschein von Brunhild

Ich zwinkerte verwundert: „Lyon? Dort befinden wir uns doch gerade, jedoch welches Verlies meint Zirbenschein? Es gibt in der ganzen Gegend kein Schloß und auch keine Burg." Da fiel es mir wie Schuppen von den Augen. Die unterirdischen Tunnel, die wir nach unserem Strandgang besuchen wollten! „Okay, okay, okay entspann dich", sagte ich zu mir selbst. „Wenn das stimmt, dann muss ich diese Maschine finden." Als ich die Flasche untersuchte, sah ich etwas Kleines darin glitzern. Ich drehte die Flasche um und mir fiel ein kleiner Schlüssel in den Schoß. Als ich danach mit meinen Eltern die unterirdischen Tunnel besichtigte, entdeckte ich eine Tür, auf der ein Schild mit der Aufschrift „Verlies" prangte.

Heimlich schlich ich mich von meinen Eltern weg und öffnete die Tür. Ich blickte auf eine lange Treppe, die nach unten führte, und lief sogleich hinab. Unten erstreckte sich ein langer Gang mit vielen Gittertüren auf beiden Seiten. So lief ich zehn Minuten diesen Gang entlang, bis ich schließlich auf der linken Seite, hinter der Gittertür einen aufgemalten Adler auf der Wand entdeckte. Ich öffnete die unverschlossene Gittertür, drehte mich zur Seite – und da stand er.

Und nun stecke ich den kleinen Schlüssel in die Tür, deren Knauf ich immer noch festhalte. Ich drehe ihn und schließlich ertönt ein Klacken. Ich kann den Knauf bewegen und die Tür schwingt quietschend auf. Ich gehe hinein und schließe die Tür schnell wieder. Prüfend sehe ich mich im Innenraum um und schreite zu einer Armatur, vor der eine Art Cockpitstuhl steht. Und plötzlich erleide ich einen schieren Herzinfarkt, denn auf dem Stuhl sitzt ein Skelett. Wahrscheinlich wurde Zirbenscheins Lebenswerk auch seine letzte Ruhestätte oder war das etwa ein neugieriger Flaschenfinder, wie ich einer bin? Ich schlucke und schiebe den Knochenmann zur Seite, setze mich auf den Stuhl und lege meine Hände auf das Steuer. Ich sage: „5. August 3033, Deutschland, Nolan Glück."

Ja, ich möchte in die Zukunft, sehen was aus unserem Planeten wird. Blaues Flimmern wabert um die Zeitmaschine und ein greller Blitz erhellt alles. Ich blinzele und ein schummriges Licht umhüllt den Adler. Die Scheibe ist beschlagen, ich verlasse meinen Sitzplatz und schließe die Zeitmaschinentür auf. Ein staubiger Wind bläst mir ins Gesicht und zwingt mich zu husten. Ich blicke auf und erschrecke. Ich seh Müllberge, einen verstaubten Himmel und zerstörte Häuser. Ich höre ein Knarzen über mir, instinktiv springe ich zur Seite als krachend etwas neben mir zu Boden fällt. Beinahe wäre ich von einem Holzbrett erschlagen worden. Das Brett zerschellt am Boden und der Schall breitet sich aus. Doch bald herrscht wieder Stille. Ich löse mich aus meiner Schockstarre, um diese Welt zu erkunden. Diese Welt? Eigentlich ist es ja noch die gleiche Welt, aber so trüb ist man sie einfach nicht gewohnt. Es knirscht unter meinen Sohlen, ich sehe zu meinen Füßen und entdecke eine Drohne unter mir. Als ich wieder aufblicke, bemerke ich dass Tausende zerstörter Roboter, Drohnen und kleine, selbst fliegende Flugzeuge vor mir liegen. Das Ausmaß einer Schlacht, in der Roboter, von Menschenhand geführt, gekämpft haben. Ich bekomme es mit der Angst zu tun. Sie kriecht wie ein Schatten in mir hoch. Ich drehe mich um und renne zurück, zurück in den mehr oder weniger sicheren Traumadler und schließe die Tür. Ich atme tief durch. Das wird also aus dieser Welt.

In diesem Moment entschließe ich mich, etwas dagegen zu tun. Etwas zu tun, dass auch in eintausend Jahren noch Menschen diese tolle Welt bewundern und beleben können, denn es ist die Einzige, die wir haben.

Jacob Mayer
Staatliches Gymnasium Königsbrunn, Klasse 7d

Die Kapelle von 1913

In Gedanken war ich noch ganz bei diesem Film, den wir gerade eben im Geschichtsunterricht angeschaut hatten. Er handelte von einem merkwürdigen Verschwinden vor über einhundert Jahren. Ein reicher Firmenbesitzer ist in der Nähe unseres kleinen Dorfes auf mysteriöse Weise verschwunden, man hat nur noch seinen grünen Hut gefunden.

Mein Zwillingsbruder Phillip riss mich aus meinen Gedanken. „Fandet ihr den Film auch so spannend?" Jonas und ich stimmten zu. „Aber all die

118

Theorien von seinem Verschwinden können doch gar nicht stimmen", beschwerte sich Jonas. „Das ist ja ganz interessant, aber bitte denkt daran, dass wir heute unsere alte Familienkapelle entrümpeln müssen, sonst bekommen wir mit unserem Vater Ärger. Jonas, du kommst auch, oder?"
„Ja, ich komme dann um 15 Uhr zur Kapelle."
Am Nachmittag machten wir uns gleich an die Arbeit. Wir hatten schon etliche Kisten und durchlöcherte Kartons auf den großen Autoanhänger bugsiert, als ich eine uralte Truhe in einer verstaubten Ecke entdeckte. Aus Neugier schaute ich hinein. Sie war bis auf eine matt silberne Taschenuhr komplett leer. Enttäuscht nahm ich sie heraus und öffnete die Uhr mit einem klickenden Geräusch. Doch sie sah nicht wie eine normale Uhr aus. Anstatt dem Ziffernblatt und den Zeigern waren wie bei einem Zahlenschloss acht verstellbare Rädchen angebracht, die jeweils mit Zahlen von 0-9 beschriftet waren.
„Josefine, kannst du uns bitte beim Kehren helfen?", rief einer der Jungs. Schnell steckte ich das merkwürdige Teil in die linke Jackentasche meiner Sweatshirt-Jacke und eilte zu den Beiden. Bald darauf machten wir eine Pause und setzten uns auf eine alte Holzbank am Eingang. In diesem Moment fiel mir wieder die merkwürdige Taschenuhr ein und ich zog sie heraus. „Was hast du denn da, zeig mal her!", sagte Phillip neugierig und nahm sie mir aus der Hand. Er öffnete die Uhr und schaute daraufhin ebenso komisch wie ich. Mit angehaltenem Atem verdrehte Phillip die Zahlenräder, bis die Zahl 03061913 dastand. Nachdem wir noch ein wenig geredet hatten, machten wir uns wieder an die Arbeit. Plötzlich hüllte uns eine lila Wolke ein. „Was ist das?!", hörte ich Jonas verängstigte Stimme aus der Mitte. „Keine Ahnung! Was passiert hier?", antwortete Phillip ebenso verängstigt. Die Wolke wurde immer dichter, und ich erkannte nichts mehr. „Raus hier!" Panisch versuchte ich, aus der Kapelle zu kommen, doch es war unmöglich, den Ausgang zu finden. Deshalb blieb ich stehen und wartete ab, bis ich wieder ein paar Umrisse erkennen konnte. Die Wolke verschwand und ich sah in die verängstigten Gesichter der zwei Jungs, doch uns umgaben nicht mehr die vertrauten Mauern der Kapelle. Wir standen auf einer staubigen Straße, die anscheinend in ein kleines Dorf führte. Weit und breit war kein Mensch zu sehen. Wo sind wir? Panisch schaute ich zu Phillip und Jonas. Sie trugen jeweils ein altmodisches, wollweißes Leinenhemd und eine braune Hose mit Hosenträgern. Ich musste grinsen. „Was hast du denn für einen Schrott an?", fragte Jonas. Entsetzt blickte ich an mir herunter. Das, was die Jungs als schlimm empfanden, entpuppte sich als das komplette Gegenteil. Ich trug ein altes Dirndl über einer schönen Bluse.

Das Kleid war weiß und hatte eine blaue Schürze. „Das ist doch schön", rief ich empört. „Schaut euch doch mal an!" Im Nu entbrannte ein heftiger Streit über unsere Kleidung und der plötzliche Ortswechsel war vergessen. „Können wir uns bitte wieder auf unsere Umgebung konzentrieren und nicht auf unsere gewechselten Klamotten?", fragte ich genervt. „Mist, habt ihr mich nackt gesehen?", fragte Jonas geschockt. „Nein! Ist das jetzt deine einzige Sorge? Da war diese lila Wolke, und nun sind wir weiß Gott wo und haben seltsame Sachen an und ihr streitet euch wegen der Klamotten und fragt euch, ob wir uns nackt gesehen haben? Ist das euer Ernst?" Ich spürte, wie Wut in mir hochstieg. Phillip marschierte, ohne ein Wort zu sagen, in Richtung Wald. „Wo läufst du hin?", fragte ich. „Dort drüben ist eine Kreuzung mit Wegweisern. Wenn wir schon nicht wissen, in welchem Jahrhundert wir sind, möchte ich wenigsten wissen, wo wir sind."

Auf dem Schild, welches auf die Ortschaft zeigte, stand in einer geschwungenen Schrift: „Maining". „Also, wenn wir in das Dorf laufen, sind wir zu Hause. Wir müssen nur unser Haus finden." Ich grinste. „Schaut mal", rief Jonas, „da ist eine Bank. Wollen wir dort besprechen, was wir machen?" Phillip und ich stimmten zu. Als wir dort waren, sah ich eine zerknitterte Zeitung, die im Gebüsch lag und hob sie auf. In der rechten, oberen Ecke stand: „3. Juni 1913." „Moment mal, ist es möglich, dass wir eine Zeitreise gemacht haben und ich mit der merkwürdigen Taschenuhr die Zeit eingestellt habe, in die wir gereist sind?", fragte Phillip. Ich schaute nach, ob seine Vermutung stimmte. Tatsächlich, es stand die Zahlenfolge 03061913 da. „Kann es sein, dass wenn wir das Datum von vor unserer Zeitreise einstellen, wir wieder in den heutigen Tag teleportiert werden?", fragte ich. In diesem Moment rief Jonas: „Seht mal da!", und zeigte hinter uns in Richtung Wald. In fünf Metern Entfernung, etwa auf Höhe der Bäume, lag ein grüner Filzhut, in dem viele Broschen steckten. Mir kam eine Idee: „Der Hut von dem reichen Firmenbesitzer im Film sah genauso aus." Jonas antwortete: „Im Film sagte doch der Polizist, der den Hut analysiert hat, dass an ihm ein einzigartiger Anstecker war." Da ich keine Spuren verwischen wollte, ging ich um den Hut herum und suchte nach einer Brosche aus Silber, in die ein steigendes Pferd mit Reiter eingraviert war. „Da ist sie, es muss der Hut von dem Verschwundenen sein!" Die Jungs stimmten zu. „Da kommt die Polizei! Die regeln das bestimmt. Ich würde gehen und uns im Dorf ein Hotelzimmer suchen, ich habe Geld in der Hosentasche gefunden. Habt ihr auch welches?", fragte Jonas. Wir griffen in unsere Hosentaschen und zogen ebenfalls ein paar Münzen heraus.

Im Licht der Dämmerung liefen wir nach Maining. Wir fanden in einer Seitengasse eine nette und vor allem eine günstige Gastwirtschaft, in der wir uns ein Zimmer teilten. Wir einigten uns darauf, dass die Jungs in dem großen Ehebett und ich in einem separaten Bett schlafen. Nachdem wir es uns gemütlich gemacht hatten, wollte Phillip nach einer Bäckerei suchen, um uns etwas zu essen zu holen. Jonas ging ein wenig frische Luft schnappen, während ich duschte. Es tat gut nach der Aufregung, das warme Wasser auf der Haut zu spüren. Als ich gerade aus der Kabine stieg, klopfte es an der Zimmertür. Wahrscheinlich war es Phillip. Schnell wickelte ich mich in ein großes Handtuch ein, das schon im Zimmer lag und öffnete zaghaft die Tür. Es war nicht mein Bruder, sondern Jonas. Schnell schlug ich die Tür vor seiner Nase zu und rief ihm schnell, „Ich zieh mich kurz an!", zu. Als ich ihm wieder, in meinen Klamotten öffnete, grinste mir Jonas breit entgegen. „Keine Sorge, ich habe nichts gesehen. Darf ich jetzt bitte reinkommen? Es wird draußen echt frisch." Er rieb sich die Handflächen aneinander, sodass ich Angst bekam, dass er sich verbrannte. Wir setzten uns auf das schmale Sofa während Jonas sich in seine Bettdecke einmummelte. „Ist schon verrückt, dass wir heute Vormittag noch in der Schule saßen und einen Film über ein mysteriöses Verschwinden angeschaut haben, und jetzt sitzen wir im Jahr 1913 und haben den Hut von dem Opfer gefunden", fing er das Gespräch an. Ich antwortete kurz mit Ja und blickte ins Leere. Ich fühlte mich geborgen in diesem kleinen, dunklen Zimmer neben Jonas. Plötzlich deckte er mich mit seiner warmen Decke zu und lächelte mich liebevoll an. Ich musste einfach zurücklächeln, rutschte ein wenig näher an ihn heran und legte meinen Kopf auf seine Schulter. Meine Augenlider wurden schwer, und ich bemerkte nur noch, wie er die Decke weiter über mich zog.

Langsam öffnete ich die Augen und sah direkt in Phillips Augen, der mich amüsiert angrinste. „Na, ihr Turteltäubchen. Habt ihr gut geschlafen?" Erst jetzt bemerkte ich, dass die Sonne hell ins Zimmer schien. Mist, mein Bruder denkt jetzt wohl, dass zwischen uns etwas läuft. „Ich habe gestern sechs Brezen geholt. Dann können wir die heute in der Früh und mittags essen. Vielleicht sind wir bis dahin aber schon wieder zuhause." Das will ich doch hoffen, dachte ich mir. „Was wollen wir heute machen?", fragte ich noch etwas schläfrig. „Ich möchte gerne unsere alte Familienkapelle ansehen. Soweit ich mich erinnern kann, wurde sie in diesem Jahr gebaut", antwortete Phillip. „Ich möchte aber gerne wieder in unsere Zeit. Bestimmt vermissen unsere Eltern uns." Wir einigten uns darauf, dass wir am Vormittag die Kapelle besuchten und nachmittags probieren wollten, nach Hause zu kommen.

Nachdem wir gefrühstückt und ausgecheckt hatten, marschierten wir zur Kapelle. Der Hut auf dem Weg war nicht mehr da.

Die Kapelle sah von außen schon fertig aus, aber innen fehlte noch die Einrichtung. Wir gingen hinein. „Achtung, die Dielen könnten noch lose sein. Passt auf, wo ihr hintretet", warnte uns Jonas. Mit diesem Satz schnellte plötzlich ein Brett, auf dem Jonas stand in die Höhe und schlug ihm ins Gesicht. Für einen kurzen Moment meinte ich, einen Arm unter dem Brett entdeckt zu haben, doch die Diele sauste wieder zurück und fügte sich in die Lücke ein, als wäre nichts gewesen. Nur Jonas Nase fing stark an zu bluten und hinterließ einen dunkelroten Fleck auf dem Holz. Phillip lachte sich kaputt, während ich ein mulmiges Gefühl bekam. War es wirklich ein Arm oder doch nur Einbildung gewesen? Dumpf hörte ich, wie Phillip Jonas unter ständigem Lachen ein Stofftuch gab. „Was ist los", fragte einer der Jungs. Noch ganz abwesend zeigte ich mit zittriger Hand auf die Diele, die kurz zuvor hochgeschnellt war. „Was ist da?", fragte Phillip mit besorgter Stimme. Heißer quetschte ich die Worte „Da, unter der Diele", hervor. Jonas verstand sofort und setzte seinen Fuß nun deutlich vorsichtiger auf das Brett. Philip nahm es und legte es auf die Seite. Mein Herz hörte kurz auf zu schlagen und mein Blut gefror in den Adern. Ich schrie und rannte so schnell ich konnte aus der Kapelle hinaus. Einen Moment später hörte ich Jonas schreien: „Kann mich bitte jemand da rausholen? Ich lieg hier gerade neben einer Leiche." Es dauerte ein wenig, bis ich meinen normalen Puls wiederfand. Aus dem Augenwinkel sah ich, wie Phillip mit Jonas im Schlepptau auf mich zu rannte. Die beiden machten mir mit hektischen Handbewegungen klar, dass wir so schnell wie möglich in den Wald verschwinden sollten. Während ich rannte, drehte ich mich kurz um und blickte in die kalten, durchdringenden Augen eines schwarz gekleideten Mannes, der eine große Schaufel in der Hand hielt. Mir lief ein kalter Schauer über den Rücken. In diesem Moment wurde mir klar, dass wir in großer Gefahr schwebten. Ich war wie in einem Tunnel und achtete gar nicht auf die Jungs. Meine Beine, die ich schon gar nicht mehr spürte, sprangen wie von selbst über Äste und umgefallene Bäume. Meine Augen erblickten die noch etwa hundert Meter entfernte Straße. Meine Beine liefen noch schneller in der Hoffnung, das Dorf zu sehen. Schlussendlich verlangsamte ich nach etwa fünf Minuten Dauersprint mein Tempo und blieb am Straßenrand stehen. In einigen Meter Entfernung entdeckte ich die beiden keuchenden Jungs. Langsam erreichten mich die zwei. Jonas fragte mich besorg: „Geht es dir gut?" Mit zittriger Stimme antwortete ich mit: „Ja." Wir entschieden uns, zurück nach Maining zu laufen. Als wir den Dorfplatz erreichten, rief Phillip: „Ich habe mein Geld verloren!" Bevor Jonas oder ich auch nur ein Wort sagen konnten, rannte er wieder in Richtung Wald und wir hörten nur noch die Worte: „Wartet im Zimmer!" Aus diesem Grund gingen wir auch in die Wirtschaft. Als ich die Tür geschlossen hatte, umarmte Jonas mich auf einmal von hinten, und wir ließen uns sanft ins Bett fallen. Leise flüsterte er mir ins Ohr „Ich glaube, ich habe mich in dich verliebt." „Ich glaube, ich habe mich auch in dich verliebt", flüsterte ich mit bedeckter Stimme. Seine Lippen kamen näher, und wir küssten uns. Es war ein ungewohntes, aber auch schönes Gefühl. Mir wurde ganz warm und es fühlte sich an, als wenn tausende Schmetterlinge in meinem Bauch flatterten. „Aha, macht man hinter meinem Rücken heimlich rum?" Jonas und ich fuhren erschrocken herum. „Das kann ich erklären", stotterte mein neuer Freund. Phillip runzelte amüsiert seine Stirn und fragte belustigt: „Und was ist deine Erklärung?" „Das ist nicht das, nach dem es aussieht." Versuchte Jonas sich herauszureden. „Okay, dann akzeptiere ich das mal so. Sollen wir dann besprechen, wie wir weiter vorgehen?" Jonas schlug vor, dass wir am nächsten Morgen noch mal in die Vergangenheit reisen und versuchen könnten, das Verbrechen zu verhindern. Ich zögerte mit der Einwilligung, sagte aber dann doch zu. „Könnt ihr später aber bitte nicht rummachen? Ich will da nämlich nicht dabei sein", sagte Phillip und sah Jonas und mich an. „Was denkst du denn?", antwortete ich, ohne nachzudenken.

Als ich auf meinem kleinen Einzelbett lag, realisierte ich erst, was heute passiert war. Als ich gerade eindöste, spürte ich, wie jemand mein T-Shirt hochzog und sanft über mein Rücken strich. Im selben Moment schreckte ich hoch. Doch es war nur ein Traum. Der Schock saß mir tief in den Knochen und verhinderte, dass ich wieder einschlafen konnte.

„Guten Morgen, meine herzallerliebste Schwester!", flötete Phillip. Kurzerhand warf ich mein Kissen nach ihm, welches sein Ziel nicht verfehlte. „He!", rief er empört und startete sofort mit einem Gegenangriff. Plötzlich sauste auch noch Jonas Kissen durchs Zimmer und es begann die beste Kissenschlacht meines Lebens. Nach knappen fünfzehn Minuten standen wir alle keuchend im Raum.

Nach einer kurzen Besprechung liefen wir an die Stelle, wo wir den Hut gefunden hatten, um dort in die Vergangenheit zu reisen. „Weiß jemand, wie weit wir zurückkreisen müssen?", fragte Phillip und holte die Uhr aus seiner Hosentasche. Drei Tage sagte ich mit überzeugter Stimme. „Okay, dann stelle ich das jetzt ein!" Die lila Wolke, welche uns schon beim ersten

Mal umschlungen hatte, war wieder zu sehen. Sie war genauso dicht und unheimlich wie gestern. Das Einzige, was dieses mal anders war, war, dass unsere Klamotten nicht getauscht wurden und wir kein Geld in den Taschen fanden. Die Sicht wurde klarer und wir erkannten, dass wir am gleichen Platz wie zuvor standen. Die Sonne stand im Süden und sie verbreitete gute Laune. Nicht nur bei mir, sondern auch bei den anderen machte sie sich bemerkbar. Trotz des genialen Wetters entschieden wir uns, an der Stelle des Hutes zu warten und zu beobachten, was passieren würde. Eine Weile passierte nichts, und hinter den Büschen und Bäumen wurde es langsam heiß. Doch plötzlich bemerkten wir zwei Gestalten, die vom Dorf her kamen und laut stritten. Es drangen ein paar Wortfetzen an unsere Ohren. „Garantiert verkaufe ich nicht meine Firma!" Das war bestimmt das Opfer. Mir wurde mulmig zumute und ich rückte ein wenig näher an Jonas heran. Natürlich bemerkte es Phillip und lächelte mich an. Die Gestalten waren mittlerweile bei uns angelangt und blieben an der Stelle stehen, wo wir den Huit gefunden hatten. „Ich biete ihnen 100.000 Mark. Das ist mein letztes Angebot!", schrie der größere. Ich erkannte den Firmenbesitzer, der nun mit hochrotem Kopf zurück brüllte: „Nur über meine Leiche! Herr Müller, Sie sind ein Dummkopf. Meinen sie, ich verkaufe mein Lebenswerk für so wenig Geld?" Und dann marschierte er davon. Der Käufer bückte sich und hob einen großen, schweren Stein auf. In diesem Moment sprangen wir drei gleichzeitig auf und schrien. Beide Männer schreckten zurück und der Große ließ mit weit aufgerissenen Augen den Stein fallen, während er realisierte, was er gerade tun wollte. Er sank auf die Knie und fing an zu weinen und entschuldigte sich. „Es tut mir so schrecklich leid. Mich überkam einfach so die Wut und ich war so vernarrt in Ihre Firma. Ich werde Sie nie wieder fragen, ob ich sie bekomme. Versprochen. Können Sie mir verzeihen?" „Wir könnten uns treffen und nochmal über ein würdigeres Angebot verhandeln. Ganz ohne Gewalt. Ich werde sie auch nicht anzeigen." „Vielen Dank, danke. Gerne nehme ich ihren Vorschlag an." Und nun strömten Freudentränen über beide Wangen. Im gleichen Moment zog mich Phillip nach hinten, um laut redend in Richtung Kapelle zu laufen. Phillip holte mit den Worten: „Ist es in Ordnung, wenn ich jetzt die Zahl 04052024 eingebe, um wieder an den Tag und in das Jahr, wo wir hergekommen sind, zu gelangen?" Er zog die Uhr aus seiner Tasche. „Ja", rief Jonas mit aufgeregter Stimme. Während ich ebenfalls zustimmte. Einen kurzen Augenblick später entstand die lila Wolke um uns herum. Ehe wir uns versahen, standen wir wieder in unseren modernen Klamotten in der heutigen Zeit. Wir gingen nach Hause und am nächsten Morgen in der Schule bemerkten wir, dass wir eine neue Klassenkameradin hatten, die aber so wirkte, als wäre sie schon die ganze Zeit da gewesen. Merkwürdigerweise wussten wir auch ihren Namen. Der Nachname war derselbe, wie der des Firmenbesitzers, dessen Ermordung wir im Jahre 1913 verhindert hatten.

Marie Artmann und Theresa Hochrein
Dr.-Max-Josef-Metzger-Realschule Meitingen, Klasse 9b

Der goldgelbe Ball

Hallo! Ich bin Lina, zwölf Jahre alt. Ich habe eine Katze: Lilli. Lilli ist schwarz-weiß gefleckt und die beste Katze der Welt. Sie kam als ganz kleines Kätzchen zu mir, an meinem achten Geburtstag. Am liebsten beobachte ich sie, wenn sie mit ihrem kleinen hellblauen Ball durch das Haus flitzt. Doch im vergangenen Herbst war alles anders: keine Lilli jagte durch Haus und Garten, Lilli war weg. Sie kam nicht nach Hause, als ich sie abends rief. Ganze drei Tage suchte und rief ich nach Lilli. Doch sie blieb verschwunden. Ich vermisste sie so sehr. Da nahm ich ihren kleinen hellblauen Ball in die Hand und schaute ihn lange an. Ich flüsterte: „Wo bist du nur, kleine Lilli?" Plötzlich begann der Ball goldgelb zu leuchten. Ein verschwommenes Bild wurde langsam scharf und ihr glaubt nicht, was darauf zu sehen war: Lilli – sie saß vor unserer Tür und wollte herein ins Haus. Ich dachte, vielleicht ist es wahr und Lilli sitzt nun wirklich vor der Tür. Ich musste nachsehen und lief nach unten. Und tatsächlich: Da saß meine kleine Lilli vor der Tür und wollte ins Haus. Als ich mit ihr im Arm zu meinen Eltern ging, fiel mir der kleine hellblaue Ball wieder ein, der mir goldgelb schimmernd einen Blick in die Zukunft gewährt hatte. Das war Magie gewesen – wie meine Liebe zu Lilli.

Anna-Frida Janisch
Schmuttertal-Gymnasium Diedorf, Klasse 5c

Ein spannender Ausflug

Laura und Leo spielten im Wald verstecken, als plötzlich Leo rief: „Laura! Komm schnell, ich habe was gefunden!" Als Laura zu dem Freund kam, konnte sie den eigenen Augen nicht glauben: Mitten im Wald stand eine rostige alte Maschine, überall von Schmutz überdeckt.

„Was ist das?", fragte sie. „Wahrscheinlich ein Aufzug, der uns auf die Spitze des Baumes bringt. Er könnte einfach hochfahren, so wie ein

Fahrstuhl", grübelte Leo. „Komm, wir probieren es aus. Auf den Baum wollte ich schon immer!"

Als Leo Laura in die Maschine zog, schloss sich die Tür hinter den beiden. Innen war es ebenso rostig wie draußen. Mehrere Drehräder mit Zahlen und ein roter Knopf waren zu sehen. Die Drehräder ergaben zusammen eine vierstellige Zahl.

Leo wurde neugierig: „Es gibt doch bestimmt kein Stockwerk Nummer 1880!"Also drehte er die Zahl 1880 und drückte auf den roten Knopf. Es ruckelte ganz fest. Nach einer Weile ging die Tür auf und beide Freunde befanden sich vor einem verstaubten Gebäude. Alles sah ganz anders und ungewohnt aus.

Plötzlich kam ein großer, ungepflegter Mann auf sie zu. Er schrie sie an: „Was habt ihr denn hier zu suchen! Ab mit euch in eure Klasse!" Ohne Vorwarnung packte er die beiden Kinder am Kragen und brüllte: „Wenn ich euch noch einmal erwische!" Der Mann brachte Laura und Leo in das Gebäude, vor dem sie standen, und warf sie in einen Raum. Sie schauten sich um. Mehrere Augenpaare blickten sie an. Es waren Kinder und ein Lehrer. Sie befanden in einem Klassenzimmer. Der Lehrer schaute das erschrockene Paar an: „Geht sofort auf eure Plätze und in der Pause kommt ihr zu mir, da schreibt ihr eine Strafarbeit!", schrie der Lehrer. Leon und Laura waren ganz verwirrt. Wo waren sie gelandet und wieso wurden sie ganz doll ausgeschimpft? Schnell setzten sie sich auf zwei noch nicht besetzte Plätze. „Also fahren wir mit dem Unterricht fort", sagte der Lehrer. „Gertrud, berechne bitte, was drei Millionen neunhundertsiebenundsechzigtausendvierhundertvierzig minus siebentausendsechshundertfünfunddreißig ergibt." Ein junges Mädchen stand auf und ging an die Tafel. Sie nahm die Kreide in die Hand und versuchte die Aufgabe mit Nebenrechnungen zu lösen, aber es gelang ihr nicht. „Achtundvierzig komm heraus", sagte das Mädchen. „Das ist doch wohl nicht dein Ernst!", sagte der Lehrer. „Ich zeige dir gleich, was mein Ernst ist!" Er nahm einen großen Stab und schlug die Mädchen voll auf die Hand. Laura und Leo erschraken. Die Arme schrie bitterlich, doch es half nichts. Der Lehrer hatte vor, das Mädchen so lange zu richten, bis es die Aufgabe korrekt gelöst hätte.

Doch plötzlich kam der große Mann herein und läutete mit einer Glocke. Alle Kinder rannten heraus in die Pause, auch das kleine Mädchen. Als Laura und Leo sich unter die Schüler mischen wollten, hielt der Lehrer die beiden auf. Sie sollten nachsitzen, weil sie angeblich die Schule geschwänzt hatten. Doch Leo hatte sein ganzen Mut gesammelt und biss den Lehrer in die Hand. Er nahm Laura schnell an der Hand und rannte davon. Der Lehrer war böse und rannte den Kindern nach.

„Ah!", rief Laura, während sie liefen, denn der Lehrer würde sie einholen. Als sie die Kabine der Maschine erreicht hatten, stellte Laura das Drehrad im Blitztempo auf 2024. In dem Moment erreichte der wütende Lehrer den Pausenhof und rannte auf die Kinder zu. Zum Glück drückte Leo schnell auf den roten Knopf und die Tür schloss sich vor den Augen des Mannes.

Mit lautem Ruckeln öffnete sich die Tür der alten rostigen Zeitmaschine wieder. Als Laura und Leo die Kabine schnell verließen, bemerkten sie, dass sie wieder im schönen Bobinger Wald waren. Was für ein Glück. „Was war das gerade?", fragte Laura leise. „Es war wahrscheinlich eine vergessene Zeitmaschine, die uns mitten ins Jahr 1881 gebracht hat", erklärte ihr Leo.

„Also, meinst du", sagte Laura, „wir konnten mit dieser Zeitmaschine auch in die Zukunft reisen?" „Ich glaube schon", erwiderte Leo. „Leo, hast du dich jemals gefragt, was du mal wirst?" Der Junge überlegte kurz und lachte: „Hast du am Wochenende schon was vor?"

Inka Jachn
Staatliches Gymnasium Königsbrunn, Klasse 5e

Ein Zeitsprung in die Zukunft

Ein Zeitspung in die Zukunft
es ist so weit
verlieren wir keine Zeit.
Ein Zeitspung in die Zukunft
ich bin bereit

Laura Emefu
Grundschule

Opas Werkstatt

Ich hatte schon lange an einer Zeitmaschine gebaut. Endlich war sie fertig und ich testete sie. Ich reiste zu meinem Opa, genauer gesagt in seine Werkstatt. Mein Opa freute sich und ich mich auch. Er reparierte gerade ein Motorrad und ich durfte helfen. Dann fuhren wir zur Motorradmesse, die nur alle zwei Jahre offen hat. Dort gab es viele Motorräder, manchmal standen sogar Gespanne auf der Messe. Leider war es schnell vorbei und wir gingen aus dem Ausgang heraus.

Zuhause gab es bereits Abendessen und es gab leckeren Milchreis. Am nächsten Tag fuhren wir an den Strand. Es war so schön mit meinem Opa. An einem Kiosk kauften wir für uns noch ein Eis. Dann war schon der 2. Tag zu Ende. Am 3. Tag war schlechtes Wetter. Ich hörte gerade mit Opa Radio, als ich an die Werkstatt dachte. Da fiel mir ein, dass ich Opa fragen könnte, ob wir in der Werkstatt etwas bauen könnten. Opa erlaubte es und wir gingen in seine Werkstatt. Wir überlegten und dann fiel es mir ein. Wir bauten ein Modellmotorrad. Es wurde 20 cm lang und 10 cm groß. Dann verabschiedete ich mich und reiste mit dem kleinen Motorrad nach Hause.

John Adam
Grundschule Untermeitingen, Klasse 2a

Hochzeit

Meine Ehefrau sieht schön aus.
Mein bester Freund ist mein Trauzeuge.
Die Hochzeit wird richtig cool.
Meine Ehefrau sieht schön aus.
Meine Familie findet die Hochzeit cool.
Mein Vater und meine Mutter sind stolz auf mich.
Meine Ehefrau sieht schön aus.
Mein bester Freund ist mein Trauzeuge.

Mohamad Shahab
Helen-Keller-Schule Dinkelscherben, Klasse 6Gb

Zeitsprung in die schreckliche Zukunft

Ich lag schweißgebadet in meinem Bett und drehte meinen Kopf hin und her. Ich versuchte aufzuwachen, doch ich war in meinem Traum gefangen. Im Traum konnte ich nicht atmen, weil ich in einem Rohr blitzschnell drei Mal um die Erde flitzte. Es dauerte aber nur eine Sekunde. Sie fühlte sich an wie eine halbe Ewigkeit! Als ich bemerkte, wie ich plötzlich anhielt, suchte ich die Tür und wollte so schnell wie möglich raus. Ich versuchte, mein Bein auf den Boden zu setzen, doch mein Verstand hielt mich davon ab. Ich wusste nicht warum, deshalb schaute ich auf den Boden und bemerkte plötzlich, dass der Boden aus heißer, glühender Lava bestand. Ich musste mich sofort an Geographie erinnern. Was haben wir nochmal durchgenommen? Ich sah mein Heft vor Augen, wie ich hektisch die Seite suchte. „Ich habe sie gefunden", rief ich. In meinem Heft stand: Phasen der Erdentstehung:
1. Staub-, Gesteins- und Gasnebel
2. Feuerball aus flüssiger Gesteinsschmelze
3. Erste Vulkaninseln aus festem Gestein

4. Bildung der Ozeane und Kontinente
5. Heutige Erde

Ich merkte, dass gerade Phase 2 war, denn die Erde war ein einziger Feuerball. Moment mal, warum konnte ich atmen, obwohl ich keinen Astronautenanzug anhatte? Dann fiel es mir wieder ein. Ich war ja in einem Traum. „Bestimmt kann ich auch nichts spüren", dachte ich mir. Also setzte ich meinen Fuß auf die Lava und … nichts geschah. Ich lief weiter und weiter. Auf einmal sah ich, wie alles ruckzuck ging. Es bildeten sich plötzlich Vulkaninseln um mich herum, ein paar Sekunden später sah ich dann aus der Ferne eine Wasserstelle. Vor Verzweiflung rannte ich zu ihr und sah das schöne, vertraute, glänzende Wasser. Ich trank ein paar Schlucke, weil ich am Verdursten war. Und was geschah jetzt? Plötzlich verwandelte sich alles um mich herum in eine Menschenmasse. Sie sahen mich aber nicht! Die Menschen sahen aber irgendwie komisch aus. Sie hatten lange Röcke an und Tücher um die Haare. Ich sah mir eine Frau an und bemerkte, wie sie sich zu einer cool aussehenden Frau verwandelte. Sie hatte eine Schlaghose und ein knallrotes T-Shirt an. In der Hand hielt sie ein Skateboard. Ich drehte mich hektisch um, und was war denn das? Alle hatten sich verwandelt. Ein paar Sekunden später geschah es dann. Die Welt veränderte sich in die heutige Welt. Alle waren bis zum Geht-nicht-mehr geschminkt! Meine Mama hat immer gesagt, dass wenn man sieht, wo die Schminke anfängt und aufhört, man etwas falsch gemacht hat. Ich sah eine Gruppe, die sich um einen kleinen Jungen versammelte. Sie schupsten ihn hin und her, er weinte, aber keinen interessierte es, alle filmten es nur. Ein Mädchen schmiss eine Schokoverpackung auf den Boden, obwohl genau neben ihr ein Mülleiner stand. Alles war eine einzige Katastrophe, aber niemand unternahm etwas. Ein Mann mit einem Hund an der Leine starrte auf sein Handy und lief über die Straße obwohl der Ampel rot war. Der Hund fing an, laut zu bellen, weil ein Auto fast in sie reinfuhr. Der Besitzer sagte aber nur: „Aus." Ein Mann fotografierte seinen brandneuen Bently, und gleich darauf kam eine Frau angeflitzt und fragte nach seiner Telefonnummer. Ich wollte so schnell wie möglich weiter und schrie deshalb: „Weiter." Wie gewohnt veränderten sich die Menschen und die Gegend. Ich dachte, jetzt würde es wieder schön aussehen, doch ganz im Gegenteil, es wurde nur noch schlimmer! Die Straßen sahen aus wie Müllhalden, kein einziger Mensch redete mehr, sondern jeder starrte auf sein Handy. Ich sah zwei Freunde, die direkt nebeneinander standen, aber anstatt sich zu unterhalten, chatteten sie über WhatsApp. Die Ränder der Straßen waren voll mit obdachlosen Menschen, die ihre Jobs verloren hatten. Der eine hatte bei der Bank gearbeitet, dort arbeiteten jetzt aber nur noch Roboter und künstliche Intelligenz. Ich bemerkte, wie stark sich die Luft verändert hatte, denn vor vielen Jahrzehnten fühlte sich die Luft noch viel besser an. Ich wollte nicht mehr weiter in die Zukunft! Deshalb versuchte ich aufzuwachen. Ich drehte meinen Kopf hin und her. Mein Kopfkissen war inzwischen schon klitschenass vor Schweiß. Ich fühlte plötzlich eine weiche, vertraute Hand an meiner rechten Schulter. Auf einmal schreckte ich von meinem schrecklichen, aber sehr realen Traum auf. Als erstes wusste ich nicht, wo ich war, doch dann erkannte ich mein Zimmer. Meine Mutter stand vor mir und sah mich besorgt an. Ich sagte: „Mama, wir müssen etwas unternehmen!"

Adele Abbasi
Justus-von-Liebig-Gymnasium Neusäß, Klasse 5d

Zeitsprung zu den Dinos

So schön ist Spielen
Max spielt gerade mit seinen Schleichdinos in seinem Zimmer. Seine Mama ruft ihn zum Essen. Max beeilt sich sehr mit dem Frühstück, denn er möchte viel lieber weiterspielen.

Plötzlich weg
Endlich kann Max weiterspielen. Als er seinen Lieblingsdino in die Hand nimmt, fliegt Max plötzlich weg. Alles wird dunkel. Er weiß nicht wo er ist. Jetzt beginnt der Zeitsprung.

Bei den Dinos
„Wo bin ich? Im Dschungel? Ich hab's! Bei den Dinos!", sagt Max. „Wie kann das sein?"

Die Verfolgungsjagd
Plötzlich kommt ein Dino aus dem Gebüsch. „Hilfe! Ich werde verfolgt!", ruft Max. Der Dino schlingt seine Keule, die er am Schwanzende hat. Er ist so schnell.

Die Rettung
Doch da kommt ein Forscher. Er rettet Max und erforscht mit Max alles. Sie werden Freunde.

Zu Hause
Doch auf einmal fliegt Max weg. Er ist wieder zu Hause und spielt weiter.

Lars Kmeth
Grundschule Königsbrunn-West, Klasse 1b

Die Zeitmaschine

Heute war ich bei meinem Opa und hatte ein ganz tolles Erlebnis. Ich suchte auf dem Dachboden nach alten Dingen. Auf einmal sah ich in der Ecke eine Zeitmaschine, wie aus dem Film. Sie sah so echt aus, dass ich sie gleich testen wollte. Ich setzte mich hinein und bewegte den Hebel nach vorne. Nach einem kurzen Moment sah ich alles verschwommen. Durch die Zeitmaschine reiste ich in das alte Ägypten. Ich kam am Stadtrand von Theben an. Gleich darauf sah ich mich um und sah gleich in der Ferne die drei großen Pyramiden. Da wusste ich, ich war im alten Ägypten gelandet. Sofort kamen Soldaten und brachten mich zum Pharao. In einem riesigen Tempel saß der Pharao auf seinen Thron, schaute mich streng an und sagte zu mir: „Was trägst du da für eine komische Kleidung?" „Großer Pharao, in meinem Land tragen alle Menschen dieses Kleidung." Der Pharao fragte mich: „Gibt es in deinem Land auch Tempel und Pyramiden?" Ich fasste in meine Hosentasche und zog mein Handy heraus und zeigte ihm ein paar Bilder von unseren Kirchen. Darauf befahl mir der Pharao: „Bau mir auch so einen Tempel!" Da wusste ich sofort, dass ich fliehen musste, sonst würde er mich zum Sklaven machen. Schnell rannte ich aus dem Palast und suchte meine Zeitmaschine. Als ich am Stadtrand angekommen war, sah ich schon von Weitem, dass meine Zeitmaschine von Soldaten umzingelt war. Auf einmal sah ich aus dem Nichts eine zweite Zeitmaschine mit meinem Opa. Er packte mich am Arm und zerrte mich in seine Zeitmaschine, drückte den Hebel nach vorne und alles fang wieder an, verschwommen zu werden. Plötzlich wachte ich auf und fand mich auf einem Stuhl auf dem Dachboden wieder. Ich sah keine Zeitmaschine und Opa war auch nicht da. Da wurde mir bewusst, ich war auf dem Stuhl eingeschlafen und hatte alles nur geträumt.

Marie Fritz
Staatliches Gymnasium Königsbrunn, Klasse 6c

Zeitreise

Ich heiße Tobias und bin 18 Jahre alt. Heute Morgen ging ich mit meinem Hund im Wald spazieren. Da fand mein Hund einen Stein. Erst da bemerkten wir, dass wir in einem Zauberwald waren. Dann sind wir dem Stein gefolgt und der Stein wurde immer schneller, plötzlich machte der Stein eine Vollbremsung. Er führte uns zu einer alten Hütte. Wir folgten dem Stein hinein, mein Hund zuerst, ich schlich vorsichtig hinterher. Drinnen sahen wir ein kleines Kind. Das Kind fragte: „Wie heißt du?" „Tobias", antwortete ich.

Das Kind stellte sich mir als Tutu vor und es war acht Jahre alt. „Wollen wir gemeinsam in das Portal steigen?", fragte mich Tutu. Neugierig stimmte ich zu, und wir kletterten zu dritt vorsichtig in das smaragdgrün schimmernde Portal. Wir reisten in die Zukunft. Nach 160 Jahren waren wir in der Zukunft angekommen. Wir saßen in einem Schwebeauto und sahen ein buntes Haus. Neugierig fragten wir den Fahrer, wo wir denn seien? Der Fahrer antwortete: „Ihr seid in der Zukunft." Tutu, mein Hund und ich stiegen vorsichtig aus. Nach einem kurzen Spaziergang standen wir vor dem farbigen Haus. Mit aller größtem Respekt betraten wir das erste Zimmer des Hauses. Es war vollkommen rot. Die Wände, die Teppiche, die Möbel, einfach alles! Tutu sah einen Menschen, der seinen Koffer packte. Tutu fragte ihn: „Was machst du denn da?" Er antwortete traurig: „Ich werde wegziehen, es wird mir hier einfach zu bunt!"

Ich nahm meinen neuen Freund Tutu an der Hand und gemeinsam mit meinem Hund rannten wir so schnell wir nur konnten weg von diesem seltsamen Ort.

Glücklicherweise fanden wir bald zurück in den Wald, wo das Zeitreiseportal immer noch glitzerte und schimmerte. Wir hüpften kopfüber hinein und hofften inständig, dass es uns zurück in unsere geliebte alte Zeit bringt.

Samuel Hartmann
Grundschule Altenmünster, Klasse 4a

Future O

Das ist ein kurzer Einblick in die Geschichte von Future O.

Future O war 19 Jahre alt und führte ein Leben, das so aufregend und unkonventionell war wie sein Name. Er arbeitete in einem Ice-Cream-Truck namens Creamy Dreamy, einem bunten Gefährt, das die Straßen von Miami durchkreuzte und die Herzen der Einwohner mit seinen köstlichen Leckereien eroberte. Sein treuer Begleiter auf den Straßen war ein alter, aber zuverlässiger Käfer, der genauso viel Charakter hatte wie er selbst. Jeden Tag steuerte Future O seinen Creamy Dreamy durch die sonnenverwöhnten Straßen von Miami, und die Menschen strömten herbei, um sich von ihm mit seinen erfrischenden Kreationen verwöhnen zu lassen. Seine Erscheinung war so markant wie sein Geschmack. In seinem schwarzen Lederoutfit, das er wie eine zweite Haut trug, sah er aus wie ein Rockstar der Eiscreme-Welt. Doch trotz seines rauen Äußeren und seiner coolen Attitüde hatte Future O ein weiches Herz. Sein bester Freund Jakub Simbabwe begleitete ihn oft auf seinen Fahrten. Jakub war ein lebenslustiger Typ, der immer für ein Abenteuer zu haben war und dessen Lachen so ansteckend war wie die Fröhlichkeit ihrer Kunden. Doch nicht alles war so harmonisch in Future O's Welt. Sein Arbeitskollege und Kumpel Chuck Gelato war ein ständiger Quell der Verwirrung. Groß und schlank, mit einem ständigen Geruch nach Unkraut um ihn herum, war Chuck ein echter Stoner. Er verkaufte heimlich Gelatoeis aus dem Truck und brachte damit nicht nur Future O, sondern auch ihre Freundschaft in Schwierigkeiten.

Und dann war da noch Rënold. Ein ehemaliger Kumpel, der in einem Streit mit Future O zerstritten war. Die Gründe für ihre Feindschaft waren längst vergessen, aber die Spannungen blieben bestehen.

Trotz all dieser Herausforderungen blieb Future O unerschütterlich. Als sein Creamy Dreamy schließlich an seine Grenzen stieß und nicht mehr ausreichte, um seinen Durst nach Freiheit und Abenteuer zu stillen, beschloss er, sich eine Harley zuzulegen. Die „Flying Chopper" wurde sein neues Gefährt, und mit ihr erkundete er die Straßen von Miami mit noch mehr Stil und Geschwindigkeit.

Doch egal wie schnell er auf seiner Harley durch die Stadt raste, Future O vergaß nie, wo er herkam und wer er war. Er mochte zwar Lederklamotten tragen und harte Worte benutzen, aber in seinem Herzen war er ein junger Mann, der fest entschlossen war, seinen eigenen Weg zu gehen, ohne dabei den Respekt vor sich selbst und anderen zu verlieren.

Musikempfehlung zum Text: Future – Mask off

Oliver Lang, Chiara Ohneiser und Florian Krasniqi
Staatliches Berufliches Schulzentrum Neusäß, Klasse EH10b

plötzlich Zukunft

Ben liebte Science-Fiction-Comics, sie waren seine Lieblingsbücher. Er liebte es, sich Tag für Tag Gedanken über die Zukunft und ein Leben zu machen, das ganz anders wäre, als das, was wir heute kennen. Jeden Tag hatte er dieselben Gedanken. Er redete von gar nichts anderem mehr. Eines Abends sollte er den Tisch decken, wozu er aber gar keine Lust hatte. Stattdessen sagte er nur, dass sowas in Zukunft keiner mehr machen müßte und es für sowas Roboter geben sollte. Seine Mutter fand das gar nicht interessant und ärgerte sich über den nicht gedeckten Tisch und Bens Träumereien. Er solle sich lieber mehr Gedanken um seine täglichen Aufgaben und die Schule machen. Enttäuscht und sauer darüber, dass ihn niemand verstand oder zuhörte, stürmte Ben zur Haustür, zog sich Schuhe und Jacke an und sprang aus der Tür. Er wollte erst mal raus und alleine sein, also entschied er sich, ein bisschen spazieren zu gehen. Schnell wurde es dunkel, trotzdem entschied er sich, dem Waldpfad zu folgen und ging weiter tief in den Wald hinein. Ben war so in Gedanken versunken und war schon eine Weile unterwegs, als ihm auffiel, dass er gar nicht mehr wusste, wo er eigentlich war. Alles, was er sah, war dichter dunkler Wald im schwachen Licht des Mondes. Ben lief ein kalter Schauer über den Rücken, und er fragte sich, wie er zurück nach Hause kommen und ob er es aus dem Wald herausschaffen würde. Da sah er plötzlich ein Leuchten, dass immer heller wurde. Er dachte erst einmal, dass es sich wohl um eine Taschenlampe handelte und dass ihn jemand suchen gegangen war. Doch das Licht wurde immer heller und auf seine Rufe hin bekam er keine Antwort. Er dachte sich, da wo Licht ist, müssen auch Menschen sein, und er rannte so schnell wie er nur konnte auf das Licht zu. Das Licht wurde grösser und grösser, da flog er plötzlich hoch in die Luft und wurde in das Licht hineingesogen. Das nächste, woran sich Ben erinnerte, war, dass er auf dem Boden lag und plötzlich nicht mehr im Wald war. „Puh", dachte er, „das war knapp, ich dachte schon, dass ich es nicht mehr aus dem Wald rausschaffe!" Aber, was war denn überhaupt passiert? Die Umgebung sah nämlich auch gar nicht wie sein Zuhause aus. Überall gab es fliegende Autos und weiter weg gab es Hochhäuser, die mit Pflanzen und Bäumen bedeckt waren. Er hörte aufgeregtes Hundegebell und sah drei Hunde an der Leine. Das Komische war aber, dass es niemand gab, der die Leine hielt. Eine fliegende Drohne hielt die Leine und gab den Hunden auch den Befehl, langsam zu laufen. Ben stand auf und betrachtete die Situation. Er dachte sich, dass er plötzlich in der Zukunft gelandet sein musste. Doch konnte das wirklich sein? Er rannte los in Richtung der Häuser, wo er schließlich Menschen traf. Ben erkundigte sich, in welchem Jahr er sich befände, und da sagte ihm jemand, dass es natürlich 2524 sei. So eine blöde Frage zu stellen, sollte verboten werden. Der arme Junge sah sehr verwirrt aus, doch zugleich war er sehr beindruckt von den Menschen und der modernen Technik. Es gab sogar eine Werbetafel, die Urlaubsreisen zum Mond anpries, da würde er auf jeden Fall auch so gerne mitfliegen. Mit offenem Mund stand er da und konnte gar nicht glauben, was er da alles sah. Da spürte er, dass ihm plötzlich schwindelig wurde und alles um ihn herum wurde schwarz. Schließlich wachte er auf dem kalten Waldboden auf und hörte seine Eltern nach ihm rufen und sah den Schein ihrer Taschenlampen. So laut er konnte, rief er nach seinen Eltern und war so erleichtert, wieder zuhause zu sein. Vielleicht war er eingeschlafen und hatte nur geträumt, aber es hatte sich alles so echt angefühlt. Er erzählte seinen Eltern alles, was passiert war, und sie hörten ihm geduldig und neugierig zu, erleichtert ihren Ben wiederzuhaben.

Greta Görgey-Fidler
Justus-von-Liebig-Gymnasium Neusäß, Klasse 5

Zeitsprung

Ich spielte ein Spiel auf meiner VR-Brille. Ich war so auf das Spiel fokussiert, dass ich in das Spiel eingesogen wurde. Ich musste Aufgaben erledigen, damit ich wieder ausgespuckt wurde. Ich versuchte, die Brille abzusetzen, aber es klappte einfach nicht. Dann fing ich an, die Aufgaben zu lösen. Als nur noch ein paar Aufgaben übrig waren, löste ich sie. Als ich die letzte Aufgabe lösen musste, war dies ein Boxkampf. Ich hatte eine Rüstung bekommen, hatte aber kein Essen mehr. Doch ich gewann und wurde wieder ausgespuckt. Ein Monat war im Spiel vergangen. Aber draußen lief alles wie früher und am nächsten Tag spielte ich auch wieder. Dieses Mal passierte nichts mehr.

Luca Mock
Helen-Keller-Schule Dinkelscherben, Klasse 6Gb

König Artus und seine Tafelrunde

Es war ein Herbsttag im Jahr 1918. Mein Onkel Daniel Düsentrieb hatte mir zum 12. Geburtstag eine Zeitmaschine geschenkt und hat mir erklärt, wie die Zeitmaschine funktioniert. Als ich einmal nicht schlafen konnte, habe ich die Zeitmaschine gestartet. Dann sprang ich ins Portal und landete in einer Ritterburg. Die Dorfbewohner dachten, dass ich ein Spion von Luxemburg wäre. Die Ritterburg und das Land Großbritannien gehört König Artus. Die Dorfbewohner gingen zu König Artus und sagten ihm, dass ich ein Spion von Luxemburg sei. Der König schickte seine Wachen, um mich zu fangen. Ich wurde in eine Zelle gesperrt. Als der König kam, sagte er: „Wenn du kein Spion bist, dann beweise es in der Arena und

kämpfe gegen meinen Schüler." Der König brachte mich zu Merlin, damit der mir einen Zaubertrank gibt. Als ich den Zaubertrank trank, wurde ich so stark, dass ich gegen alle Schüler von König Artus gewonnen habe. König Artus war sehr stolz. Er hat mich dann auserwählt und mich zum Ritter geschlagen. Es vergingen zehn Jahre. Das Leben war schön. Mittlerweile bin ich erwachsen. Es gab Krieg gegen Mordred.
Schon bald war es an der Zeit, dass ich Artus verlassen musste. Ich öffnete das Portal und sprang hinein. Als ich ankam, waren meine Eltern sehr glücklich.

Timo Schultzig
Helen-Keller-Schule Dinkelscherben, Klasse 6Ga

Meine ganz persönliche Zeitreise

Und nun stehe ich vor dieser „Zeitmaschine", wie sie sie alle nennen. Ich bin im Haus meines zwielichtigen Nachbarn. Schon lange geht das Gerücht herum, dass er ein besonders modernes Gerät vor den neugierigen Blicken seiner Mitmenschen versteckt. Denn er hatte für eine der modernsten Firmen gearbeitet, als er noch jung war. Nun ist er aber alt und lebt einsam und allein in diesem Haus, das überall an Fenstern und Türen vernagelt ist. Natürlich hat er etwas zu verstecken, das war schon lange klar, denn kein Mensch würde freiwillig in so ein verlassenes Kaff irgendwo im Nirgendwo ziehen. In der Nachbarschaft wird viel über ihn geredet, denn er lässt sich fast nie blicken, nur wenn er etwas Wichtiges zu erledigen hat. Er ist ein verdrießlicher alter Mann, der nie grüßt und nie lächelt, wahrscheinlich hat ihn das Leben sehr mitgenommen. Seitdem er hier lebt, habe ich mir versprochen, mein Leben zu genießen, um die Welt zu reisen, glücklich sein, aber ganz sicher nicht so, wie er zu werden. Ich war schon immer neugierig aber schüchtern, deshalb habe ich mich nie getraut ihn überhaupt anzusprechen, um die Fragen loszuwerden, die mich so brennend unter den Fingernägeln juckten. Seit geraumer Zeit geht das Gerücht herum, dass der alte Mann etwas „Magisches" besitzt, was ich aber nicht glaube. Dann ist er aber in Eile und mit einem sehr ernsten und besorgten Blick verreist. Ich kann meine Neugierde nicht mehr verbergen und schleiche um sein Haus. Tatsächlich hat er in seiner Vergesslichkeit das Küchenfenster offengelassen, das einzige Fenster, das nicht vernagelt ist. Ich kann mein Glück nicht fassen und steige ohne Nachzudenken einfach hindurch. Sein Haus ist sehr altmodisch aber dennoch schick eingerichtet, so wie man es eben von älteren Menschen erwarten würde. Die Aufregung und Freude durchströmen mich, dass ich nun endlich erfahren werde, was für ein Geheimnis mein Nachbar zu verbergen hat. Ich hatte aber nicht erwartet, dass es so etwas Erstaunliches und Sonderbares ist. Als ich den nächsten Raum betrete erkenne ich, dass es eine schlechte Idee gewesen ist, hier einzusteigen. Vor mir erstreckt sich ein riesiges Konstrukt aus hochmodernen Anzeigetafeln, Rädchen, Uhren und einem Hebel. Hier und dort ein eingraviertes Zeichen, das aussieht wie zwei Schlangen und etwas das wie ein Zeitstrahl aussieht. Ich spiele mit dem Gedanken, einfach zu verschwinden und so zu tun, als ob nichts passiert wäre, aber ich kann nicht! Ich muss wissen, was sich hinter dieser Konstruktion verbirgt. Also trete ich näher heran. Es sind viele kleine einzelne Teile verbaut, hier und dort blinken kleine Lämpchen. Wie magnetisch zieht mich die Maschine in ihren Bann. Wie in Trance strecke ich meine Hand aus und reiße den Hebel herunter. Erst jetzt bemerke ich, was für einen fatalen Fehler ich begangen habe. Als ob ich in einem Tornado gefangen wäre, werde ich hin und her geschleudert. Ich sehe Gegenstände herumfliegen, manche kommen mir bekannt vor, von anderen kann ich nur erahnen, was sie sein könnten. Mir wird ganz schwummrig und bald kann ich nur noch verschleiert sehen und Silhouetten erahnen. Als es mir schon fast schwarz vor den Augen wird, bekomme ich einen gewaltigen Stoß und falle hin. Als ich mich wieder aufrapple, blicke ich mich erstaunt um, denn alles hier kommt mir fremd aber dennoch vertraut vor. Riesige Wolkenkratzer stehen da, als ob sie wie Pilze aus der Erde geschossen seien. Es fliegen am Himmel sonderbare Objekte, es sieht alles so hochmodern aus, ist aber dennoch idyllisch mit den vielen Pflanzen und den Teichen, die hier und dort angelegt sind. Es ist einfach unbeschreiblich. Ich bin wahrscheinlich in der Zeit gereist, denn ich erinnerte mich grob, dass auf der Anzeigetafel der Maschine eine ähnliche Zahl wie 2080 stand. Ich befinde mich auf einer Anhöhe und kann so über die ganze Stadt blicken. Als ich mich umdrehe, verschlägt es mir den Atem, denn auf dieser Seite ist eine viel größere Stadt und in der Ferne kann ich noch weiter erahnen. Ich bin so erstaunt, da ich niemals gedacht hätte, dass es möglich sei, so etwas zu erschaffen. Doch ich wende mich wieder der kleineren Stadt zu, da sie so bunt und vielfältig aussieht. Langsam laufe ich ihr entgegen, als mir ein Mädchen entgegenkommt, das ungefähr in meinem Alter ist. Ich frage sie sofort, wo ich denn hier bin und welches Jahr es ist. Sie schaut mich zuerst verdutzt an, antwortet mir aber, dass es das Jahr 2082 ist und dass die Stadt „Little Village" heißt. Sie fragt mich auch gleich wie ich heiße, und ich erzähle ihr meinen Namen und dass ich wahrscheinlich einen Zeitsprung gemacht habe und keine Ahnung habe, was ich machen soll! Sie schlägt vor, dass ich doch erstmal mit zu ihr kommen soll. Und so gehe ich nun mit dem Mädchen und bestaune die bunten Häuser, die alle anders sind, mal lila, mal rot und alle in unterschiedlichen Farben und Formen. Alles in dieser Stadt ist bunt, sogar die Autos schimmern in unglaublichen Farbkombinationen. Die Menschen tragen hier, was sie wollen, egal ob es passt oder nicht. Ich fühle mich fast schon wie ein farbloser Kleks in dieser farben- und lebensfrohen Welt. Langsam erschließt sich mir, dass diese Stadt nicht so ist wie die übrigen, die ich gesehen habe, denn in den anderen Städten ist alles viel strikter, gleich und irgendwie langweiliger. Als wir endlich bei ihrem Haus ankommen, bemerke ich, wie die Sonne auf meinem Rücken brennt und der Asphalt unter der Last dieser Welt dröhnt. Nun betreten wir endlich das Haus, welches mit so wunderbaren Farben gestaltet ist. Es ist schick aber trotzdem gemütlich eingerichtet, sodass man sich sofort wohl fühlt. Uns kommt eine alte Frau entgegen, an der mir alles sofort merkwürdig bekannt vorkommt. Und auf einen Schlag muss ich erkennen, dass ich die alte Frau bin. Ich bin ganz verwirrt, doch es dämmert mir langsam. Ich bin ja in die Zukunft gereist und so ist das, was ich für unmöglich gehalten habe, dennoch passiert. Ich setze mich zu meinem zukünftigem Ich und da ich natürlich wahnsinnig viele Fragen habe, überhäufe ich sie sofort damit. Doch sie lächelt nur gutmütig und meint: „Es hat sich oft etwas verändert und man muss damit zurechtkommen und sich so gut wie möglich daran anpassen. Die Welt war noch nie gut und sie wird es auch nicht werden, egal wie sehr man es sich wünscht, aber dennoch kann man sie nicht ändern, genauso wenig wie das Schicksal, es kommt so, wie es will, und man kann nur versuchen, dass Beste daraus zu machen und sein Bestes in jeder Situation zu geben. Es gibt immer Menschen, die einen nicht mögen, an einem herummeckern und einen einfach nicht verstehen. Aber du solltest nie vergessen, dass es dein Leben ist und nicht ihres, dass du es lebst mit all seinen Höhen und Tiefen. Aber dennoch sollte man nie vergessen, sich selbst zu lieben und wertzuschätzen, besonders wenn andere es nicht tun. Denn jeder ist perfekt mit seinen Stärken und Schwächen. Nun wird es aber Zeit zu gehen, denn für keinen ist es eine gute Idee, so lange in der Zukunft zu sein." Ich bin vollkommen baff von diesen Worten, denn ich hätte alles andere als das erwartet. Sie fasst meine Hand und der Sturm kommt wieder herauf und sie sagt mit sanfter Stimme: „Es wird Zeit, dass du nach Hause kommst. Deine Familie wartet, aber vergiss meine Worte nicht!" Und auf einmal stehe ich wieder vor der Maschine, alles drehte sich in meinem Kopf und ich taumele aus dem Haus. Ich denke einfach nur: „Wie einzigartig und faszinierend die Zukunft doch ist!"

Felizitas Schmid
Justus-von-Liebig-Gymnasium Neusäß, Klasse 7a

Zeitsprung in unsere Wunsch-Zukunft

Ein Sprung in die Zeit,
so weit und so breit.
Was werden wir dort wohl sehen,
in welche Welt werden wir gehen?
Autos, die fliegen,
den Krieg endlich besiegen!
Maschinen, die uns unterstützen
und der Menschheit Großes nützen.
Den Planeten nicht verdrecken
und neue Galaxien entdecken.
Menschen gemeinsam
und nicht mehr einsam!
Freiheit und Glück,
für jeden ein Stück.
Werden wir die alte Welt vermissen?

Cecilia Rau und Theresa Wiedemann
Grundschule Leitershofen, Klasse 4b

Ein ungelöster Zeitsprung

„Ida, Ida wach auf!" Ich schreckte hoch. Es war die sechste Stunde in der Schule beim Deutschunterricht, und ich war offensichtlich eingeschlafen. Neben mir saß Leonie und guckte mich irgendwie mit einem mitleidigen Blick an. Jetzt erst bemerkte ich, dass mich Frau Lencker und die ganze Klasse anstarrten. „Na endlich, Ida, du hast heute alles verpasst, was wir über das Abitur-Schreiben der großen Schüler besprochen haben!", bemerkte Frau Lencker. Leonie stöhnte auf. „Sorry, äh, ich meinte Entschuldigung", stammelte ich hervor. Gerade wollte sie noch etwas erwidern, da klingelte es. Schulschluss. Alle kicherten nochmal, dann packte ich zusammen. „Tschüssi!", rief ich Leonie noch zu. Dann ging ich nach Hause. Ich stellte meine Schultasche im Flur ab, zog meine Schuhe aus und ging in mein Zimmer, fläzte ich mich aufs Bett und holte mein

Handy aus meiner Tasche. Plötzlich spürte ich etwas unter meinem Rücken. Ich griff nach dem, was da lag. Eine Uhr, eine Uhr, die aus dem 18ten Jahrhundert stammen musste, mit einem kleinen Rädchen dran. Ich drehte an dem Rädchen und drehte und der Zeiger bewegte sich. Plötzlich blitzte es um mich herum, und ich war geblendet. Als ich wieder sehen konnte, fiel mir als Allererstes auf, dass meine Füße irgendwie größer waren. Ich kratze mich am Kopf. Das konnte doch nicht sein. Ich lief ins Badezimmer und guckte in den Spiegel. Vor Überraschung musste ich mich am Rand vom Waschbecken festhalten. Ich sah ungefähr sechs Jahre älter aus. Ich hatte dazu noch so eine komische Ahnung. Deshalb ging ich aus dem Zimmer und machte die Haustür auf. Draußen sah es eigentlich wie immer aus, nur dass ein paar Häuser eine andere Farbe hatten. Ich schloss sie wieder und ging ins Wohnzimmer. Da sah ich meine Eltern sitzen, und die sahen auch irgendwie älter aus. „Mama, weißt du noch in welche Klasse ich gehe?", fragte ich sie etwas unsicher. Sie antwortete: „Was ist das denn für eine Frage? Natürlich in die 12c!" Also war es 2029, das war ziemlich erstaunlich. Das musste die Uhr gewesen sein, als ich an dem Rädchen gedreht hatte. Aber wie bin ich sechs Jahre vorwärtsgekommen? Und die Uhr, wo war die eigentlich? „Sag mal, was hast du da in der Hand?", fragte meine Mutter erstaunt. „Was, ach so das, das, das ist, das ist eine Uhr, gekauft, ja genau!" Ich kam mir ganz schön doof vor. Schnell ging ich in mein Zimmer zurück und setzte mich auf mein Bett. Dann ergriff ich die Uhr und guckte auf die Zeiger. Ich drehte an dem kleinen Rädchen genau sechs Jahre zurück. Es blitzte wieder. Ich war geblendet. Obwohl ich es schon einmal erlebt hatte, werde ich mich nicht daran gewöhnen. Als ich wieder sehen konnte, lief ich gleich ins Bad und guckte in den Spiegel. Ich sah wieder normal aus. Ich stöhnte erleichtert auf. „Ich denke, das kann ich für mich behalten", sagte ich mit einem Grinsen im Gesicht.

Ida Bobinger
Staatliches Gymnasium Königsbrunn, Klasse 6c

Bittersüße Tränen im Frost

Im eisigen Schweigen des gefrorenen Sees,
wo die Zeiten erstarren und die Gedanken vergehen,
tanzen meine Kufen auf dem gläsernen Eis.
Ein Spiegel der Pracht.
Ein Hauch der Zeit.

Der Spiegel zersplittert, zu Trümmern gemacht,
Zerstört sind die Träume, ihr Glanz, ihre Pracht.
Das Lachen verhallt, erstickt unter Eis,
Die Vergangenheit flüstert, ein Lied der Zeit.
Im Dunkel der Tiefe, umhüllt von der Nacht,
Ertrinken die Erinnerungen, verblassen, werden schwach.
Der glitzernde See, einst so klar und rein,
Hält fest die Geheimnisse vergangener Zeit.
Ich sehe die Risse,
Das schimmernde Licht,
Erleuchtet auf der Eisschicht.
Ich sinke tiefer,
Das schneestarre Wasser stiehlt die Wärme meiner Glieder.
Der Hauch meines Atems
Entrinnt eisigem Wasser nicht.
Das Schimmern der Sonne erleuchtet bittersüß mein Gesicht.
Ein trauriges Lächeln löst Hoffnung und wird zu einem Strahlen.
Der Klang meiner Stimme lässt sich ins Wasser malen.
Für mich ist es zu spät, mein Lächeln verstorben.
Hoffentlich ist dieses Gedicht recht schön geworden.
Ich mahne euch, denn ich weiß:
Nehmt Vorsicht, wenn ihr tanzt auf dem Eis.
Ich bin erfroren, erstarrt für die Ewigkeit der Lieder.
Ich schließe meine Augen. Ich öffne sie nie wieder.

Anna Hab
Staatliches Gymnasium Königsbrunn, Klasse 7c

Zeitsprung

Ich reise mit der Zeitmaschine in die Kreidezeit.
Ich bin dort mit meinen Dinofreunden verabredet.
Ich reite auf den Dinos.
Ich reise mit der Zeitmaschine in die Kreidezeit.
Ich frage sie: „Was wollen wir spielen?"
Sie antworten mir: „Fangus!"
Ich reise mit der Zeitmaschine in die Kreidezeit.
Ich bin dort mit meinen Dinofreunden verabredet.

Max Mögele
Helen-Keller-Schule Dinkelscherben, Klasse 3S

Der Baum des Lebens

Es waren Ferien und die vier Freundinnen machten gerade Urlaub am Meer. Als sie an einem wunderschönen Morgen einen Strandspaziergang machten, rief Lena laut: „Schaut mal, aus der Höhle kommt ein bläulich schimmerndes Leuchten!" Mia, Lena und Bella konnten nicht widerstehen und liefen sofort in die Höhle hinein. Emma war zwar etwas misstrauisch, folgte Ihnen aber trotzdem. In der Höhle stand ein wunderschönes, blau leuchtendes und mit Ranken überwuchertes Portal. Als sie die Ranken zur Seite geschoben hatten, untersuchten sie es genauer und wurden sofort fündig. Sie fanden eine kleine hölzerne Truhe. Darin waren vier goldene Ringe mit Pfoten darauf. Diese leuchteten in verschiedenen Farben: grün, türkis, violett und gelb. Emma nahm sich sofort den grünen Ring, Lena den türkisen, Mia den gelben und Bella den violetten. Sie fassten sich alle an den Händen und gingen zusammen durch das Portal. Als alle hindurch gegangen waren, schloss sich das Portal sofort. Aber es hatte sich nichts verändert. Als sie aber aus der Höhle traten, blieben sie mit offenem Mund stehen. Draußen war der Strand verschwunden und ein riesiger Wald breitete sich vor ihnen aus. „Wo sind wir?", fragte Lena leise. „Ich habe keine Ahnung", antwortet Emma. Als sie vorsichtig in den Wald hineingingen, wartete dort ein Wolf auf sie. „Hallo!", sagte er. „Folgt mir bitte, ich muss etwas mit euch besprechen." Die Mädchen folgten dem Wolf, hielten sich aber etwas zurück. „Irgendwie ein bisschen unheimlich, findet ihr nicht, Mädels?", flüsterte Mia, so dass es der Wolf nicht hören konnte. Der Wolf führte die Mädchen zu einer kleinen, versteckten Höhle, die mit Moos bewachsen war. „Codewort?", fragte eine Meise. Der Wolf antwortete: „Baum des Lebens!", und sie wurden hereingelassen. In der Höhle warteten noch ein Fuchs, zwei Wölfe, drei Meisen, fünf Spatzen und ein Reh. „Wir brauchen eure Hilfe, denn ihr seid die Auserwählten", sagte der Fuchs. „Ja, genau!", beteuerten die Spatzen. Das Reh sprach leise: „Es gibt gute und böse Tiere. Wir sind die Guten, doch leider fangen uns die bösen Tiere und sperren uns ein. Dadurch verliert der Baum des Lebens seine Kraft, und je mehr Kraft er verliert, desto mehr Schattenessenz setzt er frei. Das ist schädlich für uns alle. Auch für die Bösen, nur leider wissen sie das nicht. Ihr müsst uns helfen!" Die vier Mädchen nickten stumm. „Ja, das machen wir!", sagten sie. „Aber wie?", fragte Lena. Den vier Mädchen wurde erklärt, dass sie sich mithilfe der Ringe in Tiere verwandeln konnten, und der Baum des Lebens ihnen mit letzter Kraft noch eine gute Essenz geben könnte. Wie das mit der Rettung der guten Tiere zusammenhängen sollte, wusste keiner von ihnen so genau. Sie erklärten ihnen auch, dass sie nur mit ihrem rechten Zeigefinger auf die Pfote, die auf dem Ring abgebildet war, drücken mussten. Als die Mädels sich verwandelt hatten, war Bella ein kleines Rehkitz, Emma ein Fuchs, Lena ein Eichhörnchen und Mia ein Luchs. Die vier Freundinnen sahen sich staunend an: „Wow! Na, dann gehen wir mal los und schauen, wo das Gefängnis der bösen Tiere ist", sagte Mia sehr entschlossen. Einer der Spatzen rief: „Wartet! Hier sind überall böse Tiere, die euch auflauern und euch auch einsperren, wenn sie euch nur sehen!" Doch da waren die vier Mädchen schon aus der Tür. Sie liefen immer tiefer in den Wald hinein. Bald war kein Weg mehr zu sehen und sie streiften ohne Plan und ohne Ziel durch den Wald. Irgendwann sahen sie einen vertrockneten Baum, der nur noch kleine Lebenszeichen von sich gab. Bella sagte: „Das muss der Baum des Lebens sein." Doch kaum hatte sie das ausgesprochen, kam ein Wildschwein und riss sie mit. Die anderen konnten sich gerade noch befreien. „Hilfe!", rief Lena. Und: „Oh nein!", war von den anderen beiden zu hören. Sie liefen zurück zur Höhle und der Wolf ließ sie herein. Er fragte sie, wo denn Bella geblieben sei. Doch darauf hatten die Mädchen keine Antwort. Sie sagten ihm, dass sie auch nur wüssten, dass ein Wildschwein Bella mit sich gerissen habe und sie selbst auch nur knapp fliehen konnten. Derweil war Bella in einer dunklen Höhle gefangen. Wo war sie hier? Langsam, aber sicher gewöhnten sich ihre Augen an die Dunkelheit und sie sah einen Bären, der vor der Höhle stand. Und da war noch ein Bär und die beiden kamen direkt auf Bella zu. Sie nahmen sie mit, und Bella konnte nichts dagegen tun. Die Bären gingen mit ihr auf einen Thron zu, auf dem ein Adler saß. Bella fragte ihn: „Wer bist du? Und was willst du von mir?" „Ich will, dass du und deine Freundinnen mir zeigen, wo der Unterschlupf der verbliebenen guten Tiere ist." Bella schrie ihn wütend an: „Ohne meine Freundinnen sag ich gar nichts!" Der Adler antwortete: „Okay, das kannst du haben! Lasst Willi ausrichten, er soll die anderen drei Mädchen auch noch suchen. Wenn er bei der Suche auf weitere gute Tiere stößt, dann kann er sie gleich mitbringen." Nun wurde Bella wieder in die dunkle Höhle gebracht und konnte nur hoffen, dass ihre Freunde sie retten würden. Lena, Mia und Emma schmiedeten exakt in diesem Moment einen Plan, wie sie Bella und anderen lieben Tiere retten könnten. Der Wolf erklärte: „Ihr könnt mit einem Stein in die Höhlenwand euren hoffentlich guten Plan ritzen." Daraufhin begannen sie sofort ...

In der Zwischenzeit hatten sich Bellas Augen an die Dunkelheit gewöhnt und sie folgte einem schmalen Gang, der sie zu den versammelten netten

Tieren brachte. Alle drehten sich sofort zu Bella um und starten sie verwundert an. Auf einmal riefen alle durcheinander: „Unsere Retterin!" Ein Waschbär kam auf sie zu und sagte hoffnungsvoll: „Der Baum des Lebens hat vorhergesagt, dass vier Mädchen uns retten würden." Erwartungsvoll guckten sich alle um und hofften darauf, dass hinter Bella noch die drei anderen Mädchen erscheinen würden, doch vergeblich …

Mia, Lena und Emma hatten gerade den Plan fertig geschmiedet und an die graue Wand geritzt, als die drei Mädchen ohne ein Wort zu sagen raus aus der Höhle gingen und sich zuzwinkerten. Sie liefen in den riesigen Wald hinein, wo die märchenhaften Bäume schon anfingen, abzusterben. Je tiefer die entschlossenen Mädchen in den Wald gingen, umso schlimmer sahen die einst wunderschönen Baume, Büsche und Blumen aus. Plötzlich raste ein blitzschnelles Wildschwein herbei und hielt bei den erschrockenen Mädchen an. Sofort erkannten sie es wieder: Es war das Wildschwein, das Bella so unsanft eingefangen hatte. Nun wurden die anderen drei Mädchen auch gefangen genommen und sie setzten ihren Plan um. Sie gingen brav mit dem Wildschwein mit und wurden in dasselbe Gefängnis wie Bella und die anderen Tiere gebracht. „Bella! Endlich haben wir dich wieder!" Die vier Mädchen umarmten sich herzlich. „Lasst uns mal was ausprobieren", murmelte Emma. „Lasst uns alle Ringe in der Mitte zusammenhalten. Die Mädchen nicken stumm und taten, was ihre Freundin gesagt hat. Wie von Geisterhand entstand ein riesiger Blitz, der die Decke durchbrach. Mit weit geöffneten Augen sprangen alle Tiere zur Seite, bevor die Gesteinstrümmer auf sie herabfallen konnten. Auf einmal schrie ein Specht: „Da steht eine Leiter!" Mit voller Kraft schoben alle die lange Leiter so hin, dass alle Tiere aus der dunklen Höhle fliehen konnten. Alle gelangten wieder nach draußen an die frische Luft. Alle zusammen gingen nun entschlossen in den Thronsaal, wo der Adler-König seelenruhig schlief. Sofort stürzten sich die Wachen des Adlers auf die Tiere. Lena, die sich in ein Eichhörnchen verwandelt hatte, schrie den Wachen zu: „Hier bin ich!" Sofort rannten die Wachen dem klugen Eichhörnchen nach. Das Eichhörnchen lief flink in den Kerker, verfolgt von den Wachen. Schnell sperrte Bella, die sich in ein Reh verwandelt hatte, die Tür des Kerkers von außen zu. Schnell kletterte das Eichhörnchen alias Lena aus dem Kerker über die Leiter raus, doch bevor die Wachen ihr folgen konnten, stieß sie die Leiter um und sie fiel auf die Wachen. In der Zwischenzeit hatten die anderen Tiere den immer noch schlafenden Adler mit Seilen an seinen Thron gefesselt und weckten ihn auf. Emma fragte neugierig: „Weißt du, was den Baum des Lebens retten könnte?" „Ja," antwortete dieser. „Es ist ein Zauberelixier, das den Baum noch retten könnte. Es ist in meiner Manteltasche." Sofort durchsuchten sie die Manteltasche und wurden fündig: Lena hielt ein blau schimmerndes Elixier in ihren Händen. Nun gingen die vier Freundinnen zum Baum des Lebens und gossen das Zauberelixier auf ihn. Plötzlich fing der Baum wieder an zu strahlen und zu funkeln. Und alle bösen Tiere wurden wieder zu guten Tieren. Es war einfach schön anzusehen, wie wieder alles zu blühen begann. Dann verabschiedeten sich die vier Mädchen von allen Tieren. Der Wolf öffnete das Portal, die Mädchen gingen hindurch und landeten wieder in der Höhle. Als sie diesmal aus der Höhle kamen, war alles wieder da: die Sonne, der Strand und das Meer. „Na, das war mal ein Abenteuer!", sagte Mia erleichtert und die vier Freunden lachten fröhlich.

Paulina Siegmund, Sara Peter, Pia Kaiser und Verena Nowakowski
Staatliches Gymnasium Königsbrunn, Klasse 5d

Zeitsprung durch den Spiegel

Schon so spät!
Lana kann einfach nicht einschlafen, obwohl es schon so spät ist. Sie geht noch einmal aufs Klo. Dazu muss sie durch den dunklen, gruseligen Flur. Um niemanden zu wecken, schaltet sie nicht das Licht ein, sondern nimmt ihre Taschenlampe mit. Alles sieht so gespenstisch aus.

Was geschieht mit mir?
Als sie endlich die richtige Tür erreicht, hat ihre Taschenlampe keine Batterie mehr. Durch das Fenster scheint der Mond in das Badezimmer. Als Lana in den Spiegel schaut, spiegelt sich darin das Mondlicht und jetzt beginnt die Zeitreise.

Bei den Ägyptern
Lana fliegt durch einen bunten Tunnel. Am Ende des Tunnels ist nicht mehr ihr Haus, sondern eine Wüste. „Bin ich durch die Zeit gereist?", wundert sich Lana. Sie schaut sich neugierig um: „Pyramiden und dort läuft sogar eine Mumie! Aaaaah!"

Die Verfolgungsjagd
Kreischend rennt Lana weg – die Mumie ist ihr dicht auf den Fersen: „Hilfe, ich werde verfolgt!" Zum Glück kommt eine Ägypterin und rette sie.

Der Kristall

Die Ägypterin Aamun zeigt Lana alles und sie werden Freunde. Doch Lana ist traurig und vermisst ihr Zuhause. Darum schenkt Aamun Lana am Abend einen wunderschönen Kristall.

Endlich zu Hause

Als Lana den Kristall betrachtet, spiegelt sich das Mondlicht darin. Wieder öffnet sich ein bunter Tunnel und sie fliegt hindurch nach Hause. Lana landet in ihrem Bett und wundert sich: „War das etwa ein Zeitsprung oder habe ich das alles nur geträumt? Doch was ist das Harte unter meinem Kissen? Es fühlt sich an, wie ein Kristall …"

Jana Kmeth
Grundschule Königsbrunn-West, Klasse 2c

Der Forscher, der in die Zeit reisen musste

Es war einmal ein Forscher. Der musste eine Medizin erforschen. Aber dafür musste er in die Vergangenheits reisen. Er fragte einen Ingenieur, ob dieser ihm eine Zeitmaschine entwerfen und bauen könnte. Der Ingenieur sagte: „Ja, gerne. Aber es kostet schon ein bisschen." Danach ging alles ganz schnell. Der Forscher zahlte und bekam die Maschine. Später stieg er rein und schaltete sie auf „vor 65 Millionen Jahren". Es wackelte und einen Augenblick später saß er auf einer gigantischen Palme. Er guckte runter, und er sah einen T-Rex, der einen Triceratops jagte. Er konnte mit aus den Augenwinkeln sehen, wonach er suchte. Es war ein seltener Stein und ein besonders giftiges Blatt. Genau das, was er für die Medizin, die er erforschen sollte, brauchte. Erst musste er die Zeitmaschine suchen. Er stieg ein und stellte sie auf „in 65 Millionen Jahren". Wieder wackelte es und kurz darauf war er in seinem Labor und ging zu seinem Tisch.

Er hat die Medizin erfolgreich hergestellt. Wer die Medizin trinkt wird nicht mehr krank.

Adam Kugelmann
Grundschule Steppach, Klasse 2A

Meine Begabung

Hi, mein Name ist Noah und ich erzähl euch heute, was mit mir passiert ist, als ich jünger war. Als ich 16 Jahre alt war, hatte ich einen Unfall mit einem Schiff, das nach einem plötzlichen Motorschaden nicht mehr kontrollierbar war. Es drohte dadurch unterzugehen. Zum Glück konnten wir rechtzeitig gerettet werden und haben diesen Unfall alle überlebt. Ein paar andere haben es ohne Beschwerden überstanden. Ich z. B. hatte eine leichte Gehirnerschütterung von meinem Sturz erlitten. Jetzt leben alle in Ruhe weiter und sind froh – außer mir; ich habe jetzt durch diesen Vorfall Probleme, weil ich mich manchmal in meinem Leben an irgendwelchen Tagen oder Situationen auf einmal an ein Geschehen aus einem früheren Leben erinnere. So als würde ich schon ewig leben. Dabei bin ich doch erst 1993 geboren und lebe erst seit 30 Jahren. Doch anscheinend kann mein Gehirn Situationen aus einem früheren Leben aufleben lassen. Dadurch lerne ich mehr. Ab diesem Tag wurde ich auch immer besser in Geschichte und wusste bei ein paar Themen mehr als überhaupt in den Geschichtsbüchern stand. Meine Note hat sich dadurch drastisch verbessert und ich stand deswegen auf einer Zwei. Das war der angenehme Teil meines neuen Ichs. Aber es gab auch einen nicht so schönen Teil. Diese Flashbacks müsst ihr euch so vorstellen, als würde euch jemand plötzlich eine VR-Brille aufsetzen und ein Video aus der Vergangenheit in der sogenannten Ego-Perspektive abspielen. Als ich einmal in den Supermarkt ging, hatte ich unerwartet eine ganz andere Situation, die ich sehe. Schlagartig war ich in der Zeit um ca. 1935. Ich konnte auf einmal so viel sehen. Ich musste der Deutschen Armee beitreten. Es wurde von mir gefordert, hart zu arbeiten. Ich konnte es nicht steuern, wie oder was ich machte. Ich musste gehorchen und die Befehle befolgen. Widerworte wurden hart bestraft. Ich konnte – in meiner Vision gefangen – nur zusehen und nicht eingreifen. Ab diesem Tag kamen die Visionen immer häufiger. Auf Dauer wurden sie auch intensiver, realistischer und sie waren so hautnah. Es war so nah, als hätte ich die Angst selbst und könnte auch ihre Schmerzen spüren. Wo die Fiktion aufhörte und die echte Realität einsetzte, konnte ich bald nicht mehr so ganz einschätzen. Die Zeitsprünge waren sehr beängstigend. Laut meinem früheren Leben befand ich mich dann irgendwann im Krieg. Das fand ich gar nicht gut, weil ich nun Tote sah. Die sollten zwar nur in meinen Gedanken existieren, doch es sah alles so hautnah und echt aus. Manchmal dachte ich fast, dass dies alles echt und real sei. Das Schlimmste war, als ich in der Schule saß und dann die Vision hatte, mit der Armee 1939 in Polen einzumarschieren und an vordersten Front zu stehen. Das war grausam und sehr beängstigend, weil ich alles so nah miterlebt habe und sehen musste, wie Menschen sterben. Da war der Punkt gekommen, an dem ich diese Visionen nicht mehr sehen und sie loswerden wollte. Ich suchte nach einer Lösung oder besser gesagt, einer Erlösung. Die von mir aufgesuchten Ärzte konnten mir nicht helfen. Sie bewunderten eher meine Gabe und betitelten mich nur als ein Phänomen. Ich sei was ganz Besonderes. Ich selbst empfand diese „Begabung" eher als Fluch denn als Segen. Ich wollte diese schlimmen Dinge nicht mehr sehen und all die Gedanken nur loswerden. Ich wusste leider nicht, ob und wann diese Rückblicke aufhören würden oder ob ich damit für immer weiterleben musste. Ich lernte damit umzugehen. Anfangs hatte ich auch wegen dieser Zeitsprünge Albträume und wollte in manchen Nächten gar nicht mehr einschlafen. Doch mit der Zeit wurden die Flashbacks weniger und auch die Szenen waren nicht mehr ganz so schlimm. Mit Hilfe eines Psychiaters, dem ich alle meine Träume berichten konnte, und der Kunst der Meditation wurde ich auch wieder ruhiger, konnte wieder erholsam schlafen und mit meiner „Begabung" etwas Frieden schließen. Mittlerweile bin ich 30 Jahre alt. Ich habe eine wundervolle Ehefrau gefunden, die mich und meine Gabe annimmt. Ich lebe damit und lasse es einfach so, wie es ist. Es kommt nur noch einmal pro Woche vor, dass mich Erinnerungen heimsuchen, die eher die Form eines Traumes haben.

Noah Hornich
Mittelschule Zusmarshausen, Klasse 9b

Die Schule der Zukunft

Liebes Tagebuch,

ich hatte den coolsten Traum jemals! Jetzt denkst du dir wahrscheinlich: „Leg los, sag schon!", und das werde ich jetzt tun! Ich habe geträumt, dass ich sieben Jahre, ja, sieben Jahre in die Schule der Zukunft gereist bin! Oh nein, es war nicht wie in drei Lichtjahren mit Aliens auf dem Mond und so Zeug, nein, die Schule war auf der Erde und ganz realistisch. Übrigens sehe ich in meiner Zukunft, wie ich diesen Tagebucheintrag schon lese. Ha, ha ha, aber kommen wir auf den Punkt. Die Schule der Zukunft sieht von außen eigentlich identisch aus, also keine Änderungen, aber in der Schule sieht es anders aus: Es gibt Rolltreppen, und es findet in jeder Etage nur Unterricht in einem Fach statt wie zum Beispiel für die unterste Etage Mathe und für die zweite Etage Deutsch und so weiter und sofort. Die Klassen haben maximal 20 Schülerinnen und Schüler und man muss erst um 9:00 Uhr in die Schule, doch dafür hat man von 9:00 bis 15:00 Uhr Schule. Mein persönlicher Favorit ist, dass man immer am Ende des

Schuljahres Lehrer benoten darf, also benoten, was gut und was schlecht war. Es kommt noch ein Nebenfach dazu, und zwar kochen, aber dies gibt es leider nur einmal die Woche, weil es anscheinend nicht „so wichtig ist", manno. Man arbeitet in normalen Hauptfächern mit dem iPad und sonst mit Heften. Was meiner Meinung nach auch besonders cool ist, dass wir jede zweite oder erste Woche, (ich weiß es nicht so genau, weil ich auch im Traum meiner Lehrerin, als ich es erzählt habe, nicht zugehört habe – hihi) einmal einen Ausflug machen. Es gibt auch einmal pro Monat Wunschessen in der Mensa und dies wird anhand von Zetteln, auf die man seinen Wunschessen aufschreibt, ausgehend von der Mehrheit auswählt. Also sowas würde ich schon cool finden! Aber leider war dies nur ein Traum (von gestern) und es ist schon fast 21:00 Uhr. Ich sollte mich mal lieber schlafen legen und schauen, was im nächsten Traum passiert! Vielleicht wird ja aus meinem Träumen irgendwann Realität – wer weiß! Gute Nacht, liebes Tagebuch!

Zehra Kuzucu
Staatliches Gymnasium Königsbrunn

Das Amulett der Zeit

Traum oder Vorhersage
Das Amulett der Zeit ist hier. Finde es und schicke es zurück ins Land der TAUSENDWEGE. Benutze es und springe zum Spiegel der Tausendwege, Reise durch Raum und Zeit, finde die drei Wegweiser, repariere das Amulett und rette so die Zeit.

Plog, plog, plong. Riana schreckte hoch. Sie hatte nur geschlafen, doch der Traum hatte sich so echt angefüllt, als hätte eine Stimme zu Ria gesprochen. Ob sie weiblich oder männlich gewesen war, konnte Riana nicht zuordnen, auch als sie aufstand und das Fenster öffnete, war sie noch so in Gedanken, dass sie um ein Haar von einem Stein getroffen worden wäre, der gerade durchs Fenster flog. Im letzten Moment konnte sie sich noch ducken, da knallte der Stein schon auf den lila Teppich. Riana schrie: „Fiona, bist du verrückt, der hätte mich fast getroffen. Warum wirfst du überhaupt Steine an mein Fenster?" Fiona schaute Ria mit ihrer endschuldigenden Miene an, da konnte Ria ihrer beste Freundin nicht mehr böse sein. „Komm hoch, es ist offen, Mama ist schon in der Arbeit, sie hat bestimmt schon aufgeschlossen." Schon rannte Fiona in Richtung der Haustür. Das Mädchen öffnete die Zimmertür, hinter ihr stolzierte Söckchen (Rias schneeweiße Katze) ins Zimmer. Er setzte sich aufs Bett und verteilet seine Haare darauf. Ria setzte sich gähnend auf und fragte: „Was ist los, dass du mich in den Ferien um sechs Uhr weckst?" Fiona fing an zu lachen. „Was ist?", fragt Ria und blickt ihre Freundin fragend an. Diese zeigte nur auf den pferdeförmigen Wecker neben ihrem Bett. Der Stundenzeiger zeigte auf die neun, der Minutenzeiger stand auf fünf nach. Ria zuckt nur mit den Schultern und sagt: „Es sind Ferien, da darf man schlafen." Ihre Freundin hatte nun angefangen, Söckchen zu streicheln, was der Katze zu gefallen schien. „Ist auch egal, ich muss dir was zeigen", sagt Fiona ungeduldig, dann fügt sie noch hinzu: „Zieh dich an und putz dir die Zähne." Ria schüttelte den Kopf und sagte streng: „Ohne Brot und Kaba mache ich nichts." Fiona wirkte genervt, doch da Ria ausah, als würde sie keinesfalls verhandeln, gab sie nach und sagt eilig: „Ich mach dir dein Essen. Zieh dich jetzt endlich an." Als Ria sich ihr T-Shirt über den Kopf streifte, hörte sie wieder diese geheimnisvolle Stimme in ihrem Kopf, die sie warnte, niemals allein durch Raum und Zeit zu reisen, dann sah sie plötzlich Bilder von anderen Orten und anderen Zeiten. Ein Bild erkannte sie: Es sah aus wie ihr Haus, nur älter und verwitterter, eine Frau mit ihrem Mann standen davor und betrachteten ihr Haus herablassend. Dann sah sie ein Amulett. Es lag auf einem Baumstumpf. Dann war wieder die Stimme der geisterhaften Frau zu hören. Sie sagte ihr, sie müsse mit dem Amulett reisen. „Ria", rief irgendjemand in der Ferne. In Gedanken fragte sie die Stimme: „Wie? Wie soll ich durch die Zeit reisen?" Aber die Stimme sagte nur knapp: „Glaube daran." Dann war die Stimme fort. „Ria, kommst du endlich oder bist du wieder eingeschlafen?", fragte Fiona ungeduldig von unten herauf. Man merkte ihr an, dass sie endlich los wollte. Während Ria sich anzog, kam ihr der Gedanke, dass sie die Gruselstimme noch nicht zum letzten Mal gehört hatte. Als sie unten ankam, erwartete sie kein gedeckter Frühstückstisch, sondern eine Flasche und ein Salamibrot. In der Flasche musste wohl der Kakao sein, denn Fiona drückte ihr beides in die Hand und sagte: „Essen kannst du unterwegs." Dann lief sie schon los. Schnell hastete Ria hinter ihr her.

Die erste Reise durch die Zeit
Im Wald führte Fiona sie auf eine kleine Lichtung. Dort stand ein Baumstamm, genauso ein Baumstamm, wie sie ihn in der Früh in Gedanken gesehen hatte, und darauf lag auch das Amulett aus ihren Gedanken. Sie lief auf den Baumstamm zu und hob es auf. Plötzlich fing das Amulett an zu leuchten und tauchte alles in ein blaues Licht. Ein Wind wehte um sie herum, wurde immer stärker und schneller, ihr Herz raste,

ihre Augen tränten von dem Wind. Panisch fasste sie einen Entschluss. Sie würde sich nicht von einem einfachen Amulett in Panik versetzen lassen. Sie holte tief Luft und schrie aus voller Kehle: „SSSSSTTTTTTOPPP" und tatsächlich hörte der Wind auf, um sich zu schlagen. Das Licht des Amulettes erlosch und zuletzt wurde auch ihr Herzschlag langsamer. Nun war es still, eine geheimnisvolle Stille. Bis Fiona die Stille durchbrach und wispernd fragte: „Was war das?" Ria wollte mit „Keine Ahnung" antworten, aber das würde nicht stimmen, denn sie wusste es jetzt, als wären tausend kleine Puzzleteile nun an ihrem Platz und bildeten die Antwort. Deswegen erzählte sie ihrer Freundin, was das war. Nachdem sie fertig war, bildete Fiona die wichtigste Fragte überhaupt: „Wirst du es tun?" Ria wusste die Antwort genau. Sie sagte mit fester Stimme: „Ja, ich muss es tun. Ich habe mein Haus gesehen. Ich möchte nicht, dass das passiert und das Schlimmste: Ich weiß nicht, wo ich und meine Eltern sind." Ria trat wieder zum Amulett, das nun auf dem Boden lag. Ganz unschuldig lag es da, als hätte es nicht gerade eben für ETWAS SEHR KOMISCHES gesorgt. Nun hob sie es auf, doch es passierte nichts. Was hatte die Stimme gesagt? Du musst daran glauben. Und da leuchtete das Amulett wieder, alles wie vorhin, nur dass sie es dieses Mal wollte. Dann spürte sie eine Hand an ihrer. Dann wurde es warm, ein Gefühl des Glücks bildete sich in ihr und wohl auch bei Fiona, denn diese seufzte glücklich. Dann spürte sie eine kühle Brise, wie in einer lauen Sommernacht. Sie hatte nun das Gefühl von Zuhause. Sie hatte Lust sich niederzulassen und nie wieder zu gehen. Sie wollte mit den Brisen gehen, die all die tollen Gefühle gebracht hatten. Sich in die Gefühle wickeln. Doch dann hörte sie wieder die Stimme. Sie erinnerte sie an das, was sie tun wollte, da riss sie sich zusammen. Plötzlich ließ die kleine Brise nach, doch sie zog Fiona weiter mit sich. Ria umklammerte ihre Hand, zog und riss an ihr, dann gab der Wind nach und flog allein weiter. Schließlich schlug sie die Augen auf. Um sie herum war Dunkelheit, dunkelste Dunkelheit. Nur vor ihnen war ein Lichtstreifen zu erkennen. Sie tauschte einen Blick mit Fiona, dann liefen sie auf das Licht zu, doch jeder Schritt, den sie machte, landete im Leeren, als wären sie schwerelos. Da kam ihr ein Gedanke: „Wir sind schwerelos", sagte sie halblaut zu sich selbst, dann ruderten sie mit Armen und Beinen in Richtung des Lichtstreifens. Nach wenigen Metern, aber nach viel Arm- und Beingeruder war ein Spiegel im Schein des Lichts zu erkennen. Nun standen sie direkt davor. Nun hörte sie die Stimme wieder, doch nicht in ihrem Kopf, sondern aus dem Spiegel. Sie sprach zu ihr: „Finde nun die drei Wegweiser und repariere das Amulett. Der erste

Wegweiser ist in Paris. Du musst nur durch den Spiegel gehen, den Rest erledigt das Amulett." „Hast du das gehört, Fiona?", wisperte Ria ihr zu. Ihre Freundin sah sie an, als hätte sie einen Geist gesehen, dann erwiderte sie: „Du bist verrückt. Ich habe nichts gehört, außer dass du mit dir selbst redest. Aber dass du Stimmen hörst, sagtest du ja schon. Was hat sie gesagt?" Nun sah Fiona nicht mehr verwirrt, sondern neugierig aus. „Sie hat gesagt, dass wir nur durch den Spiegel gehen müssen." Dann griff Fiona nach Rias Hand und zog sie näher an den Spiegel und sagte theatralisch: „Dann los!" Dann zog sie Ria mit durch den Spiegel.

Paris

Nach ein paar Sekunden hatten sie endlich wieder festen Boden unter den Füßen. Neben ihnen flogen Tauben erschrocken auf und gurrten laut. Es war sehr laut und es hörte sich nach Französisch an. „Wir sind wirklich in Paris", sagte Ria, verblüfft, dass sie wirklich durch die Zeit gereist waren – ein Verstoß gegen alle physikalischen Gesetze, die es gab. „Fiona, frag mal, wo wir sind, du hattest das doch bestimmt schon in Französisch, oder?", sagte Ria hoffnungsvoll. Gott sei Dank nickte ihre Freundin und lief auf einen Mann mit einem kleinen, gefleckten Hund zu. Dann fragte sie in Französisch: „Hallo, werter Herr, könnten Sie mir vielleicht sagen, wo wir hier sind? Das wäre sehr nett." Doch der Mann antwortete nicht, nur der Hund bellte wie verrückt in ihre Richtung. Dann drehte sich der Mann um und lief fast in Fiona hinein. Doch trotzdem schien er sie nicht zu bemerken. Fiona drehte sich zu Ria um und blickte sie fragend an: „Warum hört er mir nicht zu?" Dann wedelte sie vor dem Gesicht des Mannes herum. Dieser bemerkte sie immer noch nicht. Der Hund jedoch schien sie sehr wohl zu bemerken. „Leise", zischte Ria, dieses Mal aber sehr gereizt. Dann war Fiona leise. Nun fing Ria an, mit sich selbst zu reden: „Ja, genau. Wir brauchen die drei Wegweiser, der erste soll hier sein. Dankeschön, Sharif." Dann widmete sie sich wieder Fiona: „Wir müssen hier lang", sagte sie während sie schon in Richtung einer kleinen Gasse lief. Schnell eilte Fiona ihr hinterher. „Mit wem hast du gesprochen? Es scheint uns keiner zu hören", sagte Fiona, während sie liefen. „Wir können nicht in die Zeit eingreifen, hat Sharif gesagt", entgegnete Ria ohne stehenzubleiben. Fiona musste aber noch wissen, wer Sharif war und wie sie mit ihm reden konnte. Ria antwortete etwas genervt: „Sharif war der Hund. Er sagte, wenn wir den großen schwarzen Straßenlaternen folgen, erreichen wir einen Hof. Dort ist der erste Wegweiser. Bevor du fragst: Mit Tieren kann man reden."

Hof Weidenfels

Sie liefen schon eine ganze Weile, als es zu dämmern begann. Sie erreichten den Hof, den Sharif gemeint haben musste. Denn schon am Eingang stand eine Weide mit Pferden, die direkt auf sie reagierten. Fiona begann zuzuhören und strengte sich an, doch sie hörte nicht das kleinste Wort zwischen dem Hufgescharre, dem Schnauben und dem lauten Wiehern. Ria war aber voll bei der Sache und fing wieder an zu reden: „Hallo, ich bin Riana, und das ist meine Freundin Fiona. Sharif hat uns geschickt. Wir sollen hier den ersten Wegweiser finden, stimmt das denn?" Nun trat eine alte weiße Stute nach vorne und sprach mit erhabener Stimme: „Ja, du wirst hier den ersten Wegweiser finden. Ich bin übrigen Akira. Eeva, bring den Sonnenstein." Nun trat eine junge Appaloosa-Stute heran. In ihrem Maul hielt sie einen hellglänzenden Stein. Die Stute schnaubte leise, dann nickte sie in Richtung von Rias Händen. Ria streckt ihre Hände aus und die Stute ließ denn Stein in ihre Hände fallen. Dann lief sie wieder zu den anderen Pferden. Riana bedankt sich bei der Herde, dann sprangen sie wieder ins Land der Tausendwege. „Ist das zu glauben? Das war superleicht", sagte Fiona etwas erstaunt. Dann erschien plötzlich ein Schrank neben dem Spiegel. Auf der ersten Schublade war ein Bild vom Sonnenstein. Dort legte Ria den Stein hinein.

Mondkristall

Ria fing erst jetzt an zu erkennen, was sie gerade getan hatten. Da erklang wieder die Stimme aus dem Spiegel. Mittlerweile war sie ihr schon sehr bekannt. Fiona bemerkte die Stimme nicht und sah immer noch die Schublade mit dem Stein darin an. Die Stimme sagte: „Dieser Triumph mit dem ersten Wegweiser ist toll, doch müsst ihr gleich weiter und den zweiten Wegweiser finden, den Mondkristall. Er ist in Italien zu finden. Soviel dazu, sieh einmal auf das Amulett." Ria kramte es aus ihrer Hosentasche. „Was fällt dir auf?" Ria blickte noch einmal darauf, dann entgegnete sie: „Es leuchtet nicht mehr so hell" Es hatte wirklich ein bisschen heller geleuchtet, als sie vor einer Stunde nach Paris aufgebrochen waren. „Ganz richtig: Das Amulett wird immer dunkler, je weniger Zeit uns bleibt. Denn im Land der Tausendwege vergeht die Zeit schneller", rief die Stimmer schon wieder weit weg von ihnen. Schnell erklärt Riana ihrer Freundin, was die Stimme gesagt hatte. Dann brachen sie nach Italien auf. Sie landeten auf einem Steg neben einem Strand, der wohl das Ziel gewesen war, denn im tiefen Wasser schwammen Delfine, die sofort auf sie zu schwammen und fragten, ob sie den Mondkristall suchten. Natürlich hatte Ria sofort ja gesagt. Die Delfine waren daraufhin sofort abgetaucht und kamen nach ein paar Sekunden wieder, mit dem Kristall im Gepäck. Doch die Delfine wollten den Kristall nicht hergeben und schnatterten: „Hol dir den Kristall, wenn du dich traust." Etwas verwirrt nahm Ria einen Stock vom Boden und versuchte, sich den Kristall so zu angeln. Dabei streckte sie sich immer weiter nach vorne, bis sie das Gleichgewicht verlor, vorne überkippte und fast ins Wasser gefallen wäre, hätte Fiona sie nicht an der Kapuze ihres Hoodies gepackt und wieder auf die Beine gezogen. Niedergeschlagen setzte Ria sich auf den Steg und ließ die Beine baumeln. Fiona setzt sich neben sie. „Wir schaffen es nicht. Die Delfine geben uns den Kristall nicht, und die Zeit läuft uns davon", sagte sie mit einem Blick auf das Amulett. Fiona entgegnete: „Ria, wenn du aufgibst, dann haben wir wirklich verloren, aber dann bist du jetzt selber schuld. Du gibst auf und kannst nicht sagen: Ich habe bis zum Ende gekämpft. Gut, komm, dann reisen wir jetzt nach Hause." Nun richtete Fiona sich auf. Ria richtete sich schnell auf. Dann sagt sie: „Wir können jetzt nicht gehen. Wir müssen diesen Kristall bekommen." Entschlossen nahm sie das Amulett, das plötzlich ganz warm wurde. Dann verwandelte es sich in ein Buch. Ria runzelte die Stirn. „Es hat sich in ein unbrauchbares Buch verwandelt. Es hätte sich in alles verwandeln können, zum Beispiel in ein Seil", sagte Ria und schon war in ihrer Hand ein Seil. Sie warf es um die Flosse des Delfins und nahm ihm den Mondkristall aus dem Maul. Der Delfin sagte dann: „Gut gemacht, Kind. Wir haben schon lange auf dich gewartet und hatten die Aufgabe dir den Mondkristall zu geben. Wir wollten es dir aber nicht so leicht machen. Du solltest lernen das Amulett zu nutzen." Ria bedankte sich bei den Delfinen, dann sprangen sie wieder ins Land der Tausendwege. Sie legten den Kristall in die Schublade mit dem richtigen Bild. Mit Kraft ihrer Gedanken verwandelte sie das Amulett in alle möglichen Gegenstände. „Denkst du, du kannst es auch in ein Wesen verwandeln?", fragte Fiona erstaunt über das Amulett. „Ich versuche es mal", antwortete Ria optimistisch. Sie dachte an ihren Kater Moris, an das rot-braun gefleckte Fell und die hübschen grünen Augen und die kleinen Buschel in seinen OHREN. „Mau Mi miau", hörte Ria es nun von hinten. Fiona sauste auf den Kater zu. Sie wollte gerade über den Kopf des Katers streicheln, als sie ins Leere griff. Da verschwand der Kater wieder. „Ich kann also auch Trugbilder von Tieren machen." Da blinkte das Amulett wieder. „Wir müssen weiter", sagte Ria. Dann sprangen sie zum Sternenglass.

Sternenglas

Sie landeten neben einer Schule. Ria und Fiona erkannten sie sofort. Es war die Nicol-Jährig-Grundschule. Sie und Fiona waren bis zur 4. Klasse in diese Schule gegangen. Langsam traten sie in das nur allzu bekannte Haus. Es mussten gerade Ferien sein, denn im Schulhaus war nichts los und es brannte nirgendwo ein Licht. Plötzlich hörten sie Stimmen hinter sich. Dann bogen zwei Kinder um die Ecke des Flures. Die beiden Mädchen sprachen davon, wie man nur seinen Turnbeutel vor den Ferien vergessen konnte. Schnell verschwanden die Mädchen in der Tür der 1a, der Schildkröten-Klasse. Fiona sah Ria erschrocken an. „Ich erinnere mich an den Tag. Ich hatte meinen Turnbeutel vergessen. Du hast mich begleitet, um ihn zu holen", sagte Ria. Sie hatte gerade sich selbst gesehen. „Wie krass ist das denn! Und wo finden wir jetzt das Sternenglas?", fragte Fiona. In diesem Moment öffnete sich die Tür und die kleinen Fiona und Riana kamen heraus. Wieder tuschelten die Mädchen zusammen, dann sagt die kleine Riana: „Du, Fiona, ich komme gleich nach. Ich glaube, ich habe noch etwas im Klassenzimmer vergessen. Warte nicht auf mich." Die kleine Fiona lief weiter. Ria winkte der großen Ria und der großen Fiona zu, dann verschwand sie im Klassenzimmer. Die Mädchen liefen der kleinen Ria hinterher. „Ich weiß, was ihr sucht", sagte die kleine Ria. Ria fragte erstaunt: „Du kannst uns sehen?" Die kleine Riana nickte und sagte: „Ich habe davon geträumt, dass ihr das Sternenglas sucht und wo es ist, habe ich auch geträumt. Deswegen habe ich so getan, als hätte ich meinen Turnbeutel vergessen." Nun hielt sie Ria ein sternförmiges Stück Glas hin. Diese nahm es dankbar an. „Danke", formte Ria mit den Lippen. Dann holte sie das Amulett heraus, dann hörte Riana nur noch die kleine Ria sagen: „Pass auf Mama auf." Dann war sie weg und Ria und Fiona wieder im Land der Tausendwege. Ria hatte Tränen in den Augen. „Was jetzt?", fragte Ria die Stimme in ihren Gedanken. Die Stimme im Spiegel antwortete sofort: „Lege den Sonnenstein, den Mondkristall und das Sternenglas auf den Tisch und das Amulett daneben. Der Rest passiert von ganz allein." Riana wollte schon fragen, welchen Tisch, da tauchte er auch schon auf. Ria tat wie gesagt, und schon begann das Schauspiel aus Licht und funkelndem Nebel. Kurz sah man überhaupt nichts, dann verzog sich der Nebel wieder. Plötzlich standen dort ein Junge und ein Mädchen. Ria stammelte: „Wer seid ihr?" Das Mädchen mit den blonden Haaren und der Brille antworte mit sanfter Stimme: „Wir sind die Götter der Zeit." Riana fragte, warum sie in diesem Amulett gewesen seien. Da begann das Mädchen zu erzählen: „Mein Bruder Sam und mein Bruder Jonas sind fast gleich alt, aber Jonas ist 61 Sekunden älter, ich bin 99 Sekunden jünger als Jonas. Damit hat Jonas die volle Zeitmagie, Sam und ich nur die halbe. Das fand Sam nicht toll, deswegen wollte er die Zeit zerstören. Mein Bruder und ich konnten ihn gerade noch stoppen, aber die Zeit war schon instabil. Deswegen schufen wir die drei Wegweiser, um die Zeit zu retten. Doch das hat nicht geklappt. Deswegen war die einzige Lösung, dass mein Bruder und ich in das Amulett steigen und so die Welt retten." Dann ergriff ihr Bruder Jonas wieder das Wort: „Genau, Evelyn und ihr habt uns gerettet." Die Zeit ist gerettet und die Götter der Zeit sind befreit – so nahm am Ende alles ein gutes Ende und das Amulett nahmen Evelyn und Jonas mit, um es zu zerstören, damit kein Schaden mehr an irgendeiner Zeit angerichtet wird. Das alles war in nur einer Sekunde passiert, denn sie waren ja nicht in ihrer eigenen Zeit.

Magdalena Jährig
Grundschule Straßberg, Klasse 4

Geschwister im Zeitsprung

Jo und Ida Flucht sind beide acht Jahre alt. Sie sind Zwillinge und leben mit ihrer armen Familie in einer kleinen Hütte am Stadtrand von Samaria. Als die beiden eines Tages am Wegesrand sitzen, läuft eine alte Frau vorbei. Ihr fällt ein Apfel aus dem Korb. Jo will ihr den Apfel zurückgeben und sagt: „Entschuldigung, Ihnen ist ein Apfel aus dem Korb gefallen." Die Frau erwidert lächelnd: „Behaltet den Apfel, ihr seht so hungrig aus." „DANKE!", sagen beide Kinder zusammen. Ida teilt den Apfel und gibt eine Hälfte ihrem Bruder, die andere Hälfte isst sie selbst. Ida behält einen Apfelkern und pflanzt ihn auf der kleinen Wiese neben ihrer Hütte ein. Jeden Tag gießen die beiden Kinder die Pflanzenstelle mit etwas Wasser aus dem Brunnen. Nach fünf Tagen schaut bereits ein kleiner Spross aus der Erde. Als Ida am sechsten Morgen zu ihrem Spross schaut, steht ein Baum auf der Wiese. Der Baumstamm teilt sich und wächst etwas weiter oben wieder zusammen. In der Mitte bildet sich dadurch ein großes ovales Loch. Jo kommt verschlafen zu Ida ans Fenster und wird schlagartig hellwach. Er ruft erstaunt: „Der Baum hat ein großes, lila leuchtendes Loch im Stamm. Komm, wir schauen uns das genauer an." Jo zieht schnell seine Klamotten an und flitzt zum Baum. Seine Schwester kommt zu schnell hinter ihm hergerannt. Sie stolpert ins Loch. „Warte! Ida bleib hier!", schreit Jo erschrocken. In diesem Moment kommt, durch den

Schrei aufmerksam geworden, Idas Mutter zu Jo. Frau Flucht fragt in ernstem Ton: „Wo ist Ida?" Jo antwortet kleinlaut: „Sie ist dort drinnen." Er zeigt dabei auf das Loch im Baumstamm. „A…, a…, aber meine Tochter", stammelt Frau Flucht mit Tränen in den Augen. Dann flüstert sie noch immer in traurigem Ton: „Hol sie bitte zu mir zurück." „Mach ich", ruft Jo und springt in das lila leuchtende Portal. Er findet seine Schwester in einer Art Fahrstuhl wieder. Als er zu ihr hineingeht, um sie herauszuholen, schließen sich die Türen und es erscheinen Knöpfe an der Wand mit Nummern darauf:

1.000
2.000
3.000
4.000
5.000
6.000
7.000
8.000
9.000
10.000
11.000
12.000
13.000
14.000
15.000
16.000
17.000
18.000
19.000
20.000
21.000

Ida drückt auf den Knopf mit der Zahl 14.000. Der Fahrstuhl fährt los. Jo fragt ängstlich: „W…, w…, was passiert hier?" Auf einmal bricht der Boden unter ihren Füßen zusammen, und sie fallen. Plötzlich purzeln die Geschwister auf ein weiches, mit Moos bewachsenes Stück Dschungel. Jo rappelt sich auf und hilft seiner Schwester. Dann schauen die beiden sich um. Sie sind im Dschungel. „Wo sind wir?", fragt Jo ängstlich. Ida ignoriert ihn und läuft einfach los. Jo kommt ächzend hinterher. Sie laufen tief in den Dschungel. Dort entdecken sie Häuser hoch oben in den Bäumen. Sie sehen am Boden Tiere, die sich in Müll verfangen haben. Und Menschen, die den Tieren helfen, sich zu befreien. Ida staunt: „Da, sie befreien gerade eine Raubkatze. Das ist ein Säbelzahnkatze." „Ich glaube wir sind in der Zeit, in der die Säbelzahnkatzen gelebt haben", erwidert Jo. Ein freundlich aussehender Junge winkte ihnen zu, bevor er weitere Tiere befreit. Ein ungefähr 6-jähriges Mädchen läuft auf sie zu. Das Mädchen wundert sich: „Wer seid ihr? Ich bin Salina Sonnenschein", sagt das Mädchen. Ida will antworten: „Ich bin …", doch weiter kommt sie nicht. Eine schlanke Frau läuft zu dem Mädchen und klingt erleichtert und neugierig: „Da bist du ja. Was machst du da? Wer seid ihr?"

Ida versucht es erneut: „Ich bin Ida und das ist mein Bruder Jo. Könnt ihr uns sagen, welches Jahr wir haben?" „Und wie wir ins Jahr 2024 zurückkommen?", mischt sich Jo ein. „Ihr seid im Jahr 16 024 vor eurer Zeit", sagt die Frau, die sich als Laina vorstellt. Sie gehen in die Hütte von Laina und Salina Sonnenschein. Dort leben sie eine Woche mit den beiden zusammen. Nach der Woche bekommt Ida Heimweh und meint beim Abendessen: „Ich will zurück nach Hause. Können wir morgen aufbrechen?" „Natürlich, wir helfen euch dabei", meint Laina und scheucht die Kinder früh ins Bett. Dann packt sie Sachen zusammen, die die Gäste unterwegs brauchen können. In zwei Rucksäcke verstaut sie:
einen Topf,
zwei Löffel,
zehn Wasserflaschen,
eine Karte vom Anowald,
einen Lichtsack, der aus Glühwürmchen und einem kleinen Sack besteht, und ein Taschenmesser.

Am nächsten Morgen stehen alle vor Sonnenaufgang auf, um gleich mit der Sonne loszuwandern. Als sie loslaufen wollen, pfeift Salina. Zwei schöne Säbelzahnkatzen kommen angerannt. Laina sagt: „Ihr könnt auf den Tieren reiten. Das ist Juri", sie zeigte auf das erste Tier. „Und das zweite Tier ist Rabat." Sie gibt den zweien die beiden Rucksäcke. Sie reiten los. Nach einer Weile hören sie eine Blume sanft singen: „Hei, nehmt mich mit! Hei, nehmt mich mit! Ich werde Euch nützlich sein. Ich werde Euch nützlich sein. Hei, nehmt mich mit! Ich werde Euch nützlich sein." Sie pflücken die Blume und packen sie ein. Nach einer Weile hören sie schon wieder eine sanfte Stimme: „Hei, nehmt mich mit! Hei, nehmt mich mit! Ich werde Euch nützlich sein. Ich werde Euch nützlich sein. Hei, nehmt mich mit! Ich werde Euch nützlich sein." Sie schauen sich um und sehen ein Stück Baumrinde am Boden liegen. Sie heben die Baumrinde auf und packen sie zur Blume in den Rucksack. Nach einer Weile hören sie wieder eine sanfte Stimme: „Hei, nehmt mich mit! Hei, nehmt mich mit! Ich werde Euch nützlich sein. Ich werde Euch nützlich sein. Hei, nehmt mich mit! Ich werde Euch nützlich sein." Sie schauen sich suchend um und sehen ein altes Buch mit lila rissigem Einband am Boden liegen. Sie heben auch das Buch auf und nehmen es mit. Dann erklingt ein sanfter Chor aus dem Rucksack: „Hei, holt uns raus! Hei, holt uns raus! Schmeißt uns in den Topf! Schmeißt uns in den Topf! Hei, holt uns raus! Schmeißt uns in den Topf!" Ida und Jo taten, was die gefundenen Gegenstände ihnen befehlen. Kaum sind sie gemeinsam im Topf, verwandeln sie sich in einen Apfel. Ida teilt den Apfel und gibt eine Hälfte ihrem Bruder, die andere Hälfte isst sie selbst. Wieder behält Ida einen Apfelkern und pflanzt ihn auf der kleinen Lichtung ein. Da der Tag sich mittlerweile zu Ende neigt, legen sich Ida und Jo im Moos der kleinen Lichtung schlafen. Am nächsten Morgen wächst ein Baum neben ihnen, mit einem lila Loch im Stamm. Jo hat Angst, weil sie so lange weg waren, und zwar zehn Tage. Aber Ida rennt ohne Scheu in das Loch. Wieder war dort ein Aufzug. Ida ruft nach ihrem Bruder. Gemeinsam drücken sie wieder auf die 14.000 als der Aufzug diesmal stoppt, sehen sie ihre Mama. Sie rennen los und werfen sich in ihre ausgebreiteten Arme. Frau Flucht ruft freudestrahlend: „Das ging aber schnell, ihr habt nur eine Minute gebraucht."

Laila Conrad
Grundschule Fischach-Langenneufnach, Klasse 4c

Die geheimnisvolle Wandkarte

„Und warum bekomme immer ich die schlechteren Sachen?" „Weil du die Ältere bist, Luzie." Ma verschwand aus dem Zimmer. Vor etwa drei Wochen war mein Uropa gestorben, und jeder von meiner Großfamilie hat etwas geerbt. Auch ich. Mein Onkel, zum Beispiel, die dunkelblaue Uniform. Meine Cousine malt so gerne, wie mein Uropa es gemacht hat, und deswegen hat sie seine edelsten Pinsel bekommen. Meine Ma und mein Pa haben ein uraltes Bahnhofsmodel bekommen, mein Bruder Igor eine ferngesteuerte Minilok, außerdem die Gleise – und ich die Wandkarte mit den vielen Punkten. Daran erkennt man schon, dass mein Uropa Lokführer war. Ich legte die Karte ab und lief zum Telefon. Ich wollte meine Freundin Mona anrufen. „Hi, Luzie", erklang es aus dem Apparat. „Mona, hast du Lust zu mir zu kommen und die Wandkarte von meinem Uropa zu erforschen?", fragte ich sie. Dazu müsst ihr wissen, alles, was ich je neu bekam, untersuchten Mona und ich. Wir stellten uns vor, dass es vielleicht wie im Film wäre, und man könnte mit dem Gegenstand zaubern.

„Natürlich komme ich", rief sie. Man hörte schon die Vorfreude in ihrer Stimme, dann legte sie auf. Fünfzehn Minuten später klingelte es an der Tür. Ich öffnete. „Komm rein", sagte ich zu Mona, die wie vermutet vor der Tür stand. Sie trug einen Rucksack, in dem höchstwahrscheinlich ihre Detektivausrüstung war. Wir liefen in mein Zimmer. Als wir dort waren, stellte Mona ihren Rucksack ab und prüfte den Gegenstand wie immer. Sie fuhr mit ihrem Zeigefinger über alles auf der Karte. Unten am Rand der Karte stand eine Jahreszahl, „2024", das Jahr, in dem wir uns befanden. Doch als Mona mit dem Finger die Zahl berührte, geschah etwas, was keiner von uns erwartet hätte. „Mona, du hast die Zahl verschoben. Da steht jetzt 2080", rief ich voller Entsetzen. „Wie ist das möglich?", fragte Mona. „Ich hole jetzt erstmal ein paar Kekse, dann sehen wir weiter." Ich lief nach unten in die Küche, als ich wieder hochkam war Mona verschwunden. „Mona?", rief ich. „Wo bist du?" Wo war sie nur? Unten konnte sie nicht sein, sonst hätte ich sie beim Hochlaufen doch gesehen. Voller Erschöpfung lehnte ich mich an die Wand. Plötzlich gab sie nach. Ich fiel und fiel, bis ich mitten auf einem Feld landete. Ein Feld mit Decke, mitten in der Stadt. „Wo bin ich?", dachte ich. Als ich aufstand, sah ich weit entfernt den Kölner Dom. Ich war also in Köln. Das Komische war nur, dass überall in der Luft fliegende Roller flitzten, auf denen Menschen saßen. Einer der Roller kam direkt auf mich zu. Das war doch … „Mona!", rief ich. Ich war froh und gleichzeitig erleichtert, sie zu sehen. „Wie kommen wir hierher – und vor allem wieder zurück?" „Das weiss ich nicht, aber hast du noch irgendetwas von deinem Uropa?", fragte sie mich hoffnungsvoll. „Ja, aber nur einen Ring. Den hier." Ich zeigte ihr einen silbern-grünen Ring mit einem blauen Tornado darauf. „Meinst du etwa …", wenn wir darauf drücken, kommen wir zurück, wollte ich sagen. Doch dazu kam ich nicht mehr, denn im gleichen Moment unterbrach mich Mona: „Ja, das meine ich. Und wenn das schon einmal geklärt ist, könnten wir uns ja noch ein bisschen umschauen, bevor wir wieder nach Hause in die Gegenwart müssen."

Die Stadt sah ganz anders aus, als wir sie kannten. Ich stieg auf den Roller, den Mona mir mitgebracht hatte. Hier oben fühlte sich alles so leicht an. Wir schossen durch die Luft. Die Häuser drehten sich die ganze Zeit und so entstanden neue Wohnungen. Man sah Roboter, die Einkäufe erledigen. Alles flog durch die Luft, die trotz dessen sauber war, außerdem wuchs auf jedem Dach grünes saftiges Gras. Auf manchen Dächern thronten sogar riesige Mischwälder. Die Häuser waren größer als die höchsten Wolkenkratzer und der Verkehr nahm mit jeder Minute zu. „Hier ist aber viel los", rief, nein schrie Mona mir entgegen. Der Lärm hatte nämlich um einiges zugenommen.

Wir flogen in ein kleines, hübsches Café im 29. Stockwerk eines Hauses. Es war ein gemütliches Café. Eine freundliche Bedienung sprach uns an: „Was wollt ihr?" Mona und ich sahen uns kurz an. „Äh, wir nehmen bitte zwei heiße Schokoladen", antwortete Mona schnell. Dann wandte sie sich mir zu: „Und wie findest du die ungeplante Zeitreise?" Ich wollte ihr gerade antworten, als die Bedienung wieder mit zwei dampfend heißen Schokoladen hereinkam. Ich genoss die warme Schokolade auf meiner Zunge. Ich schaute entspannt auf meine Armbanduhr: Oje, es war ja schon halb sechs. „Mona!" Ich rammte ihr in den Ellenbogen „Was ist denn los, Luzie?" Ich zeigte mit meinem Finger auf die Armbanduhr. „Schnell, wo ist der Ring? Wir müssen zurück in die Gegenwart." Wir bezahlten, stiegen auf die Roller und flogen bis zum Feld, dort hielten wir uns an den Händen, ich drehte dreimal den Ring. Plötzlich umhüllten uns grüne Dunstschwaden. Es erschien eine Frau. Sie sprach: „Wo wollt ihr hin?" „Hersbruck, an die Grundschule", antwortete ich. Wir drehten uns so schnell, dass mir ganz schwindelig wurde. Dann urplötzlich blieben wir stehen, es schleuderte uns richtig raus und wir fielen beide aufeinander. Als wir wieder zu Hause waren, rief Ma gerade zum Abendessen. „Was habt ihr denn solange gemacht?" Wir sahen uns an und lachten.

P.S. Mona und ich reisten natürlich weiter durch die Zeit, und jedes Mal hatte ich in der Nacht darauf wunderschöne Träume. Ausserdem fanden wir heraus, dass, wenn man beispielsweise auf München tippte, auch in München landete.

Franka Neunhoeffer
Grundschule Stadtbergen, Klasse 4 c

Einfach mal wieder Kind sein

In der Gegend umhereilen und die nächsten Pläne mit den Nachbarskindern ausfeilen.

Süßigkeiten mit seinen Freunden teilen und den ganzen Nachmittag auf dem Spielplatz verweilen.

Geschichten erfinden, den Mut haben seine Ängste zu überwinden und vor dem Schlafen gehen, den Weg zum Fernseher finden, um bei den Geschichten des Sandmändchens dahinzuschwinden.

Einfach mal wieder Kind sein, dieser Wunsch sucht jeden mal heim.
Nicht alle Nachmittage in der Schule verweilen und nicht die Angst haben durchzufallen. Einfach mal Mathe schnallen und die Zeit finden, um mit seinen Freunden negativ aufzufallen. Guten Gewissens seinem Hobby nachgehen und trotzdem in der Schule alles verstehen.
Den Führerschein nach zahllosen Monaten bestehen und nebenzu arbeiten gehen. Langsam ins Erwachsenenleben übergehen, ohne sich dabei nach seinem inneren Kind zu sehnen.
Die überfordernden Zeiten überstehen, ohne daran kaputt zu gehen.
Die Kunst zu sich selbst zu stehen und die eigenen Macken anzunehmen.

Einfach mal wieder Kind sein.
Eine Zeitmaschine erfinden, sich mit Spinat abfinden und früh ins Bett gehen gut finden. Energiegeladen in den neuen Tag starten und abends bei „Wer wird Millionär?" komplett unwissend mitraten.
Seine Kindheit mehr wertschätzen und die verbleibende Zeit aus Kinderaugen nicht unterschätzen.
Sich nicht in seiner Jugendzeit mit anderen fetzen und sich für das Gute in den Menschen einsetzen.

Einfach mal wieder Kind sein, der Traum wird unser ewiger Begleiter sein. Irgendwann im Alter wird uns der Gedanke entgegen schrammen, die Jugend sei zu schnell vergangen und der Wunsch einer Zeitmaschine wird wieder aufflammen.

Michelle Reineke
Justus-von-Liebig-Gymnasium Neusäß, Klasse Q11

24 Stunden

Es ist heute das Jahr 2050. Ich wache ganz normal auf, mache meine Sachen und hole meine Briefe ab. Plötzlich fällt mir ein Brief ins Auge, den ich noch nie gesehen habe. Ich öffne ihn und da steht es: die KI.
„Sehr geehrte Damen und Herren, hiermit teilen wir Ihnen mit, dass es endlich so weit ist. Die KI, die stärkste Intelligenz, wird uns sehr stark helfen. Und damit Sie in Sicherheit bleiben, haben wir Ihnen eine Drohne geschickt, die Sie 24 Stunden überwachen wird. Außerdem werden wir die ganze Menschheit kriegen. Sie bekommen später weitere Briefe und Informationen über die KI."
Mein Herz pocht, meine Hände schwitzen. Ist es wirklich passiert? Das kann doch nicht wahr sein. Und diese Drohne, was soll das? Ich habe dann

gar keine Privatsphäre mehr. Nein, das akzeptiere ich nicht. Wie sollen wir Geld verdienen und arbeiten? Ich höre, wie meine Nachbarn schreien, und Menschen in der Stadt fangen an, vor ihren eigenen Drogen wegzurennen. Die Menschheit ist zerstört. Ich reiße meine Augen auf. Was war es? Ein Traum. Mein Herz pocht wie verrückt. Warum ist es so gruselig? Ich bin vollkommen verschwitzt. Langsam drehe ich meinen Kopf Richtung Fenster, und da sehe ich eine Drohne.

Maryam Rakhimi
Mittelschule Gersthofen, Klasse 8c

Heute und Gestern

Hallo mein(e) liebe(r) Freund(in), heute möchte ich wieder in der Zeit reisen. Ich bin heute nicht unentschlossen, ich habe meine Entscheidung bereits getroffen. Eigentlich möchte ich wissen, wie zutreffend der Vergleich ist, den meine Ältesten mit mir gemacht haben. Heute werde ich genau dreißig Jahre zurückgehen. Mal sehen, ob es so war, wie sie sagten. Eigentlich wollte ich schon immer diese Zeit sehen, vor der meine Mütter so gern erzählt haben. Dies ist eine großartige Gelegenheit dafür. Jetzt muss ich nur noch die gewünschte Zeit in den Timer dieser kleinen Armbanduhr eingeben. Und ich schließe meine Augen ... Ja, ja, ich kenne diesen Ort. Aber ich denke, es ist etwas Anders. Viele Dinge sind also älter als ich weiß oder noch nicht gebaut. Stimmt, ich bin meiner Zeit gerade dreißig Jahre voraus. Jetzt weiß ich, was ich tun muss. Während ich jemanden zum Chatten suche, möchte ich dir von dem Vergleich erzählen, der mich hierher gebracht hat. Meine Ältesten und fast alle Erwachsenen, die ich kenne, sagen mir, dass ihre Zeit besser war als jetzt. Ich denke, das stimmt nicht. Alles, jede Situation oder jedes Ereignis hat positive und negative Eigenschaften. Vergleiche, positive oder negative Eigenschaften variieren von Person zu Person. Ein Beispiel von heute: Für mich ist die Digitalisierung ein positives Merkmal, für meine Mutter jedoch nicht. Du verstehst, nicht wahr? Während ich mit dir darüber sprach, hatte ich auch die Gelegenheit, die Umgebung zu beobachten. Ich kann sagen, dass die Menschen mehr miteinander reden und mehr Zeit miteinander verbringen als heute. Aber die Menschen sind distanzierter als ich und meine Freunde. Es ist, als wären sie nicht aufrichtig. Es stimmt, dass sie mehr reden, aber sie sind weniger aufrichtig. Sie sind zu beschäftigt. Überflüssig. Als ob die Welt untergehen würde, wenn sie ihren Job nicht machen? Ich mag Disziplin, es ist eine schöne Sache. Aber es gibt noch etwas anderes an diesen Leute. Zum Beispiel dieser Typ. Wer weiß, woher er kommt oder welchen Beruf er ausübt. Es scheint, als hätte er es eilig. Vielleicht kommt er nach Hause oder geht zur Arbeit. Tatsächlich wurde mir klar, dass Menschen unabhängig von der Epoche, in der sie sich befinden, sehr ähnliche Eigenschaften haben. Denn vor dreißig Jahren machte sich eine Mutter, deren Kind krank war, Sorgen um ihr Kind. Eine Mutter, deren Kind krank ist, ist besorgt, obwohl es jetzt wahrscheinlicher und einfacher ist, eine Behandlung zu erhalten. Ich gebe zu, vor dreißig Jahren war es vielleicht ruhiger und einfacher, aber heute ist das Leben für mich bunter, aufregender und lebendiger.

Ebrar Cam
Staatliches Gymnasium Königsbrunn, Klasse 8b

Der Zeitsprung

Kapitel 1: Eine mysteriöse Zukunft

Ich spielte mit meinen Spielfiguren. „Superman, du wirst das nicht schaffen!", sagte ich. „Glaub mir, ich werde es doch schaffen, Hulk zu besiegen!," rief ich, während ich mit ihnen spielte. Doch plötzlich hörte ich ein komisches Geräusch im Gang. Ich öffnete die Türe und vor mir war ein Wald mit lila Bäumen. Ich wollte wieder zurück in mein Zimmer, doch die Türe war auf einmal weg. Und so musste ich in diesem Wald wieder einen Rückweg finden. Was ich nicht wusste, war, dass ich mich in der Zukunft befand. Im Jahr 3462, in der Mitte Afrikas. Und so machte ich mich auf die Suche nach dem Weg nach Hause. Ich hörte ein gruseliges Rascheln in den finsteren Ecken des Waldes. Viele Stunden vergingen, und nach einer Weile kam ich zu einem Weg. Dieser Weg führte mich in eine alte, zerstörte Stadt. Überall wuchsen lila Lianen mit rosa Dornen aus den Häusern und abgesehen von ein paar rattenähnlichen Ungetieren war kein Leben in Sicht. In einem der Häuser hörte ich ein Geräusch. Ich ging hinein, doch im Erdgeschoss war keine Menschenseele. In der ersten Etage fand ich in einem Badezimmer einen kleinen Jungen im Unterhemd und mit zerrissener Hose. Er war sehr ängstlich und rannte vor mir weg. Weil er keinen anderen Ausweg hatte, sprang der Junge durch das riesige Loch in der Wand. Da wir in der ersten Etage waren, dachte ich, er hätte es nicht überlebt. Aber als ich hinunterschaute, rannte er gerade vom Haus weg. Eine lange Verfolgungsjagd ergab sich, aber schließlich holte ich ihn ein. Inzwischen waren wir im Wald, wo die Bäume allerdings blau waren und viele blaue Glühwürmchen durch die Luft flogen. Aber als ich den Jungen am Arm festhielt, wurde mir schwarz vor Augen.

Kapitel 2: Zwei Zeiten, eine Person
Als ich die Augen öffnete, befand ich mich in einem Wald. Nur dass er normal war. Ich hörte auch schon lautes Rüstungsgeklappere. Ich machte wohl einen Zeitsprung von 2100 Jahren. Also war ich im Jahr 1362. So genau wusste ich das aber nicht. Ich wusste nur, dass ich in der Vergangenheit war. Das Klappern wurde immer lauter, und kurze Zeit später stand eine Gruppe von Rittern vor mir. „Wegen unerlaubtem Betreten des Waldes des Königs nehmen wir dich fest!", sagte ein Ritter, der wohl der Offizier war. „Aber Nister, das ist doch noch ein Kind!", erklärte ein Ritter. „Ich bin 10 Jahre alt", sagte ich, bevor Nister sagte: „Okay, wo sind deine Eltern?" „Zu Hause", erklärte ich. „Und wo ist zu Hause?", fragte Nister. „In einer anderen Zeit", erklärte ich. Und gerade als Nister mich berührte, wurde ich ohnmächtig. Kurze Zeit später wachte ich in einem königlichen Bett auf. Schon wieder woanders. Was sollte das? Spielte mir jemand einen Streich, oder war es ein Traum? Ich hörte, wie viele Menschen jemanden anfeuerten. Ich stand auf. Ich sah am anderen Ende des Raumes einen Balkon mit einem Thron. Daneben stand ein Mann mit einem großen Farn und fächelte damit demjenigen, der auf dem Thron saß, Luft. Auf der anderen Seite war eine Frau mit einem Teller, auf dem Trauben lagen. Weil ich nicht wieder angefasst werden wollte, ging ich eine Treppe hinunter. Ich war nochmal 1462 Jahre in die Vergangenheit gereist und war nun in der Zeit der Römer und Gladiatoren gelandet. Am Ende der Treppe konnte ich niemanden sehen. Also lief ich bis zum Ende. Ich sah ein komisches Zeichen an der Wand. Und als ich es anfasste, verlor ich das Bewusstsein.

Kapitel 3: Wortwörtlich: Zurück in die Zukunft
Als ich aufwachte, war ich wieder im Wald. Der Junge war weg. Man konnte aber seine Fußspuren sehen. Also folgte ich ihnen. Bei einer Kreuzung gingen die Fußspuren in alle Richtungen. Ich entschied mich für den rechten Weg, der wieder an eine Kreuzung führte. Dieses Mal entschied ich mich für die Mitte. Sie führte mich auf eine kleine Lichtung, wo ein Buch auf dem Boden lag. Ich nahm es und fing an, es zu lesen. Dort stand geschrieben: n tmkrftwrk st xpldrt. Glchztg gb s nn Strm. Ddrch km s z nm mstrsn rgns. Weil ich ein Meister im Rätsellösen war, fand ich heraus, dass der Satz ohne Vokale geschrieben war. Um es kurz zu fassen:

Ein Atomkraftwerk ist explodiert. Gleichzeitig gab es einen Sturm. Dadurch kam es zu einem mysteriösen Ereignis. Das betraf den kompletten Planeten. Ich ging wieder zurück zur Kreuzung, aber ich konnte nicht zurück. Denn am anderen Ende des Pfades war wieder die Lichtung mit dem Buch. Und wenn ich durch das Dickicht flüchten wollte, kam ich wieder an denselben Ort. Anscheinend wiederholte sich alles immer wieder. Ich versuchte alles, um zu flüchten, aber nichts klappte. Plötzlich stand das Kind vor mir. Ich kann heute noch nicht erklären, wie es einfach aufgetaucht ist. Er stand, ohne sich zu bewegen, einfach da und sagte: „Rück sei Bu vo te ch m". Dann verschwand es wieder. Aber ich war plötzlich in meinem Zimmer. Mir wurde aber immer schwindliger und als ich nichts mehr sehen konnte, wurde es wieder schwächer. Nun war ich wieder auf der Kreuzung. Das Buch lag in meinen Händen. Aus den Worten des Jungen konnte ich „Rückseite vom Buch" bilden. Ich schaute auf die Rückseite, sah dasselbe Zeichen wie bei den Römern und wurde wieder ohnmächtig.

Kapitel 4: Das alte Ägypten

Ich befand mich in der Wüste. Neben mir wurde eine Pyramide gebaut. Ich wollte nicht zu nahe rangehen, sonst hätte ich hart arbeiten müssen oder ich wäre in einen Kerker gesperrt worden. Ich hatte aber Pech, denn einer der Sklaventreiber entdeckte mich. Ich rannte sofort weg, aber irgendwann holte er mich ein. Er brachte mich zu seinem Herren, dem Pharao. Ich verstand aber seine Sprache nicht: „Man ´ant wama hi almalahis alati tartadiha?" „Ajibani", sagte er kurz danach. Weil ich ihm nicht antworten konnte, rannte ich weg, da die Wache mich nicht mehr festhielt. „Ma aladhi yuftarad ´an yaeni! Ma alfayidat, hayaa!", hörte ich hinter mir. Als ich aus dem Gebäude herauskam, sah ich eine große Stadt. Da kamen aber schon die ersten Soldaten. Der zweite Versuch war besser. Ich konnte viel weiter fliehen. Wieder kam es zu einer langen Verfolgungsjagd. Ich versteckte mich in einer Gasse. Deshalb liefen die Soldaten an mir vorbei. Ich rannte in die entgegengesetzte Richtung, als sie schon ein gutes Stück entfernt waren. Ich wollte aus der Stadt flüchten. Aber kurz bevor ich sie verließ, sah ich in dem Fenster des letzten Hauses eine dunkle Gestalt. Ich konnte sie nicht erkennen, aber ich vermutete, dass es der Junge war. Ich ging ins Haus, sah wieder das Zeichen und wurde erneut ohnmächtig. Ich wachte in meinem Zimmer auf. Diese mal wurde mir aber nicht schwindelig. Und später kapierte ich es: Alles hatte mit mir zu tun. Die Zukunft war die Stadt, wo der Superhelden-Film spielte, den ich angeguckt hatte. Die Ritter waren meine Playmobilritter, nur in Menschenform! Das gleiche gilt auch für die Römer! Das Ägypten war von dem Buch, das meine Mutter mir immer vorlas, als ich klein war. Und das Zeichen war das Zeichen der Kindheit. Ich dachte aber, dass es ein Traum war. Heute weiß ich aber, dass es wirklich passiert ist. Damit wollte man mir sagen, dass man bald erwachsen wird und sich von seinen Kindheitssachen trennen muss. Ich sollte mich an die schönen Dinge, die ich erlebt habe, nochmal erinnern. Dass wurde mir aber erst viel später klar.

Ole Grüner
Grundschule Ustersbach, Klasse 4a

Eine zauberhafte Zeitreise ins alte Mittelalter

Meine Freundin Luisa und ich sind mit unseren Familien einmal auf eine alte Burg mit Mittelaltermarkt gefahren. Wir hatten vor, in dem Burghotel zu schlafen. Auf dem Burgmarkt gab es sehr viele schöne mittelalterliche Sachen, z. B. alte Holzvasen. Als wir dann durch alle Stände durchgeschlendert sind, hatten unsere Eltern eine Idee. Sie sagten: „Wie wäre es, wenn wir uns aufteilen? Die Kinder zusammen und die Eltern zusammen. Passt aber auf, dass ihr euch nicht verlauft!" Wir sagten: „Aber wir wollen alleine, ohne Geschwister, laufen!" Also haben wir uns auf den Weg gemacht. Wir sind eine ganz lange Weile gelaufen, bis wir irgendwann nicht mehr wussten, wo wir waren. Da schauten wir aus dem Fenster und erschraken! Wir waren in einem kleinen, grauen, hohen Turm über den flockig weißen Wolken. Wir hatten uns verlaufen!

Da entdeckten wir eine kleine Geheimtür. Auf der Tür stand ein kleiner Spruch. Luisa las ihn vor: „Zaubertür, Zaubertür, komm herbei, ich will zurück." Dann schrieb sie ihn auf und steckte den Zettel in ihre Hosentasche. Ich sagte: „Wollen wir mal reinschauen?" Luisa sagte: „Schlimmer kann es doch nicht werden!" Also gingen wir durch die kleine Tür und fielen gleich in einen tiefen Schlaf. Als wir aufwachten, wussten wir erst nicht, wo wir waren. Aber wir waren immer noch in dem alten kleinen grauen Turm. Aber der Turm lag nicht in unserem Zeitalter, er stand voll mit Spindeln und Wolle. Wir riefen fast gleichzeitig: „Wir sind im Mittelalter, im 12.-13. Jahrhundert!" Wir schauten wieder aus dem Fenster und erblicken einen Reitstall, einen Drachen und viele Ritter. Doch auf einmal hörten wir eine Stimme sagen: „Hier seid ihr ja endlich, meine Prinzessinnen." Wir erschraken und drehten uns ruckartig um. Und da stand auf einmal ein rundlicher kleiner, auffällig gekleideter Mann mit goldener Unterwäsche. Wir haben versucht uns das Lachen zu verdrücken, aber dann prusteten wir los. Der Mann schaute uns mit hochgezogenen Augenbrauen an. Er fragte uns mit tiefer Stimme: „Warum lacht ihr denn so? Ihr solltet doch schon längst im königlichen Ankleideraum sein!" So schnell konnten wir gar nicht schauen, da waren wir schon im königlichen Ankleideraum. Da standen zwei Zimmerzofen, die uns ankleiden sollten, neben ihnen lagen zwei mit Diamanten bestickte Kleider, die wohl für die Prinzessinnen waren. So schnell konnten wir nicht schauen, da waren wir schon in den Kleidern. Wir hörten wieder eine Stimme sprechen: „Ihr seht aber schön aus!" Wieder sagte die Stimme: „Warum seid ihr denn nicht in der Ritterarena?" Wir fragten: „Warum denn in der Arena?" Sie sagte darauf: „Ihr wisst doch warum, der Ritter, der bei dem Spiel gewinnt, wird euer Gemahl." Wir erschraken, so dass uns das Blut in den Adern gefror. Wir rannten gleichzeitig davon. Aber die Wachen hielten uns auf. Sie brachten uns wieder zu dem König. Wir rannten wieder davon, aber diesmal kriegten uns die Wachen nicht. Und wir rannten in einen dunklen Raum. Wir wussten nicht, wo wir waren. Wir sahen keinen Ausgang mehr und brachen zusammen. Als wir nach ein paar Minuten wieder aufwachten, sahen wir verschwommen, dass wir auf einer Liege lagen. Zwei besorgte Zimmerzofen sahen uns mit bedrückter Miene an. Sie haben uns erzählt: „Ihr wart in einer dunklen Kammer, die ursprünglich dem Grafen Krauselberg gehörte. Er hat eine traurige Geschichte. Er war der Sohn des Grafen Gruselberg. Er war für den König der Bote. Doch irgendwann zog er sich in sein dunkles Zimmer im Keller zurück und kam nie wieder heraus, seitdem ist kein Mensch mehr außer euch in das Zimmer gegangen. Aber jetzt kommt, es sind nur noch zwei Ritter in der Arena!" Wir mussten dann doch noch in die Arena. Die Kleider juckten wie tausend Läuse. Aber auf einmal vergaßen wir unsere Kleider, denn es war nur noch ein Ritter übrig. Und die Leute begannen zu klatschen. Es stand fest, wir mussten ihn morgen heiraten. Wir wollten nicht schon wieder umfallen, deshalb gaben wir uns geschlagen. Er kam näher, und wir konnten erkennen, wie er aussah. Es war ein großer Mann mit blonden, lockigen Haaren. Der König kam mit zwei schönen Brautkleidern. Sie waren wieder mit Diamanten bestickt, nur viel schöner. Luisa sagte: „Mein Stil ist es nicht und deiner?" Ich antwortete: „Nein, mein Stil ist es auch nicht." Doch wir sagten nichts, denn wir wollten eigentlich nicht mit neun Jahren in den Kerker. Also fragten wir den König, ob das wirklich sein müsste? Er sagte: „Ja." Also gingen wir zum Feiern in den Ballsaal. Als die

Vermählung startete, kriegten wir kalte Füße und rannten weg. Aber schon wieder hielten die Wachen uns auf. Wir mussten ihn heiraten! Eigentlich war die Hochzeit ganz schön, wir wurden als Königinnen angesehen. Und der König übergab uns die Kronen. Wir mussten mit ihm in einer Hochzeitskutsche zu einer anderen Burg fahren. Dort erwartete uns der ganze Hofstaat mit Trompeten und wir stiegen elegant aus der Kutsche. Wir gingen in die fremde, genauso graue Burg hinein. Dort wartete eine alte, schöne, elegante, königliche Königin mit einer Wespentaille. Dann sagte sie: „Hallo, meine Stieftöchter. Ihr seid aber schon sehr groß und vernünftig." Sie schnipste dreimal und wir hörten die Diener herbeikommen. Sie führten uns in unser Zimmer. Wir wollten wieder abhauen, aber wir wussten nicht wie. Da fiel uns eine großartige Idee ein. Wir verknoteten die bunten Gardinen miteinander. Luisa sagte: „Das klappt bestimmt!" Sie befestigte das eine Ende an der Gardinenstange und das andere ließ sie aus dem Fenster gleiten. Sie sagte: „Klettere an den Gardinen runter, ich komme dann nach." Ich kletterte hinunter, und es war ziemlich schwer hinunterzuklettern. Doch ich hatte es geschafft, ich war unten im Rosengarten gelandet. Dann kletterte Luisa runter, aber dann rutschte sie ab und schrie: „Ahahahaahaha hahahahaahhah!" Doch sie hörte ganz schnell wieder auf zu schreien, denn die Königin schaute schon aus dem Fenster. Aber zum Glück hatte sie Luisa nicht entdeckt. Luisa war unten, aber sie war ganz still, denn sie wollte nicht schon wieder die verdächtigen Blicke von der Königin auf sich ziehen. Aber sie hatte Glück, das Fenster der Königin öffnete sich nicht. Wir nutzten diesen Moment und rannten davon. Wir kamen durch einen dunklen Wald und ein armes Dorf, bis wir wieder in der alten Burg waren. Dort erzählten wir dem König alles: „Lieber König, es fing alles damit an, dass wir in der Zukunft auf einem Mittelaltermarkt auf eurer Burg waren. Dann wurden wir in ein Portal gezogen, in das Mittelalter, wo wir jetzt sind." Er schaute erschrocken. „Wir wurden mit den echten Prinzessinnen vertauscht", erwiderten wir. Er rief verzweifelt: „Wo sind dann meine echten Töchter?" Er verstand es wahrscheinlich nicht. Ich wollte es nicht wieder erzählen. Ich schaute Luisa mit einem flehenden Blick an. Dann sagte sie: „Ok." Und erzählte es noch genauer: „Also, wir sind in die Vergangenheit gereist!", fing sie an. „Und die Töchter von euch, meine Hoheit, sind in unserem Zeitalter, also für euch in der Zukunft. Wenn wir wieder durch das Portal gehen, kommen eure Töchter wieder zurück." Der König schaute erleichtert. Doch wir bekamen Heimweh nach unserer Familie. Wir entschieden uns dann doch, das Portal zu suchen und verabschiedeten uns. Bei der

Verabschiedung schenkte uns der König zwei goldene Ringe. Sie passten uns wie angegossen. Wir bedankten uns freundlich und zogen los, um das Portal zu suchen. Wir hatten dann die gute Idee, einfach wieder in den Turm hinaufzugehen. Doch auf dem Turm war keine einzige Zaubertür. Da fiel mir ein, dass Luisa doch den Spruch auf der Zaubertür aufgeschrieben hatte. Vielleicht bringt der uns wieder in die Zukunft. Also fragte ich sie: „Hast du vielleicht noch den Zettel mit dem Spruch?" Sie sagte darauf: „Ja, aber der Zettel ist noch in meiner normalen Kleidung im Ankleidezimmer." Also kam es so, dass wir unsere normale Kleidung holten.

Und kurz darauf standen wir wieder in dem Turm. Doch diesmal mit dem zerknitterten Zettel in der Hand. Wir waren so aufgeregt, doch dann taten wir es. Wir riefen mit zitternden Stimmen: „Zaubertür, Zaubertür, komm herbei, ich will zurück." Und auf einmal war die Tür da! Wir fassten uns an den Händen, machten die Tür auf und fielen um. Als wir aufwachten, waren wir wieder in dem Turm. Wir sprangen auf und schauten aus dem Fenster. Wir waren wieder in unserem Zeitalter. Wir freuten uns, aber wir fanden auch das Abenteuer schön und uns floss eine Freudenträne über die Wange. Wir umarmten uns ganz fest. Doch dann bemerkten wir die Ringe, die uns der König geschenkt hatte. Wir schworen uns, dass wir das Abenteuer niemanden erzählten. Denn das war das Abenteuer der echten Freundschaft.

Luisa Schiffelholz und Leni Hörbrand
Grundschule Altenmünster, Klasse 4b

plötzlich ganz woanders

Hallo, hier ist Tom!
Ich führe ab jetzt ein Buch über meine Erlebnisse in nächster Zeit und bin gespannt, was mich erwarten wird.

31.12.2024, 12:00 Uhr
„Heute ist Silvester, einer der besten Tage im Jahr!", freute ich mich, als ich die Treppe runter sprang. Aber meine Eltern und Geschwister waren nicht da. Ich entdeckte auf dem Küchentisch einen Zettel, dort stand drauf, dass alle beim Einkaufen seien. Dies war eigentlich perfekt, da ich sowieso schon mal alles für heute Abend vorbereiten wollte, also ging ich in den Keller, öffnete den großen Schrank und entdeckte sofort die Raketen. Diese waren in einem Karton, der sich gleich ganz vorne befand. Ich versuchte, den Karton rauszuholen, aber es ging nicht!

Er war wie festgenagelt, deswegen zog ich kräftig an dem Karton, was keine gute Idee war, denn im nächsten Augenblick fiel mir der gesamte Schrank entgegen. Ich konnte im allerletzten Moment noch ausweichen, Sekunden später knallte der Schrank auch schon auf den Boden! Alles fiel aus dem Schrank heraus. Auf einmal sah ich hinter dem Schrank eine Tür, die mir noch nie zuvor aufgefallen war. Wo führte sie nur hin? War hinter der Tür etwa eine Schatzkammer mit Gold? Nein, das konnte einfach nicht sein, es war wahrscheinlich nur eine ganz normale Vorratskammer.

Mir schossen Tausende Gedanken gleichzeitig durch den Kopf. Ich musste einfach herausfinden, was sich hinter der Tür versteckte! Also sprach ich mir Mut zu und trat an die seltsame Tür. Mein Körper zitterte, als ich die Türklinke in die Hand nahm. Ich schloss meine Augen und ging durch die Tür durch. Plötzlich fühlte es sich an, als wären meine Füße in der Luft und ich bekam Panik! Aber im nächsten Augenblick spürte ich schon wieder Boden unter mir. Meine Augen öffneten sich langsam. Ich bekam schon wieder Panik, nur diesmal viel schlimmer, denn ich befand mich nicht mehr im Keller, sondern draußen! Wie kann das sein? Wo ist die Tür hin? Die, durch die ich durchging, bevor ich hier landete, war nicht mehr hinter mir und auch nicht vor mir! Plötzlich sprach mich ein fremder Mann an: „Steh hier nicht im Weg herum!" Ich antwortete schnell: „Oh, Entschuldigung!" „Gut, dann wünsche ich dir jetzt einen guten Rutsch ins Jahr 1948!" „Neun…neun…neunzehnhundertacht…achtundvierzig?", stotterte ich und bekam Angst, nein, sogar viel mehr als Angst! Der Mann antwortete: „Ja, kannst du denn noch nicht den Kalender?" Träume ich? Schnell kniff ich mich in meinen Arm. Aua! Es war also kein Traum, ohje! „Was mache ich denn jetzt?" Der Mann verstand nur Bahnhof. „Was ist denn das für eine Frage? Du kannst dich einfach auf das neue Jahr freuen!" „Sie verstehen das nicht!", schrie ich und rannte aus Verzweiflung einfach davon. Mir wurde immer noch mulmiger bei der ganzen Sache! Ich dachte nach und hatte Angst, meine Familie vielleicht nie wiedersehen zu können. Ich hatte von der ganzen Aufregung erstmal Hunger, stellte ich fest und wusste aus der Schule, dass es zu dieser Zeit oft Schweinebraten gab. Dieser schmeckte mir aber leider nicht! Ich fand dafür eine Bäckerei, die in dem sehr altmodischen Dorf lag. Ich ging hinein und sah eine ältere Frau, die hinter der Theke stand. Sie sah mich verwundert an, als ich den Laden betrat und lachte: „Was trägst du denn für komische Kleidung?" Es war klar, sie kannte nicht die moderne Kleidung. Am liebsten hätte ich gesagt, dass ihre nicht besser aussah und das diese so wie vor 80 Jahren aussah, was leider auch stimmte! Aber ich ließ es und antwortete nur, dass diese Art von Kleidung mir gefiele. Ich kaufte mir schnell ein Brot und verschwand wieder aus der Bäckerei, suchte mir einen ruhigen Platz und setzte mich hin. Nun hatte ich endlich mal Zeit zum Nachdenken und schrieb mir einen kleinen Zettel mit den wichtigsten Infos, der so aussah:

Jahr: 1947

Tag: 31.12, wie bei uns daheim, also Silvester

Viel mehr wusste ich noch nicht!

Ich verzweifelte immer noch mehr. Was sollte ich nur tun? Im nächsten Augenblick schoss mir ein Gedanke durch den Kopf: „Man kommt so zurück, wie man gekommen ist! Klar, ich musste einfach wieder durch eine Tür durchgehen." Ich war überglücklich, als hätte ich gerade die WM gewonnen. Schnell sprang ich auf und machte mich auf den Weg. Nur leider war es gar nicht so leicht, eine Tür zu finden, durch die man einfach so gehen konnte. Da entdeckte ich eine, die in eine Kirche führte. Ich nahm meinen ganzen Mut zusammen, griff die Türklinke und schloss wieder meine Augen. NICHTS! Die Tür war abgeschlossen, also machte ich mich wieder auf die Suche auf einer neuen Tür. Nach einer Weile sah ich eine, die in ein Museum führte. „Hoffentlich klappt es diesmal!", dachte ich mir, als die Türklinke bereits in meinen Händen lag. Was, wenn es wieder nicht klappte? Tausend Gedanken schossen mir durch den Kopf, deswegen drückte ich die Türklinke lieber schnell nach unten und ging durch die Tür. Wie beim ersten Mal spürte ich unter mir plötzlich keinen Boden mehr, danach öffnete ich wieder meine Augen. Was ist, wenn ich im Jahr 1801 landete? Aber so war es nicht. ZUM GLÜCK! Ich sah wieder unseren schönen Keller und die seltsame Tür, die mich in diese ganze Aufregung gebracht hatte! Ich war erleichtert und sah auf die Uhr. Es war keine einzige Sekunde während meiner Abwesenheit vergangen, was sehr seltsam war, aber gleichzeitig auch richtig cool. Ich beschloss, meinen Eltern davon nichts zu erzählen. Der Schrank ließ sich von mir schnell wieder aufbauen und einräumen. Die Raketen waren nun natürlich schon draußen, also baute ich alles schön auf, für heute Abend.

14:00 Uhr

Meine Familie war wieder zurück und wir freuten uns riesig auf das Jahr 2025! Sie würden mir niemals glauben, dass ich mich heute auch schon im Jahr 1948 befunden hatte.

23:00 Uhr

Nur noch eine Stunde bis zum Neujahr, die Spannung stieg.

01.01.2025, 00:00 Uhr
„Ich wünsche allen ein frohes neues Jahr 2025!"
Wir feierten noch ein bisschen.
03:00 Uhr
Ich ging ins Bett und träumte noch einmal von diesem verrückten Tag, als ich plötzlich ganz woanders war!

Raphael Dischinger
Staatliches Gymnasium Königsbrunn, Klasse 6e

Die besondere Reise der Zeit

Ich heiße Annika und bin neun Jahre alt. Die Wissenschaft ist sich sicher, dass Zeitreisen theoretisch möglich sind. Es sind zwanzig Jahre vergangen, nun bin ich neunundzwanzig und Teil der Wissenschaft.
Die Forscher haben mittlerweile ein Modell der Zeitmaschine erfunden. Doch ein Baustein fehlt ihnen noch, um die Maschine zu starten. Sie haben schon sehr viele Steine ausprobiert, aber es hat noch nie funktioniert, weil bisher noch keiner richtig gepasst hat.
Ich liebe Steine und heute gehe ich in einen Steinbruch um den richtigen Stein zu finden. Ich freue mich schon darauf und bin gespannt was ich alles finden werde. Als erstes hatte ich ein paar Schneckenfossilien gefunden. Dann fand ich lange Zeit nichts mehr. Und plötzlich hatte ich einen Stein in der Hand, der dem Team helfen könnte. Sie hatten schon viele Steine bekommen, aber noch nie hatte jemand den richtigen gefunden. Tausende Steine kamen schon bei Ihnen an, weil jeder versuchen wollte, die Zeitmaschine zu starten. Manche von ihnen passen gut, aber es ist das falsche Gestein. Oder es ist das richtige Gestein, und es passt nicht rein. Ein paar sind dabei, die überhaupt nicht passen. Es war zum Verzweifeln! Ihr fragt euch bestimmt, wo der Stein rein soll. Das kann ich euch gerne erklären. Ihr müsst euch vorstellen, das Teil, also der Stein, den wir suchen (pssst – nicht wundern, es ist etwas lustig), kommt in eine Art von Kuchen rein! Ja, echt, das ist kein Schreibfehler. Der Stein kommt wirklich in einen Kuchen. Das ist ein besonderer Kuchen, der mit Strom aufgeladen wird. Aber er sieht von außen aus wie ein gebackener Kuchen. Und heute gibt es fast niemand mehr, der nicht so einen Kuchen zu Hause hat. Dieser Kuchen kann auch sprechen und man kann ihm Fragen stellen, z. B. „Was macht ein Keks, der keine Lust auf Schule hat?" Er antwortet: „Er verkrümelt sich." Hihi! Man kann ihn natürlich noch viel, viel mehr fragen, denn er ist wie ein elektronisches Gehirn.

Es sind viele Steine, die gut aussehen, aber dieser sieht am besten aus. So, abgegeben! Jetzt muss ich ein bisschen warten.

1. Tag: Nichts passiert. Ich warte weiter.

2. Tag: Wow, mein Stein war wohl besonders gut, weil jetzt schon eine Drohne landet und mir einen Brief bringt, in dem steht:

„Hallo, Annika, Dein Stein hat die erste Prüfung bestanden und bald kommt noch eine weitere Prüfung. Ich glaube, es ist ein sehr guter Stein."

Nach sechs Tagen kommt die Drohne wieder mit einem Brief. Ich lese mit leuchtenden Augen:

„Du darfst stolz auf Dich und Deinen Stein sein, denn er hat die letzte und wichtigste Prüfung bestanden. Wir versuchen nun, die Zeitmaschine sehr vorsichtig zu starten, weil wir weder wissen, wo wir hinreisen, noch ob wir alles richtig machen. Die Lebewesen dort könnten ja gefährlich für uns sein. Niemand weiß, was in der Zukunft passieren kann. Aber wenn wir es nicht versuchen, dann können wir niemals in der Zeit reisen. Wenn Du die Erste sein möchtest, die mit einer Zeitmaschine reist, dann komm nächste Woche Dienstag zum Forscherhaus. Dort warten viele Leute auf Dich.

Hmm … In der Zukunft könnten zwar einige Gefahren auf mich lauern, aber es stimmt, wenn wir es nicht versuchen, dann wird es niemals Zeitreisen geben. Gut, ich werde es versuchen! Es wurde so viele Jahre daran gebaut und geforscht. Aber all die Gefahren!

Es ist Dienstag, heute ist der große Tag. Ich bin so aufgeregt! Jetzt bin ich da. Überall haben sich Leute wegen mir versammelt! Sogar die Presse ist hier. Oh nein, ich bin so aufgeregt! Vielleicht traue ich mich doch nicht. Eher morgen, oder übermorgen. Ich glaube, ich traue mich heute nicht. Aber die Leute wären dann umsonst hier. Es gibt kein Zurück mehr.

Eine Kollegin hält eine lange Begrüßungsrede. Danach hat sie noch ein bisschen etwas über Zeitreisen erzählt. Und jetzt ist es soweit. Ich muss jetzt vor zu der Zeitmaschine. Dann, als ich direkt vor ihr stand, kam Professor Florian zu mir. Er erklärte mir die Maschine und zeigte mir, wo ich den Notschalter finde. Außerdem übergab er mir als Dankeschön für meinen Stein ein sehr dickes Buch über magische Steine, in dem einiges über moderne Robotersysteme und seltene Metalle erzählt wird. Dann durfte ich einsteigen und der Countdown ging los: 10, 9, 8, 7, 6, 5, 4, 3, 2, 1, 0!

Plötzlich gab es einen großen KNALL und es wurde dunkel. Dann kamen ein paar Blitze, laute, grelle Blitze und ich stand auf grasähnlichen Plastikhalmen! Ja, ihr habt richtig gelesen, auf Plastikhalmen. Wichtig ist, wie ich gelandet bin, aber noch wichtiger war, wo ich gelandet bin, nämlich ganz nah bei einer Schule.

Es war 7:45 Uhr und die ersten Schüler trafen ein. Aber nicht so, wie ihr es kennt mit dem Schulbus oder mit dem Auto, sondern es fuhr eine Magnetschwebebahn unter der Erde. Die Kinder, die zur Schule kamen, hatten den Schulranzen nicht auf dem Rücken, sondern jeder hatte einen Roboter, der ungefähr so groß war, wie ein Reisekoffer. Die Roboter trugen ihre Schulranzen. In diesem Moment dachte ich daran, wie die Leute reagieren würden, wenn sie mich und meine Zeitmaschine entdeckten! Plötzlich kamen zwei Mädchen zu mir. Sie stellten sich als Poppa und Lilli vor. Sie sprachen sehr deutlich, laut und schnell, ohne sich zu verhaspeln. Da wurde mir klar, dass die Zeitmaschine von den Bewohnern, wie geplant, nicht gesehen werden konnte. Aber zum Glück bin ich in der Zukunft sichtbar.

Poppa und Lilli fragten mich, ob ich ihre neue Lehrerin wäre, weil ihr Direktor eine neue Lehrerin angekündigt hatte. Ich antworte stotternd, „J...ja. Da ich hier neu bin, kenne mich noch gar nicht aus. Könnt ihr mir vielleicht die Schule zeigen?" „Ja, das können wir gerne machen", antwortete Lilli. „Aber erst müssen wir dich noch etwas fragen." Mir stockte der Atem, welche Frage konnte das nur sein? „Wie heißt Du denn und warum hast Du so seltsame Sachen an?" Erleichtert antwortete ich: „Ich heiße Frau Helget, und ich ziehe gerne Sachen von früher an."

„Also, komm mit, wir zeigen dir jetzt als erstes das Sekretariat", sagte Poppa. Hier sitzt unser Direktor Herr Schülchen. Als wir das Sekretariat betraten blieb mein Blick an einem Wandkalender hängen.

23. Februar 2064!

Wow, ich war 2044 gestartet und jetzt war ich im Jahr 2064, es funktionierte also wirklich!

„Komm, wir gehen in die Klasse 1a nebenan", rief Poppa und zog mich am Ärmel. Sie lernten gerade Rechenaufgaben mit dem Minuszeichen. In die Luft wurde von einem Roboter eine Rechenaufgabe projiziert. Ich war sehr erstaunt darüber, was ich sah: 5 minus 2 war noch immer 3. Und 3 minus 3 war auch immer noch 0. An der Mathematik hatte sich scheinbar nichts verändert.

Im nächsten Raum war die Klasse 2c. Sie hatten gerade Deutschunterricht und machten einen Hefteintrag. Aber sie hatten keine normalen Hefte, sondern dünne digitale Seiten, die sich mit einem elektronischen Stift beschreiben ließen.

Jetzt musste ich aber los in die Klasse 3c zum Unterrichten. Als ich zur Tür reinkam, gab mir ein Roboter die Hand und er sagte mit den Kindern im Chor: „Guten Morgen Frau Lehrerin!" Ich stellte mich kurz vor und musste dann Mathematik unterrichten. Das Thema war Malrechnen mit den Quadrataufgaben. Das war z. B. 3 mal 3 oder 7 mal 7. Um die Quadrataufgaben zu üben, gab ihnen der Schulroboter ein Tablet. Darauf durften sie eine App öffnen, um Aufgaben zu rechnen.

In der nächsten Stunde war Sportunterricht. Leider darf ich Sport nicht unterrichten, weil ich keinen Sportschein habe. Herr Schülchen übernahm die Klasse. Ich durfte aber trotzdem mit in die Sporthalle. Die Wände der Sporthalle waren sehr interessant. Herr Schülchen erklärte mir, dass die Wände aus dem 3D-Drucker kämen und mit Bildschirmen beschichtet seien. Ich fand es sehr erstaunlich, was es in dieser Zeit alles gab.

Solange die Kinder Sportunterricht hatten, sollte ich im Klassenzimmer die Musikstunde vorbereiten.

Nach dem Sportunterricht war aber erst einmal Pause für die Kinder. Ich ging ein bisschen um die Tische und schaut was in den Brotdosen zu sehen war. Alle Dosen waren aus Edelstahl und mit Erdfarbe angemalt. Viele hatten Brote mit Algenaufstrich dabei und eine Kreuzung aus Karotte und Tomate. Die Form war von einer Karotte, der Geschmack von einer Tomate. Die Farbe war rot-orange gestreift. Manche Kinder hatten als Süßigkeit schokolierte Heuschrecken dabei. Das fand ich nicht so lecker, aber die Klasse aß sie, als wären es Bonbons.

Jetzt ging die Musikstunde los. Dazu spielte ein Roboter verschiedene Klänge, und die Schüler mussten erkennen, welches Instrument es war. Als erstes hörte ich eine Triangel, das zweite Instrument klang sehr ungewöhnlich, denn es hatte nur zwei Töne. Ein Junge erklärte mir, dass dieses seltsame Geräusch von einer Didins käme. Dabei handelte es sich um eine digitale Flöte, die nur zwei Töne spielen konnte und auch von der KI verstanden wurde. Es wurden noch ein paar andere Instrumente gespielt, und danach schauten wir ein Musikvideo an, das in die Luft projiziert wurde.

Endlich war große Pause und alle rannten nach draußen. Die Kinder sagten, dass ich heute Pausenaufsicht habe, deswegen war ich auch rausgelaufen. Auf dem Rasen, also auf den Plastikhalmen, standen bunte Spielgeräte aus Holz. In der Pause konnte man mit Spielautomaten kleine Spiele machen. Es gab auch Spiele, mit denen man gegeneinander spielen konnte. Eines davon war 3D-Memory. Das Spiel befand sich in einer kleinen Hütte. Nachdem man den grünen Startknopf gedrückt hatte, kammen zwei Stühle oder besser gesagt Sessel herangefahren. An der Seite waren Hebel, die sich nach vorne, hinten, links oder rechts bewegen ließen. Die Bilder wurden wieder in die Luft projiziert. Das

Spielen mit Lilli hat wirklich viel Spaß gemacht und Lilli hat gewonnen, aber sie hat das Spiel schon öfter gespielt. Dann war die Pause zu Ende, und wir gingen wieder rein.

Da ein sehr kurzer Schultag war, gab es nur noch eine Stunde, nämlich Kunst. Man durfte alles malen, was mit dem Thema Klamotten zu tun hatte. Viele malten einfarbige Oberteile mit bunten Jacken. Also Hose Leggings oder Jeans. Die Bilder legte man in ein Kopiergerät und heraus kamen die gewünschten Klamotten. Die Teile konnten sich je nach Situation verändern. Wenn die Sonne schien, wurde eine schwarze Hose z. B. weiß, damit es nicht zu heiß darin wurde, und der Stoff wurde dichter, damit man keinen Sonnenbrand bekam. Sie konnten auch die Farbe ändern, wenn man mit den Augen blinzelte. Dann wurden die Klamotten blau. Wenn man klatschte wurden sie wieder rot. Die Schuhe verschlossen sich von selbst und waren immer bunt, damit sie zu allen Klamotten passten. Die Unterwäsche war immer noch so wie früher. Es gab aber auch Funktionsunterwäsche, die eine Notfallfunktion besaß. Mir fiel ein, dass ich noch gar nicht erzählt habe, was die Notfallunterwäsche machen konnte. Sie konnte sich nämlich bei einem Sturz aufblasen und die Landung abfedern.

Schließlich war die Schule aus und die Kinder durften nach Hause. Ich blieb noch ein bisschen hier, damit ich mich noch kurz mit den anderen Lehrern unterhalten konnte. Sie fragten mich, ob die Kinder brav gewesen wären. „Natürlich", sagte ich. „Warum auch nicht", antwortete ich lachend. Herr Schülchen erklärte mir gerade noch ein paar interessante Sachen zum Lehrplan, als ich plötzlich erschrak. Ich bemerkte, dass mein Armband vibrierte. Oh, nein! Ich musste schnell zurückreisen, sonst würde meine Energie für die Rückreise nicht mehr reichen und ich würde hier festsitzen.

Ich konnte mich gerade noch von den Lehrern verabschieden und rannte jetzt so schnell ich konnte zur Zeitmaschine, um wieder in meine Zeit zurückzureisen. Ich stieg ein und …. los! Es wurde dunkel und es kamen wieder Blitze, und endlich war ich wieder in meiner Zeit. Ich wurde schon sehnsüchtig erwartet. Als ich ankam, wurde ich von vielen Leuten umzingelt und es wurden mir bestimmt zehn Mikrofone gleichzeitig hingehalten. Alle wollten mich fragen, wie es in der Zukunft gewesen sei. Ich antwortete: In der Zukunft war es toll! Ich bin an einer Schule gelandet. Ich erzählte noch ein bisschen weiter.

Das einzige, was ich sagen konnte, war, dass es nicht die letzte Zeitreise war, und dass wir uns alle auf die Zukunft freuen können.

Ich bin schon gespannt, wohin mich meine nächste Reise wohl führen wird.

Vielleicht fragt ihr euch noch, was die Kinder in der Zukunftsschule jetzt machen, wenn ihre Lehrerin nicht mehr kommt? Das ist einfach zu erklären, ich arbeite jetzt auch als Lehrerin in der Zukunft. Manchmal bekomme ich schöne Geschenke und im 3D-Memory bin ich oft sogar besser als Lilli und Poppa.

Annika Helget
Grundschule Nordendorf, Klasse 3c

Brand

Eines Tages ging ich mit meinem Hund Meiko spazieren. Wir schlenderten in den Buchenwald. Doch plötzlich sah ich Rauch. Meiko jaulte: „Oh weh, hier riecht es nach ganz vielen Tieren, die Angst haben." Da rannten auf einmal zwei Wildschweine, fünf Rehe und ein Fuchs an uns vorbei. Meiko war zwar ein tapferer Hund, doch er versteckte sich hinter mir. „Das muss ich meinem Vater sagen!", flüsterte ich ängstlich. Da sah ich eine dunkle Gestalt, die rief: „Endlich habe ich den Buchenwald vernichtet." Ich griff zu meinem Handy, wählte die Nummer meines Vaters und sagte, als er abnahm: „Komm mit deinen Feuerwehrleuten zum Buchenwald, da brennt es." „Habe verstanden!", rief er noch und dann war es am anderen Ende wieder still. „Ich wüsste gerne wer der Täter ist", murmelte ich etwas unter Angst. Es ist sehr gut, dass mein Vater bei der Feuerwehr arbeitet, denn wenn etwas passiert ist, rufe ich ihn lieber an als irgendeinen Fremden. Nach ca. fünf Minuten hörte ich auch schon das Tatütata. Mein Vater schickte mich nach Hause, da es gefährlich werden konnte. Meikos Gesicht war so grün wie ein Apfel, der noch nicht reif war. Und das war sehr auffälig, weil er ein Dalmartiner war. Er hatte keinen einzigen Fleck im Gesicht.

Zwei Tage später, von dem Wald war nur ein Achtel abgebrannt, durfte man ihn wieder betreten. Meiko erzählte mir, dass er und eine beliebige Person in die Vergangenheit reisen könnten. „Wozu brauchen wir das?", fragte ich ihn. „Du wolltest doch unbedingt wissen, wer der Täter ist", sagte er etwas genervt. „Ja! Und wie geht das jetzt?", hakte ich nach. „Also", versuchte Meiko es mir zu erklären. „Wir müssen zurück in den Wald gehen, und du musst mich auf den Arm nehmen, sonst kommst du nicht mit in die Vergangenheit. Dann sage ich einen Zauberspruch, aber wähend ich ihn ausspreche, musst du ganz still sein! Lass uns gehen."

„Warum darf ich nichts sagen?", fragte ich ihn. „Wenn du was sagen würdest, dann, na ja, kommen wir irgendwo anders heraus. Kommt darauf an, was du sagst. Mir ist das schon einmal passiert. Ich habe gefragt, was das für ein Zauberspruch sei, und dann sind wir auf der Osterinsel gelandet. Hasen waren da aber nicht." „Ok, dann sage ich nichts", gab ich ihm als Antwort. Also gingen wir in den Wald. Dort angekommen, nahm ich Meiko auf den Arm und er murmelte einen Zauberspruch, den ich nicht verstand. Ich war ganz still, denn ich wollte nicht auf der Osterinsel landen. Plötzlich drehte sich alles. Dann sah ich wieder etwas. Meiko sagte: „Jetzt sind wir in der Vergangenheit und zwar, bevor der Wald angezündet wird. Schau, da drüben läuft jemand. Kennst du ihn?" „Ja, das ist Herr Muster, er hasst alles, was grün ist. Schau, er holt sein Feuerzeug heraus. Wir müssen ihn aufhalten!", rief ich. „Nein, das geht nicht, wir sind in der Vergangenheit. Mach mit deinem Handy ein Foto", antwortete Meiko. Ich machte ein Foto. Danach sagte Meiko, ich solle ihn auf den Arm nehmen. Er murmelte einen anderen Zauberspruch und Sekunden später waren wir wieder im Jetzt. Mein Vater kam angerannt und rief: „Da bist du ja, ich hatte dich schon vermisst." „Ich weiß, wer der Täter war: Den Wald hat Herr Muster angezündet", erklärte ich ihm. Kurz darauf fragte Papa mich: „Woher weißt du das?" „Das bleibt ein Geheimnis!", sagten Meiko und ich im Chor. Obwohl Papa nur mich verstand und von Meiko nur ein Bellen hören konnte, sagte er: „Ok, es bleibt ein Geheimnis unter euch." Aufgrund meines Fotos wurde Herr Muster verhaftet.

Nicola Gribl
Staatliche Realschule Zusmarshausen, Klasse 5b

Die Nagetier-Bande

Ein Mädchen Namens Lara hatte zwei Meerschweinchen. Ihre Namen waren Lotte und Lilli und sie lebten in einem großen Stall. Ihr Nachbar war Freddie, der Hamster. Am Freitag, als alle Menschen nicht zu Hause waren, wollten die drei zusammen ein Abenteuer erleben und brachen aus ihrem Stall aus. Sie liefen im Zimmer herum und sahen einen großen Spiegel. Lilli erschrak als Lotte auf einmal von diesem verschluckt wurde. Was war da los? Vorsichtig folgten die beiden anderen und gingen durch das Spiegelportal. Plötzlich war die Nagetier-Bande auf einem Marktplatz. Alles war komisch. Die Autos konnten fliegen und die Menschen liefen auf den Händen. Freddie entdeckte ein Schild, auf dem das Datum „28. Februar 3098" stand. Lotte sagte: „Oh, nein, ich glaube, wir sind in der

Zukunft gelandet." Lilli hatte Hunger und entdeckte etwas, das wie ein Supermarkt aussah. Sie überredete die beiden anderen, in den Laden zu gehen. Im Laden schauten sie sich um. Freddie suchte überall Grünzeug, fand aber nichts. „In der Zukunft gibt es keine Gurken! Ich habe aber noch Gurkenreste in meinen Backen", sagte Freddie. Super Idee riefen beide Meerschweinchen. Sie fanden einen Garten ganz in der Nähe, wo sie die Samen einpflanzen konnten. Bald darauf waren sie fertig und gingen wieder durch den Spiegel nach Hause. Nach ein paar Wochen schauten sie wieder in der Zukunft nach Ihren Gurken. Der ganze Garten war voll mit den Pflanzen. Er gehörte nämlich dem Besitzer des Supermarkts. Dieser hatte die Gurken entdeckt, im Laden verkauft und pflegte sie, damit es immer Gurken in seinem Laden zu kaufen gab. Die Nagetier-Bande war glücklich, weil sie den Tieren in der Zukunft geholfen hatten. Was wäre denn ein Leben ohne Gurken?

Hermine Fischer
Grundschule Thierhaupten, Klasse 3b

Stopp die Zeit

Es fing alles damit an, dass sich meine Familie und Neo am Abend die Nachrichten anschauten. Neo, meine Schlange, lebte seit neuestem bei uns. Meine Eltern fanden es immer zu riskant, ja gefährlich, eine Schlange zu kaufen – bis wir Neo fanden. Er war so zahm, dass meine Eltern doch endlich nachgaben. Neo und ich hatten uns auch schnell angefreundet. Der Nachrichtensprecher holte mich aus meinen Gedanken: Er zeigte eine Sequenz über den Amazonas, in der der Regenwald in schrecklich verwüsteter Form dargestellt war. Man sah, wie in kurzer Zeit große Flächen abgeholzt wurden und Tiere vor dem Lärm der Sägen und der großen Fahrzeuge in den Urwald flüchteten. Dabei wurde mir klar, wie gerade das Leben von Millionen von Tieren aller Arten zerstört und ihr Zuhause mutwillig kaputt gemacht wurde, nur um Palmöl und Holz zu gewinnen. Mir schossen die Tränen in die Augen, weil ich das so ungerecht fand – auch Neo klammerte sich ganz fest an mich und wandte seinen Blick vom Bildschirm ab. Der Nachrichtensprecher, erläuterte, dass das Amazonasgebiet bald ganz abgeholzt werden würde und immense Mengen an Sauerstoff fehlen würden, den die Bäume bislang produziert hatten. Denn der Amazonas gilt als die Lunge der Erde. Als ich später mit Neo im Bett lag, flüsterte ich ihm zu: „Neo, ich werde zumindest einen Teil des Regenwaldes retten und einen sicheren Platz für die Tiere schaffen, doch ich habe das Gefühl, es ist bereits zu spät! Ach, könnten wir nur zurückreisen in die Zeit, in der alles angefangen hat." Auf einmal begann Neo zu sprechen. Er lispelte etwas – wegen seiner langen, geschlitzten Zunge, seine Stimme jedoch hörte sich freundlich und verständnisvoll an. „Wenn du dir das von ganzem Herzen wünscht, dann kann ich dir diesen Wunsch erfüllen. Wir werden in die Vergangenheit reisen, in der die Abholzung des Regenwaldes begonnen hat. Und wir werden zum Amazonas-Regenwald reisen, in dem ich vor ein paar Jahren noch lebte, wenn du willst, jetzt sofort!", meinte Neo. „Du kannst reden?", platzte es aus mir heraus. „Tatsächlich? Gut! Wenn, du mich in den Regenwald bringen kannst, dann tue das jetzt sofort!", antwortete ich. Mit seinem Schwanz tippte er dreimal auf die Schranktür. Der Schrank zog mich magisch zu sich her, und ich wurde, ohne ein Wort zu sagen, von einer durchsichtigen Hand hineingezogen. In einem Augenschlag war ich im Amazonasgebiet gelandet. Ich sah die vielen Arbeiter, wie sie Tausende Bäume abholzten. Es war eins zu eins so, wie es in den Nachrichten zu Hause berichtet wurde. Meine Schlange war inzwischen schon zu einem kleinen Panda gekrochen. Es sah so aus, als ob sich die beiden verstehen würden. Ich ging langsam zu Ihnen, und Neo erklärte mir alles. Schon seit längerer Zeit suchte er einen sicheren Unterschlupf, aber es gelang ihm nicht, weil überall die Gefahr lauerte, Bäume könnten umstürzen, die Maschinen könnten die Tiere gefährden. Da kam mir eine blendende Idee, und ich weihte Neo darin ein: „Vielleicht könnten wir für all die armen Tiere einen sicheren Ort erschaffen – ich denke da an ein Naturschutzgebiet!" „Tatsache, wir haben nicht so lange Zeit, denn wir müssen noch verhindern, dass sie nicht den ganzen Amazonas abholzen – aber gut, wir können es versuchen!", antwortete Neo. Also sammelten wir Stöcke und große Äste für einen Holzzaun. Wir versuchten, alles miteinander zu einem Zaun zu verbinden, bis es Abend wurde. Jetzt mussten wir nur noch einen sicheren Platz finden! „Morgen suchen wir einen geeigneten Platz und bringen die Tiere dorthin", flüsterte ich Neo zu. Als Neo eingeschlafen war, träumte ich von einer Welt, in der man rücksichtsvoll miteinander und mit der Natur umgeht. In der Früh wachte ich wegen des Lärms auf. Ich schaute mich um und sah, wie sich alle Tiere in dem weitläufigen, selbstgemachten Gehege befanden. Ich schloss meine Augen, öffnete sie wieder – und siehe da, es war wirklich alles real. Alle Tiere fühlten sich im Gehege wohl und befanden sich in Sicherheit. Sofort war ich hellwach, ich weckte Neo auf und erzählte ihm, was wir geschafft hatten. Nun ging ich zu den Arbeitern und fragte sie, warum sie den vielfältigen Urwald zerstörten, um besser zu verstehen, was dort passierte. Iat sie inständig, die Abholzung zu beenden. Neo klopfte ungeduldig mit seinem Schwanz wieder dreimal auf den Boden, er wollte gleich eine Lösung suchen, und wir waren – schwuppdiwupp – wieder in meinem Zimmer. „Warum sind wir denn wieder in meinem Zimmer, wir wollten doch den Regenwald retten?", fragte ich verwundert. „Wir dürfen die Vergangenheit, aber nicht die Zukunft verändern, verstehst du das?", erwiderte Neo. „Ja, aber wir müssen doch den Tieren helfen und einen Teil des Regenwaldes retten, oder nicht? Bring mich sofort dorthin!", schrie ich ihn entrüstet an. Gehorsam klopfte Neo dreimal gegen den Schrank. Schon hatte ich wieder das Gefühl, als ob mich eine unsichtbare Hand in die Tiefe des Schranks hineinzöge. In einem Augenblick waren wir schon wieder im Regenwald, und ich stand wieder vor dem Holzzaun. Ich überlegte mir: „Ein Zaun allein reicht nicht aus! Könnten die Arbeiter sich nicht anders verhalten?! Wir brauchen etwas Besseres! Wir könnten das Tiergehege zum Beispiel hinter einem Wasserfall verbergen und komplett von einem Fluss umgeben!" Also gingen wir auf die Suche. Auf dem Weg begegneten wir einem netten schwarzen Salamander. „Du, kannst du uns bitte helfen?", fragte Neo den Salamander. „Aber natürlich, um was geht es denn? Ich kenne den Regenwald, wie meine Westentasche!", antwortete der Salamander. „Und wo finden wir einen großen Wasserfall?", wollte Neo wissen. „Du musst einmal mit einem Boot über diesen Fluss fahren, dann geradeaus und am höchsten Baum links abbiegen. Dann gehst du in den Eingang der Höhle hinein und schon seid ihr da!", entgegnete der freundliche Salamander. Sie verabschiedeten sich voneinander. Neo erklärte mir alles, und dann machten wir uns auf den Weg zu all den Tieren. Es vergingen mehr als fünf Stunden, bis wir alle Tiere beisammen hatten, dann folgten wir der Beschreibung des Salamanders. Endlich waren wir da. Alle Tiere waren sehr erschöpft und müde vom langen Weg. Jetzt standen wir vor dem wunderschönen und großen Wasserfall. Es hingen blaulilafarbene Kristalle an der Decke der Höhle, ein riesiger Wasserfall stürzte von oben herab. Sofort rannten alle Tiere – ob groß oder klein – in die Höhle, um dort alles zu finden, was sie benötigten. Also verabschiedeten wir uns von den Tieren und machten uns auf den Heimweg. Neo tippte zum wiederholten Mal dreimal auf den Boden, und wir waren wieder zu Hause in meinem Zimmer. „So! Jetzt müssen wir noch Samen erfinden, die so schnell wachsen, dass die Bäume so viel Holz produzieren, wie es notwendig ist", überlegte ich mir. „Also: meine Mutter ist ja eine Forscherin", bestätigte ich. Daher ging ich in das Büro meiner Mutter – denn sie war gerade in der Arbeit – und ich fing sofort an, ein bestimmtes Buch zu suchen, bis ich endlich das Buch mit dem Titel „Schnell wachsende Baumarten" fand und beim Durchblättern der Seiten eine perfekt passende Art entdeckte. Schon klopfte Neo dreimal gegen den Tisch, und das erste

Säckchen voller Samen erschien. Die neuen Samen für einen schnell wachsenden Baum mussten nur noch vermehrt und im Regenwaldgebiet angesät werden. Neo und ich wussten genau, was wir zu tun hatten. Es lag noch eine Menge Arbeit vor uns, dafür mussten wir ausgeschlafen sein. Müde fielen wir ins Bett, Neo kringelte sich in meinem Arm ein. Aus uns war ein gutes Team geworden!

Aniko Amanda Hofmeister
Staatliches Gymnasium Königsbrunn, Klasse 5f

Lili und die geheimnisvolle Zukunft

Es war einmal ein Mädchen namens Lili, sie wurde mit gelähmten Beinen geboren. Deshalb hatte ihr Vater sie bei der Geburt verlassen. Sie wohnte mit ihrer Mutter Anne allein in einer kleinen Wohnung in der Stadt München. Lili wurde aber von ihren Mitschülern ausgeschlossen und hatte keine Freunde. Sie wünschte sich so sehr einen Vater. Sie konnte all die Sachen nicht erleben, die man nur mit einem Vater machen kann. Als Lili am einem Nachmittag nach Hause kam, fragte ihre Mutter erwartungsvoll: „Lili, willst du an dem Schulcamp deiner Schule teilnehmen?" Lili hatte von diesem Schulcamp schon gehört und sie wollte da auf keinen Fall hin; deshalb antwortet sie: „Nein, Mama, ich will da nicht hin! Was soll ich denn da, mich mag doch eh niemand." „Ob du willst oder nicht, ich melde dich an! Du wirst bestimmt viele neue Freunde kennenlernen", sagte ihre Mutter. „Dann gehe ich eben mit, aber nur dir zuliebe", sagte Lili seufzend. Nach dem Gespräch gab es Fisch zum Abendessen, ihr Lieblingsessen. Nach einer Woche war es soweit, Lili stieg in den Bus, aber niemand wollte neben ihr sitzen. Also saß sie die ganze lange Fahrt alleine. Nach ein paar Stunden kamen sie dann endlich an. Lili musste sich ein Zelt mit zwei anderen Mädchen teilen. Sie hießen Anna und Lara. Sie waren zwar nett, aber passten nicht zu ihr. Dann gab es zum Mittagessen Brotzeit. Die hat Lili gar nicht geschmeckt. Danach sollten sie zu einer Wanderung aufbrechen. Lili fuhr sofort zur Campleiterin hin und fragte sie: „Aber ich kann mit meinem Rollstuhl nicht mitkommen. Was soll ich dann machen?" „Na ja, dann musst du wohl hierbleiben. Die zwei Stunden, die wir weg sind, wirst du schon schaffen, oder?", wollte die Campleiterin wissen. Lili antwortete: „Ja, ich schaffe das, ihr könnt ohne mich gehen." Also gingen alle zur Wanderung, und Lili blieb alleine im Camp. Erst langweilte sie sich, doch als sie gerade etwas zu essen holte, sah sie einen Steinweg, der in den Wald hineinführte. „Der war doch vorher noch nicht da?", dachte sich Lili. Das war ein bisschen unheimlich, doch ihre Neugier trieb sie voran. Sie folgte in ihrem Rollstuhl dem Weg. Am Ende des Weges lag ein wunderschönes goldenes Tor, und überall gab es kleine Lichter. Lili wollte unbedingt hineinfahren, und das tat sie auch. Auf einmal wusste Lili nicht mehr, wo sie war. Überall waren Menschen mit komischen Klamotten. "Wo bin ich hier?", flüsterte Lili ängstlich. Sie wollte gleich wieder durch das Tor abhauen, doch als sie sich umdrehte, war das Tor weg – wie vom Erdboden verschluckt. Da kamen ein paar Mädchen zu Lili und fragten: "Was hast du denn an, das sieht ja aus, als wäre die Kleidung von 2024 oder so." "Es ist doch auch 2024", sagte Lili. "Äh, nein, es ist 2124", erklärte ein Mädchen. Danach gingen die Mädchen wieder, doch ein Mädchen blieb stehen und entschuldigte sich: "Ich weiß, meine Freundinnen waren gemein zu dir, das tut mir auch sehr leid. Eine Sache versteh ich aber nicht, warum wolltest du uns anlügen?" "Ich lüge nicht! Ich bin durch ein Tor gefahren und dann war ich hier", richtete Lili aus. "Davon habe ich schon mal gehört, dass andere Menschen in die Zukunft reisen können, das nennt sich Zeitsprung", berichtete das Mädchen. Lili jubelte: "Das heißt, ich bin in der Zukunft! Ich muss mich beruhigen, ich hab mich ja noch gar nicht vorgestellt. Ich heiße Lili und du?" "Ich heiße Jule", antwortet sie. "Was, du sitzt im Rollstuhl? Warum?", sagte Jule. Also erzählte Lili ihr alles, und als sie damit fertig war, sagte Jule: "Komm, lass uns schnell zum Krankenhaus fliegen, um dich zu heilen!" "Was? Das geht? Lass uns schnell da hin!", meinte Lili. Anschließend machten sie sich mit einem fliegenden Auto auf den Weg. Endlich waren sie angekommen, und Lili musste eine Medizin trinken. Sie versuchte aufzustehen und schaffte es. "Ich kann laufen, das fühlt sich so gut an!", jubelte Lili. "Und jetzt erkunden wir die Stadt!", sagte Jule. Nun gingen sie los, und Lili wollte wissen: "Warum ist es hier so schattig?" "Schau mal über dich", erklärte Jule. Dort war ein riesiges Hotel, das in der Luft schwebte. "WOW!", rief Lili erstaunt. Lili hatte genug gestaunt, und sie gingen weiter. Überall standen Windräder, und Drohnen lieferten Pakete aus. Alle Menschen flogen in kleinen Hubschraubern. In der riesigen Menschenmenge sah Lili eine Frau, die ganz anders als die anderen aussah, und Lili fragte Jule: "Kennst du die Frau dahinten?" Jule antwortet: "Ja, die hat Anziehsachen von früher an. Aber wir alle wissen auch nicht, wo sie die herhat." "Okay", sagte Lili. Sie gingen weiter und plötzlich flitzte Jule in einen Laden hinein, als sie wieder rauskam, hielt sie eine wunderschöne Tasche in der Hand. "Die ist für dich, weil du so nett bist", erklärte Jule. "Danke, Jule, das hätte doch

nicht sein müssen, aber danke, ich packe gleich meine Sachen hinein!",
freute sich Lili. Sie verkündete: „Ich hole mal meine Sonnenbrille raus, weil
die Sonne scheint heute ziemlich stark." Aber auf einmal kam ein
Roboterarm heraus und gab ihr die Sonnenbrille. Jetzt gingen sie zum
letzten Ziel ihrer Erkundung, und zwar zu dem Kapselhaus. Jule erklärt:
„Heutzutage wohnt jeder in einem Kapselhaus. Das liegt daran, das es
nicht so viel kostet und sehr platzsparend ist." Sie machten sich gleich auf
den Weg zu einem Kapselhaus. Lili staunte: „WOW! Hier ist alles so
organisiert und schön, aber von wem ist die Kapsel, hier sind ja gar keine
Sachen?" „Die Kapsel ist für dich!", meinte Jule fröhlich. „Danke Jule, aber
ich weiß nicht, ob ich hierbleiben kann. Ich vermisse meine Mama",
bedauerte Lili. Auf einmal hatte Lili eine Idee. Ihre Mutter konnte doch
einfach zu ihr in die Zukunft kommen. Sie holte ihr Handy raus und rief
ihre Mutter an. „Hallo, Mama, du musst sofort zu mir kommen, geh in mein
Schulcamp und folge dem Steinweg, anschließend gehst du durch das
goldene Tor, dann bist du in der Zukunft. Ich warte auf dich in unserer
Kapsel, den Weg dorthin schick ich dir!", erzählte Lili eilig. Ihre Mutter
verstand gar nichts und fragte: „Was meinst du mit Kapsel und Zukunft?
Ich versteh das nicht." „Keine Fragen stellen, komm einfach", schrie Lili.
Also machte sie sich auf den Weg zum Schulcamp und ging durch das Tor.
Danach verschwand das Tor. Die Mutter schaute auf die Nachricht und
kam endlich am Kapselhaus an und schnaufte erst einmal durch. „Hallo,
mein Schatz, ich habe unsere wichtigsten Sachen mitgenommen, aber
jetzt erklärst du mir erst einmal, was los ist. Also erzählte Lili alles und dann
waren sie der Meinung, dass sie hierbleiben und ihr Leben genießen
sollten. Sie lebten glücklich bis ans Ende ihres Lebens.

Luise Baur
Grundschule Klosterlechfeld, Klasse 4a

4560<del></del>

8. November 2044

Ich saß im Geschichtsunterricht und hörte nur halb zu. Es war ein kalter,
sonniger Tag draußen, und ich wollte nur draußen sein und in der Sonne
liegen, mit bunten Blättern auf dem Boden. Die herbstliche Sonne schien
auf mich herab. Der Lehrer laberte irgendeinen Mist, der mit irgendetwas
Historischem zu tun hatte. Das war ziemlich langweilig. Auf einmal aber
bemerkte ich, wie ein Raunen durch die Klasse ging. Alle lehnten sich vor
und hörten dem Lehrer gespannt zu. Ich fing auch an zuhören und

schaute nach vorne. Der Lehrer zeigte der Klasse ein Foto von einem 15-jährigen Mädchen. Sie war hübsch, aber als ich näher hinschaute, sah ich, dass sie so dünn war, dass man ihre Knochen durch ihre Haut sehen konnte. Im Hintergrund des Bildes war ein großes Schild aus Eisen, in das die Worte „Arbeit macht frei" hineingeschnitzt war.

„Das ist ein Bild von einem jüdischen Mädel, das mit vierzehn Jahren nach Auschwitz, in ein Nazi-Konzentrationslager, geschickt wurde. Sie hat dort drei Jahre überlebt, ausgehungert und krank, bis sie erschossen wurde."

Die ganze Klasse hörte jetzt zu. Er sprach weiter.

„Dieses Mädchen war genauso wie ihr. Sie war schön, klug und voller Leben."

Ich hielt meine Hand hoch. „Wie war ihr Name?"

„Magda."

8. November 1944

„Wacht auf, ihre schrecklichen Juden! WACHT AUF!" Unser Kapo brüllt uns an. Es ist noch nicht hell draußen. Ich muss nichts Neues anziehen, nichts machen. Ich bin wie eine tote Leiche, die lebendig herumgeht. Oder bin ich noch lebendig? Ich weiß es selber nicht." Ich hab gesagt, beweg dich du fauler –" Er schlägt mir ins Gesicht, hart. Wie lange war ich schon hier? Drei Jahre, seitdem ich in dieses Höllenloch gekommen war.

Ich beobachte den neuen Transport; jeden Tag überfluten mehr Juden Auschwitz, dann sind sie die nächsten Tage weg. Tot. Keiner überlebt Auschwitz. Die Leute, die hierherkommen, kommen nie wieder zurück.

Plötzlich höre ich einen Schrei: „Magda!"

Ich erkenne diese Stimme sofort. „Livi!" Meine Stimme klingt anders, als wäre es nicht meine; ich habe sie so lange nicht mehr benutzt.

„Magda!"

Nein. Nein. Ich renne in Livis Richtung, und endlich finde ich sie auf der anderen Seite eines Stacheldrahtzauns. Da ist sie, ihre blauen Augen weit aufgerissen vor Schreck, und ihre kleinen Hände klammern sich an dem Zaun fest. Sie schaut mich unsicher an. „Magda? Bist das wirklich du? Was haben sie dir angetan? Bist du immer noch meine Schwester?" „Ja, Livi, ich werde immer deine Schwester sein. Wo sind Mama und Papa?" Sie fängt an zu weinen. „Sie haben uns um Mitternacht geholt, und Papa, du weißt, er ist anders im Kopf und es war zu viel für ihn. Da war ein Schrei und dann lag er auf dem Boden, tot." „Und Mama?" „Sie ... sie haben sie geschlagen und geschlagen, bis alles fertig war. Diese –" Sie schaut mich an und bittet: „Komm hierher, bitte. Ich brauch dich."

Ich weiß, ich darf es nicht. Ich weiß, dass ich dafür getötet werden könnte. Aber die Nazis haben mir alles genommen und ich werde nicht zulassen, dass sie mir meine Schwester nehmen. Ich klettere über den Zaun. Livi fällt in meine Arme, und jetzt weinen wir beide. Ich habe nicht gewusst, dass ich noch weinen kann, dass ich noch irgendeine Emotion habe. Plötzlich fängt das Schreien an. Ich schaue mich um. Überall werden Männer und Frauen und Kinder zu Boden geworfen, geschlagen, und sie werden in große Betonblöcke hineingeschubst, um nie wieder herauszukommen, nur als tote, graue Leichen. Dann rennt ein SS-Offizier zu mir und Livi. Er überragt mich, ich halte Livi fest, aber trotzdem reißt er sie von mir weg. „Nein!", schreie ich und er brüllt zurück: „Leise, du b- ", und schlägt mich zu Boden. Ich schmecke Blut im Mund. Er tritt mir hart in die Rippen, und ich fühle, dass sie gebrochen werden. „Magda!"

Livi schreit und ich renne zu ihr, obwohl ich kaum stehen kann. Ich bin fast da, fast, doch da packt mich jemand. Der SS-Offizier. Er hält meinen Kopf fest und drehte ihn in Livis Richtung, sodass ich sie sehen, aber nicht zu ihr rennen kann. Meine Rippen brennen, aber ich kann nur auf Livi schauen. Sie wird in einen großen Betonbehälter hineingeschubst, mit Tausenden anderen, und dann fällt es mir ein. Sie wird in ihren Tod geschickt. Zu der Gaskammer. „Nein!", schreie ich hilflos. „Lass mich los, du-" Ich trete, beiße, kratzte, alles, um an Livi heranzukommen, aber er hält mich fest. Er grinst finster und spuckt in meinem Ohr: „Du wirst nie wieder deine kleine Schwester sehen, du w-" „Nein!"

Das letzte, was ich von Livi sehe, sind ihre großen, blauen Augen, groß vor Schreck, und ich sehe, dass sie weiß, dass sie jetzt ermordet wird. Dann verschwindet sie in der Masse von Menschen. Es fühlte sich an, als ob etwas in mir bricht, und alles wird taub. Ich höre eine Stimme von weit weg, aber ich hörte nicht wirklich zu. Ich werde mitgeschleppt. Als ich meine Umgebung wieder wahrnehme, sehe ich, dass ich zum Schießfeld gebracht werde. Das Feld ist grau, nichts wächst am Boden. Es stinkt nach Kotze und dem Geruch von Tod. Ich stolpere und sehe mich um. Der Offizier steht vor mir, mit einer Pistole. Er grinste immer noch, und seine Augen lächeln. Das macht ihm Spaß. Er will meinen Schmerz sehen, meine Angst, aber ich lasse ihn das nicht sehen. Ich halte meinen Kopf hoch und schaue ihm in die Augen. „Das ist es, was passiert, wenn man eine schreckliche, dreckige-" Er spucke mir vor die Füße. „Schieß! Ich habe nichts mehr, wofür es sich zu leben lohnt." Ich schaue ihm immer noch ins Auge. Der Wind wirbelt um mich herum. Ich halte meine Augen offen. Ich sehe, wie sein Finger den Abzug betätigt, ich höre, wie das Geschoss zu mir rast, und ich fühle nur kurz, wie die Kugel meinen Kopf trifft. Sie nahmen alles mir: meine Familie, mein Leben, meine Identität, meine Religion, mich selbst. Ich habe wirklich nichts mehr, wofür es sich zu leben lohnt. Ich falle zu Boden.

8. November 2044
Nach einer Stunde ging ich zum Schreibtisch von meinem Lehrer. Da lag ein Foto von dem Mädchen. Magda. Ich fragte mich, wann sie gestorben war. Ich drehte das Foto um, vielleicht stand ihr Todesdatum auf der Rückseite. Ja, da war es in dunkler Tinte geschrieben: 8. November 1944. Die Sonne schien nicht mehr, und irgendwie wollte ich nicht mehr draußen in der Sonne liegen. Die Bäume sahen halb tot aus wie Skelette. Sie erinnerten mich an Magdas Gesicht, in dem man die Knochen durch ihre Haut sehen konnte. Wie ein Skelett. Der Wind wirbelte um mich herum, kalt und unversöhnlich. 8. November 1944. Ich werde mich an dieses Datum immer erinnern.

Emily Alexander und Elani Swanepoel
International School Augsburg Gersthofen, Klasse 8

Meine Zukunft

1. In meiner Zukunft möchte ich gerne als Ärztin arbeiten.
2. Später einmal werde ich Patienten haben.
3. Ich freue mich auf die Ausbildung.
4. In meiner Zukunft möchte ich gerne als Ärztin arbeiten.
5. Ich werde eine eigene Praxis haben.
6. Vielleicht werde ich mal Kinderärztin.
7. In meiner Zukunft möchte ich gerne als Ärztin arbeiten.
8. Später einmal werde ich Patienten haben.

Zeynep Yumurtaci
Helen-Keller-Schule Dinkelscherben, Klasse 5G

Wir müssen etwas unternehmen!

Die Welt in 50 Jahren! Jeder stellt sie sich modern mit fliegenden Autos und bester Technologie vor, doch hat jemand auch über die schlechten Seiten nachgedacht? Wie wäre es, wenn es keine grünen frischen Pflanzen mehr gäbe und die Luft so verschmutzt wäre, dass keine Menschenseele zu finden wäre? Würdest du diese Welt auch so toll finden? Was wäre, wenn das Plastik, welches wir jetzt einfach umherwerfen, die Welt so verschmutzt, dass alle Lebewesen davon sterben, weil sie sich von diesem Plastik ernähren? Würdest du diese Welt auch so toll finden? Ich glaube nicht. Also unternimm etwas! Jeder von uns könnte ein Held für unsere Nachfahren sein! Also sei es!

Gökmen Sentürk
Staatliches Gymnasium Königsbrunn, Klasse 6e

2512

Ich lag in meinem Bett und träumte vor mich hin. Da hörte ich meine Mutter rufen: „Nils, komm, das Essen ist fertig!" Ich ging in die Küche. Am Esstisch fragte meine Mutter: „Kannst du mit Nici Gassi gehen? Ich muss noch arbeiten und du hast doch Ferien." „Ja, mach ich", erwiderte ich. Nach dem Essen zog ich mich an und ging mit Nici an der Leine in den nahen Stadtwald. Wir liefen eine Weile umher und standen plötzlich vor einem dichten Gebüsch, aus dem ein helles Licht schimmerte. Ich ging näher heran und sah eine leuchtende Tür. Da es schon spät war, beschloss ich, diese mysteriöse Tür morgen weiter zu untersuchen. Am nächsten Tag packte ich meinen Rucksack mit einem Getränk und einem Schokoriegel und zog sofort nach dem Frühstück los. Es dauerte eine Weile, den Ort wiederzufinden, aber schließlich stand ich vor der immer noch leuchtenden Tür. Ich öffnete vorsichtig die Tür, da erfasste mich ein Sog. Ich versuchte, mich dagegen zu wehren, aber der Sog zog mich durch die Öffnung und ich wurde ohnmächtig. Als ich wieder aufwachte, lag ich auf einer Wiese. War das alles nur ein Traum gewesen? Nein, es fühlte sich zu echt an. Ich bekam Angst, da ich diese Gegend nicht kannte. Es waren keine Menschen zu sehen. Plötzlich stand vor mir, wie aus dem Nichts, ein menschenähnlicher Roboter. „Wo bin ich?" fragte ich vorsichtig. Er antwortete blechern: „Du bist im Jahr 2512 in Sektor 2D." „Wie bitte? Das kann doch nicht sein! Und wo sind die Menschen?", fragte ich. „Es gibt fast keine Menschen mehr. Die Roboter haben die Herrschaft übernommen. Du musst sehr vorsichtig sein, wenn die anderen dich sehen, werden sie dich jagen. Menschen haben keinen Zutritt zu Sektor 2D." Traurig erzählte ich dem Roboter meine Geschichte. Zu meiner Überraschung versprach er, mir zu helfen, das Portal wiederzufinden. „Das ist ein Zeittor. Ich kann dir helfen, es zu finden. Während ich seinen Standort ermittle, musst du dich aber verstecken. Ich bringe dich zu einem leerstehenden Schuppen." „Wie heißt du?", fragte ich. Er antwortete: „A1". A1 brachte mich also zum Schuppen und versprach, am Abend wiederzukommen. Vor lauter Erschöpfung schlief

189

ich schnell ein. Ich erwachte durch das Quietschen der Schuppentür. Es war A1. „Ich habe dein Portal gefunden. Wir müssen uns beeilen. Die Portale werden von meinen Brüdern streng bewacht. Es gibt nur einen kurzen Moment, den monatlichen Reset, wenn wir für wenige Minuten deaktiviert werden und unsere Software aktualisiert wird. Zu deinem Glück findet dieser Reset morgen statt. Nur dann kannst du das Portal unentdeckt erreichen. Komm mit, die Zeit drängt!" A1 reichte mir den Arm und zog mich aus dem Schuppen. Draußen war es stockdunkel. „Du musst hier hinein!" A1 hob mich in eine geräumige Box, die zu schweben schien, betätigte irgendeinen Mechanismus, der die Box verschloss. Zu meiner Überraschung konnte ich problemlos atmen. „Wir setzen uns nun in Bewegung. Und sei leise", hörte ich A1 sagen. So machten wir uns auf den Weg. Es kamen uns einige andere Roboter entgegen. A1 unterhielt sich mit Ihnen. Zu meinem Glück wollte niemand wissen, was sich in seiner Box befand. Stunden später wurde mein Versteck geöffnet. Es war wieder Tag. „Wir sind da, das Portal befindet sich in unmittelbarer Nähe." A1 hob mich heraus. „In Kürze werden wir deaktiviert. Dann rennst du so schnell du kannst in diese Richtung." „Ich danke dir A1", sagte ich überglücklich. „Du hast mich gerettet! Werde ich dich jemals wiedersehen?" „A1 wird dich finden, wenn ..." „A1? A1?", weshalb spricht er nicht weiter, dachte ich mir. Doch ich begriff sofort: „Er ist deaktiviert! Der Reset hat begonnen!" Ich begann, augenblicklich in die von meinem Roboterfreund beschriebene Richtung zu rennen. Da war das Tor! Und eine Unmenge von Roboternstand davor! Alle daktiviert. Wie in einem Slalomlauf jagte ich zwischen den Robotern hindurch. Plötzlich hörte ich ein lautes Quietschen. „Sie sind wieder Online!", fuhr es mir durch den Kopf, und ich riss die Portaltür auf. Sofort erfasste mich wieder der Sog. Einmal mehr verlor ich das Bewusstsein. Kurze Zeit später fand ich mich mitten im Stadtwald wieder. Ich lief nach Hause. Unser Haus stand wieder da, wo ich es verlassen hatte. Als ich die Haustür öffnete, kam mir Nici schwanzwedelnd entgegen. Ich umarmte sie heftig. Zum Glück war ich wieder in der richtigen Zeit gelandet!

Julius Seibold
Staatliches Gymnasium Königsbrunn, Klasse 5F

Portal

Es war das Jahr 2010. Alles sah anders aus, und KI war nicht so bekannt.
Bis sich ein Portal öffnete. Ich ging hinein, und plötzlich sah alles anders aus. Die Häuser, Autos, alles Mögliche sahen modern aus. Die KI war

überall zu sehen. Man sah die KI arbeiten und Leute ihre Jobs verlieren. Die KI war sogar als Journalist im Fernsehen zu sehen. Ich fühlte mich, als wäre ich in einer anderen Dimension. Ich ging weiter und sah ein Taxi, ein fliegendes Taxi sogar, und sah, dass es auch von KI gesteuert wurde. Ich sagte: „Bitte in die Innenstadt." Nach gefühlt drei Minuten kam es an, und dann war ich in der Innenstadt, wo alles einfach neu war. Ich ging weiter, bis ich ein Portal sah, und hindurchging. Dann war wieder alles normal.

Eron Sadiku
Mittelschule Gersthofen, Klasse 8c

Ein unglaublicher Vormittag

Tom stapfte die Treppe hinab. Seine Mutter hatte ihn gebeten einige Äpfel für den Apfelkuchen aus dem Keller zu holen. Tom betrat den ersten Raum. Links und rechts standen Regale voller Bücher und an der Wand lehnten einige alte Bilderrahmen. In der Ecke des Zimmers stand Papas Basteltisch. Hier reparierte er seine Model-Eisenbahnen. Daneben stand ein Korb mit saftigen, roten Äpfeln aus ihrem Garten.

Tom schnappte sich den Korb. Beim Hochheben fielen zwei Äpfel auf den Boden und kullerten unter Papas Arbeitstisch.

„Oh, die beiden Äpfel müssen natürlich auch mit. Mama braucht sie unbedingt für ihren Kuchen", murmelte Tom. Er stellte den Korb nochmal ab und legte sich auf den Boden. Dann robbte er unter den Tisch. In der Ecke lagen die beiden verschwundenen Äpfel.

„Was ist das denn für ein seltsames Buch?" Tom hatte in der hinteren Ecke ein altes Buch entdeckt. Er griff danach und kroch unter dem Tisch hervor. Auf dem Buch war eine dicke Staubschicht. Tom wischte den Dreck weg und schlug das Buch in der Mitte auf. Auf der Seite war eine große Null geschrieben und darunter war ein Korb mit Äpfeln gemalt.

Tom blättert zum Buchanfang. Dort war eine Acht notiert. Vor der Acht stand ein Minuszeichen. „Was bedeutet das nur?", wunderte sich Tom. Unter der Zahl war ein Bild von einem Baby in einem Maxi-Cosi. Er wischte mit den Fingern über das Blatt.

Plötzlich wurde ihm schwindlig. Ihm wurde schwarz vor Augen und er musste sich setzen. Das Buch fiel auf den Boden. Er kam wieder zu sich und wusste nicht, was passiert war, aber er hatte ein komisches Gefühl und wollte nicht länger im Keller bleiben. Tom rannte nach oben. Er rief nach seiner Mutter, doch sie war nicht mehr in der Küche und antwortete nicht. Was war da nur los?

Tom sah aus dem Küchenfenster. Ein Auto kam herangefahren. Es hielt vor ihrem Haus. Tom erkannte ihr Familienauto. Mama und Papa stiegen aus. Tom wunderte sich. Irgendwie sahen seine Eltern anders aus. Sein Vater hob aus dem Auto eine Babyschale und ging mit Mama zur Haustür. Tom rannte in den Flur. Er wollte Mama fragen, was hier los sei. Doch seine Mutter beachtete ihn gar nicht. Auch Papa hörte nicht zu. Sie kümmerten sich nur um das Baby im Maxi-Cosi.

Bei Tom kam Panik auf. Er schrie so laut er konnte: „Mama, Papa! Bin ich unsichtbar?" Als wäre Tom nur der Zuschauer in einem Film, konnte er nicht auf sich aufmerksam machen oder etwas beeinflussen.

Toms Mutter sagte zu ihrem Mann: „Öffne schon mal die Kinderzimmertür, dann trag ich Tom nach oben und lege ihn in sein Bettchen."

Jetzt endlich kam Tom der Gedanke: Das Baby, bin ich selbst. Ich muss in der Zeit gereist sein. Das hat bestimmt etwas mit dem seltsamen Buch zu tun. Er rannte in den Keller und sah das aufgeschlagene Buch am Boden liegen. Sofort nahm er es in die Hand und blätterte auf die Seite mit dem Korb voller Äpfel.

Tom überlegte: „Gerade eben habe ich doch nur den Staub von der Seite gewischt. Soll ich jetzt wieder mit der Hand über das Blatt streichen?"

Ohne weiter darüber nachzudenken, wischte er über das Bild. Wieder wurde ihm schwindlig und schwarz vor Augen. Er ließ das Buch fallen.

Da hörte er seine Mutter rufen. „Tom, was dauert denn da unten so lange?" Tom sammelte eilig die Äpfel vom Boden auf. Das Zeitreise-Buch steckte er wieder ganz nach hinten unter Papas Basteltisch. Es sollte sein Geheimnis bleiben. Jetzt musste er aber wirklich die Äpfel in die Küche bringen.

Matteo Schillinger
Grundschule Langerringen, Klasse 3b

Zurück in die Vergangenheit

Endlich ist der letzte Schultag vor den Sommerferien. Lena darf heute bei ihrer Freundin Jana übernachten. Am Abend packt Lena schnell ihre Sachen zusammen und läuft zu Jana. Oh je, es regnet in Strömen. Eigentlich wollten die beiden Mädchen eine gruselige Nachtwanderung machen. Doch Jana hat eine gute Idee: „Wir können ja eine Hausdurchsuchung veranstalten."

Jana wohnt in einem sehr alten Haus. Es gehörte früher ihrer Uroma. Zuerst gehen die beiden in den Keller. Dort ist es richtig dunkel. Das Licht ist sehr schwach. Plötzlich stolpert Lena über etwas und versucht sich an Jana festzuhalten. Aber es nützt nichts. Beide fallen in einen Spiegel, der in einer Ecke liegt. Oh, nein! Doch sie hören gar kein Klirren. „Lena, guck mal, wir stehen in einem Wald." Doch es ist kein gewöhnlicher Wald. Alles ist viel größer. Plötzlich hören sie ein Rascheln. Sie drehen sich um. Da sehen sie ein komisches Wesen. „Jana, das ist ein Dinosaurier!" Die Mädchen erschrecken und bleiben wie angewurzelt stehen. Jana hebt ihre Hand. Der Dino kommt neugierig näher und reibt seine Schnauze daran. Jana streichelt ihn vorsichtig. Plötzlich dreht sich der kleine Dino um. Er möchte, dass Jana und Lena auf seinen Rücken steigen. Geschwind bringt er sie auf eine Wiese mit vielen anderen Dinos. Alle sind ganz ruhig. Auf einmal bricht Unruhe aus. Da, ein gefährlicher T-Rex taucht auf. Alle fliehen, so schnell sie können. Der kleine Dino schnappt sich die Mädchen und rettet sie. So ein Glück! Er läuft mit ihnen einen kleinen Abhang zu einem Fluss hinunter. Doch er stolpert über eine Wurzel und Lena und Jana fliegen in hohem Bogen ins Wasser. Plötzlich liegen sie wieder auf dem staubigen Kellerboden. „Was ist passiert? Haben wir unsere Zeitreise nur geträumt?"

Rebekka Gabriel
Grundschule Steppach, Klasse 2a

Die Wikinger

1. Im Wald steht ein altes Dorf der alten Wikinger.
2. Einige fahren zur See.
3. Die Wikinger bereiten sich vor, in den Krieg zu ziehen.
4. Im Wald steht ein altes Dorf der alten Wikinger.
5. Es gab ein Festmahl, um den Sieg zu feiern.
6. In der Nacht schlafen die Wikinger in schönen Holzhütten.
7. Im Wald steht ein altes Dorf der alten Wikinger.
8. Einige fahren zur See.

Constantine Weyreter
Helen-Keller-Schule Dinkelscherben, Klasse 5G

Der unentdeckte Planet

Es sind drei Mädchen, die heißen: Flora Flug (versteht Tiere), Alona Abendzauber (beherrscht Feuer) und Paddy Penn (kann über das Wetter herrschen). Alle drei lieben es zu reiten. Floras Lieblingspferd heißt Urmel. Er ist ein hellbrauner Islandhengst. Alonas Lieblingspferd heißt

Pumarang. Er ist ein schwarzer Hengst mit einer weißen Blesse. Paddys Lieblingspferd heißt Nora. Sie ist eine Holsteinerstute. Die drei Freundinnen reiten heute mit ihren Pferden durch den Wald. Alona sagt: „Seht ihr auch dieses helle Licht, das vorne leuchtet?" Paddy antwortet: „Ja, stimmt. Los, lasst uns hinreiten und nachsehen!" Flora ruft: „Los, Urmel, schneller!" Als alle das Licht erreichen, stehen sie vor einem großen Portal. Die Pferde erschrecken sich und laufen zurück zum Hof. Die Mädchen rufen: „Urmel, Pumarang, Nora, Stopp!" „Keine Sorge! Die Pferde haben mir gesagt, dass sie zurück zum Hof laufen", versichert Flora, da sie Tiere verstehen kann. Die Mädchen gehen näher an das Portal heran und werden bei dem Versuch, es zu berühren, plötzlich eingesaugt. Dann landen sie unsanft auf einer Wiese, auf der Gummibärchenblumen wachsen und ein ausbrechender Vulkan sie mit Schokolade vollkleckert. Alona ruft: „LECKER! Das ist SCHOKOLADE!" Sie schauen sich um und sehen ein kleines Dorf ein paar Meter weiter. Paddy sagt: „Lasst uns dort eine kleine Pause einlegen." Flora findet: „Puuh, ist es hier heiß! Denkt ihr, es gibt hier etwas zu trinken?" Ein Junge schleicht sich an sie heran. Er hat mitbekommen, dass sie durstig sind und sagt: „Ist eine Brauselimonade aus unserem Zauberbrausebrunnen auch okay?" „Was ist das und wer bist du?", fragt Flora, und der Junge sagt entsetzt: „Wie ich heiße?! Ich lebe hier. Ich will erstmal wissen, wie IHR heißt!" „Ganz ruhig, ich heiße Paddy. Das sind meine besten Freundinnen Alona und Flora." Sie zeigt auf die beiden. „Okay, ich heiße Nico und bin der Sohn von dem Kioskbesitzer da vorne. Also wollt ihr jetzt eine Brauselimonade?", fragt Nico. „Gerne, wenn du uns jetzt endlich sagst, was das ist", antwortet Alona. „Na dann kommt mit, ich zeige es euch", sagt Nico und bringt sie zum Brunnen. „Hier, für euch", bietet Nico an und reicht jedem ein Glas Brauselimonade. „Danke, Nico", sagen die Mädchen. Sie nehmen einen Schluck und plötzlich schreit Alona: „PADDY, WO IST DEIN KOPF GEBLIEBEN?" Paddy kreischt: „WWWAAASSS!" Flora blickt auf ihre Hände und erschrickt fürchterlich, als sie sieht, dass ihre Hände ebenfalls verschwinden bis auf ihre Fingerspitzen, die langsam auch drohen, zu verschwinden. Nico beruhigt die drei Mädchen: „Keine Sorge, Alona, ähh, ich meine ihr drei, das ist doch nur ein Trank, der euch für zehn Minuten unsichtbar macht." Flora meint: „Ich habe so einen Hunger. Gibt's hier eine Bäckerei oder so etwas ähnliches?" Nico antwortet: „Gleich da vorne ist ein Zauberimbiss." „Ich komme mit! Ihr beiden kommt bestimmt allein klar, oder?", kichert Paddy. Alona antwortet genervt: „Haha, ja, ich komme allein klar." Paddy ruft zurück: „Okay, dann viel Spaß ihr beiden!" Sie flüstert Flora zu: „Die sind voll ineinander verschossen!" Flora flüstert zurück: „Ja und wie!" Die beiden kichern aufgeregt.

In der Zwischenzeit bei Nico & Alona: Alona fragt: „Du Nico, was ist das da eigentlich für ein komischer schwarzer Schleier?" Nico erklärt: „Das ist die böse Seite der Herrscherin Amina. Sie hasst alles, was bunt ist! Sie ist das komplette Gegenteil von ihrer Schwester Sarah, die die Herrscherin von unserem Land der Süßigkeiten ist." Als Nico fertig mit seiner Erklärung ist, kommen Flora und Paddy zurück. Alona erklärt ihnen, was sie von Nico erfahren hat, damit sie wieder auf dem neusten Stand sind. Paddy und Flora entschuldigen sich: „Sorry, wir wollten uns den Wald ansehen." Alona sagt widerwillig: „Ja, sorry, Nico wir müssen wirklich los." Und dann gehen sie los und kommen dem Wald immer näher. Auf einmal stoßen sie gegen etwas, was sie nicht sehen. „Au, was war das denn", stöhnt Paddy. Flora sagt: „Ich glaube, das ist der Eingang zur bösen Seite!" Alona kickt nachdenklich gegen einen Stein. Es stellt sich heraus, dass dieser Stein den Eingang zur bösen Seite öffnet. Die unsichtbare Wand geht langsam auf. Sie gehen vorsichtig hindurch, da erblicken sie schon in der Ferne ein schwarzes Schloss mit einem schwarzen Schleier drumherum. „Vorsicht, duckt euch!", warnt Paddy. „Achtung, ich glaube, da kommt jemand!" Das Gefolge der Herrscherin Amina ist ganz in der Nähe und kommt immer näher. Flora flüstert: „Nehmt einen kleinen Schluck von der Brauselimonade." „Gute Idee", nuscheln Alona und Paddy. Sie nehmen einen Schluck von der Brauselimonade und werden sofort unsichtbar. Sie schleichen sich in das Schloss und bemerken, dass in einem der Räume ein wichtiges Gespräch stattfindet. Sie gehen näher heran und belauschen das Gespräch der Herrscherin Amina mit ihrem Gefolge. Alona, Paddy und Flora erfahren, dass Amina das Süßigkeiten-Land erobern will! Doch auf einmal lässt der Zaubertrank nach und sie müssen schnell aus dem Schloss fliehen, um nicht entdeckt zu werden. Doch dabei stößt Alona versehentlich eine Vase um, die lautstark in tausend Stücke zerspringt. Alona rennt aber einfach weiter, als ob nichts gewesen wäre. Sie können gerade noch so hinter drei dichten Bäumen abtauchen, als sie wieder sichtbar werden. „Puuh, das war knapp!", schnaufte Paddy, als Anna, die Wächterin von Amina, außer Sichtweite war. Die drei schmieden einen Plan, wie sie das Süßigkeiten-Land retten können: Flora warnt alle Tiere. Da Paddy über das Wetter herrscht, schickt sie einen Blitz auf einen Baum, der dann umfällt. Alona setzt den Baum in Flammen, indem sie ihre Hände auf den Baum richtet und an Feuer denkt. So erscheint eine schützende Wand aus Feuer, durch die niemand hindurchkommt. Diesen Plan setzen sie erfolgreich um.

Dann feiern sie mit Nico ein fröhliches Fest an dem Kiosk seines Vaters. Anschließend wollen sie durch das Portal gehen, doch Nico hält Alona fest und schenkt ihr ein Herzfläschchen mit ewiger Brauselimonade. Erst dann gehen sie durch das Portal. Als sie wieder auf der Lichtung sind, ist es so, als wären sie nie weg gewesen. Flora sagt: „Seid mal leise … ich glaube, da kommen unsere Pferde." Und sie hat recht. Als die Pferde im Galopp auf sie zukommen, schließen sie sie sofort in die Arme.

Anna Siegmund, Amina Kaba und Sarah Feigl
Grundschule Königsbrunn-Nord, Klasse 4a

Zeitsprung Weltall

Ich wollte einmal zum Mond fliegen. Also stieg ich eines Tages in eine Mondrakete. Ich drückte den Startknopf und dann ging es los. Aber plötzlich knallte die Rakete an einen Meteoriten. Das Feuer erlosch, es wurde auf einmal still in der Rakete. Dann fiel die Rakete runter. Ich sah gerade noch einen kleinen Punkt von der Erde. Dann war sie endgültig nicht mehr zu sehen! Plötzlich machte es „Rumms!" Die Rakete landete. Ich hörte draußen an der Rakete immer nur „Knack, Knack". Ich stieg aus und erschrak. Es war ein Außerirdischer, der bösartig aussah: Er war hellrot, sein Kopf trug er unter dem Arm und er hatte dunkelrote Augen. „Hallo! Wie heißt du?", fragte der Außerirdische. „I…, I…, Ich heiße Tilda und wie heißt du?", stotterte ich. Der Außerirdische sagte: „Ich? Wer will das schon wissen … Na gut, ich heiße Moria". Moria und ich verstanden uns sofort gut und unterhielten uns lange. Moria erzählte mir, dass sie, ihre Mutter und alle anderen Außerirdischen auf dem Planeten vom bösen Zauberer Magnus verwandelt worden waren. „Aber wie saht ihr denn vorher aus?", fragte ich. „Wir sahen aus wie du!", erklärte Moria. „Also, wir nennen euch Außerirdische, aber eigentlich seit ihr auch nur ganz normale Menschen, die einfach auf einem anderen Planeten wohnen", sagte ich. „Hast du denn dann auch eine Familie?" Moria antworte: „Ich lebe mit meiner Mutter hier auf dem Planeten." „Wollen wir zu ihr gehen?", fragte ich. „Ja!", antwortete Moria. Als Moria und ich bei Morias Mutter angekommen waren, sagte die Mutter: „Huch! Wen bringst du denn da mit, Moria?" „Das ist Tilda!", stellte sie mich vor. „Hallo, Tilda, ich heiße Katharina, aber du kannst mich auch Kati nennen", erklärte Kati. „Mama, Tilda und ich wollen uns zurückverwandeln gehen, geht das?", fragte Moria. „Ja, das würde eigentlich gehen, aber nehmt euch Proviant mit und diese Feder. Damit könnt ihr den bösen Zauberer Magnus dazu bringen, den Zauber aufzuheben." Also gingen

Moria und ich zu dem Schloss des bösen Zauberers Magnus. Wir liefen über den Schlosshof. Da sahen wir plötzlich Wachen, die auf uns zuliefen. Wir rannten los und schafften es gerade noch über die Zugbrücke. Wir liefen nach Hause. Am nächsten Morgen gingen wir erneut zum Schloss. Da kamen noch einmal Wachen angelaufen. Wir wollten wieder über die Zugbrücke, aber sie ging zu. Da schnappten uns die Wachen und zerrten uns in das Verlies. Wir saßen ein bisschen da, und ich wollte schon aufgeben, aber Moria drückte plötzlich an einem Mauerstück. Sogleich erschien ein Tunnel, und wir gingen hindurch. Als wir am Ende waren, klappten wir eine Tür auf – ganz, ganz leise. „Da ist er!", flüsterte Moria. „Der Zauberer Magnus?", flüsterte ich zurück. „Also, auf 1, 2, 3 gehen wir rein und kitzeln ihn mit der Feder, ok?", fragte Moria. „Ok!", antwortete ich. Gemeinsam zählten wir: 1, 2, 3 – dann sprangen wir heraus. Der Zauberer konnte gar nicht so schnell reagieren, denn da hatten Moria und ich ihn schon gekitzelt. Alle verwandelten sich wieder in ihre Gestalt und der Zauberer zerfiel. Alle gemeinsam reparierten wir die Rakete, und ich konnte wieder nach Hause fliegen.

Johanna Unger
Grundschule Bobingen an der Singold, Klasse 2A

Sprung in die Zukunft

Es war ein ganz normaler Freitagnachmittag. Samira und Magdalena liefen nach der Schule nach Hause, auf dem Weg entdeckten sie ein leuchtendes und bunt schimmerndes Portal. Sie dachten sich nichts dabei und gingen hindurch. Auf einmal befanden sie sich am selben Ort wie gerade eben, doch irgendetwas war anders. Es gab fast keine Natur mehr. Sie waren zwanzig Jahre in die Zukunft gerutscht. Es gab keine echten Blumen, keine echten Wiesen und schon gar keinen Wald mehr. Alles war ersetzt worden. Es gab nur noch Kunstblumen, Kunstrasen und der Wald war überhaupt nicht mehr da. Samira und Magdalena dachten sich: „Wir müssen unbedingt die Natur retten, aber wie?" Nach einigen Überlegungen fiel Samira plötzlich die rettende Idee ein. Sie meinte: „Wir müssen Blumen und Bäume pflanzen, wenn wir die Natur retten wollen. Aber dazu brauchen wir sehr viele Helfer. Wenn wir hier wirklich in der Zukunft gelandet sind, müssten wir noch alte Schulfreunde haben, die uns helfen könnten. Wir müssen sie nur finden. Wir gucken in ihren früheren Häusern nach. Wenn wir einfach geradeaus gehen und dann vorne rechts abbiegen, sind wir schon bei unserer ersten Freundin Ida."

Wir klingelten neugierig an der Haustür von Ida. Sie öffnete uns die Tür und sagte: „Hallo, kenne ich euch nicht irgendwoher? Ihr seid doch Samira und Magdalena aus der Grundschulzeit." Samira und Magdalena antworteten: „Ja, sind wir. Wir brauchen unbedingt deine Hilfe. Wir müssen die Natur retten, aber zuvor müssen wir noch Ilaria abholen. Hilfst du uns?" Darauf rief Ida: „Natürlich helfe ich euch! Los geht es." Zum Glück wohnte Ilaria nur zwei Häuser weiter. Da vorne war es schon. Sie klingelten aufgeregt an Ilarias Tür. Ilaria machte auf und sagte das Gleiche wie Ida. „Hallo, kenne ich euch nicht irgendwoher? Ihr seid doch Magdalena, Samira und Ida aus der Grundschulzeit. Daraufhin antworteten Magdalena und Samira: „Ja, sind wir. Wir brauchen deine Hilfe. Wir müssen die Natur retten. Gemeinsam stiegen sie in den Bus und fuhren zum einzigen Blumenladen der Stadt. Es war ein ziemlicher Schock für sie, denn es gab nur noch eine einzige Blume im ganzen Laden. Stattessen kauften sie alle Blumensamen und alle Baumsetzlinge, die noch im Laden vorhanden waren. Ida meinte: „Wenn wir zwei Gruppen bilden, sind wir schneller." Das stimmte! Samira und Ilaria waren für die Blumen zuständig und Magdalena und Ida für die Bäume. Sie zogen sofort los. Samira und Ilaria taten sich am Anfang schwer, aber dann pflanzten sie alle Blumensamen im Park ein. Bei Magdalena und Ida klappte es direkt, sie pflanzten sehr viele Bäume, eigentlichen ein komplettes kleines Wäldchen. Spätabends trafen sie sich vor dem Blumenladen wieder. Magdalena fragte: „Wo sollen wir heute eigentlich schlafen?" Daraufhin antwortete Ida: „Ihr könnt alle drei bei mir übernachten." Also gingen die vier zu Ida nach Hause und bauten sich dort ein riesengroßes Matratzenlager auf, in dem sie bald nach diesen aufregenden Erlebnissen und der schweren Arbeit erschöpft einschliefen. Am nächsten Tag hatte sich die Natur schon wieder ein wenig erholt. Die Blumen wuchsen langsam wieder genauso wie der Wald. Die Natur in unserer Zukunft war durch ihren gemeinsamen Einsatz gerettet worden. Aber nun kam der traurige Teil dieses Tages. Samira und Magdalena mussten wieder zurück in ihre Zeit. Sie mussten nur noch die Stelle finden, an der sie zuletzt durch das Portal gegangen waren. Bald erblickten sie auch schon ein bunt schimmerndes Portal. Sie stiegen hindurch und schwups waren sie wieder in ihrer Zeit. Sie dachten sich: „In der Zukunft läuft jetzt bestimmt alles super!" Das stimmte auch. Erleichtert liefen sie nach Hause. Sie wussten, dass sie dieses Erlebnis nie vergessen würden.

Samira Hofmeier und Magdalena Hitzler
Grundschule Altenmünster, Klasse 4a

Das unglaubliche Gegenteilland

Meine Freundinnen Bayan, Lea, Diana und ich haben eine Zeitmaschine gefunden. Wir waren im Privatwald in Italien und fanden in der Nähe eines Busches eine stinkende Zeitmaschine. Sie roch nach Schweiß und Desinfektionsmittel. Unsere tollpatschige Freundin Lea lief gegen die Zeitmaschine, und wir machten uns Sorgen, weil sie plötzlich anders war als die anderen. Wir liefen ihr hinterher, sie drückte ein paar Knöpfe und wir wurden alle in eine andere Welt hineingezogen. Als wir ankamen, war alles sehr dunkel, aber es war auch sehr heiß (+120°C). Auf einmal kam uns eine Schlange, ein Fuchs und ein Koala entgegen. Wir erschraken uns sehr, weil wir hörten, wie die Tiere miteinander kommunizierten. Sie redeten hcsissur und Diana, unsere Freundin verstanden es, weil sie hcsissur sprach. Sie fragte: „Wo sind wir gelandet und welches Jahr ist es?" Der Koala antwortete: „Ihr seid in Uaksom gelandet, im Jahr 4202." Wir waren alle geschockt! Aber Pia realisierte, dass wir im Gegenteilland gelandet waren und Uaksom eigentlich Moskau heißen sollte und wir im Jahr 2024 gelandet waren. Wir haben entschieden, dass wir zusammen mit den Tieren die Welt retten wollten, weil es der Welt so schlecht ging. Wenn es der Erde schlecht ging, dann musste man ihr ja helfen. Als die Tiere uns in die Stadt führten, haben wir gesehen, wie sich ein paar Menschen jagten. Wir haben uns schnell versteckt, da wir Angst hatten. Als sie weg waren, beruhigte uns das sehr.

Der Koala brachte uns in seine Wohnung. Sie war großartig und wir fühlten uns wie zu Hause. Als wir Tee getrunken und Cookies gegessen haben, bot er uns an, bei ihm zu übernachten. Wir nickten, da wir keine andere Wahl hatten. Als wir um Mitternacht aufwachten, war Lea noch am Pennen. Wir versuchten, sie aufzuwecken, aber es hat nicht funktioniert. Pia schlug vor, dass wir uns eine Runde umsehen sollten. Wir waren einverstanden, und wir machten uns auf den Weg nach draußen. Wir sahen ein Schild mit der Aufschrift „Krap". Bayan meinte, dass es Park heißen könnte. Danach liefen wir in die Richtung, wohin das Schild zeigte und wir sahen noch ein Schild mit der Aufschrift „Ztalpsuahtar". Wir drei realisierten, dass diese Aufschrift „Rathausplatz" heißen sollte. Als wir uns umdrehten, um in die Richtung gehen wollten kam uns jemand entgegen. Es war Lea, die mit rotem Kopf kam. Sie sagte: „Also, Leute, ähm, also." Wir unterbrachen sie und sagten: „Ja, was ist?!" Sie erzählte: „Eine Schlange hatte mich gebissen", und zeigte uns die Bisswunde. Danach fügte sie noch hinzu: „Der Koala ist ein Mensch geworden und hat mich gesehen. Ich bin weggerannt, sah euch und dann bin ich hieher gerannt!" Wir erschraken und gingen wieder zur Zeitmaschine. Es zeigte auf das Display: „Ihr braucht zwei Münzen, um wieder in die Gegenwart zu kommen. Sucht am Rathausplatz." Wir gingen zum Park, da wir wussten, dass dort das Schild mit der Aufschrift „Ztalpsuahtar", was „Rathausplatz" bedeutete. Als wir ankamen, sahen wir das Schild. Wir gingen in die passende Richtung. Wir suchten auf dem Asphalt. Am Ende gaben wir auf, doch auf einmal hob Pia ihren Kopf und schaute zum Fenster, und da klebte etwas. Tatsächlich! Da war eine flache Schachtel, darin lag eine Münze. Wir freuten uns so, und Lea ist fast zusammengebrochen. Aber dann ist sie doch in Ohnmacht gefallen. Wir sind Richtung Zeitmaschine gegangen. Plötzlich kam der Koala zu uns. Er meinte: „Mann, Mann, Mann, ihr versteht es nicht …" „Wir verstehen sehr wohl", sagte Diana. „Es sieht so aus, dass ihr uns töten wollt, um in unsere Welt zugelangen." Der Koala gab alles zu und meinte: „Unserer Welt geht es schon Jahrzehnten nicht gut. Wisst ihr, die Aliens kamen vor ein paar Jahren zu uns und haben alles zerstört!" Der Koala sah so traurig aus, dass wir ihn hätten trösten müssen. Aber wir taten es nicht, da wir wussten, dass er uns betrogen hatte. Also ließen wir ihn stehen und gingen zur Zeitmaschine. Als wir ankamen, wurden wir von einem unerwarteten Geschehen überrascht. Die Zeitmaschine war zerstört worden. „Wie ist das möglich? Wir waren doch noch vor 30 Minuten da?", meinte Lea. „Das stimmt allerdings", sagte Pia schockiert. Wir wussten, dass wir sie reparieren mussten, aber es würde eine halbe Ewigkeit dauern. Nach ungefähr vier Stunden hob Bayan ihren Kopf: „Wenn wir so weitermachen, dann werden wir es schaffen!" „Juhhhhuuuuu, endlich", rief Diana froh. Das Display zeigte an: „Sucht hier die zweite Münze, sie ist nicht weit weg." „Perfekt", meinte Pia. „Da, da, da ist eine Mauer, vielleicht ist da die Münze." „Klingt gut", meinte Lea. „Da stand „HIER" und dort war auch eine Münze." „Ist das nach so vielen Rätseln endlich das Ende?", fragte Bayan. Diana schlug auf Bayans Hand. „Au!" „Uns wurde es nicht leicht gemacht. Wenn da steht „Hier", dann meint man auch „Hier"." Diana tippte auf den Stein, was auf der Schachtel zu erkennen war und dabei klappte sie auf. Darin war eine Münze. Wir warfen die Münze in die reparierte Zeitmaschine. Sie zeigte an: „Ihr habt alle Münzen gefunden! Prima. Nun könnt ihr wieder in die Gegenwart zurück." „Da wollen wir auch wieder hin!", riefen wir alle gleichzeitig. Auf einmal gab es einen heftigen Blitz, und wir waren alle wieder in der

Gegenwart. Wir saßen alle gemütlich auf einem Stein im Park. Da riefen wir alle: „Das war ja ein Erlebnis!" Und nun ging der Tag ganz normal weiter, wie jeder andere Tag auch.

Pia Kügle, Bayan Alhussain, Diana Frey und Lea SalaovicStaatliche
Realschule Neusäß, Klasse 6E

Zeitreise-Technologie kann gefährlich sein

18. Juni 2711. „Wo bin ich", frage ich mich. „Hat es funktioniert?" Ich befinde mich in meinem Schlafzimmer, jedoch ist es irgendwie … anders. Ich erkenne, dass es mein Schlafzimmer ist, aber es ist nicht dasselbe. Alle Möbel sind anders und umgestellt, nur die Wände sind gleichgeblieben. „Es hat geklappt! Ich bin in der Zukunft!", freue ich mich und springe glücklich durchs Zimmer. Plötzlich höre ich Schritte, die auf die geschlossene Zimmertür zukommen. „Das muss einer von den Besitzern sein, Mist!", denke ich mir und suche mir schleunigst ein Versteck, um nicht entdeckt zu werden. Die Tür geht auf. „Hallo?", ertönt eine sanfte, nett erscheinende weibliche Stimme. „Wer ist hier? Was wollen sie hier?" „Versprechen sie mir, mir nichts anzutun?", frage ich etwas nervös. Sie versichert mir, dass sie mir nichts Schlimmes antut und ich rauskommen soll. Also ergebe ich mich und komme unter dem Bett hervor. Die Frau kommt mir sehr bekannt vor, aber ich weiß nicht, wem sie ähnlich sieht. Jedenfalls muss ich die wichtigste Frage klären: das Datum. Also frage ich die Frau: „Können sie mir bitte sagen, welches Jahr wir haben?" Verwirrt antwortet sie: „2711? Warum fragst du mich danach?" Ich versuche ihr zu erklären, dass ich aus dem Jahr 2024 komme und eigentlich hier wohne. Aufgrund dessen, dass ich die Zeitreise in meinem Schlafzimmer absolviert habe, welches ebenfalls in diesem Zimmer ist, bin ich auch hier rausgekommen. Zuerst starrt sie mich ein paar Sekunden an, und schließlich wirft sie mich wütend aus der Wohnung. Also begebe ich mich dorthin, wo ich hin muss: Zürich. Mir fällt aber im Taxi plötzlich auf, dass ich nicht einmal Zugtickets habe, weshalb ich mich aufgrund von Zeitmangel zum Schwarzfahren entscheide. Ich steige also in meinen Zug und setze mich auf einen Platz im hinteren Teil des Zuges. Als der Kontrolleur kommt, versuche ich die Masche mit dem Schlafen, und tatsächlich klappt es sogar, jedoch fühle ich mich jetzt doch eher schlecht. Ich kaufe schlussendlich bei meiner Umsteigesstation doch ein Ticket und komme nach insgesamt dreieinhalb Stunden am Züricher Hauptbahnhof an. Jetzt noch ein Hindernis: Wie komme ich jetzt zum Labor von

Hashemi? Hashemi ist ein Freund von mir, welcher ebenfalls eine Zeitreise, in hoffentlich dasselbe Jahr in dem ich bin, gemacht hat. Nur so: Hashemi hat das Gebäude überfallen und das Labor übernommen. Wie sonst sollten wir ein Labor in der Zukunft besitzen? Jedenfalls trete ich in das total leere Gebäude ein und suche Hashemi: „Hashemi?", rufe ich und höre, wie der Hall meiner Stimme immer weiter geht, „Bist du hier?" Ich höre langsame Schritte in meine Richtung kommen. „Hashemi? Bist du das?". „Niemals! Ich dachte es hat nur bei mir geklappt! Wie geht's dir!", ruft der aus der Dunkelheit gekommene Hashemi und rennt auf mich zu. „Also. Jetzt haben wir uns ja wieder zusammengefunden, aber wohin jetzt?", fragt Hashemi aufgeregt „Die Agentur soll sich südwestlich von Zürich auf einer abgelegenen Wiese umgeben von Bergen in der Nähe eines Waldes befinden. Nur gibt es da ein Problem: So einfach kommt man da jetzt nicht hin ... Wir müssen einen Plan machen, Hashemi", sage ich entschlossen. „Zuerst müssen wir herausfinden, wie wir unbemerkt dorthin gelangen können. Die Agentur darf nichts von unserer Anwesenheit mitbekommen." Hashemi nickt zustimmend und schlägt vor, dass wir uns unauffällige Kleidung besorgen und den öffentlichen Nahverkehr nutzen, um nicht aufzufallen.
Nachdem wir uns mit den nötigen Utensilien ausgestattet haben, machen wir uns auf den Weg zur abgelegenen Wiese südwestlich von Zürich. Unterwegs erzähle ich Hashemi von meiner Zeitreise und wie ich in dieser veränderten Zukunft gelandet bin. „Ok, ist ja alles schön und gut. Aber meinst du nicht auch, dass unsere Präsenz in dieser Zeit ein paar Konsequenzen mit sich bringt?", fragt er besorgt. „Was meinst du?" „Naja, wir gehören hier doch eigentlich gar nicht hi..." „Ach, pffft, was soll schon passieren?", unterbreche ich ihn. Als wir endlich am Ziel ankommen, sehen wir die abgelegene Wiese umgeben von Bergen. Die Agentur hat hier offensichtlich ihre Basis. „Wie gehen wir vor, Hashemi?", frage ich. Er erklärt, dass wir uns zunächst unauffällig an die Wiese heranschleichen müssen, um nicht von den Sicherheitssystemen erfasst zu werden. Dann planen wir, uns Zugang zum Inneren zu verschaffen, ohne Alarm auszulösen. Wir schleichen uns behutsam näher und finden einen unauffälligen Eingang. Mit geschicktem Vorgehen schaffen wir es, unbemerkt an den Sicherheitsvorkehrungen vorbeizukommen. Im Inneren stoßen wir auf Mitarbeiter der Agentur, die nichts von unserem Eindringen bemerken. „Miran, wir müssen vorsichtig sein und Informationen sammeln, bevor wir handeln", flüstert Hashemi. Gemeinsam setzen wir unseren Plan in die Tat um, und hoffen, dass wir

unentdeckt bleiben, während wir uns durch die Agentur bewegen und nach Antworten suchen. In den dunklen Gängen der Agentur schleichen wir uns weiter voran, immer auf der Suche nach Hinweisen und Antworten. Die Flure sind wie ein Labyrinth, und wir müssen uns vor den Überwachungskameras in Acht nehmen. Plötzlich hören wir gedämpfte Stimmen in einem Raum. Vorsichtig öffnen wir die Tür einen Spalt und sehen einige Agenturmitarbeiter, die über neue Experimente und Technologien sprechen. Eine Information sticht dabei heraus – sie planen, die Zeitreise-Technologie weiterzuentwickeln und zu kommerzialisieren. Hashemi und ich tauschen einen besorgten Blick aus. Die Konsequenzen einer solchen Entwicklung könnten katastrophal sein. „Wir müssen verhindern, dass sie die Technologie missbrauchen", flüstert Hashemi. „Aber wie, ohne aufzufallen?"

Wir beschließen, uns Zugang zum Kontrollraum zu verschaffen, um ihre Pläne zu durchkreuzen. Schritt für Schritt arbeiten wir uns vor, bis wir vor der Tür zum Kontrollraum stehen. „Wir müssen schnell und präzise handeln", erkläre ich und spüre die Anspannung in der Luft. Mit einem geschickten Hack gelingt es uns, die Sicherheitssysteme zu umgehen und den Kontrollraum zu betreten. Auf den Monitoren sehen wir die Zeitreise-Protokolle und die laufenden Experimente. Es gibt keinen Zweifel – wir müssen diese Technologie stoppen, bevor sie in falsche Hände gerät.

Plötzlich hören wir Schritte im Flur. Die Agenturmitarbeiter sind auf dem Weg zum Kontrollraum. „Schnell, Hashemi! Wir müssen einen Notfallalarm auslösen und gleichzeitig die Daten löschen", flüstere ich. Gemeinsam setzen wir alles daran, unsere Spuren zu verwischen und die Agentur im Dunkeln zu lassen. Mit einem letzten Blick auf die Monitore verlassen wir den Kontrollraum und schleichen uns zurück durch die Gänge. Unentdeckt und ohne Alarm auszulösen, erreichen wir den Ausgang und kehren zur abgelegenen Wiese zurück. „Das war knapp", atme ich auf. „Aber wir haben es geschafft, ihre Pläne zu durchkreuzen." Hashemi nickt zustimmend. „Jetzt müssen wir sicherstellen, dass diese Zeitreise-Technologie nicht in falsche Hände gerät. Die Zukunft darf nicht manipuliert werden." Gemeinsam machen wir uns auf den Weg, die notwendigen Schritte zu unternehmen, um die Technologie zu sichern und ihre missbräuchliche Verwendung zu verhindern. Unsere Reise durch Raum und Zeit hat gerade erst begonnen, und wir müssen wachsam bleiben, um die Balance der Realität zu schützen.

Miran Karaca
Staatliches Gymnasium Königsbrunn, Klasse 7D

Das geheime Portal

Es war einmal ein Plankton, der von seinem langen Arbeitstag nachts nach Hause wollte. Er lief und sah etwas leuchten: ein verlassenes Haus, wo Dr. Doofenshmirtz früher gearbeitet hatte. Es kamen blaue Lichtstrahlen aus dem linken Fenster. Die Tür war offen, es war aber dunkel. Er ging hinein, und dann hörte er ein Geräusch im Flur. Er sah ein Badezimmer, aus dem durch die offene Tür blaue Lichtstrahlen fielen. Er sah hinaus und er lief die Treppen hoch, die im Haus waren. Dann wurde es lauter. Mit jedem Schritt, den er hochging, wurde es lauter: das Geräusch eines Kühlschranks. Er war oben und auf einmal war da ein Portal wie in dem Film, den er gestern Abend geguckt hat. Er sah das Portal. Es war blau, mit einem leichten schwarzen Rand. In der Mitte waren blaue Spiralen. Er blieb dreißig Sekunden stehen und dachte nach, was er tun sollte. Das Geräusch wurde jede Sekunde lauter, und auf einmal saugte das Portal ihn ein. Er war plötzlich in einer anderen Welt an einem Strand mit Sand und keinen Menschen. Es war eine große Insel. Er sah klares Wasser. Die Sonne schien. Auf einmal sah er fliegende Tiere, die wie Dinos aussahen. Er hörte Geräusche am Strand. Hinter ihm war ein grünes Feld mit Blumen und vielen Bäumen. Das Geräusch hörte sich an wie ein Tier, das Pflanzen fraß. Er ging den Stand entlang. Nach zehn Minuten Laufen sah er das große Tier, es war ca. zwanzig Meter groß und sein Hals war ca. fünfzehn Meter lang. Es sah ihn für fünf Sekunden an, danach aß es weiter. Plankton fing an zu schreien. Er rief: „Wo bin ich hier?" Es kamen keine Laute zurück. Er ging wieder zum Strand, weil er großen Durst hatte, und dann trank er das Wasser. Es roch nach tropischen Früchten. Es schmeckte nach Mango, Ananas und Bananen. Auf einmal war er wieder an der Straße, wo das Haus stand, und er ging wieder in das Haus, wo die Tür wieder offen stand. Es kamen wieder Geräusche von oben wie von einem Kühlschrank. Er ging die Treppen hoch, er sah wieder das Portal, aber diesmal war es schwarz. Daneben lag ein blauer Stein. Er warf den Stein weg. In dem Moment kam ein blauer Funken und das schwarze Portal verschwand, der Stein auch. Dann war er wieder zuhause in seinem Bett.

Daniel Stakor
Helen-Keller-Schule Dinkelscherben, Klasse 8G

Armbänder

Sie stand vor einer großen, unbekannten Fläche umrundet von modernen Häusern mit vielen Pflanzen und Straßen, die sich dazwischen verloren.

Sie wusste nicht, wo sie war, deshalb fragte sie einen älteren Mann mit freundlichen Augen: „Hallo, Entschuldigung, wo bin ich hier?" „In der Innenstadt", antwortete der Mann lächelnd. „Und welches Jahr ist es?" Zeitreisen waren zwar unmöglich, aber dieser Ort sah nicht aus wie aus ihrer Zeit. „3071", sagte der Mann mit deutlicher Verwirrung auf seinem Gesicht. Als das Mädchen ihn nur ungläubig anstarrte, wurde er besorgt, doch er stand unter leichtem Zeitdruck und wollte schon weitergehen, als er ihre Handgelenke bemerkte. „Wo ist dein Armband?" „Ich hab keins." „Dann solltest du verschwinden. So schnell wie möglich." „Aber warum?", fragte das Mädchen voller Verwirrung. Der Mann zog sie schnell, aber sanft in eine Nebengasse und fing an, immer schneller zu erklären. „Hör mir jetzt gut zu, Mädchen. Es gibt ein System. Jeder bekommt bei seiner Geburt ein Armband von jemand anderem. Wenn du kein Armband hast, bekommst du eins und wirst somit an das System gekettet. Dann musst du versuchen, dein Armband, welches von einem Fremden getragen wird, zu finden, um zu einer idealen Person zu werden. Denn jedes Armband hat eine Eigenschaft, die du erbst, wenn du es trägst. Du kannst z. B. zu schön, zu schlau, zu arrogant oder zu aggressiv sein. Jede Eigenschaft, die dir einfällt, hat ein zugehöriges Armband und wenn du dein perfektes Armband findest, werden deine Eigenschaften ausgeglichen und du wirst ein idealer Mensch, aber somit auch ein Roboter, denn du verlierst auch deine ganze Persönlichkeit. Danach wirst du in die Hauptstadt mitgenommen und lebst dort in Frieden und ohne Not, dafür mit Hunderten von anderen Menschen, die genauso sind wie du. Dort gibt es keine Identitäten. Und was nutzt schon der Frieden, wenn du nicht wirklich da bist, um ihn zu spüren? Also flieh aus dieser Stadt und versteck dich in einem unbekannten Land, solange es noch geht. Sei vorsichtig." Sie glaubte ihm. Deswegen machte sie sich nicht die Mühe zu antworten und fing an zu rennen. Plözlich war das Mädchen in ihrem Bett. Sie schaltete die Lampe an und setzte sich auf. Es war vielleicht kein schöner Traum gewesen, aber eine sehr gute Idee für ihr neues Buch.

Chiara Leontjev
Staatliches Gymnasium Königsbrunn, Klasse 8b

Gabriels Mondflug

Während der Coronazeit langweilte ich mich fürchterlich, da ich nicht zu meinen Freunden in die Schule konnte. Als auch noch mein Computer zu streiken anfing, stöberte ich in meinem Bücherschrank und stieß zufällig auf das Lieblingsbuch meiner Kindheit: „Peterchens Mondfahrt" von Gerdt von Bassewitz. Ich begann darin zu blättern und zu träumen von den vielen Abenteuern des Titelhelden: Von Peters und Annelieses Flug mit dem Maikäfer Herrn Sumsemann zum Sandmännchen auf die Sternenwiese, von Peters Schlittenfahrt auf der Milchstraße, vom Fest im Schloss der Nachtfee mit den Naturgewalten und der Mondkanone, mit der man auf den Mondberg geschleudert wird, wo es zum Kampf auf Leben und Tod mit dem Mondmann kommt. Ich musste lachen. Dieses Buch war mir unvergessen, aber es war ein Märchen. Trotzdem hatte es mich angestachelt, eine Reise zum Mond als Urlaubsreise zu planen.

Im Jahre 2024 wurde ich im Internet fündig: Das Reiseportal Virgin Galactic versprach dort, mir meinen Kindheitstraum zu realisieren, Raum und Zeit wie im Märchen zu überwinden und das Weltall zu ergründen. Der Preis für eine solche Reise ins Weltall war allerdings unerschwinglich: satte 450 000 US-Dollar, so dass sich mein Traum in Luft auflöste und ich mit meinen Eltern Urlaub auf den Malediven verbringen musste.

2074: Ich war jetzt 64 Jahre alt. Die Welt hatte sich vollständig verändert. Die Korallenriffe der Meere waren zerstört, sodass die Haifische die Urlauber am Strand verjagten und schlimmer noch: Kreuzfahrtschiffe kamen im plastikverseuchten Gewässer nicht mehr voran, und der Erdball hatte sich so erhitzt, dass in Urlaubsländern immer wieder tödliche Waldbrände ausbrachen. Schließlich waren Inselgruppen wie die Malediven durch den Anstieg des Meeresspiegels verschwunden. Niemand wollte mehr seinen Urlaub auf der durch die Umweltverschmutzung fast unbewohnbaren Erde verbringen, so dass Flüge durch die Galaxien wegen des ausbrechenden Ansturms auf Weltallreisen spottbillig wurden. Es war aber nicht nur der sehr günstige Preis, sondern ein völlig unvorhergesehenes Ereignis, das die Urlauber in das Universum strömen ließ. Aliens aus einer anderen Galaxie waren in Sibirien gelandet und hatten mit ihren Wunderwaffen die russische Regierung vertrieben und so den Krieg beendet. Anschließend hatten sie sich mit den Amerikanern verbündet, die mit Babelspeak auch die Sprache dieser galaktischen Eindringlinge entschlüsseln konnten. Der NASA, zusammen mit privaten Unternehmen wie Intuitive Machine, Musks SpaceX und vielen Start-ups gelang es, sich das kosmische Wissen dieser Aliens anzueignen, so dass es zu Quantensprüngen in der Weltraumforschung kam, was schließlich dazu führte, dass der Mond und der Mars wie die Erde eine Atmosphäre bekamen, die Leben auf den

Erdtrabanten ermöglichten. Der Triumph der Technik war galaktisch, und die Menschheit konnte wieder Hoffnung schöpfen, bei Zerstörung der Erde auf andere Planeten oder Galaxien auszuweichen.

Jetzt war ich in einer Weltraumrakete auf dem Kennedy-Space-Center in Florida. Dieses Raumschiff hatte den Komfort eines Kreuzfahrtschiffs mit leckeren Speisen und Getränken, einem Schwerelosigkeitspool, einer Bordbibliothek mit Filmsequenzen, Bordteleskopen, mit denen man alle Himmelssterne im Detail studieren konnte und einem Fitnessraum, in dem man trainieren konnte, um während der Reise zum Mond keine Thrombose zu bekommen. Das Kontrollzentrum erlaubte den Start und mit viel Getöse gelangten wir in die Umweltlaufbahn der Erde. Dieses Mal war es eine ganz kurze Reise, weil wir mit Lichtgeschwindigkeit zu unserem Erdtrabanten fliegen konnten. Wir waren überrascht, als unser Raumschiff nach eineinhalb Stunden sanft auf dem Südpol des Mondes landete. Hier nämlich hatten schon vor fünfzig Jahren die Amerikaner ein unbemanntes Raumschiff hingeschickt, weil es dort ideale Bedingungen gab, um den Mond zu besiedeln. Felder und Wälder waren entstanden, die für Sauerstoff sorgten, sodass nach dreißig Jahren bereits die ersten Häuser auf dem Mond gebaut werden konnten, weil die Temperatur nicht unter zwanzig Grad fiel. Auch Rinder und Schweine grasten schon seit einiger Zeit auf der Oberfläche des Mondes und Pläne, eine Stadt zu bauen, waren auch schon vorhanden. Wie Peterchen bei seinem Mondflug mit seiner Schwester Anneliese und dem Maikäfer Herrn Sumsemann lief ich über die Mondoberfläche, wobei ich streng darauf achten musste, nicht in einen Krater zu fallen, in dem sich viele Mondberge versteckt hielten. Ich war etwas enttäuscht, dass ich weder die Weihnachtswiese noch die Osterwiese mit den vielen Geschenken fand, aber ein erster Schritt war getan! Als Urlaubstourist war ich ein Pionier und wahrscheinlich auch der erste Mensch, der seinen Fuß auf den Mond setzte, um dort seinen Urlaub zu verbringen. Mit Entsetzen allerdings musste ich feststellen, dass mir die Naturgewalten wie der Sturmriese und der Wassermann nicht zu Diensten waren, denn plötzlich tobte ein heftiges Gewitter und ich wurde tropfnass, sodass ich geschwind wieder meinen Weltraumanzug anzog und mich auf den Rückflug vorbereitete. Beim Abflug vom Mond hatte ich Tränen in den Augen, denn es war das schönste Erlebnis meines Lebens, weil ich im hohen Alter noch vieles erleben durfte, was ich mir als Kind erträumte hatte. Mit diesem Wissen kehrte ich auf die Erde zurück und hatte keine

Angst mehr, dass die Erde untergehen könnte. Schließlich warteten im Weltall viele Planeten, Abertausende Sterne und viele Kometen, die es zu erforschen gab. Diese Reise in die Galaxis hatte mich sprachlos gemacht, aber ich war sicher, dass ich mein Leben lang alle Geschichten, die ich auf dem Mond erlebt hatte, meinen Kindern und Enkeln erzählen würde.

Gabriel Jonathan Gitzing
Staatliches Gymnasium Königsbrunn, Klasse 7a

Zirkus Krone

Ich war in den Weihnachtsferien im Zirkus Krone in München. Ich war dort mit Luisa, Emilia, Oma und Opa. Wir durften mit dem Doppeldeckerbus fahren und oben sitzen. Im Zirkus gab es Popcorn. Wir haben einen weißen Löwen gesehen. Besonders haben mir die Pferde gefallen. Die Clowns waren lustig. Und danach haben wir bei Oma und Opa geschlafen. Es war ein sehr schöner Tag. Am liebsten würde ich immer wieder zu diesem Tag zurückspringen und ihn wieder erleben. Ich freue mich auf unseren nächsten Ausflug.

Magdalena Kretzinger
Helen-Keller-Schule Dinkelscherben, Klasse 2d

Endloser Aufstieg

Ein leises Knistern begleitete mich, als ich eine Stufe nach der nächsten nahm, als ich die antike Steintreppe erklomm. Stur hielt ich meinen Blick fest auf den Weg vor mir gerichtet, der mich zum Schrein bringen sollte. Gebetszettel, die die Torbögen des Pfades schmückten, wiegten sanft im Wind. Kindliches Gekicher verfolgte mich, jagte mir eine Gänsehaut über meinen Körper, und in meinem Rücken erdrückte mich der durchbohrende Blick eines Fremden. Es roch nach feuchtem Moos und dem Weihrauch aus dem Behälter, den ich unaufhörlich vor mich hin und her schwang. Immer von rechts nach links, von links nach rechts. Schwupp-Schwupp-Schwupp. Für Leute aus meinem Dorf war es für gewöhnlich verboten, zu einer solch späten Stunde den Waldschrein aufzusuchen. Noch nicht einmal Priesterinnen durften sich ihm zu dieser Zeit nähern. Schon kurze Zeit später begann sich die Kälte tief in meinen Knochen zu verankern, und meine Beine drohten, mich nicht mehr zu tragen. Eine Mondsichel strahlte über mir und ihr silberner Glanz überdeckte das Blau meines Kimonos und ich verschwand in den leichten Nebelschwaden, die aufstiegen und mich umfingen wie ein kalter Mantel.

Das Weihrauchgefäß drückte meine Arme hinunter, doch ich wollte nicht alle meine Sitten vernachlässigen und wenigsten mit dem süßen Duft des Rauches den Geistern meinen Respekt zollen. Mit jedem Meter, den ich höher und höher gelangte, wurde meine Atmung immer schwerer und schwerer. Auch begann meine Müdigkeit ihren Preis einzufordern, und ich kam nur noch langsam voran. Und dann zuckte ich ruckartig zusammen, als ich mich an einer aufgespaltenen Stufe verfing und mein Gewand beinahe einen Riss bekam. Ich fluchte und fischte den Stoff aus dem Sprung, schlug mir aber augenblicklich die Hand vor den Mund und betete inständig, dass kein Geist meine ungeschickte Wortwahl missbilligen würde. Da ich zum Stehen gekommen war, blickte ich über meine Schulter und erkannte leichte, tanzende Leuchtkugeln, als ich hinab ins Tal lugte. Szenen von weit, weit weg. Mich konnte man mit Sicherheit schon lange nicht mehr erkennen. Zu dicht war der Nebel, der den Berg umhüllte und durch die Äste tanzte. Als sich mein Atem beruhigt hatte, setzte ich meinen Aufstieg fort. Immer im Rhythmus des Weihrauches. Von links nach rechts, von rechts nach links. Schwipp-Schwipp-Schwipp. Beständig schrumpfte meine Kraft und mit jeder weiteren Stufe wurde der Nebel um mich herum dichter und dichter, sodass ich schon bald runter zu meinem Füßen schauen musste, um keine Stufe zu übersehen. Mit zusammengekniffenen Augen folgte ich dem Weg, doch so langsam beschlich mich die Vorahnung, dass es eine schlechte Idee gewesen war, so überstürzt den Schrein aufzusuchen. Als würde die Dunkelheit meine Meinung teilen, wurde ich von einer gewaltigen Windböe erfasst. Sie brachte das Weihrauchgefäß aus dem Takt, löste meine schwarzen Haare aus dem Zopf und brachte mein Gewand zum Flattern. Leise schien der Wind meinen Namen zu rufen und mir schlug das Herz bis zum Hals. Es machte den Anschein, die Nacht würde mich auslachen und verhöhnen. Mit meinen Händen über dem Kopf versuchte ich mein Gleichgewicht zu halten, und hielt der Böe stand. Der Puls rauschte durch meine Adern und pumpte Adrenalin durch meinen Körper. Ich drohte zu stürzen und die vielen Stufen wieder hinabzufallen. Ich machte mich ganz klein, um dem Wind so wenig Angriffsfläche wie möglich zu geben. Atmen, atmen. Ich musste atmen. Langsam richtete ich meinen Blick wieder auf, als der Wind wieder abnahm. Ich musste atmen. Ich sprach mir innerlich Mut zu, den ich unbedingt brauchte, und verharrte noch einige Wimpernschläge in meiner Position. Natürlich waren die Geister erzürnt von meiner Anwesenheit, doch jetzt wieder umzukehren war für mich keine Option.

Ich stemmte mich hoch und griff nach meinem Weihrauch. Dabei bemerkte ich, dass mein Kimono bedauernswertereise von einem tiefen Riss durchzogen wurde. Er hatte sich erneut an einer Stufe verfangen. Deprimiert zog ich ihn wieder heraus. Doch ich musste weiter und schenkte der Stufe keine Aufmerksamkeit mehr. Ich holte einmal tief Luft, holte mir aus meinem Umfeld all die Zuversicht, die ich benötigte, und begann wieder meinen Aufstieg. Vielleicht hätte ich mir dennoch den aufgespaltenen Stein genauer ansehen sollen. Vielleicht hätte ich dann erkannt, dass es sich um eine Stufe handelte, die der von vorhin, an der ich mich fast verhangen hatte, sehr ähnelte. Aber ich würde erst nach einer ganzen Weile auf diese Kleinigkeiten achten. Erst nach einer ganzen Weile würde ich nach oben in den sternenbesetzten Nachthimmel blicken und mich fragen, warum sich die Mondsichel nicht auf den Horizont zu bewegte. Erst nach einer ganzen Weile würde ich mich wieder zu meinem Dorf umdrehen und feststellen, dass die Lichter der Laternen nicht weiter weg wie zuvor waren. Erst nach einer Weile würde sich der Stoff meines Kimonos erneut in einem Sprung verfangen und ich langsam realisieren, dass es hier nicht mit rechten Dingen zuging. Doch bis dahin konzentrierte ich mich nur weiter auf den Aufstieg, verbannte die Kälte und lauschte dem ständigen Klick-Klack des Weihrauchgefäßes, das ich vor mir hin und her schwang. Immer wieder von rechts nach links, von links nach rechts. Schwapp-Schwapp-Schwapp.

Besonders gut konnte ich mein Lachen nicht unterdrücken und mein Gekicher verschwand laut in die Dunkelheit, als ich über die Torheit unseres nächtlichen Gastes schmunzeln musste. Amüsiert beobachtete ich mit Argusaugen, wie sich das Mädchen den Weg hochkämpfte, doch einfach nicht von der Stelle kam. Es war höchst unterhaltsam. „Ärgerst du wieder irgendwelche Reisenden, Zik?" Aus dem Augenwinkel verfolgte ich die Bewegung einer blau schimmernden Gestalt, die sich mir näherte. „Ärgern würde ich es nicht nennen. Höchstens experimentieren", entgegnete ich. Der Geist, der zu Lebzeiten den Namen Bodo getragen hatte, zog vorwurfsvoll seine Augenbraue zusammen. „Egal als was du es bezeichnest, hör auf damit!" Gelangweilt winkte ich mit der Hand ab. „Sie ist selbst schuld, wenn sie zur verbotenen Stunde zum Schrein möchte. Es könnte ihr auch viel schlimmer ergehen." Man sah, dass Bodo innerlich kämpfte. Manchmal fragte ich mich, ob er früher Spielverderber von Beruf gewesen war. Aber in Anbetracht der Tatsache, dass ich nach dem Gesetz spielte, durfte ich nun mal mit ungewollten Gästen verfahren, wie ich wollte. Und das wusste selbst Bodo. Nun platzierte er sich zu meiner

Rechten und starrte zu dem Mädchen hinüber. „Was hast du gemacht?" „Was passiert, wenn man ununterbrochen die Zeit zurückdreht?", stellte ich eine Gegenfrage und konnte mir mein Grinsen jetzt schon nicht verkneifen. Bodo schüttelte nur unwissend seinen Kopf. „Es entsteht eine Zeitschleife!", löste ich auf und klatschte triumphierend in die Hände. Ich erwartete vielleicht ein beeindrucktes Luftholen, doch Bodos unschlüssiger Blick ruhte weiterhin auf mir, was mich nur nach ein paar Sekunden schon tierisch aufregte. „Was schaust du denn so?" Er zuckte mit den Schultern. „In solchen Momenten wundert es mich, dass aus dir kein Fluch geworden ist." Meine Mundwinkel zogen sich hoch und dann wandte ich mich wieder der kleinen Unruhestifterin zu. Mein süffisantes Lächeln kündigte nichts Gutes an. „Wie lange wollen wir sie noch laufen lassen?"

Katharina Eidenschink
Leonhard-Wagner-Gymnasium Schwabmünchen, Klasse 11A

Zeitsprung

Trittst du ein in den geheimnisvollen Wald und siehst einen Spiegel, der als verwunschen galt, sei wachsam, denn ist die Versuchung noch so groß, deine vergangenen Fehler wirst du so schnell nicht mehr los!

Klara Kern, Hanna Kirscher und Anna-Lena Röltgen
Staatliches Gymnasium Königsbrunn, Klasse 6f

Zeitsprung zu den Dinosauriern

Als ich von der Schule kam, wollte ich Hausaufgaben machen. Da sah ich einen merkwürdigen Stift. Ich nahm ihn in die Hand. Als ich eine Plusaufgabe schrieb, wurde es kalt. Ich machte das Fenster zu. Dann wurde es sehr heiß. Als ich gerade Mama holen wollte, wurde ich ohnmächtig. Als ich wieder aufwachte, war ich auf einem leeren Feld. Rechts von mir standen sehr viele Bäume. Ich ging auf sie zu. Ich hörte ein seltsames Geräusch. Ich dachte mir nichts dabei und ging immer weiter. Auf einmal sah ich etwas sehr Großes mit sehr kurzen Armen. Ich hatte große Angst. „Egal, was es ist, ich renne lieber mal weg", dachte ich. Ich war außer Atem. Das Etwas stolperte. Ich ging näher heran und erkannte es. Es war ein Dino, nämlich ein Tyrannosaurus Rex. Nun sah ich Langhälse. Ich ging näher hin. Der Langhals beugte seinen Hals herunter und stupste mich an. Er half mir auf seinen Rücken. Hier oben war es so toll! „Wie komme ich eigentlich wieder nach Hause?", fragte ich mich. Auf einmal traten die gleichen

Symptome auf wie am Anfang. Ich wurde ohnmächtig und wachte nach einiger Zeit in meinem Zimmer auf. Das war ein tolles Abenteuer!

Clara Greulich
Grundschule Untermeitingen, Klasse 2a

Die schwierigste Aufgabe der Welt

Im Jahr 2024 sind wir mit unserer Lehrerin ins Kino gegangen. Alle haben sich gefreut, denn wir hatten das in Wirklichkeit nicht verdient, weil wir eine unruhige Klasse waren, und die ganze Schule sich über uns beschwert hat. Aber die Lehrerin hat an uns geglaubt. Sie ist auf die Idee gekommen, uns einen Film über die Umwelt zu zeigen. Damit hat sie sich erhofft, uns besser zu erziehen. Doch wir wussten nicht, was uns erwarten würde. Wir gingen ins Kino, kauften uns Tickets und manche Kinder kauften sich Popcorn. Danach gingen wir in den Kinosaal und setzten uns in die vorderste Reihe. Nach der langweiligen Werbung fing der Film schon an. Plötzlich, kurz vor dem Anfang des Films, flimmerte die Leinwand, und auf einmal stürmte ein Klassenkamerad namens Matteo, der immer zu spät kam, mit seinem Popcorn in den Saal herein. Auf einmal stolperte er und fiel mit vollem Karacho gegen die Leinwand. Alle lachten ihn aus. „Alles nur Absicht, hört ihr, Absicht!", rief Matteo verlegen in die Runde. Und damit alles cool aussah, lehnte er sich gegen die Leinwand. In dem Moment erschien das Bild eines Portals und die Hand von Matteo war nicht mehr da, wo sie vorher gewesen war. Stolpernd fiel er nach hinten und verschwand in der Leinwand. Verwundert sahen alle nach vorne, und Stille trat ein. Auf einmal schrie Marie lautstark, und es geschahen mehrere Dinge gleichzeitig. Viele Kinder sprangen auf, rannten umher und hämmerten gegen die zurzeit verschlossene Tür. Als wir nach unten sahen, merkten wir, dass wir langsam anfingen, auf das Portal zuzuschweben. Einen nach dem anderen saugte es uns ein. Als wir unsere Augen wieder öffnen konnten, sahen wir verwirrte Katzen, die uns anstarrten, während sich hinter uns auf der Leinwand genau die gleiche Situation, in der wir uns auch befanden, abspielte. Mitten in der Stille hörten wir eine Katze fragen, „Kann man das essen?" Zu unserem Entsetzen antwortete eine andere Katze begeistert, „Ja, das ist eine seltene Delikatesse!" Matteo, der Tollpatsch der Klasse, schrie auf: „Rennt, um euer Leben!" Angsterfüllt fingen wir an, um unser Leben zu rennen, während die Katzen hinter uns herliefen. Ein Mädchen aus unserer Klasse hatte eine Uhr. Sie sah das Datum an und erstarrte. Als wir zu ihr liefen, erstarrten wir ebenfalls. Wir waren im Jahr 3000. Als wir das Kino verließen, stand vor uns plötzlich eine große Gruppe Hunde. „Wir sind umzingelt!", rief Matteo, doch da sagte einer der Hund plötzlich: „Schwingt eure Pfötchen, vorne um die Kurve ist Alberto Zweistein, der kann euch ein Portal zurück öffnen." Wir bedankten uns hastig und rannten die Straße runter. Als wir um die Ecke bogen, sahen wir einen Hund mit weißem Schnauzer, der an einer Tafel Matheformeln löste. Keuchend kamen wir bei ihm an, worauf er sich umdrehte, und mit einer alten Stimme fragte: „Wer seid ihr und was wollt ihr?" Hastig erklärten wir ihm die Lage, und er antwortete darauf: „Ich helfe euch, aber erst, wenn ihr mir helft, eine der schwierigsten Aufgaben der Welt zu lösen. Wenn ihr das nicht schafft, werfen wir euch den Katzen zum Fraß vor." Er zeigte mit seiner Schnauze auf die Tafel, auf der „eins plus eins" stand. Marlo, der schlauste der Klasse, antwortete: „Das ist zwei!" Alberto schaute schockiert zu Marlo und rief: „Woher wusstest du das? Du hast das Rätsel des Universums gelöst!" Auf sanften Pfoten trat der Hund zu uns vor und sagte: „Ich halte mein Versprechen und baue euch ein Portal, dass in die Galaxie X35 zurückführt." Verwirrt sahen wir den alten Hund an, aber wir glaubten ihm trotzdem. Während die Katzen immer näher kamen, baute Alberto Zweistein schnell ein Portal, durch das wir durchrannten. Als wir durch das Portal kamen, sahen wir den Kinosaal, wo wir hergekommen waren, wo der Film gerade aufhörte. „Das war viel spannender als jeder Film!", rief Matteo. Erleichtert seufzten wir auf und machten uns auf den Weg zurück zur Schule.

Agnes Beier, Viktoria Hommel und Marlo Zaric
Paul-Klee-Gymnasium Gersthofen, Klasse OGS

Die Zukunft der Kinder

1)

Es ist das Jahr 2060. Die künstliche Intelligenz ist sehr weit entwickelt und sie kann fast alles so gut wie der Mensch. Vieles auch schon besser. Es gibt viele Kritiker, die finden, man müsse mit der künstlichen Intelligenz vorsichtig sein. Wenn sie in ein paar Jahren sehr weit entwickelt ist und ein Fehler auftritt, könnte das zu schlimmen Folgen führen. Vielleicht würde sie sich ja sogar selbstständig machen. Man braucht nur ein paar Wortfetzen von dir und ein Computer ruft jemand anderen an mit deiner Stimme. Dieser denkt, du wärst das. Das ist die Sorge von vielen Leuten. Doch diese werden von den Menschen, die die Macht haben, etwas dagegen zu tun, nicht ernst genommen. Die künstlich Intelligenz begleitet die Menschen sehr oft im Alltag: In der Schule wird sie verwendet, inzwischen auch auf der Straße und beim Einkaufen. Es gibt sogar Kinder, die die künstliche Intelligenz fragen, was sie machen sollen, wenn ihnen langweilig ist. Aber auch die Kritiker sind manchmal auf Straßen unterwegs und demonstrieren gegen die KI. Viele Kinder wussten lange nicht, was das bedeutet. Sie wussten es erst, als sie älter wurden.

2)

Es ist das Jahr 2060. Die Umweltverschmutzung ist sehr schlimm. Es gibt viele Demonstranten, aber auch viele, die das alles nicht ernst nehmen. In ein paar Jahren ist die Umwelt vielleicht komplett zerstört. Elefanten kennen die meisten Kinder schon nicht mehr. Ihr Lebensraum wurde zerstört und Wilderer haben sie gejagt. Na ja, nun kann sie keiner mehr jagen. Überall, vor allem in Großstädten, liegt Müll. Überall fahren Autos. Schnee gibt es nur noch wenig. Von Gletschern in den Alpen ganz zu schweigen. Die Wälder werden abgeholzt. Es gibt kaum noch Fische in den Meeren wegen dem Fischfang. Manche Fische verschlucken sich auch an Plastik oder verheddern sich in Plastik. Die Natur gerät aus dem Takt. Die Situation ist eindeutig und doch wird sie von manchen nicht gesehen. Sind diese Leute zu blind dafür? Viele Kinder wussten lange nicht, was das bedeutet, doch als sie älter wurden, erkannten sie die Situation.

3)

Ich finde das alles beängstigend. Die Kinder, um die es am meisten geht, können am wenigsten machen. Es ist ihre Zukunft. Sie müssen mit dieser Welt am längsten klarkommen. So viele Erwachsene sagen, dass sie das Beste für ihre Kinder wollen. Doch dann verschmutzen sie selbst die Umwelt. Ein bisschen Verschmutzung lässt sich nicht vermeiden, aber man muss zumindest versuchen, etwas gegen die Umweltverschmutzung zu tun. Denn sieht eine schöne Zukunft der Kinder etwa so aus? Überall liegt Müll. Die Erde ist dicht bepflastert mit Häusern. Die meisten Tier- und Pflanzenarten sind ausgestorben. Im Sommer ist es sehr heiß, und im Winter liegt kaum oder gar kein Schnee mehr. Gefährliche Tierarten, die Heißes lieben und noch nicht ausgestorben sind, sind nun überall auf der Erde, weil es überall heiß genug ist für sie. Tiere, die allerdings Kälte bevorzugen, sind ausgestorben. Die KI ist so weit entwickelt, dass man das Gehirn fast gar nicht mehr braucht. Aber Kinder können trotzdem auch etwas tun. Entweder wir kriegen noch die Kurve, oder die Zukunft sieht schlecht aus. Jetzt oder nie!

Luzia Häffner
Leonhard-Wagner-Gymnasium Schwabmünchen, Klasse 6b

Ein Tor für Zeitsprünge – oder doch nicht?

Heute eine Reise in die Kreidezeit und morgen in die Bronzezeit? Übermorgen in die Zukunft und gestern noch vor den Urknall? Moment mal! Das wird mir alles zu kompliziert: Morgen nach gestern – das ist dann heute, oder? Und wenn ich übermorgen nach vorgestern reise, ist das doch auch heute! Ich lande dann doch immer irgendwann im Heute, oder? Also echt, dieses ganze Gereise durch die Zeit macht mir langsam wirklich zu schaffen: morgen da und gestern hier … Hallo!? Es ist HEUTE! Vergesst das nicht! Ich will heute, hier und jetzt da sein und nicht übermorgen oder vorgestern … Nur dass das mal klargestellt wird! Es ist doch ziemlich egal, ob ich übermorgen im Heute bin oder im Gestern, man landet immer irgendwann heute. Und morgen braucht man die Erfahrungen von Heute, und wenn man die nicht hat, gibt es sowieso kein Morgen!

Julia Güdemann
Staatliches Gymnasium Königsbrunn, Klasse 6f

Zeitloch

Zeitloch
Wir müssen es schließen
Sonst kommen Dinge der Vergangenheit
Dinos

Fabian Kühner
Helen-Keller-Schule Dinkelscherben, Klasse 7Gb

Super Mario und Luigi

Ich bin Samuele. Ich lag auf meinem Bett. Es war das 1999.
Ich zockte gerade auf meinem Gameboy und schlief ein. Plötzlich wachte ich auf und habe Super Mario und Luigi gesehen. Ich war plötzlich selbst auf dem Spielfeld in dem Gameboy drin. Super Mario rief: „Du bist dran." Ich musste über Pilze springen und sah in ein grünes, langes Rohr. Ich wollte darüber springen, doch die Blume schnappte nach mir und fraß mich mit ihren spitzen Zähnen auf.

Und dann – GAME OVER!
Ich wachte auf und tastete mich ab, ob ich noch ganz war.

Samuele Ciccarello
Christophorus-Schule Königsbrunn, Klasse 5a

Lilly und das ungelüftete Geheimnis der Titanic

„Lilly!" Ein greller Ruf hallte durch das ganze Haus. „Hol bitte mal die alten Bettüberzüge vom Dachboden. Was machst du eigentlich den ganzen Tag in deinem Zimmer?" Lilly war ein ganz normales 12-jähriges Mädchen. Na ja, jedenfalls dachte sie das, bis die 12-Jährige sich mühselig aus ihrer Decke wickelte und grummelnd die Treppe in den dunklen, staubigen Dachboden trampelte. Doch plötzlich spürte Lilly einen immer stärker werdenden Sog. Das Mädchen wollte, nein, musste herausfinden, woher dieser kam, denn langsam aber sicher raubte er ihr alle Sinne. Jetzt, nicht mehr ganz so energisch wie am Anfang, taumelte die 12-Jährige die letzten Treppenstufen hinauf, stieß die Türe zum Dachboden auf und erschrak. Genau vor ihr auf einer Garderobe lag eine mit Gold verzierte Taschenuhr. Von der dieser blaue Sog ausging.

Lilly wollte gerade danach greifen, als zum zweiten Mal an diesem Tag die Stimme ihrer Mutter ertönte. Diese rief: „Beeil dich doch bitte mal, ich muss Oma Gisela gleich vom Bahnhof abholen. Sonst musst du alle Betten selbst überziehen!" Die 12-Jährige riss ihren Blick von der Taschenuhr los, legte sie in eine Schublade, nahm sich widerwillig die Bettüberzüge aus einem Korb und dachte sich: „Zu dir komme ich später noch einmal, wenn Mama weg ist." Unten angekommen half das Mädchen ihrer Mutter, was zugegebener Maßen nicht ganz uneigennützig war, denn so konnte Lilly wieder schneller zurück zu der Uhr. Eine Stunde später war endlich alles vorbereitet, und sie konnte sich ungestört ihre Entdeckung ansehen. Im Dachboden angekommen setzte sich die 12-Jährige auf den Boden und nahm die Taschenuhr aus der Kommode. Jetzt, da Lilliy näher bei ihr war, bemerkte sie, dass ein Flüstern von ihr ausging. Die Stimme sagte: „Komm in die Zeit vor deiner Zeit. Du bist die Einzige, die sich an ihm rächen kann. Es war kein Unfall." „Okay, was zur Hölle ist hier denn bitte los? Da kommt eine Stimme aus einer Uhr, die mir sagt, ich soll in die Zeit vor meiner reisen und mich an irgendjemandem rächen? Was bedeutet das und mal abgesehen davon, wie reist man um Himmelswillen durch die Zeit? Ich bin definitiv verrückt!" Kaum hatte sie den Gedanken zu Ende gedacht, löste sich plötzlich alles um das Mädchen herum auf. Sogar der Fußboden bröckelte unter ihr. Lilly stieß einen Schrei aus. Das Mädchen fiel und fiel und staunte nicht schlecht als sie auf einmal auf einem zerkratzten Holzboden aufkam. Mit einigen blauen Flecken vom Sturz und einer Menge Staub im Mund dachte sie sich: „O mein Gott, was ist das denn gerade gewesen? Warte mal, wo bin ich hier denn überhaupt, das ist definitiv nicht unser Dachboden!" Auf einen Schlag wurde die Tür aufgerissen. Zwei Männer mit Hüten und Schnauzern betraten den Raum. Sie schienen das verdutzte Mädchen gar nicht zu bemerken, denn beide waren in ein sehr lautes Gespräch vertieft. Lilly rappelte sich auf. Die 12-Jährige versuchte zu verfolgen, worum es ging und sich nach einem guten Versteck umzusehen, was gar nicht so leicht war, denn die beiden wurden mit jedem Wort schneller. Der etwas Kleinere von beiden rief: „Nein! Wir dürfen dieses Schiff auf keinen Fall auslaufen lassen! In diesem Schiff hat es gebrannt! Es wird wahrscheinlich nicht einmal die Jungfernfahrt überstehen und das dann auch noch mit so vielen Menschen an Bord. Sofort antwortete der zweite Mann mit vor Zorn hochrotem Kopf: „Na, hast du dann eine bessere Idee? Die Titanic läuft in zwei Stunden wie geplant aus. Punkt! Du weißt selbst, dass wir das Geld brauchen. Wir würden pleitegehen, wenn wir alles zurückzahlen müssten! Außerdem kann uns das ja egal sein, wir haben ja auch noch die Schwesternschiffe Olympic und Gigantic. Dafür habe ich nicht drei Jahre lang irgendwelche Arbeiter bezahlt, nur um die Jungfernfahrt abzusagen!"

Lilly war schockiert. Ihr kam der schreiende Mann bekannt vor. Sie hatte ihn schon einmal in einem Familienalbum gesehen. Sofort ging dem Mädchen ein Licht auf. Der Mann, der da vor ihr stand, war ihr Ur-Ur-Opa. Aber das konnte nicht sein. Dann war sie ja wirklich durch die Zeit gereist, und was für ein Schiff war das? Wovon sprach er da? Er hatte doch vorher irgendwas von Titanic gesagt. Das hieße ja, dass sie im Jahr 1912 war. Plötzlich drehte sich ihr Ur-Ur-Opa um und lief geradewegs durch die 12-Jährige hindurch. Lilly war so geschockt, dass sie die Taschenuhr fallen ließ, was ziemlich blöd war, denn der Mann hob sie auf, sagte: „Da bist du ja, du dummes Ding, ich suche dich schon seit einer Woche. Ich gehe noch kurz auf die Titanic. Hab` was vergessen." Mit einem Kopfschütteln verließ er den Raum. Das immer noch verwirrte Mädchen hechtete hinter ihm her. Sie musste die Uhr unbedingt wiederkriegen. Sonst säße sie für immer in dieser Zeit fest! Aber einen Vorteil hatte diese ganze Zeitreisegeschichte schon: Keiner konnte die 12-Jährige sehen, hören oder spüren, was die ganze Sache schon ziemlich erleichterte.

Auf dem Schiff angekommen verfolgte sie ihm in eine kleine Kabine. Ihr Ur-Ur-Opa packte so schnell es ging die vergessenen Sachen zusammen, denn eine Uhr am anderen Ende des Raumes verriet ihm, dass er nur noch zehn Minuten hatte, um von der Titanic zu kommen. Lilly versuchte immer noch krampfhaft, ihm die Taschenuhr aus der Hosentasche zu ziehen. Doch immer, wenn sie es fast geschafft hatte, drehte er sich in eine andere Richtung. Nach ungefähr zwei Minuten hatte die 12-Jährige ihre Chance verspielt, denn ihr Ur-Ur-Opa ging mit schnellen Schritten aus der Kabine. Das Mädchen konnte nur schwer mit ihm Schritt halten. Doch plötzlich, der Mann wollte gerade die Treppe hinunterlaufen, die aus dem Schiff führte, stolperte dieser nach hinten. Er versuchte es wieder und wieder, aber es war als ob vor ihm eine unsichtbare Wand wäre. Tatsächlich, jetzt wo Lilly sich wieder auf die Uhr konzentrierte, bemerkte sie, dass sich von dieser eine Art Blase um das ganze Schiff legte. Es schien fast so als ob die Taschenuhr der 12-Jährigen bei ihrer Aufgabe helfen wollte. Doch der Nachteil daran war, dass sie beide hier festsaßen. Er, weil er nicht hinauskonnte, und sie, weil sie die Uhr brauchte, um wieder nach Hause zu kommen. Es blieb ihnen also nichts anderes übrig, als diese gefährliche Reise anzutreten. Trotz allem musste das Mädchen zugeben, dass die Leute nicht übertrieben, wenn sie die Titanic das Schiff der Träume nannten. Manchmal schlich sie sich am Abend in Aufführungen oder sie genoss den Ausblick wie an diesem Tag auch. Doch was Lilly dann sah, ließ ihr das Blut in den Adern gefrieren. Genau vor ihr ragte ein riesiger Eisberg aus dem Wasser. Die 12-Jährige dachte sich: „Oh Mist, ich habe doch glatt vergessen, dass ich ja auf der Titanic bin. Warte mal, wieviel Uhr ist es denn? 16 Uhr, in einer Stunde liegt dieses Schiff auf dem Grund des Atlantiks, und wenn ich Pech habe, auch ich, na toll!" Das Mädchen machte sich sofort auf die Suche nach ihrem Ur-Ur-Opa. Es war die letzte Chance. Irgendwie musste man es doch hinkriegen, eine Taschenuhr aus einer Hosentasche zu ziehen, ohne dass es jemand bemerkte! Nach mehr als fünf Minuten wurde sie im Raucherraum fündig. Plötzlich fing alles an zu beben. Die Gläser in den Schränken klirrten und einige Tische fielen fast um, doch niemand sah nur ansatzweise so besorgt aus wie ihr Ur-Ur-Opa. Dieser war inzwischen aufgestanden und lief nervös Richtung Ausgang. Er wusste offenbar auch von dem Eisberg. Das Mädchen dachte sich: „Okay, das ist jetzt wirklich meine allerletzte Chance. Du nimmst jetzt einfach diese Taschenuhr und dann hau so schnell ab, wie es geht." Tatsächlich, es klappte. Die 12-Jährige sah auf die Uhr am anderen Ende des Raumes. Erschrocken realisierte sie: „Nur noch

30 Minuten, bis sich alles auf dem Grund des Atlantiks befindet." „Jetzt aber schnell die Taschenuhr einstellen, warte mal, wie geht das eigentlich? Lilly drückte alle Knöpfe und drehte an allen Rädchen. Es passierte rein gar nichts. Ihre Füße standen inzwischen im eiskalten Wasser, das schnell stieg. Die 12-Jährige zitterte furchtbar. Es war keine gute Idee nur ein kurzärmliges Kleid und Turnschuhe anzuziehen! Sie konnte sich kaum noch bewegen. Das Mädchen wusste, sie musste schnell an Deck, bevor es zu spät war. Mit letzter Kraft kämpfte sie sich nach draußen. Überall herrschte das reinste Caos. Menschen liefen ängstlich durcheinander, Kinder schrien und von irgendwoher kam Musik. Langsam begann sich das Schiff nach vorne zu neigen. Lilly rannte in die entgegengesetzte Richtung. Als sie an der Reling ankam, stand die Titanic schon aufrecht im Wasser. Mit tauben Händen klammerte sich die 12-Jährige fest. Es gab einen ohrenbetäubenden Krach. Alles brach auseinander. Das Mädchen hatte nur einen Gedanken im Kopf. „Konnte man in einer fremden Zeit sterben?" Sie rutschte ab. Lilly fiel und fiel. Plötzlich verschwamm alles. Unter ihr tat sich ein blaues Loch auf. In der ersten Sekunde sah die 12-Jährige noch ihren Ur-Ur-Opa leblos im Wasser treiben, in der nächsten fühlte das Mädchen schon einen ihr sehr vertrauten, staubigen Holzboden unter sich. Kein Zweifel. Lilly war wieder zu Hause. Kurz überlegte sie, ob alles vielleicht doch nur ein Traum gewesen war, da stand auf einmal ihre Mutter in der Tür. Sie sagte: „Ach, da bist du ja. Was hast du denn gemacht? Eine ganze Woche warst du weg und dann finde ich dich plötzlich völlig durchnässt im Dachboden. Das ganze Dorf sucht nach dir. Komm mit, du brauchst glaube ich einen Tee und trockene Kleidung. Aber dann musst du mir wirklich erzählen, wo du warst." Lilly antwortete mit einem verschmitzten Lächeln auf der Lippe: „Kann ich ja mal versuchen. Glauben wird es wahrscheinlich keiner." Die Mutter nahm das Mädchen in den Arm und flüsterte: „Ich habe Zeit!"

Sophie Langenmair
Staatliche Realschule Zusmarshausen, Klasse 6a

Der Zeitsprung

Es war ein gewöhnlicher Montagnachmittag nach der Schule. Ich lief jedoch diesmal allein nach Hause, weil mein Freund krank war. Deshalb konnte ich auch eine Abkürzung nehmen. Auf halbem Weg fiel mir eine Baustelle auf, dort stand eine große, komische Maschine. Ich ging näher hin und sah einen roten Knopf und ein Schild darüber, auf dem stand

„05.06.2094". Natürlich war ich neugierig und drückte vorsichtig den roten Knopf. Erst passierte nichts, doch auf einmal vibrierte die Maschine und mir wurde schwindelig und schwarz vor Augen. Als ich meine Augen wieder öffnen konnte, stand ich immer noch auf der seltsamen Baustelle. Doch diesmal stand ein anderes Datum auf dem Schild über dem roten Knopf „05.06.2024". Über der Straße hing ein Plakat, auf dem stand, dass ich mich im Jahr 2094 befand. Ich drehte mich verwirrt um und sah viele Roboter und roboterähnliche Maschinen, die für die Menschen arbeiteten, und anstatt normaler Häuser, standen dort Apple- oder Android-Häuser. Die Apple-Häuser sahen aus wie riesige Äpfel. Dort wurde alles elektronisch gesteuert, und sie konnten auch fliegen. Soeben hob ein Apfel mit zischendem Geräusch ab. Bei den Android-Häusern war es ebenso, nur sahen sie wie überdimensionale Roboter aus. Auch die Autos flogen in der Luft und schienen führerlos und lautlos zu sein, aber sich doch relativ schnell von A nach B zu bewegen. Ich sah auch, dass die Menschen Spezialschuhe trugen, mit denen sie ebenfalls fliegen konnten. Mir machte das, was ich sah, große Angst und ich drückte mit zitternden Händen erneut den roten Knopf. Der Schwindel und die Vibration waren sogar heftiger, als beim ersten Mal. Doch zu Hause im Jahr 2024 angekommen, war ich nur noch erleichtert und wollte sofort meinen Freunden und meiner Familie von den Erlebnissen erzählen. Doch egal, wem ich davon erzählte, niemand wollte mir glauben.

Leo Zauner
Staatliches Gymnasium Königsbrunn, Klasse 6b

So sieht also die Zukunft aus

Mein Kopf dröhnte. Stöhnend richtete ich mich auf. Was zum Henker war, passiert? Gerade hatte ich noch mit meiner Freundin Ella im Wald gespielt, und nun saß ich auf einer Straße und fühlte mich, als hätte mir jemand mit einem Baseballschläger über den Kopf geschlagen. Langsam stand ich auf und glättete meine Klamotten. Oh nein! Die neue Jeans, die ich trug, hatte ein Loch! „Mama bringt mich um!", fluchte ich leise. Aber, wo war ich überhaupt? Diese Straße, nein, dieser Ort sah nicht aus wie mein Zuhause. Beziehungsweise wie der Wald, in dem ich mich eben noch befunden hatte. Von Ella war ebenfalls keine Spur zu sehen. Ein „Wusch" erweckte meine Aufmerksamkeit. Ich schaute in den Himmel und musste mir erstmal die Augen reiben, um zu begreifen, was ich da sah. Fliegende Autos! Ich blinzelte. Einmal, zweimal, dreimal. Doch, sie waren immer noch da. „Krass, das ist ja wie bei „Zurück in die Zukunft"!", meinte ich erstaunt. „Das muss ein Traum sein. Ich meine, fliegende Autos, so was gibt's vielleicht mal in der Zukunft oder so, aber ganz sicher nicht hier." Plötzlich entdeckte ich einen jungen Mann auf der anderen Seite der Straße. Gerade wollte ich eine Ampel drücken, um über die Straße zu ihm zu gelangen, doch da fiel mir auf: Es gab keine Ampeln! Zumindest nicht auf dem Boden. Denn diese schwebten ebenfalls in der Luft. War ja auch irgendwie logisch, wenn die Autos flogen. Eilig überquerte ich die Straße. „Entschuldigung! Könnten Sie mir helfen?" Der junge Mann drehte sich zu mir um. Er hatte schulterlange Locken in einem hellen Blond-Ton. Seine Augen waren meerblau und funkelten freundlich, was das Zeug hielt. „Wie kann ich dir behilflich sein, junge Dame?" „Welches Jahr haben wir?" Der Mann blickte mir verdutzt entgegen und zog eine Augenbraue hoch. „Ist die Frage ernst gemeint?" „Klar." „2054. Wenn du es genau wissen willst, den 19.3.2054." Jetzt war ich diejenige, die verdutzt dreinblickte. „Sie veräppeln mich." „Keineswegs!" Hilfsbereit zeigte er auf das Hologramm einer Art virtuellen Zeitung, die aus seiner Smartwatch vor uns in die Luft projiziert wurde. Unter, „Da sie die folgenden Artikel interessant fanden, haben wir diese Artikel für sie herausgesucht", stand es: 19.3.2054. Verwirrt murmelte ich ein: „Vielen Dank", bevor ich mich abwandte und davonging. Hinter mir ertönte ein: „Keine Ursache!" Ich wusste nicht, wohin ich gehen sollte. Vielleicht hätte ich ihn noch fragen sollen, wo ich hier überhaupt war. Schnell drehte ich mich um, nur um zu sehen, wie der junge Mann, und damit meine im Moment einzige Hoffnung auf Auskunft, hinter einer Hausecke verschwand. Ihm jetzt hinterher zu rennen wäre sowas von peinlich. Na großartig. Ich seufzte. Naja, ich würde schon irgendwo anders Informationen bekommen. Also setzte ich einen Fuß vor den anderen und suchte die Gegend nach etwas wie einer Informationsquelle ab. Plötzlich stolperte ich über etwas Flauschiges und fiel der Länge nach hin. „Pass doch auf!", fauchte mich etwas an. Verwundert rappelte ich mich auf und sah zwei Katzen. Über eine der beiden musste ich wohl gestolpert sein. Oder über beide. Keine Ahnung. Und wer hatte mich gerade angefaucht? „Hallo?", rief ich, doch die Gegend blieb ruhig. „Ich rede mit dir! Du könntest dich wenigstens entschuldigen, Menschenmädchen." Noch verwirrter blickte ich umher, bis mein Blick an den Katzen hängen blieb. „Mach dir nichts draus, Julius. Die Menschen werden immer unhöflicher uns Katzen gegenüber. Heute habe ich nicht mal ein zweites Frühstück bekommen! Stell dir das vor!" Ich zwickte mich selbst in den Arm, aber trotzdem stand ich immer noch auf einem Gehweg in einem mir unbekannten Ort im Jahr

2054, und die zwei Katzen funkelten mich immer noch wütend an. „Sorry", meinte ich verdattert. „Na, sieh mal einer an, die kann ja doch sprechen", miaute die eine Katze, die allem Anschein nach Julius hieß und über die ich gestolpert war. „Ihr könnt sprechen?", fragte ich entgeistert. „Natürlich! Wir sind äußerst gebildete Kater!", erwiderte der andere trotzig. „Hast du noch nie sprechende Katzen gesehen?", fragte Julius. „Nein. Wo zur Hölle habt ihr denn Sprechen gelernt?" „Na, auf der St.-Katerus-Schule, der Schule, auf der Katzen sprechen, lesen und schreiben lernen." „Und rechnen, aber das lernt man erst ab der vierten Klasse, und Caesar ist noch in der dritten, weil er erst drei Jahre alt ist. Also, bei euch Menschen wäre er 27 und ich 32 Jahre alt. Bei uns wird man mit einem Jahr eingeschult, umgerechnet auf Menschenalter wäre das dann das fünfzehnte Lebensjahr", erklärte Julius. „Okay, okay, okay, Stopp. Lasst mich das mal kurz verarbeiten. In dieser Zeit gibt es Katzen, die sprechen, lesen und schreiben lernen …" „… und rechnen", unterbrach mich Caesar. „Jaja, und rechnen." „Gibt es auch Schulen für andere Tiere oder nur für Katzen?" Die zwei Kater blickten sich entrüstet an. „Natürlich gibt es Bildung nur für die edelsten und klügsten Tiere dieses Planeten, also nur für Katzen und Kater", schnurrte Caesar. Julius legte den Kopf schief. „Lebst du eigentlich hinterm Mond oder warum weißt du das nicht?" Ich ging in die Hocke und bemerkte erst jetzt, wie schön die zwei Kater waren. Julius war rot-weiß getigert. Der ältere Kater hatte zwei verschiedene Augenfarben. Das eine Augen war braun, wohingegen das andere in hellem Blau strahlte. Caesar hatte ein braun-schwarz geschecktes Fell und dunkelgrüne Augen. Außerdem trug der jüngere Kater eine schöne, braune Umhängetasche um den Hals. „Ihr werdet es mir nicht glauben, aber ich komme aus der Vergangenheit, und ich bin irgendwie hier gelandet. Und ich möchte wieder zurück in meine Zeit. Könnt ihr mir helfen?" „Hast du das gehört, Julius?", staunte Caesar. Julius schaute mir misstrauisch entgegen. „Wir müssen kurz reden", entschied er und wandte sich mit Caesar ab. Ein paar Minuten später drehten die zwei sich wieder zu mir. „Wir glauben dir. Und wir helfen dir", miaute der Kater mit den unterschiedlichen Augenfarben. „Und auch wenn du lügst, uns ist langweilig und wir wollen was erleben", fügte Caesar hinzu. „Genau" schnurrte Julius. „Ich bin übrigens Julius und mein Partner heißt Caesar. Und wie ist dein Name?" „Elina." Nach kurzem Schweigen fügte ich hinzu: „Na dann." Ich stand auf und stemmte die Hände in die Hüfte. „Lasst uns anfangen, Informationen zu sammeln." „Und wo willst du die herbekommen?", erkundigte sich Caesar. Berechtigter Einwand. Ich runzelte die Stirn. Wo bekam man am besten Information über die

Vergangenheit her? Bücher! Und wo gab es viele Bücher… „Bibliothek", rief Julius plötzlich, als hätte er meine Gedanken gelesen. „Wisst ihr, wo es eine Bibliothek gibt?" „Klar, Caesar ist eine richtige Lesekatze", grinste Julius und gab dem braun-schwarz gescheckten Kater neben ihm einen kleinen Nasenkuss auf die fellige Wange. Caesar nickte und trottete dann los. Julius folgte ihm elegant. Ich lächelte. Wahnsinn, ich hatte anscheinend ein Katzen-Liebespärchen getroffen, die mir helfen wollten und mir jetzt den Weg zur Bibliothek wiesen. Das würde mir doch niemand glauben. Naja, egal, ich musste erstmal einen Weg nach Hause finden. „Kommst du?", rief Julius. Ich setzte mich schnell in Bewegung und murmelte ein: „Komm ja schon." Wir liefen über leere Straßen, und es wunderte mich, wie wenige Menschen unterwegs waren. Manchmal landeten Autos aus der Luft neben uns. Es war immer noch surreal für mich, dass Autos über uns flogen. Außerdem fiel mir auf, dass es nur wenige Bäume auf den Verkehrsinseln gab. Generell war es sehr grau in der Stadt und es gab nur wenig Gras und Grünflächen. So also sah die Zukunft aus …

Unterwegs kamen wir an vielen kleinen Läden mit futuristischer Technologie vorbei, die mich im Vorbeieilen staunen ließ. Plötzlich sprach mich ein alter, kleiner Mann an und deutete auf das Loch in meiner Jeans. „Soll ich das schnell flicken?" „Äh, nein, danke, ich … bin nur zu Besuch und muss schnell weiter", stotterte ich überrumpelt. Die Kater lachten gemeinsam mit dem Mann und er erläuterte: „Das ist kein Problem, es geht ganz schnell, und für so junge Besucher mache ich es ausnahmsweise gratis". Bevor ich noch weiter fragen konnte, holte er ein unförmiges Stück Jeansstoff aus seiner Tasche und einen kleinen Stift. Vorsichtig legte er das Stück Stoff auf das Loch in meiner Hose und fuhr die Ränder mit dem Stift nach. Verblüfft beobachtete ich, wie das Stoffteilchen nun nahtlos mit meiner Hose verschmolz und sie aussah, wie neu. „Wow, vielen Dank!", brachte ich hervor, bevor mich die Kater auch schon weiterzogen und wir wenig später unser Ziel erreichten.

Schon beim Betreten der sogenannten „Bibliothek" hätte mir etwas komisch vorkommen müssen. Es war ein winziges Gebäude mit einem Flachdach. Innen gab es nur weiße Wände und eine Art Automaten. Auf dem Automaten flimmerte ein Anzeigefeld, auf dem eine Suchleiste prangte. Auf dem Weg hierher meinte Caesar, er habe mal ein Buch über einen Zeitreisenden gelesen, aber gedacht, es sei nur eine Fantasy-Geschichte. Julius forderte mich dazu auf, das Buch „Meine Zeitreise" zu suchen. Nachdem ich das getan hatte, erklang ein Geräusch, dass sich anhörte, als wäre ein Stück Glas zu Boden gefallen. Der Kater mit den unterschiedlichen Augenfarben nickte in die Richtung einer Klappe unter der Anzeigetafel, aus der das Geräusch gekommen war. Unsicher öffnete ich die Klappe. Verwirrt blickte ich auf das quadratische Stück Glas in meiner Hand. Das Glas hatte die Form eines Buches, aber das war auch das Einzige, was das Ding, das ich in der Hand hielt mit einem Buch gemeinsam hatte. An den Rändern war es glattgeschliffen. Es war ungefähr so dick wie ein Handy. „Was ist das?" „Das ist ein digitales Buch. Glaubst du ernsthaft, dass noch echte Bücher hergestellt werden?", fragte Caesar, und Julius schnaubte. „Viel zu teuer – es gibt ja kaum noch richtige Bäume für das Papier". Ich zuckte traurig mit den Schultern. „Setz dich mal hin, dann helf ich dir", miaute Caesar. Schnell ging ich in die Hocke und legte das Gerät zwischen uns. Der braun-schwarz gescheckte Kater deutete mit seiner Pfote auf eine kleine Taste am oberen Ende des Glases. Vorsichtig drückte ich auf diese. Das Objekt flimmerte, und es erschienen vier Symbole. Nein, eigentlich fünf. Nur dass das Fünfte über den vier Symbolen in der Mitte schwebte. Auf dem ersten Symbol ganz links war ein Buch zu sehen, wie ich es kannte. Das zweite Symbol zeigte einen Fernseher und das dritte eine Landschaft. Auf dem vierten war ein Buch mit einem sprechenden Menschen abgebildet. Unter dem ersten Symbol stand: zum Buch. Unter dem zweiten: zum Film, und unter dem dritten: Sei Live dabei! Unter dem vierten Symbol war zu lesen: zum Hörbuch. Auf dem fünften Symbol war eine Person mit offenem Mund zu sehen. „Was bedeutet das?", erkundigte ich mich und deutete auf das eben genannte Symbol. „Das ist für blinde Menschen. Wenn man dieses Symbol drückt, wird einem alles vorgelesen und die Sprachsteuerung wird eingeschaltet, so dass man sagen kann, was man auswählen möchte." Es wurde kurz still und ich nickte. Caesar erklärte mir, dass „Sei Live dabei", bedeutete, dass man eine Art unsichtbare VR-Brille bekam und sich z. B. die Landschaft des Buches anschauen konnte. „Bei der Rubrik „Film" kannst du den Film zum Buch sehen, falls es ihn gibt. Und zum Buch sollte selbsterklärend sein, oder?" Wieder nickte ich. Das war alles so surreal. Und doch so real. Ich drückte auf das „Zum Buch"-Symbol. Eigentlich sah es aus, wie ein normales E-Book. Auch von dieser Ansicht aus konnte ich jederzeit die Landschaft anschauen, den Film ansehen oder das Hörbuch von der Stelle aus hören, von der ich aufgehört hatte, zu lesen. Schnell übersprang ich die Vorworte, die Einführung und die ersten Seiten. Dem Mann in der Geschichte war es genauso ergangen wie mir. Nur das er im Jahr 2043 gelandet war. Ich übersprang die Zeilen mit meinen Augen. Ich blätterte weiter, weiter und weiter. Erst ab Seite 130 fand ich etwas Interessantes. „Seht mal!" Aufgeregt zeigte ich auf einen Absatz.

Ich wanderte in den einzigen Wald, den ich finden konnte. Dort, genau in der Mitte des Waldes, fand ich zuerst nichts, aber als ich mich genauer umschaute, entdeckte ich etwas. Unter einer großen Wurzel schimmerte etwas. Als ich hindurchkroch, in der letzten Hoffnung, einen Ausweg zu finden, landete ich prompt wieder im Jahr 2026.

„Das ist es! Jetzt ergibt alles einen Sinn", rief ich. „Was ergibt einen Sinn?", fragte Julius. „Na, bevor ich hier gelandet bin, habe ich mit zwei meiner Freundinnen im nahegelegenen Wald gespielt, bin gestolpert und hingefallen. Dabei bin ich mit dem Arm unter eine große Wurzel geraten und hier gelandet." „Und warum bist du dann nicht in diesem Wald gelandet?" Caesar wirkte verwirrt, aber dann schien der Kater es zu verstehen und antwortete auf seine eigene Frage gleichzeitig mit mir: „Da dort inzwischen kein Wald mehr steht, sondern eine Straße gebaut wurde." „Exakt", gab Julius seinen Senf dazu. „Aber wir haben ein Problem", fügte ich hinzu. „Welchen Wald meint er?" „Das ist doch einfach! Der Typ ist irgendwo hier in der Nähe gelandet und damals gab es auch nur noch einen wirklich großen Wald. Diesen gibt es heute auch noch. Ich bin mir sicher, er meint den, den ich meine." Caesar legte mir eine Pfote auf den Oberschenkel. Aufgeregt klickte ich auf das „Fernseh"-Symbol zu der Szene, die ich eben gelesen hatte. Es erschien ein Hologramm, ähnlich wie das der Zeitung vorhin, vor unseren Augen und zeigte eine von Bäumen umrandete, sonnige Lichtung. Sogar Vögel konnte man zwitschern und den Wind in den Baumwipfeln rauschen hören. Fasziniert ging ich einen Schritt in das Bild hinein, doch es bestand nur aus vielen kleinen Lichtstrahlen. Zweifelnd sah ich die beiden Kater an. „Wir schaffen das schon", ermutigte mich Caesar. Obwohl ich die beiden Kater noch nicht lange kannte, wusste ich jetzt schon, dass es mir schwerfallen würde, die beiden zu verlassen. Aber ich konnte nicht hierbleiben, wollte nicht hierbleiben. „Na dann, auf zum ‚Einzigen Wald'."

Das Kater-Paar führte mich durch die Stadt zu einem Wolkenkratzer, der anscheinend eine Aufzug-Station war. Die Tür führte uns in eine riesige Halle. Die Wände waren komplett aus Glas. Außerdem war die Decke mindestens zehn Meter über uns. An der Wand gegenüber der Tür befanden sich sieben große Aufzüge nebeneinander. Genau in der Mitte des Gebäudes stand eine Anzeigetafel, mit den Abfahrzeiten für Züge, Busse und … Flugzeuge? „Flugzeuge?" „Klar, heutzutage ist es normal, mit Flugzeugen zu reisen." Julius klang, als sei ich ein dreijähriges Kind, dem er die Welt erst erklären müsste. Naja, irgendwie musste er das ja auch. „Ist nur ziemlich teuer. Ein Flug nach München kostet zehn Plugens." „Plugens?" „Ja, das ist die Währung hier. Wie heißt es denn bei dir?" „Euro", gab ich verwirrt zurück. „Stimmt! Das hatten wir letztens in Geschichte! Warte …" Julius hob sein Handgelenk. Um dieses war etwas geschnallt, dass aussah wie eine Smartwatch. Vorher war es mir gar nicht aufgefallen. „Mr. Layken, wie viel sind zehn Plugens in Euro?" „Zehn Plugens sind umgerechnet 27,33 Euro." Doch, in diesem Moment war es nicht der Fakt, dass die Währung jetzt Plugens hieß, sondern dass es jetzt Smartwatches für Katzen gab! Für Katzen! „Du hast deiner Smartwatch einen Namen gegeben?", erkundigte ich mich interessiert. Julius blickte mir verständnislos entgegen. „Ähm, nein, natürlich nicht. Jedes einzelne Model hat seinen eigenen Namen! Das Konzept, das die KI in der Smartwatch aus Sicherheitsgründen mit ihrem eigenen Namen angesprochen werden kann, gibt es schon seit zehn Jahren!" Ich schüttelte den Kopf. „Okay, wie kommen wir zu diesem ‚Einzigen Wald'?" „Mh…" Caesar studierte die Anzeigetafel. „Da!", miaute der Kater mit den dunkelgrünen Augen und deutet mit einer Pfote auf den Bildschirm.

Station 5 – In 10 Minuten Abfahrt zum ‚Einzigen Wald'. Vier Plugens pro Kopf für die Fahrt.

„Perfekt, dann haben wir noch zehn Minuten, komm, wir brauchen Tickets." Der Kater mit den unterschiedlichen Augenfarben marschierte auf die Kasse zu, die eher im hinteren Bereich des riesigen Gebäudes stand. Mit schnellen Schritten folgten wir ihm. Ein weiblicher Roboter, der kaum von einer echten Frau zu unterscheiden war, außer dass der Hautton weiß war, stand hinter der Kasse. „Hallo. Was kann ich für Sie tun?" Sie erblickte die beiden Kater. „Oh! Ich habe tierische Kundschaft." Die Robo-Frau kniete sich zu Julius. Caesar kramte zwölf Plugens aus der Tasche und händigte ihr das Geld aus. „Drei Tickets für die Fahrt zum ‚Einzigen Wald', bitte." Sie lächelte und legte ihren Finger auf Julius Smartwatch. „Ihre Tickets wurden auf ihre Smartwatch übertragen. Einen schönen Tag noch." Der weibliche Roboter erhob sich und ging wieder hinter den Tresen. Als wir zum Aufzug liefen, fragte ich: „Warum wird eigentlich noch mit materiellem Geld gezahlt? Das macht man ja nicht mal in meiner Zeit?" „Vor vielen Jahren wurde das materielle Geld auch abgeschafft. Dadurch stieg aber die Kriminalität im Bereich der Finanzen. Oft wurden Karten gefälscht oder gestohlen. Deswegen wurde es wieder abgeschafft und die Plugens als weltweite Währung eingeführt." Gemeinsam fuhren wir mit einem Aufzug hinauf und kamen auf einer großen Plattform mit einem Boden aus Milchglas an. Eine ca. 1,90 m hohe Mauer umgab die Plattform, von der fliegende Autos, Flugzeuge und

Busse starteten und landeten. Wenn man den Kopf in den Nacken legte, hatte man freie Sicht auf den blauen, wolkenlosen Himmel über uns. „Da. Kommt, bevor wir den Zug verpassen", drängelte der ältere Kater und lief auf das Schild Station 5 zu. Sein Freund und ich eilten ihm schnell hinterher. Wir stiegen in den Zug. Es gab noch Sitzplätze. Sogar Katzen- und Hunde-Sitzplätze. Julius und Caesar setzten sich nebeneinander, und ich nahm gegenüber von den beiden Platz. In dem Zug gab es nur Einzelsitze. Diese waren mit einem sehr weichen Polstern ausgestattet. Außerdem war es unglaublich sauber. Für die Ticketkontrolle legte der Roboter-Schaffner seinen Finger auf Julius Smartwatch. Ich musste danach noch erklären, dass Julius und Caesar zu mir gehörten. Kater und Katzen durften nämlich nicht allein mit dem Zug fahren, hatte Julius mir, dezent in seinem Katerstolz gekränkt, erklärt. Ich hatte inzwischen mein Handy überprüft und festgestellt, dass durch den Zeitsprung die von meinen Eltern erlaubte Handyzeit aufgebraucht worden war, sodass mein Handy gesperrt war. Nach einer halben Stunde kamen wir am ‚Einzigen Wald' an. Die beiden Kater und ich stiegen mit ungefähr fünfzig anderen Personen aus. Vor uns erstreckte sich ein Wald. Ein wirklich großer Wald, wie ich ihn aus meiner Zeit auch kannte. „Na dann, schauen wir mal, wie wir zur Mitte des Waldes kommen." Motiviert marschierte Caesar voraus. Sein Partner flitze ihm schnell hinterher. In gemächlichem Schritt bildete ich das Schlusslicht. „Elina, schau mal, hier ist eine Tafel mit einem Lageplan." Ich blickte auf die, was hatte ich anderes erwartet, digitale Tafel mit einem Plan des Waldes. „Wir müssen in die Mitte des Waldes", murmelte ich. „Wartet, ich lade mir schnell die Route, die wir gehen müssen, auf meine Smartwatch", meinte Julius, trat an ein kleines Display unterhalb der Tafel, an das er seine Smartwatch hielt. Er ordnete an, dass ich meinen Finger auf das Symbol „Mitte des Waldes" legen sollte. „Wir brauchen ungefähr eine dreiviertel Stunde bis zur Mitte des Waldes, und ich muss noch mit meiner Menschen-Mama telefonieren und ihr sagen, dass sie mich und Caesar abholen soll", informierte der Kater uns. Gesagt, getan. Die zwei Kater führten mich durch den Wald, Caesar war ein totaler Naturfreak, deswegen kannte er sich in dem Wald bestens aus. Außerdem mir berichtete Julius stolz, dass die beiden hier ihr erstes Date gehabt hatten. Aufmerksam hörte ich den beiden zu, wie sie davon erzählten und hoffte inständige, die beiden in meiner Zukunft zu treffen. Ein paar Besucher begegneten uns, doch je näher wir der Mitte des Waldes kamen, desto ruhiger wurde es. Vögel zwitscherten und das Laub knirschte unter meinen Converse. Die Sonne spitzelte durch die Baumkronen. „Wie spät ist es, Julius?" „16:07 Uhr. Wir sollten gleich da sein." Und just in diesem Moment erreichten wir eine große Lichtung, die von den Bäumen umschlossen wurde wie ein Zaun. „Sie haben ihr Ziel erreicht", flötete Caesar. Ich grinste. Danach trat ich einen Schritt vor und scannte meine Umgebung ab. Auf den ersten Blick konnte ich nichts Ungewöhnliches erkennen. Es roch nach Tannenzapfen und Laub. Die Sonne stand nicht mehr ganz so hell am Himmel, wie als ich angekommen war, sondern war schon etwas weiter nach Westen gewandert. „Okay, lasst uns das Portal suchen", schlug Julius fuhr. Ich nickte, und Caesar tat es mir gleich. Wir teilten uns auf und suchten die Wurzeln, die aus dem Boden ragten, ab. Plötzlich bemerkte ich etwas. Hinter einem Gebüsch flimmerte etwas. Vorsichtig beäugte ich es näher und erkannte, dass es eine Wurzel war, die aus dem Boden ragte. Sie beschrieb einen etwa schreibtischhohen Bogen und mündete danach wieder in den Boden. „Ich glaube, ich habe es gefunden!", rief ich über die Lichtung. In weniger als fünf Sekunden standen beide Kater neben mir. „Also, ich weiß, dass dieser komische Bogen da echt magisch aussieht, aber da flimmert oder glitzert nichts", gab Julius wenig hilfreich von sich. „Seht ihr das Flimmern in der Mitte des Bogens nicht?", fragte ich verwundert. „Nein, wir sind ja auch nicht durch die Zeit gereist. Wahrscheinlich kannst nur du es sehen, weil du auserwählt bist oder so", meinte Caesar und sah mich und seinen Freund an, als würden wir gar nicht kapieren. „Jetzt wo du es sagst, ergibt es irgendwie Sinn." Julius sah seinen Partner bewundernd an. „Warum bin ich nicht selbst darauf gekommen?" „Das tut doch jetzt nichts zur Sache. Fakt ist, wir können Elina nach Hause bringen." Ich lächelte und kniete mich zu den beiden hinunter. „Falls das jetzt gleich klappt und ich dann weg bin, ihr wart mit die wunderbarsten Kater, die ich je treffen durfte, und ich danke euch sehr." Julius ließ sich von mir den Kopf kraulen und Caesar verwuschelte ich das Fell, woraufhin dieser mich spielerisch anfauchte. „Es war schön dich kennengelernt zu haben", bestätigte Caesar, Julius schnurrte zustimmend. „Warte." Der Kater mit den blauen Augen kramte einen Plugens aus seiner Umhängetasche. „Als Erinnerung. Falls du nach Hause kommst und denkst, das war alles nur ein Traum." Während ich die silberne Münze mit der Aufschrift 1.P. entgegennahm, wisperte ich: „Danke. Aber ich glaube, diese Reise wird mir in Erinnerung bleiben." Ich amtete tief durch und richtete mich auf. „Wir sehen uns in meiner Zukunft!", rief ich und steuerte auf den flimmernden Wurzelbogen zu, bevor ich noch auf meine Impulse hörte und die beiden Kater kurzerhand mitnahm. „Wir sehen uns in deiner Zukunft!", hörte ich Caesar und Julius maunzen. Langsam streckte ich meine Hand in das flimmernde Etwas. „So sieht also die Zukunft aus", war das Letzte, dass ich dachte, bevor es vor meinen Augen schwarz wurde und es sich anfühlte, als würde ich fallen.

„Elina, hey, alles gut bei dir?" Ella kniete über mir. „Du sahst aus, als wärst du in Ohnmacht gefallen." Ich nickte abwesend. „Ohnmacht, ja. Mir geht es gut." Unauffällig fühlte ich in meine Hosentasche und ertastete den Plugens. Ein Lächeln stahl sich auf meine Lippen. Ohnmacht, klar.

Elina Niefenecker
Leonhard-Wagner-Gymnasium Schwabmünchen, Klasse 6E

Willow in der Vergangenheit

Willow war gerade zu Hause angekommen und aß ein Brot. Dann ging sie in ihr Zimmer und sah ein merkwürdiges Buch auf ihrem Schreibtisch. Dort standen seltsame Sprüche drin. Sie dachte in der Schule darüber nach und erzählte es ihren Freunden. Zuhause las sie einen Spruch und plötzlich erschien ein Portal. Sie wusste nicht, was sie machen sollte. Aber ihre Mutter würde gleich reinkommen. Also sprang sie in das Portal. Sie sah, dass an dem Ort vieles anders aussah. Dann dachte sie, sie wäre in der Vergangenheit gewesen. Willow sah auf einem Kalender, dass sie im Jahr 1860 war. Willow ging weiter und sah, dass es hier gar keine Autos und Handys gab. Sie dachte sich: „Womit sind denn die Leute zur Schule oder zur Arbeit gefahren?" Willow fragte ein Mädchen: „Ich hätte eine Frage. Wie kommst du eigentlich zur Schule?" Das Mädchen antwortete: „Zur Schule gehe ich nicht." Willow fragte: „Wieso denn nicht?" Sie antwortete darauf: „Wir können uns die Schulsachen nicht leisten." „Ok, danke", antwortete Willow. Danach ging sie weiter. Es wurde schon dunkler und Willow dachte sich: „Wo soll ich jetzt schlafen?" Nach kurzer Zeit sah Willow im Wald eine kleine Hütte. Plötzlich sah sie ein Mädchen dort drinnen. Sie ging leise rein und nach einiger Zeit wachte das kleine Mädchen auf und fragte Willow: „Wer bist du, und was machst du hier?" Darauf antwortete Willow: „Ich bin Willow und habe einen Unterschlupf gesucht und bin dann hier gelandet." „Ach so", antwortete das Mädchen. Sie fragte: „Darf ich hier bei dir leben?" „Natürlich", antwortete das kleine Mädchen. „Ausserdem, ich heiße Lucy!", sagte Lucy. Lucy redete so viel, dass Willow schon einschlief. Aber Lucy bemerkte es nicht und plapperte weiter. Nach einer Weile wachte Willow auf und Lucy war schon weg. Also schaute sie sich in der Stadt um. Sie sah, dass die Leute nicht so schöne Kleidung anhatten. Aber sie wusste ja, dass die Leute arm waren. Plötzlich tauchte Lucy auf und fragte: „Wieso guckst du denn so komisch?" „Ähm, einfach so", behauptete Willow. „Ok!", entgegnete Lucy. Die beiden gingen zusammen weiter. Lucy zeigte Willow die ganze Stadt. Eigentlich fand Willow die Stadt schön, aber sie fand es schon schade, dass die Menschen nicht viel zu essen hatten. Nach langer Zeit waren sie wieder Zuhause. Willow fragte Lucy: „Lucy, ich habe Hunger, gibt es hier was zu essen?" „Ja, aber nicht viel", sagte Lucy. „Ok!", antwortete Willow. Sie aßen dann Brot, weil es nichts Leckeres für Willow gab. In der Nacht, als sie am Schlafen war, dachte sie sich: „Wann soll ich denn zurückgehen und wie?" Das wusste sie nicht. Aber eigentlich fand sie es hier schön, aber sie vermisste ihre Eltern und Freunde. Am nächsten Morgen hörte sie Lucy schreien. Sie fragte Lucy: „Was ist denn los?" Lucy schrie: „Dort draußen im Wald ist ein Portal." „Och nö, ich muss zurückgehen", sagte sie. „ Wieso denn?", sagte Lucy traurig. Willow erzählte Lucy die ganze Geschichte, wie sie eigentlich hierhergekommen war. Nachdem sie ihr alles erzählt hatte, verabschiedete sich Willow von Lucy und ging durch das Portal. Als sie wieder in ihrem Zimmer ankam, kam ihre Mutter hoch, weil sie Geräusche gehört hatte. Aber als ihre Mutter sie sah, war sie wieder erleichtert. Im nächsten Augenblick erzählte Willow ihrer Mutter die ganze Geschichte. Am nächsten Tag erzählte sie es ihren Freunden. Ihre Freunde staunten. Eine Freundin fragte Willow: „Mit wem hast du dir denn die Stadt angeguckt und wo hast du geschlafen?" „Bei einem kleinen Mädchen namens Lucy", antwortete Willow darauf. Und es war cool.

Lisa Haji
Mittelschule Stadtbergen, Klasse 6a

Eine seltsame Stadt

An einem sonnigen Sonntag im Jahr 2024 spazierte ich durch den Wald. Ich entdeckte Insekten, Rehe und viele Pflanzen. Fasziniert sprach ich zu mir: „So ein Wald ist schon etwas Besonderes. Es wäre schlimm, wenn er zerstört werden würde." Als ich das ausgesprochen hatte, wurde es plötzlich dunkel, es blitzte und donnerte. Dann war es still. Alles war so schnell verschwunden, wie es gekommen war. Überraschend schlug ein Blitz zehn Schritte vor mir ein. In diesem Moment schloss ich die Augen und dachte, mein Leben wäre vorbei. Als ich sie nach einigen Minuten wieder öffnete, sah ich ein flimmerndes Licht, welches von Pflanzen und einem hölzernen Gebilde umrahmt war. Da ich neugierig war, ging ich zu besagtem Licht. Ich sah hinein und erkannte eine seltsame Stadt. Außerdem untersuchte ich den Rahmen. Ganz unten war eingraviert: Portal ins Jahr 3030. Da ich ein neugieriger Mensch bin, wollte ich dieses Portal unbedingt betreten. Zuvor jedoch schnappte ich mir einen Stock und warf ihn ins Portal, um zu schauen, was passieren würde. Es leuchtete kurz auf, und der Stock war weg. Somit war für mich klar, dass ich diese fremde Welt entdecken wollte. Vorsichtig setzte ich einen Fuß vor den anderen und ging langsam durch das Licht. Es wurde kurz dunkel, dann wurde es grell und plötzlich stand ich in einer anderen Welt: im Jahr 3030. Ich sah eine Stadt mit tausend Pflanzen, wunderschön und bunt, und dort gab es keinerlei Autos, sondern nur Geh- und Fahrradwege. Also betrat ich den Gehweg. Sofort ploppte ein Bildschirm vor mir auf. Auf diesem stand: „Bitte anmelden!" Ich meldete mich an. Daraufhin stand auf dem Bildschirm: „Hallo, willkommen in Nature-City, der umweltfreundlichsten Stadt der Welt." Als ich das gelesen hatte, kam ein Roboter auf mich zu. Er hatte einen Blumentopf mit einer Blume darin in der Hand und sagte: „Bitte pflanze diese Blume auf einer freien Fläche ein." Ich sprach zu ihm: „Nein, das kannst du selbst machen." Der Gärtnerroboter meckerte: „Jeder der neu ist, muss eine Blume pflanzen!" Ich sagte: „Nein, das mache ich nicht! Ich habe noch etwas anderes vor." Der Roboter leuchtete kurz rot auf und sagte: „Viel Spaß mit der RoPo!" Er lachte kurz und fuhr davon. Ich dachte mir nichts dabei und lief weiter. Plötzlich sagte eine Roboterstimme hinter mir: „Bitte Platz machen!" Zehn Polizeiroboter fuhren auf mich zu. Ich wollte gerade davonrennen, da ploppte zum zweiten Mal ein Bildschirm auf, aber diesmal sprach eine Stimme zu mir: „Bitte pflanze die Blume ein! Und noch was: Mit der Roboterpolizei ist nicht gut Kirschen essen." Ich antwortete: „Na schön, ich mache es." Als ich das ausgesprochen hatte, drehten die RoPo um, verschwanden und der Gärtnerroboter kam zurück. Er sagte: „Hallo, ich bringe dir zum zweiten Mal die Blume. Wie heißt Du eigentlich?" Ich antwortete: „Ich bin Yannis und wie heißt du?" Der Roboter sprach: „Ich bin GR72." Ich sagte: „Interessant! Das könnte vielleicht Gärtnerroboter 72 heißen." Der GR72 grinste: „Ich glaube schon, aber jetzt musst du die Blume pflanzen. Du kannst sie an der Naturschule einsetzen." An der Schule angekommen, pflanzte ich die Blume ein. Ich fragte den Roboter, ob ich die Schule von innen sehen dürfte, da sie von außen nicht anders aussah als die anderen Häuser.

Das Gebäude war mit Moos und Efeu bewachsen. Der Roboter antwortete: „Natürlich, sehr gern." Wir gingen hinein und klopften an Zimmer EG 01, der Klasse 6c. Es machte klick, und die Tür öffnete sich automatisch. Heraus trat ein LR und fragte: „Was kann ich für euch tun?" Der GR72 antwortete: „Yannis möchte wissen, wie die Schule in der Zukunft ist. Er kommt nämlich aus der Vergangenheit." Der Lehrer-Roboter überlegte und sagte: „Okay, aber schnell! Das Portal schließt sich in 15 Minuten!" Er zeigte mir die Schule und ich erfuhr, dass es in der Zukunft ganz andere Schulfächer gab als bei uns, z. B. Robotersport, Roboterkunde und die Herstellung seltener Pflanzen. Plötzlich ging ein ohrenbetäubender Alarm los. Der GR72 brüllte: „Yannis! Dein Portal schließt früher als gedacht! Es sind nur noch 2 Minuten!" Schnell wie der Blitz rannte ich mit dem Gärtnerroboter 72 zum Portal und schaffte es gerade noch rechtzeitig. Das Portal begann sich bereits zu schließen. Schnell verabschiedete ich mich von ihm und gab ihm das Versprechen, das ich bald wiederkommen würde. Ich sprang durch das Portal und war wieder im Jahr 2024. Als ich mich zum Portal umdrehte, sah ich, wie es sich endgültig auflöste. Verwundert blieb ich noch eine Weile stehen und versuchte, das gerade Erlebte zu begreifen. Dann setzte ich mich in Bewegung und rannte so schnell nach Hause wie mich meine Beine trugen. Ich wollte das Geschehene so schnell wie möglich meinen Eltern und meinem Bruder erzählen. Zu Hause angekommen redete ich den ganzen Abend aufgeregt über meine Erlebnisse und kam zu dem Schluss, dass es sehr wichtig wäre, etwas für die Zukunft zu tun, damit es so schön wird, wie ich es gesehen habe.

Yannis Pich von Lipinski
Dr.-Max-Josef-Metzger-Realschule Meitingen, Klasse 6c

Die verzauberte Münze

Eines Abends im August lag ich in meinem Bett und konnte nicht einschlafen. Leise stand ich auf und schlich zum Fenster. Es war eine klare Nacht, und die Sterne leuchteten am Himmel. Da erblickte ich einen besonders hellen Stern über dem nahegelegenen Wald. Er schien so hell, dass er fast blendete. Ich fragte mich, was das bedeuten konnte, und beschloss nachzusehen. Am Waldrand angekommen, schaute ich mich um, aber es war menschenleer. Ich ging ein Stück weiter in den Wald hinein. Da tauchte plötzlich etwas Leuchtendes vor mir auf: Ein Lichtstrahl zeigte auf eine schimmernde Münze am Boden. Ich streckte meine Hand aus, um sie zu begutachten. Als ich die Münze berührte, drehte ich mich auf einmal rasend schnell um mich selbst. Sekunden später spürte ich wieder festen Boden unter meinen Füßen und blickte mich um: Alles war ganz anders! Ich stand mitten auf einem riesigen Platz. An mir eilten Tausende von Menschen vorbei, die mich scheinbar nicht bemerkten. In der Ferne erblickte ich ein großes, mehrstöckiges Gebäude, aus dem aus allen Etagen ständig Züge hinausfuhren. Die Züge waren komplett aus Glas und rasten mit extrem hoher Geschwindigkeit in alle Richtungen. Rund um den Platz ragten betonfarbene Wohnhäuser in die Höhe, so hoch wie Wolkenkratzer. Am Himmel waren Lufttaxis zu erkennen, die aussahen wie eine Mischung aus Ufos und Hubschrauber. Da sah ich am Rande des Platzes einen nett aussehenden Jungen und fragte ihn: „Entschuldige, wo sind wir hier überhaupt und in welcher Zeit befinden wir uns?" Einen Moment lang schaute er mich ganz verdutzt an, dann antwortete er: „Wir sind hier im Jahr 2050 und in der Stadt 09387." „Und was ist das dort drüben für ein Gebäude?", fragte ich weiter und zeigt mit dem Finger auf ein gläsernes, nach oben geöffnetes Gebilde. „Oh, das ist unser Weltraumbahnhof. Von dort starten halbstündlich Shuttles zum Mars, Mond und sogar zum Neptun. Aber jetzt muss ich mich beeilen, ich habe einen Termin in der Stadt 09374." Nachdem wir uns verabschiedet hatten, ging ich neugierig zum Weltraumbahnhof, fest entschlossen, in den Weltraum zu reisen. Vor mir wartete bereits eine lange Schlange am Eingang. Ganz vorne stand ein Ticketautomat. Da erst fiel mir ein, dass ich gar kein Geld dabeihatte. Doch als ich vor den Automaten trat, scannte er mich nur kurz ab, dann sagte eine Stimme: „Kinder haben freien Eintritt". Ich konnte durch das Drehkreuz gehen und wählte ein Shuttle mit der Aufschrift „Mars" aus. Im Inneren des Raumschiffes waren viele große Monitore, die entweder atemberaubende Bilder vom Mars oder Werbeanzeigen wie zum Beispiel „Frische Bananen, direkt vom Mars" oder „Günstig Wohnen auf dem Mond, mehr auf: homemond.kiw" zeigten. Plötzlich begann eine Computerstimme herunterzuzählen: „20 – 19 – 18 - …" Mit jeder Sekunde, mit der meine Abenteuerreise zum Mars näher rückte, wurde ich nervöser. Fragen schossen mir durch den Kopf: Würde ich jemals wieder nach Hause kommen? Wenn ja, wie? Wenn nein, was dann? In letzter Sekunde, bevor sich die Türen schlossen, stürmte ich nach draußen und rannte Hals über Kopf zurück an die Stelle, wo ich aufgetaucht war. Schnell griff ich nach der Münze, die ich noch in meiner Hosentasche hatte. Sobald ich die Münze in der

Hand hielt, drehte ich mich rasend schnell um mich selbst. Als ich wieder festen Boden unter meinen Füßen spürte, war ich wieder in dem mir vertrauten Wald. Überglücklich und erleichtert wieder zuhause zu sein, machte ich mich auf den Heimweg.

Emil Gläßel
Staatliches Gymnasium Königsbrunn, Klasse 5f

Die Zukunft

Die Grafikkarten von PCs werden besser.
Handys bestellen Sachen, die dir gefallen.
Autos fahren selbstständig.
Die Grafikkarte von PCs werden besser.
Es gibt eine Maschine, mit der man sich teleportieren kann.
Häuser haben elektrische Zäune.
Die Grafikkarte von PCs werden besser.
Handys bestellen Sachen, die dir gefallen.

Lenard Riedel
Helen-Keller-Schule Dinkelscherben, Klasse 6Gb

Zeitsprung in die Zukunft

Im Universum ... da spielt die Zeit keine Rolle, da sind 1000 Jahre so viel wie bei uns eine Minute, sozusagen fast schon zeitlos. Wahrscheinlich denken sich nun einige: Aha! Das heißt, mein ganzes Leben ist nicht einmal eine galaktische Sekunde?! Genau das dachte sich einst auch die kleine zehnjährige Amy. Das Mädchen lebte in einer kleinen Stadt in der Nähe von Los Angeles und liebte das Universum, die Sterne und Planeten. Als die Schülerin eines Tages auf ihrem Balkon saß und in den Abendhimmel schaute, streifte sie ein Geistesblitz. Da fiel ihr wieder ein, was ihr Vater, ein bekannter Astronom, ihr erklärt hatte: „Das Universum ist zeitlos." Amy wollte unbedingt wissen, wie ihr Leben in dreißig Jahren aussehen wird und dachte sich, dass sie dazu nur eine Verbindung zum Universum aufnehmen müsste. Während sie so vor sich hinträumte, wurde sie sehr müde. Doch plötzlich schwebte sie im Weltraum, ganz ohne Raumanzug und ohne Rakete. „Hey, Amy!", begrüßte sie ein kleines rosa Fantasie-Wesen. „Bestimmt wirst du dich nun fragen, wer ich bin. Nun, ich bin Somnium, dein direkter Draht ins All. Da ich weiß, wie gern du dich in dreißig Jahren sehen möchtest, zeige ich dir das nun. So wir sind auch schon fast da. Willkommen in New York City 2054." Amy staunte, als sie zuerst die Skyline dieser riesigen Stadt aus der Vogelperspektive sah und dann, wie von Zauberhand, in einem wunderschönen Garten vor einer großen Villa stand. Zwei Mädchen nahmen sie an der Hand und nannten sie „Mama". Ein hübscher, gutaussehender Mann kam gerade aus ihrem Traumhaus und zwei zuckersüße Havaneser sprangen auf sie zu. Das alles konnte Amy leider nur kurz genießen, denn schwupps, befand sie sich wieder schwerelos im Weltall. Das Mädchen bekam ein ganz komisches Gefühl im Bauch und hatte Angst vor dem Weg, der zwischen ihr und ihrem Glück stand. „Was, wenn das eine falsche Zukunft zeigt oder ich einen anderen Weg einschlage und in dreißig Jahren sehr unglücklich lebe?", fragte sie das kleine Wesen. „Alles wird gut, du brauchst vor der Zukunft keine Angst zu haben!", beruhigte es sie. Bevor das Mädchen noch etwas erwidern konnte, war Somnium verschwunden. Amy wachte unter dem Sternenhimmel auf ihrem Balkon auf. „Es war nur ein Traum, dachte sie sich zunächst etwas enttäuscht. Doch dann wurde ihr klar: Ein Zeitsprung ist keine Last, die einem Angst vor der Zukunft machen sollte, sondern eine Reise, die dir die Motivation gibt, diesen Traum zu leben.

Marie Otto
Paul-Klee-Gymnasium Gersthofen, Klasse 5e

Eine magische Uhr

Eines Tages schickte mich mein Vater zum Uhrmacher. Seine Uhr war kaputt, weshalb ich den Uhrmacher fragte: „Können sie diese Uhr reparieren?" Der Uhrmacher betrachtete die Armbanduhr eine Weile. Schließlich meinte er: „Nein, leider kann ich die Uhr nicht reparieren." Zum Ausgleich gab er mir eine kleine goldene Taschenuhr mit. Als ich am Abend zuhause im Bett lag und meine neue Taschenuhr betrachtete, fiel mir auf, dass die Zeit falsch eingestellt war. Nach kurzer Betrachtung bekam ich die Uhr auf. Ich wollte die Zeiger verschieben. Den Zeiger ließ ich zu früh los und dachte mir nichts Schlimmes dabei. Plötzlich wurde der ganze Raum um mich herum hell. Als ich meine Augen wieder öffnete, war mir sehr warm. Woran lag das? Auf einmal sah ich eine riesige Pyramide vor mir. Ich war im alten Ägypten gelandet! Wie konnte das passieren? Nicht weit von mir entfernt, sah ich andere Menschen. Vielleicht konnten sie mir helfen? Ich ging zu ihnen hin, und fragte sie: „Können sie mir helfen? Ich habe mich verlaufen!" Sie sahen mich nur komisch an, führten mich dann an aber einen anderen Ort. Ich wusste nicht, wohin wir gingen. Nach einer Weile kamen wir an ein großes Gebäude. Es war wirklich gigantisch! Als wir eintraten und ein paar Räume durchquerten, standen wir vor einem Mann, der auf einem Thron saß. Er war sehr komisch angezogen, hatte aber auch Goldschmuck um sich hängen, weshalb ich schon ein wenig Respekt hatte. Die Leute die mich hierhin geführt hatten, zeigten plötzlich auf den komischen Mann und sagten: „Pharao." Der Pharao sagte etwas Unverständliches, und dann führten mich die Leute in einen kalten, aber großen Raum. Am Anfang konnte ich noch nicht viel erkennen, aber als ich mehrere Gefängniszellen sah, wollte ich mich wehren, doch es half nichts. Diese Personen schubsten mich in die nächstbeste Zelle. Mittlerweile hatte ich schon jedes Zeitgefühl verloren, weshalb ich nicht wusste, wie lange ich schon in dieser Zelle festsaß. Nach einer Ewigkeit kamen wieder andere Leute in den kalten Raum und brachten mir etwas zu essen und zu trinken. Leider wusste ich nicht, was das war, und traute mich deshalb auch nicht, es zu probieren. Es hätte ja schließlich sein können, dass sie mich vergiften wollten. Meine Augen hatten sich schon seit einer Weile an die Dunkelheit gewöhnt und mir war aufgefallen, dass ich tatsächlich die einzige in diesem Raum war. Was wollten diese Leute von mir? Dachten sie, ich wäre eine Verbrecherin? Und bei diesem Gedanken schossen mir plötzlich Tränen in die Augen. Wie gerne wäre ich jetzt wieder bei meiner Familie oder in meinem warmen Bett. Ich schaute mich jetzt bestimmt schon zum zehnten Mal in der Zelle um. Das einzige, was es hier gab, war eine kleine Schaufel in der Ecke. Wahrscheinlich hatte die hier jemand vergessen. Aus Langeweile begann ich zu graben. Und ganz plötzlich kam mir ein Gedanke: „Vielleicht könnte ich mich durch einen Tunnel befreien?" Nein, das war zu unwahrscheinlich. Stunden vergingen, hin und wieder kamen Beamte, um nach mir zu sehen. Mittlerweile war mein Loch schon ziemlich groß. Doch die Beamten sahen es nie. Ich war schon ziemlich müde, doch plötzlich stieß ich auf etwas Hartes. Das weckte meine Neugier. Ich grub daraufhin noch schneller und hielt kurz darauf eine kleine Schachtel in der Hand. Ich traute mich zuerst nicht, sie zu öffnen, aber ich musste es! Als ich sie öffnete, lag ein kleiner, goldener Klumpen in der Truhe. Hinter mir, außerhalb der Zelle, drehte ich mich langsam um und sah die Beamten. Als sie den goldenen Klumpen sahen, freuten sie sich. Sie ließen mich aus der Zelle und wir traten wieder vor den Pharao. Sie beredeten etwas in ihrer Sprache, und kurz darauf führten sie mich nach draußen. Als erstes mussten ich mich wieder an die Helligkeit und die Wärme gewöhnen. Doch als ich wieder richtig sehen konnte, sah ich so viele Leute und eine Bühne draußen stehen. Sie führten mich auf die Bühne, sagten etwas und danach kam ein Applaus! Plötzlich schoben sie mich vor die Menschenmenge. Wurde ich gefeiert? Wow! Der Applaus war für mich! Als der Applaus vorbei war, tanzten und feierten die Leute weiter. Ich langte mit meiner Hand in die Hosentasche und spürte etwas Kühles. Meine Uhr! Ich schob den Zeiger auf die Uhrzeit von meiner Heimat und verabschiedete mich vom alten Ägypten. Als ich meine Augen schloss und wieder öffnete, lag ich wieder in meinem Bett. Ich war froh, wieder zu Hause zu sein! Was für ein Abenteuer!

Miray Zech
Staatliches Gymnasium Königsbrunn, Klasse 6c

Die Zukunft und die Vergangenheit

Ich habe einen Ring. Wenn man ihn dreht, kommt man in die Vergangenheit. Das habe ich gemacht, und als ich in der Vergangenheit angekommen war, gab es keine Autos und kein Geld; es gab böse und liebe Dinos. Man musste viel mit der Hand machen, und dann wollte ich hier sofort weg. Und jetzt sage ich euch, wie ich wieder zurückgekommen bin. Ich habe mit einem Menschen getauscht, und dann war ich in der Zukunft. Da war ein verletzter Säbelzahntiger. Ich habe ihm geholfen, weil er so niedlich war. Dann habe ich wieder mit einem Menschen getauscht und bin in mein echtes Leben zurückgekehrt.

Annabell Hasenauer
Helen-Keller-Schule Dinkelscherben, Klasse 2ad

Der Klimaschützer des Untergangs

19 Juli 2054

Es ist Freitagabend und meine Familie und ich waren grade mit unserem Filmabend fertig. Meine Schwester und ich bereiteten uns vor, um schlafen zu gehen, während meine Eltern die Nachrichten schauten. Ich hörte den Nachrichten auch zu, denn an diesen Freitag wurden die Nobel-Preise vergeben. Ich hörte aber etwas Schlimmes:
„BREAKING NEWS, die Antarktis ist fast geschmolzen, viele Inseln und sogar Länder sind wie ATLANTIS untergegangen." Ich dachte aber: „Wir leben in der Mitte Deutschlands, uns wird schon nichts passieren." Heute lach ich immer noch darüber, wie falsch ich damals gelegen war, denn am nächsten Tag hörte ich ein lautes Brüllen, aber nicht das eines Menschen, sondern eines Tieres. Ich rannte schnell ins Wohnzimmer, schaltete den

Fernseher an und der Moderator meinte ganz traurig: „Die Antarktis ist jetzt vollständig geschmolzen", eine Träne floss aus seinem Auge. ROAAAAAAAAAAR, da war das Brüllen nochmal. Welches Tier konnte das sein? Plötzlich griff der Moderator nach seinem Ohr und teilte uns mit, dass eine Art Monster am Nordpol viele Millionen Jahre eingefroren gewesen und jetzt auferstanden war. Konnte es sein, dass ein Monster am Nordpol so laut brüllt, dass ich es auch hier in Deutschland höre? Ich hatte jetzt eine große Angst. Als meine Mutter ins Wohnzimmer kam, erzählte ich ihr alles, und sie versuchte, mich aufzumuntern, indem sie mir mit einer ruhigen Stimme sagte: „Giulio, se il Mostro non ha le ali, non puo venire da noi in Germania." Sie spricht Italienisch, denn sie kann nicht gut deutsch sprechen. „Speriamo allora che non abbia le ali", meinte ich. Ich fühlte mich dann sofort viel besser, doch natürlich hatte das Monster Flügel, meinten die Nachrichten. Armeen aus aller Welt versuchten, dieses Monster abzuhalten, fliegen zu können. Sie schossen die Flügel des Monsters an oder versuchten, es mit einem Netz aufzufangen, doch das schien das riesige Vieh noch wütender zu machen. Ich dachte, das wäre alles nur ein Traum. Ich wollte, dass alles nur ein Traum wäre. Ich versuchte, mich aufzuwecken, indem ich mich zwickte und schlug, doch leider war es kein schlechter Traum, wovon ich am nächsten Tag aufwachen konnte.

Drei Jahre später
Als ich noch klein war, hatte ich immer geträumt, wie die Menschheit in der Zukunft aussehen würde, ich dachte, es würde fliegende, selbstfahrende Autos oder komplexe Roboter-Algorithmen geben, die uns im Haushalt helfen könnten, doch jetzt bin ich sechzehn. Wir wohnen jetzt im Bunker. Das eigentliche Monster ist vor zwei Jahren gestorben, doch es hat vor dem Tod 20.000 Eier zurückgelassen. Ja, das Monstrum hat sich vermehrt und seine Kinder haben 90% der Menschheit getötet und gefressen. Viele Menschen nennen auch deswegen die Kreatur „DER FLIEGENDE TOD". Meine Familie wurde auch von dem Monster auf brutalste Weise getötet: Das Monster hat sie mit Säure bespritzt. Ich hörte ihre Schreie und das Weinen, während sie schmolzen, denn das Monster konnte aus seiner Haut Säure spritzen, deswegen ist er so gefährlich. Ich habe und will deswegen auch keine Freunde, denn ich wollte nicht nochmal den Schmerz fühlen, als meine Familie gestorben ist. Viele meiner Mitmenschen im Bunker denken, ich habe keinen Lebenswillen mehr. Doch da täuschen sie sich, denn die einzige Sache, die mich jeden

Morgen aufweckt, ist eine Maschine, aber keine normale unkomplizierte Maschine, sondern eine Maschine, die ein Portal in die Vergangenheit erstellen kann. Mit ihr will ich in die vergange Zeit reisen und das Monster töten, solange es noch im Ei ist. Ich hatte schon ein Jahr lang geplant, wie man die Maschine bauen könnte und gestern bin ich endlich damit fertig geworden. Mir fehlten aber die Teile, um sie zu bauen, deswegen musste ich aus meinem Bunker raus, um die Teile bei der verlassenen Metallfabrik zu „leihen". Ich hatte aber sehr viel Angst, denn es ist sehr gefährlich, aus dem Bunker rauszugehen, aber ich wollte es trotzdem tun, denn es wäre das erste Mal in drei Jahren. Ich ging also raus in die Freiheit, fühlte den Wind in meinen Haaren, sah die Sonne zum ersten Mal seit drei Jahren und hörte die Vögel zwitschern. Das war der schönste Moment, den ich seit langem hatte. Nach einer Weile war ich bei der Metallfabrik angekommen. Ich öffnete langsam die quietschende Tür und nahm schnell alles, was ich sah. „Hätte ich nur einen Wagen oder eine Schubkarre mitgenommen", dachte ich wütend, also musste ich alles alleine tragen. Plötzlich hörte ich ein lautes Brüllen. Es war ein Monster, das sich in der Metallfabrik ein Nest gebaut hatte. So nah war mir das Monster noch nie gekommen. Ich hatte schreckliche Angst. Der schöne Geruch der Natur oder das Zwitschern der Vögel waren mir jetzt egal, denn ich rannte um mein Leben. Das Monster konnte fliegen und war deswegen richtig schnell, schneller als ich zumindest. Ich gab trotzdem nicht auf, aber das Monster kam immer näher und näher und ergriff meinen Fuß beziehungsweise meinen Schuh. Ich zog meine Sneakers schnell aus und rannte weiter zum Bunker. Zum Glück schaffte ich es in den Bunker, bevor mich das Monster auffressen konnte. Alle meine Mitmenschen sahen mich bewundernd an, sie dachten, ich würde sterben. Ich ging sofort in mein Zimmer und fing an zu bauen. Die Struktur baute ich zuerst und auch wenn für mich die Zeit langsam wirkte, war es schon Abend, als ich mit der Struktur fertig war. In meinem Bett dachte ich immer an diese schönen Familienmomente, wo wir alle am Esstisch saßen und sprachen. Ich liebte es, mit meiner Familie zu sprechen. Ich vermisse sie so sehr. Eine Träne floss mir aus dem Auge. „Ich muss sie retten. Ich werde sie retten. Ich werde alle retten", dachte ich stolz. Am nächsten Tag wachte ich um halb sieben auf und ich suchte in meinem Zimmer nach etwas sehr Besonderem. Es war ein Magischer Edelstein, den mir mein Großvater vor seinem Tod gegeben hatte. Ich wusste nicht, wo der Edelstein herkam oder wieviel er wert war, bis ich vor einem Jahr sein Tagebuch fand. Ihr werdet es mir nicht glauben, was dort drinnen gestanden hatte: Dieser Edelstein kommt aus der verlorenen Stadt ATLANTIS und ist ein Edelstein, mit dem man in der Zeit reisen kann. Sie konnten also in die Zukunft reisen, deswegen waren die Atlanter technisch so fortgeschritten. Das werde ich jetzt auch machen. Ich reise aber nicht in die Zukunft, sondern in die Vergangenheit. Ah, endlich gefunden. Jetzt kann ich ihn in die Struktur reinlegen, Waffen, Nahrung, mein Glücksbringer-Mikrofon mitnehmen und die Welt retten. Als ich meinen Mitmenschen die Idee sagte, haben mich alle ausgelacht. Ich hasse es, wenn Menschen mich auslachen, doch jetzt war es mir egal. Wartet mal, wann und wo ist das Monster geboren? Das Monster ist eine Mischung aus Vogel und Säugetier, also sollte es ca. vor 166 Millionen Jahren geboren sein. Ich schaltete langsam und ängstlich das Portal an und ging zuerst mit dem Kopf rein, damit ich sehen konnte, was auf der anderen Seite war. Der Weg war frei, also ging ich ganz hindurch. Ich habe mir vorher vorgestellt, wie es vor 166 Millionen Jahren ausgesehen haben könnte. Ich dachte, dass ich jetzt viele Dinosaurier oder kleine Säugetiere oder sogar das Monster selbst sehen würde. Ich war in der Mitte einer Wüste. Ich hatte bestimmt die Koordinaten falsch ausgerechnet, oh Mann. Ich ging schnell durch das Portal durch, bevor ich vor Hitze sterben würde. „Puh, das war heiß. Genug für heute, ich habe eh unendlich Zeit", dachte ich zufrieden. Am nächsten Tag versuchte ich es nochmal, nochmal und nochmal und am übernächsten Tag versuchte ich es erneut. Ich konnte das Monster einfach nicht finden. Am Ende des dritten Tages war ich nur traurig und enttäuscht. Ich wollte aber nicht aufgeben „Es muss doch einen anderen Weg geben, das Monster zu töten", dachte ich, während ich mich auf meinen Gamer-Stuhl setzte. Plötzlich kam ich auf eine Idee: War der Klimawandel nicht das eigentliche Monster? Wegen dieser Frage konnte ich diese Nacht nicht schlafen. „Ich werde den Klimawandel stoppen, aber wo und wann? Ich dachte am nächsten Morgen weiter darüber nach, während die anderen sagten, dass ich aufgeben sollte. Sie hatten einfach keine Hoffnung mehr. „2024, das wäre das beste Jahr und wo: Augsburg, meine Heimatstadt. Doch wie werde ich die Menschen davon überzeugen, was wegen des Klimawandels geschehen würde? Egal, die Menschen waren in der Vergangenheit dumm gewesen, die werden mir schon glauben", dachte ich selbstsicher. Ich setzte die Koordinaten und die Zeit ein, atmete tief ein und schaltete die Maschine an. „Jetzt wird's klappen", sagte ich zu mir, während ich durch das Portal ging. Diesmal hatte ich die Koordinaten richtig ausgerechnet und landete nicht in der Mitte einer Wüste. Es war so anders in der Vergangenheit: Alle Häuser standen noch, es gab noch keine Taxidrohnen. All dies wurde erst 2040 erfunden. Personen trugen die Klamotten, die ich aus dem Geschichtsbuch kannte. Ich ging also zu einer Klimademonstration. Noch nie hatte ich so viele Menschen gesehen, seitdem uns das Monster angeriffen hatte. Ich holte mein Mikrofon aus meiner Tasche raus und fing an zu sprechen: „Ich komme aus der Zukunft …" Ich wusste, dass ich nicht mit diesem Satz anfangen sollte, denn sofort danach fingen alle an zu lachen. Ich atmete tief ein und schrie: „Hört mir zu, in dreißig Jahren wird die Antarktis vollständig geschmolzen sein, ein riesiges, fliegendes Monstrum wird dadurch erwachen und 90% der Menschheit töten." Plötzlich waren alle leise, und ich hörte die Stimme eines Kindes. Es sagte: „Ich glaub dir", während es zu mir kam. Dieser Junge kam mir ein bisschen bekannt vor. Ich sah ihn genauer an und sah eine Kette, auf der sein Name stand: Gustaf. Mein Vater hieß genau so. Konnte das sein? „Hey, wie heißt du mit Nachnamen?", fragte ich ihn. Er antwortete sofort: „Ich heiße Gustaf Janovi?" Mein Herz blieb kurz stehen und eine Träne floss mir aus dem Auge. Er war es. Nach einer Weile stimmten mir immer mehr und mehr Menschen zu. Ich fühlte mich stolz, aber ich musste nicht nur ein paar Menschen davon überzeugen, sondern die ganze Welt. Nach einer Woche in der Vergangenheit waren sehr viele Menschen auf meiner Seite, ich wurde weltbekannt und hatte viel Macht. Nach sechs Monaten überzeugte ich genügend Menschen, dass endlich was passieren konnte. In der zweiten Woche nach dem sechsten Monat fingen alle an umweltfreundlicher zu sein und nach einem ganzen Jahr in der Vergangenheit, war die ganze Erde vollständig klimafreundlich. Ich war so froh, ich hatte es endlich geschafft. Jetzt musste ich nur die Zeitmaschine suchen und in meine richtige Zeit reisen. Ich rannte schnell zu ihr, ich konnte nicht erwarten, meine Familie wiederzusehen. Als ich zu ihr kam, gab es ein Problem: Ich brauchte Benzin, um meine Zeitmaschine anzutreiben, und das hatte ich für den Klimaschutz wegschaffen lassen. „Warum müssen solche Sachen immer mir passieren?" Ich suchte weit und breit, um nur einen Tropfen Erdöl zu finden, bis ich im Norden Deutschlands einen illegalen Benzinverkauf fand. Die Person, die das Benzin verkaufte, sah mich ziemlich geschockt an. Sie dachten, ich würde ihr Geschäft schließen, doch ganz im Gegenteil: „Ein Liter Benzin, bitte", sagte ich. Der Verkäufer sah mich erleichtert an und meinte: „Ein Euro zwanzig bitte." Ich gab ihm das Geld, nahm das Benzin und machte sein Geschäft zu. FÜR IMMER! Ich fuhr zurück zu meiner Zeitmaschine, schüttete das Benzin rein und stellte die Koordinaten und die Zeit ein. Ich atmete einmal tief ein, bevor ich auf den roten Knopf drückte. Die Zeitmaschine ging an, ich ging rein und schloss meine Augen. Ich dachte an all die schönen Familienmomente, die jetzt wahr wurden. Eine Minute später war ich bei mir zu Hause angekommen, ich stieg aus meiner Zeitmaschine aus, sah viel Natur, es roch sehr schön und es gab einen leichten Wind, der mich streichelte. Ich sah mein Haus, rannte dorthin und klingelte. Meine Mutter machte die Tür auf und meinte: „Giulio, du bist von deinem Spaziergang zurückgekommen, schon so früh?" Ich hatte nicht einmal die Zeit, ihr zu antworten, denn ich habe sie sofort umarmt. „Giulio, alles okay?", meinte sie besorgt. „Ja, Mama, alles ist gut!"

Vedran Ivetic
Staatliches Gymnasium Königsbrunn, Klasse 7d

Das Kind und die Rakete

Es war einmal ein Kind, das wollte unbedingt zum Mond. Es baute sich eine Rakete, dann konnte die Reise zum Mond beginnen. Das Kind flog tagelang, bis es endlich beim Mond angekommen war. Es sammelte Mondgestein. Das Mondgestein nahm es mit auf die Erde, damit es sich an den Mond erinnern konnte.

Maximilian Hieber
Grundschule Ustersbach, Klasse 2b

Traumhafte Zukunft

Es ist das Jahr 2222. Ich bin MoHoX – ein elfjähriges Mädchen, verhältnismäßig klein, lange türkisrosa farbene Haare. Und ich habe einen Hund. Er hat sechs Beine und funktioniert nur mit aufgeladenen Akkus. Kuschelig ist er auch nicht. Das finde ich schade. Manchmal wünschte ich, er wäre weich wie meine Kuscheltiere. Manche haben einen Knopf im Ohr, sind mehrere hundert Jahre alt und begleiten meine Familie seit Generationen.
Heute haben wir in der Schule – also in unseren Raumschiffkapseln mit Monitor – bei Mr. Monk im BiGesch-Unterricht gelernt, dass es damals, lange bevor Oma und Opa gelebt haben, Hunde mit Fell gegeben hat. Ohne Akku. Und ohne Fernbedienung. Was für ein wundervoller Gedanke: Ein echter Freund, der bellt und sich freut, wenn man zu ihm heimkommt. Ohne, dass man vorher was einschalten muss. Ich würde ihn Tommy nennen. Denn irgendwie, wenn es ganz ruhig ist, habe ich manchmal das Gefühl, als würde ich diesen Hund kennen, und dann kann ich ihn sogar bellen hören.

Als ich heute völlig in diesen Gedanken versunken aus der Raumschiffkapsel mit meinen Rollgleiterschuhen nach Hause glitt, passierte es plötzlich. Ich strauchelte und landete der Länge nach auf dem silberglänzenden Asphalt. Meine Knie schmerzten und ein harter Gegenstand bohrte sich in meinen Bauch. Was war das? Ca. zehn Zentimeter lang und fünf Zentimeter breit, ein Display, ziemlich zersplittert – sah aus wie ein Handy aus der Zeit der Dinosaurier. Oder ähnlich lange her. Doch so schwarz das Teil auch blieb, plötzlich zitterten Bilder über die splittrige Oberfläche. Wie ein Hologramm firmierte sich eine Figur, nein, ein Tier! Hellbraun, lockig, schwarze Knopfaugen und eine freundliche Schnauze, der man selbst durch diese schrottige Glashülle ansah, wie lustig nass sie sein musste. Er war es: Tommy: Der Hund aus den Erzählungen im Unterricht. Mein Herz hüpfte vor Begeisterung. Es hatte ihn tatsächlich gegeben. Damals, vor knapp 200 Jahren. Unter dem Hündchen war ein Datum zu erkennen: 7. Dezember 2023.

„Warum bist Du nicht mehr da? Warum habe ich einen Roboterhund, leblos, ohne Fell, ohne Freude, ohne Gefühl?", versuchte ich meine Gedanken mit dem Display zu teilen. Und wie durch Zauberhand antwortete Tommy, nicht er, vielleicht eine KI, künstliche Intelligenz, deren Stimme irgendwie verdammt nach meinem Papa klang.

„Die Menschen früher, liebe MoHoX, dachten, dass Roboter alles leichter machen. Das Leben, das Arbeiten, die Freundschaften, die Verantwortung. Also haben sie alles, was lebt ersetzt, durch programmierbare Maschinen. Mit der Zeit haben auch wir Hunde entschieden, uns zurückzuziehen, in die Wälder, traurig, allein, im Rudel, aber weg von den Menschen. Jemand, der uns weder streicheln, füttern, noch Gassi führen wollte, sollte nicht mehr für uns da sein. Seit nunmehr 75 Jahren leben wir ganz zurückgezogen und warten auf Menschen, die wieder echte Tiere haben wollen."

Wie durch einen Schleier hallten die Worte von Tommy in mir nach. Es gab sie noch! Doch wo? Ich musste sie finden! Und ich würde alle mitnehmen, nach Hause, zu meiner Familie und meinen Freunden. Ich sprang auf, nachdem ich noch immer auf der Straße saß. Wie besessen raste ich los. Ich musste sie finden! Mit dem Kopf durch die Wand, auf ein Ziel zu, das ich nicht kannte ... „Mohan, Mohan, wach auf, Du musst zur Schule – und Tommy müsste vorher noch zum Spaziergang raus. Seit Tagen hast Du dich nicht mehr um ihn gekümmert." Unsanft ruckelte mich jemand an der Schulter. Über mir sah ich das sanfte Gesicht meiner Mutter, sie lächelte. „Na, Träumerin, hast Du wieder den Wecker überhört?" Wie auf Kommando schoß ein pelziges Etwas auf meinen Bauch und schleckte mit seiner langen Zunge durch mein Gesicht. „Tommy. Du bist da!" Erleichtert und begeistert zugleich schloss ich meinen Hund in die Arme. Er bellte freudig und sprang wie auf einem Trampolin auf meinem Bett herum.

„Komm, zieh Dich an!", sagte Mama. „Warte, ich muss noch was erledigen", entgegnete ich mit einem Grinsen und pfefferte meinen heißgeliebten Weckerroboter aus dem Fenster. Das Letzte, was auf dem Display zu lesen war, war der 20. August 2024. Der Tag, an dem ich verstand, dass der beste Wecker und Roboter der Welt kein Lebewesen war!

Mona Hördegen
Staatliches Gymnasium Königsbrunn, Klasse 5f

Zeitsprung

Eines Tages in der Schule bekamen wir die Aufgabe, einen Aufsatz über die Zukunft zu schreiben. Ich dachte nach: Was soll ich schreiben? Wie soll ich anfangen? Wo? Wer? Wie? Warum? Die Ideen kamen einfach nicht. Filme über die Zukunft, die ich gesehen hatte, gingen mir durch den Kopf. Alle handelten von verschiedenen Raketen, magischen Schränken und ähnlichen Dingen – alles altbekannte, abgedroschene Ideen.

Ich beschloss einfach, mir vorzustellen, dass ich irgendwie hundert Jahre in die Zukunft gelangt bin. Wie ich das erreichen werde, weiß ich noch nicht, ich werde es auf später verschieben und darauf warten, dass die Idee kommt, dass die Glühbirne über meinem Kopf aufleuchtet. Nun, die Zukunft ... Das Jahr ist 2124.

Ich erinnerte mich an meine Großmutter und ihre Freundinnen, die jedes Mal, wenn sie sich trafen, über die jüngere Generation lästerten, die nachkam. Wenn es so würde, wie sie es sich vorgestellt haben, würde die Zukunft mehr als schrecklich werden. Diese neuen Generationen, die ihre Handys nicht aus der Hand legten, die faul und ungehorsam waren, denen alles schwerfiel ... Sie sprachen auch darüber, wie die Menschen ihre Jobs verlieren werden, wie die Welt bis an ihre Grenzen verschmutzt wird, wie Roboter die Welt beherrschen werden. "Oh Gott, wohin geht diese Welt?", seufzten sie und schüttelten den Kopf hin und her.

Aber so etwas in meinem Aufsatz zu schreiben? Nein, das kann ich nicht. Was dann? Ich werde mir vorstellen, dass ich hundert Jahre in die Zukunft gereist bin, und wie ich die Zukunft, die Welt und alles darauf mit meinen eigenen Augen sehen würde. Die Menschen haben sich viel mehr der Natur zugewandt, sind sich bewusst geworden, was sie ihr in der Vergangenheit angetan haben, und haben aus ihren Fehlern gelernt. Sie haben kleinere Häuser, weniger unnötige Dinge, alles ist minimiert und vereinfacht. Die Häuser haben ihre eigenen Gärten voller Gemüse, sie erzeugen Strom, recyceln. Die Tiere leben auf Farmen in den Bergen, auf Wiesen, an der frischen Luft. Roboter sind überall und erledigen viele Arbeiten, aber sie haben das Leben der Menschen vereinfacht. Die Menschen haben jetzt mehr Zeit für sich und ihre Interessen, genießen das Leben mehr, eilen nicht. Sie verbringen mehr Zeit mit ihren Kindern, betreiben Sport, haben Hobbys und sind glücklicher.

Die Welt wimmelt von Leben, Vögeln, Schmetterlingen, Fischen; die Korallen haben sich erholt. Die Menschen fahren nicht mehr weit zur Arbeit, sitzen nicht in Verkehrsstaus und sind nicht nervös im Stau. Die Digitalisierung hat alles vereinfacht. So wird unsere Zukunft ungefähr aussehen. Und wenn nur die älteren Generationen wüssten, wie falsch sie lagen, wie viel besser alles geworden ist, als sie angenommen hatten ... Die lange und schwere Zeit von Hunger, Kriegen, Missverständnissen und Ungerechtigkeit sowie Rassismus liegt hinter uns, eine gute und helle Zukunft liegt vor uns. Es braucht nur noch etwas Zeit, bis alles in Ordnung kommt, bis man lernt, aber es wird alles gut werden. Nun, ich muss nur eine Art Maschine erfinden, eine Vorrichtung, etwas wie ein Katapult, um mich in einem Augenblick in die Zukunft zu versetzen. Vielleicht werde ich sogar ein paar Großmütter mitnehmen. Nur noch das. Ich werde mir noch etwas Zeit lassen und auf einen anderen Moment der Inspiration warten. Wenn diese Glühbirne endlich aufleuchtet, wird niemand glücklicher sein als ich. Vielleicht nicht einmal mein Deutschlehrer, der vielleicht sagen wird: „Eh, liebe Marina, der Aufsatz ist kurz, ungewöhnlich, aber alles in allem gut." Das ist dann meine helle und gute Zukunft, die langsam beginnt.

Marina Majic
Staatliches Berufliches Schulzentrum Neusäß, Klasse 11 Kitz

Vor 1000 Jahren und noch mehr

Hallo meine kleinen Forscher!
Meine Freundin und ich sind Meeresbiologinnen. Wir erkunden die Tiefen der Meere. Wir haben schon viele verrückte Sachen erlebt, aber das, was wir letztens erlebten, war noch tausendmal verrückter. Wir wollen euch heute davon erzählen. Ihr müsst euch festhalten, es wird lustig, spannend und ihr lernt viel über den Pazifik und seine Verschmutzung. Seid ihr fertig? Dann geht es los:

Es war ein gewöhnlicher Freitag. Wir tauchten im Pazifik, ihr müsst wissen, der Pazifik ist der größte Ozean auf der Welt. Wir wollten verschiedene Fische kennenlernen und Korallen genauer unter die Lupe nehmen. Aber was wir sahen, war kein Grund zur Freude. Fische aßen Plastik, Schildkröten hatten sich in Fischernetzen verfangen die Meter lang waren. Und es türmten sich riesige Müllberge auf dem Grund des Meeres. Außerdem hatten wir die Korallen auch anders in Erinnerung, wir waren geschockt und fragten uns, wie es wohl vor tausend Jahren aussah. Bevor wir weiter nachdenken konnten, öffnete sich der Boden und eine laute Stimme sagte zu uns: „Diesen Wunsch erfülle ich euch." Wir waren verwirrt. Woher kam die Stimme aus dem Loch im Boden? Auf einmal drehten wir uns schneller und schneller, mir wurde schwindelig, und auch meine Freundin hielt sich die Augen zu. Plötzlich standen wir in einer völlig anderen Welt. Als wir uns umsahen, trauten wir unseren Augen kaum. Quallen leuchteten in allen möglichen Farben. Schildkröten schwammen so zahlreich, dass man kaum noch etwas anderes sah. Fische in allen möglichen Formen und Farben bekamen wir zu sehen. Orcas, Delphine, Wale und Rochen schwammen an uns vorbei. So ein farbenfrohes Getümmel hatten wir noch nie zuvor gesehen. Alles sah so unberührt und vollkommen aus. Es gab einen gewaltigen Unterschied zu unserer Zeit. Es war keine Spur von Plastikmüll zu sehen. Wir fühlten uns wie auf einem anderen Planeten. Vor lauter Staunen dauerte es einige Minuten, bis wir wieder sprechen konnten. Meine Freundin sagte: „Das ist so unglaublich – wunderschön." Ich sagte nur: „Ja, da hast du vollkommen recht." Am liebsten würden wir hier für immer bleiben, aber wer sonst sollte den Menschen erzählen, wie schön das Meer früher war. Also beschlossen wir, in unser heutiges Meer zurückkehren. Aber wie? Auf einmal stupste uns etwas an und sagte mit freundlicher Stimme: „Ich bin Kassiopeia und das ist Henrietta. Es war eine Schildkröte. Sie war noch größer und schöner als alle anderen Schildkröten, die wir je zuvor gesehen hatten, und sie hatte eine Babyschildkröte dabei. „Wir wissen, wie ihr nach Hause in das Jahr 2024 kommt." Sie führten uns an eine Muschel mit der Überschrift 2024. Wir sahen uns noch einmal genau um, und waren sehr traurig, dass unsere Ozeane nicht mehr so wunderschön sind, dass man sie nicht beschreiben kann. Nach langem Anstarren schwammen wir durch die riesige Öffnung der Muschel. Aber wir schwammen nicht allein durch die Muschel, sondern Kassiopeia und Henrietta folgten uns. Sie erklärten uns, dass sie mit uns kommen wollten.

Somit lebten sie jetzt als unsere Haustiere in unserer Unterwasser-Zentrale und haben ihren eigenen Pool mit Vollausstattung.

Wir hoffen, euch hat unser verrückter Ausflug gefallen, und ihr habt gelernt, weniger Plastik zu benutzen.

Romy Schwarzenbach und Nele Weber
Leonhard-Wagner-Gymnasium Schwabmünchen, Klasse 5c

Meine Zukunft

Ich habe geheiratet.
Ich habe Kinder.
Ich habe ein Auto.
Ich habe ein Haus.
Ich habe viel Spaß gehabt.
Ich habe geheiratet.
Ich habe Kinder.

Christian Gemähling
Helen-Keller-Schule Dinkelscherben, Klasse 6Gb

Die schöne Zeit

An einem schönen Tag, als ich in meinem Bett lag, dachte ich mir: „Ich will eine schöne Zukunft haben." Ich will bei der Polizei-Hundestaffel arbeiten, als meine Mutter zur mir sagte: „Max, es ist Zeit, ins Bett zu gehen." Also ging ich mir noch die Zähne putzen. Wir beteten noch, und dann ging ich ins Bett. Ich lag schon wieder wach und hoffte, dass ich eine schöne Zukunft haben werde. Ich rieb mir die Augen und als ich fertig war, sah ich eine Wimper auf meinem Finger. Man kann sich wohl vorstellen, was ich mir wünsche: natürlich bei der Polizei-Hundestaffel zu arbeiten. Nach einer Stunde schlief ich endlich ein. Ich hatte einen verrückten Traum. Ich sah nur Wolken. Doch plötzlich sah ich ein Tor, ein großes. Auf dem Tor stand, dass dort „Die schöne Zukunft" sei. Und ich sagte: „Da will ich unbedingt hinein." Nach diesem Satz öffnete sich das Tor, und ich sah eine andere Welt, eine bessere. Dann entschloss ich mich, durchzugehen, und plötzlich fühlte ich mich ganz anders, meine Stimme war tiefer und ich war größer. Ich nahm meinen Geldbeutel und sah einen Ausweis. Und auf dem Ausweis stand, dass ich 21 Jahre alt wäre. Nun steckte ich ihn wieder ein und sah mich um. Plötzlich stand ich bei der Polizei-Hundestaffel. Ich ging dort hin und meldete mich an. Als ich drinnen war, sah ich einen Hund und sein Herrchen, dort konnte man Fotos mit dem Hund machen.

Ich ging weiter und da sah ich eine Hundeshow. Als ich das sah, dachte ich: „Hoffentlich werde ich angenommen." Schließlich ging ich nach Hause. Zwei Wochen später, bekam ich einen Brief. Auf dem stand: „Herzliche Grüße, sie wurden angenommen. Alles Gute vom Polizeichef." Ich flippte aus vor Glück, ich freute mich so sehr. Dann las ich weiter und es stand darin, dass wir morgen um 10:00 Uhr da sein müsse. Am nächsten Tag stand ich schon um 6:00 Uhr auf, weil ich so aufgeregt war. Um 10:00 Uhr stand ich nun dort und sie erzählten uns erst einmal alles über die Polizei-Hundestaffel. Am Schluss sagte er zu uns: „Sie machen jetzt drei Monate Ausbildung und am Ende wird Ihnen ihr Hund zugeteilt und sie machen eine Abschlussprüfung. Bitte unterschreiben sie diese Unterlagen und morgen sind sie bitte schon um 8:00 Uhr da." Ich bekam eine Tasche und in der Tasche war meine Kleidung. Am nächsten Tag mussten wir alles über die Hunde, Kommandos usw. lernen. Nach zwei Monaten lernten wir unseren Hund kennen und trainierten mit ihm. Zuerst lernten wir Kommandos. Als wir am Ende des Tages fertig waren, durften wir unseren Hund mit nach Hause nehmen. Ich hatte mich schon so darauf gefreut, er war ja noch ein Welpe. Und Hunde wachsen schnell. Nach einem Monat Ausbildung mit dem Hund, machten wir eine Trainingseinheit. Das trainierten wir auch noch zwei Wochen. Und dann war es so weit. Die Abschlussprüfung stand an. Wir durften uns noch eine Stunde lang aufwärmen und dann war es soweit. Einer nach dem anderen kam dran. Und je näher mein Einsatz kam, umso höher wurde mein Puls. Nun war ich an der Reihe. Ich hatte Angst, dass ich alles falsch mache. Während der Prüfung bemerkte ich, dass ich ein paar Fehler machte. Nach der Prüfung zweifelte ich daran, dass ich angenommen würde. Als ich zu Hause war, dachte ich die ganze Zeit darüber nach, ob ich angenommen werde. Ich wartete und wartete. Ich schaute jede Stunde nach, ob ich einen Brief bekommen habe. Und nach einer Woche war es so weit. Ich bekam einen Brief. Ich nahm ihn aus dem Briefkasten und öffnete ihn. Ich lass ihn mir durch und auf den ersten Blick sah ich nichts. Doch dann stand ganz unten: „Herzlichen Glückwunsch, Maximilian, sie wurden angenommen." Ich habe mich so sehr gefreut, ich habe sogar geweint. Am nächsten Tag war es soweit. Ich war jetzt offiziell ein Mitglied. Und auf einmal wachte ich auf. Ich schaute auf die Uhr und es war 7:37 Uhr. Ich schaute mich an und ich war wieder 11. Ich rannte schnell zu meiner Mutter und sagte: „Ich hatte den besten Traum: nämlich über die Zukunft."

Maximilian Kunz
Staatliches Gymnasium Königsbrunn, Klasse 6c

Die Zeitkapsel

Eines Tages ging ich zu einer Wissenschaftsausstellung. Dort wurden mir interessante Experimente gezeigt. Als ich weiterlief, sah ich eine große, ovale, weiße Zeitkapsel. Der Erfinder fragte, wer sie ausprobieren möchte. Ich dachte mir nichts dabei und meldete mich. Also setzte ich mich auf den Stuhl und der Experte für Zeitkapseln drückte ein paar Knöpfe und schloss die Tür. Plötzlich ruckelte alles und ständig war ein lautes Piepsen zu hören. Als sich die Türen der Zeitkapsel öffneten, war ich an einem ganz anderen Ort. Ich war in Panik und wusste nicht, was ich machen sollte. Ich überlegte kurz und entschied, dass ich aus der Zeitkapsel aussteigen würde. Ich sah mich um und stand auf einmal in einem Park mit Bäumen, einem See und kleinen Tieren. An einer Straßenlaterne hing ein Schild, es handelt von einem Theaterstück aus 2039. Ich war also fünfzehn Jahre in die Zukunft gereist. Dann war ich schockiert, aber zumindest wusste ich jetzt, in welchem Jahr ich bin. Ich schaute mich weiter um und entdeckte auf einmal „MICH", nur etwas älter.
Ich war absolut sprachlos!
Ich hatte mich eigentlich fast nicht verändert, nur dass ich etwas gewachsen war und meine Haare länger waren. Gespannt und voller Neugier schaute ich meinem Zukunfts-Ich lange Zeit zu und dann verfolgte ich mich, bis wir an einem schönen Einfamilienhaus ankamen. So wie es aussieht, werde ich wohl dort einmal wohnen mit einer kleinen Familie. Offensichtlich habe ich meinen Schulabschluss erfolgreich bestanden. Ich sehe es am wunderschönen Haus, weil ich ohne ihn keinen guten Beruf erlernt hätte. Stolz überschüttet mich, wegen meinen Erfolgen und der Gründung einer tollen Familie. Plötzlich sah ich wieder die Zeitkapsel, sie stand auf der gegenüberliegenden Blumenwiese. Musste ich dorthin rennen, bevor sie weg ist? Das war meine Chance nach Hause zu kommen. Als ich dort war, stieg ich schnell wieder ein! Plötzlich wurde alles schwarz und ich hoffte, dass sie mich nicht weiter in die Zukunft bringt. Sondern wieder zurück transportiert. Als ich meine Augen öffnete, war ich glücklich, wieder zurück in der Gegenwart zu sein!

Leonie Hämmelmann
Mittelschule Zusmarshausen, Klasse 9aM

Im Urlaub

1. Im Urlaub waren Pools und Rutschen.
2. Ich liebe Whirlpools, weil ich gerne schwimmen gehe.

3. Ich gehe gerne zum Ausprobieren der Rutschen.
4. Im Urlaub waren Pools und Rutschen.
5. Es gab leckeres Buffet und Cocktails.
6. Es gab bequeme Betten.
7. Im Urlaub gab es Pools und Rutschen.
8. Ich liebe Whirlpools, weil ich gerne schwimmen gehe.

Luna Dehler
Helen-Keller-Schule Dinkelscherben, Klasse 5 G

Dana und die Lektion im Mittelalter

Dana hat die Augen aufgemacht und geschrien: „Wo ist mein Kaffee?" Das Dienstmädchen von Dana ist zu Danas Zimmer gerannt, während sie eine Kaffeetasse in der Hand hatte und sagte: „Hier ist ihr Kaffee, meine Prinzessin." Ja, Dana war eine Prinzessin, die nie etwas wertgeschätzt hat oder dankbar war. Aber das Dienstmädchen wollte ihr eine Lektion erteilen. Am Abend schlich sich das Dienstmädchen in Danas Zimmer und flüsterte: „Simsalabim, dieses Mädchen geht ins Mittelalter hin." Am frühen Morgen stand Dana auf und schrie, wie sie es gewohnt war: „Wo ist mein Kaffee?" Keiner kam. Sie hob den Kopf hoch und sie war in einem schrecklichen Zimmer, das sehr dreckig und staubig war und sie schlief mit vielen Menschen in einem Bett. Sie fragte: „Wer seid ihr?" Da behauptet der Junge neben ihr: „Schwesterchen, wir sind deine Familie!?" Dana brüllte: „Ihr seid nicht meine Familie, meine Familie ist sehr reich." Da lachte der Junge, der Tom hieß: „Hahaha, hast du zu viel geträumt oder was?" Sie antwortete: „Nein." Zwei Minuten vergingen, alle Menschen in der Burg waren aufgestanden, sie alle haben sich das Gesicht gewaschen und sind zu ihren Arbeiten gegangen.Sie hat dann jemanden gefragt, was sie tun solle. Er antwortete: „Du musst in der Küche helfen kochen."
„Aber ich kann nicht kochen", sagte Dana. Der Mann sagte: „Du wirst nicht richtig kochen, nur helfen." „Ich habe aber Hunger", jammerte Dana. Der Mann erklärte ihr, dass sie warten müsse, bis die Adligen und der Klerus fertig wären, später dürfe sie dann selbst essen. „Oha, das ist ja unfair und gemein." Da hat sich Dana erinnert, dass das auch bei den Dienstleuten bei ihr zuhause so war, und sie warteten bis sie fertig war mit Essen. Sie ist in die Küche gegangen und hat mitgekocht. Es war sehr anstrengend für sie, weil sie zum ersten Mal arbeitete. Da hat sie sich wieder an die Dienstleute bei sich Zuhause erinnert, die von Sonnenaufgang bis Sonnenuntergang arbeiteten. Die Zeit verging schnell in der Burg, sie hat

auch so viele Freundschaften geschlossen, sie hat auch gelernt, dass Geld nicht alles ist. Mitten in der Nacht schlief Dana ein und es ging wieder zurück in ihr echtes Leben. Sie hat sich komplett verändert. Sie hilft den Dienstleuten im Haushalt. Dana ist auch dankbar geworden. Jede Nacht wünscht sich Dana, wieder ins Mittelalter zu gehen zu ihren Freunden, sodass sie wieder die Geschichten von den Menschen dort anhören kann. Obwohl die Menschen dort so viel arbeiteten, waren sie trotzdem nett und dankbar.

Hevi Sijari
Mittelschule Stadtbergen, Klasse 6a

Herr Riggler

An einem unscheinbaren Freitag rannte Max nach der Schule nach Hause. Er klingelte hektisch und wartete bis Mama ihm die Türe aufmachte. Er sprintete zum Sofa und holte seine Spielekonsole hinter einem Kissen hervor. Max startete sein Lieblingsspiel „Herr Riggler". In dem Spiel ging es darum, Schlüssel zu sammeln, um in verschiedene Jahrhunderte zu gelangen. Man hatte drei Tage Zeit, um die Mission zu schaffen. Wenn es jemand nicht schaffte, dann wäre er für immer im Spiel gefangen. Max schaute sich die Charaktere genau an und suchte den „Herrn Riggler" aus. Danach durfte er sich eine Waffe aussuchen. Er nahm seine Lieblingswaffe, die Bazooka, eine rückstoßfreie Panzerabwehrhandwaffe. Auf einmal zog ihn die Spielekonsole in das Spiel hinein. Max schaute sich um und bemerkte, dass er bei den Ägyptern, ungefähr 3.000 Jahre vor Christus gelandet war. Er rannte wild umher und stolperte schließlich. Dabei bemerkte er, dass etwas in seiner Hosentasche zerbrochen war. In seiner Hosentasche war ein Timer, der auf drei Tage eingestellt war und ein Zettel mit der Aufschrift: „Finde meine Maske!" Ohne lange zu überlegen, fiel Max sofort eine Maske ein. Schnell rannte er zur Pyramide von Tutanchamun, so schnell er konnte und nahm die Maske. Plötzlich öffnete sich vor ihm ein hell beleuchteter Tunnel mit vielen bunten Strichen, der ihn hineinzog. Max sah sich um und bemerkte, dass er neben dem Kolosseum im Jahr zweihundert nach Christus gelandet war. Schnell schaute er in seine Tasche und las den nächsten Hinweis: „Besiege mich, den stärksten Mann!" Max schaute zum Kolosseum hoch und dachte sich dabei: „Er kann nur dort sein." Im Kolosseum sah er einen zwei Meter großen Mann, mit einem Schwert, einer dicken Rüstung und einem Schild. „LOS!", schrie jemand von hinten. Der Gladiator rannte auf Max zu und versuchte, ihn zu erwischen. Max rannte von dem Riesen weg, bis ihm schließlich die Puste ausging. Er dachte sich: „Tja, das war´s dann wohl mit mir." Plötzlich fiel ihm ein, dass er noch die Bazooka hatte. Er zückt sie und richtete sie auf den Gladiator. Der Gladiator schreckte zurück und bettelte: „Bitte, tu mir nichts, du kriegst auch die ultimative Waffe, aber bitte tu mir nichts." Das Publikum rastete aus vor Begeisterung. Max nahm die Waffe und ging aus dem Kolosseum heraus. Als er draußen alleine stand, öffnete sich der Boden unter ihm. Das Loch im Boden war genauso wie der Tunnel beleuchtet und hatte bunte Striche. Max sprang hinein und landete an einem Hafen. Aber nicht an einem wie heute, sondern an einem aus dem 16. Jahrhundert. Wieder schaute Max in seine Tasche und sah einen neuen Hinweis. „Finde meinen größten Schatz." Nach nicht allzu langer Überlegung fielen Max die Piraten ein. Er rannte auf das erst kürzlich gesehene Schiff zu und suchte dort nach einer Karte, doch er fand nichts. Nachdem er alle Schiffe durchsucht hatte, setzte er sich verzweifelt an den Strand, mit einem ängstlichen Gefühl, dass er nie wieder aus diesem Spiel herauskommen würde. Plötzlich wurde eine Flasche direkt an seine Füße gespült. Es war eine Flasche mit einer Schatzkarte drin. Vor Freude sprang er in die Luft und öffnete die Flasche. Die Schatzkarte führte ihn zu einem riesigen Felsen, der nicht allzu weit von ihm entfernt lag. Max konnte seinen Augen nicht trauen, dort entdeckte er ein großes X auf dem Boden, genau hinter dem Felsen. Er fing sofort an zu graben und entdeckte eine Schatztruhe. Als er sie öffnete, sah er das ihm bereits vertraute helle Licht und die bunten Striche, die sich aus der Kiste hervorstahlen. Sein Körper fing langsam an, sich aufzulösen. Max bekam Panik, schloss seine Augen und schrie ganz laut: „Mama!!" Plötzlich hörte er die Stimme seiner Mutter: „Max, was ist denn los?" Max sah seine Mutter verwundert und glücklich an. Nach dieser langen Reise, würde er die Spielekonsole nicht mehr so schnell wieder in die Hand nehmen.

Leon Buschan
Staatliches Gymnasium Königsbrunn, Klasse 6b

Zeitlose Freundschaft

Ich springe ins Jahr 2039 ins Rheinland. Aber Ihr wisst ja noch gar nicht, warum ich ausgerechnet von Bayern ins Rheinland springen will. Ich möchte dort meine beste Freundin Josi besuchen. Sie ist dorthin gezogen, und ich vermisse sie sehr. Wenn ich angekommen bin, werde ich Josi ganz arg drücken und den ganzen Tag mit ihr spielen und ratschen, bis uns die Augen zufallen und wir gemeinsam einschlafen. Aber bevor das passiert und ich alt genug bin, Josi alleine zu besuchen, kommt meine Mama ins Zimmer und holt mich zum Abendessen. Mein Traum von meiner Reise ins Rheinland endet wohl vorerst.

Felicitas Rau
Grundschule Gessertshausen, Klasse 1a

plötzlich königlich? – Oder doch nur ein Traum?

Ich wache auf, aber nicht in dieser Welt. Denn alles sieht glamourös und golden aus. Eine Zeitung mit dem heutigen Datum liegt vor meinem Bett – Schock – „23.04.1747" steht auf dem Blatt. Vor Schreck lasse ich die Zeitung fallen. Ich werfe einen Blick in meinen Kleiderschrank. Alles voller Samt- und Seidenkleider mit allerlei Korsetts und Juwelen. Eine Magd kommt in mein Zimmer und kleidet mich ein. Danach geleitet sie mich in den atemberaubenden Kronsaal, wo schon zahlreiche Damen und Herren in goldenen Barockengewändern warten. Mit lauter Stimme und einer plötzlichen Ruhe wird eine Prinzessin angekündigt: „Prinzessin Maria Anna von Sachsen". Alle Augen im Saal sind auf einmal auf mich gerichtet. Oh, das muss wohl ich sein. Aber ich eine Prinzessin? Trotzdem füge ich mich kurzerhand in mein Schicksal und schreite die Treppe hinunter. Doch noch bevor ich die unterste Stufe der majestätischen Treppe erreicht habe – krsss –, bin ich auch schon wieder in meinem gemütlichen Bett. Meine kleine Schwester rennt polternd in mein Zimmer und reißt mich aus meiner Zeitreise-Träumerei. Von dem kleinen Zeitsprung sollte wohl besser keiner erfahren – oder war es vielleicht doch nur ein Traum?

Antonia Jesse
Staatliches Gymnasium Königsbrunn, Klasse 7c

Sprung in die Zukunft

Es war einmal ein Mädchen Namens Olivia. Sie sagte zu ihrer Familie: „Ich gehe für einen Blumenstrauß Blumen sammeln." Olivia ging in den nahegelegenen Wald. Da sah sie ein Portal. Sie ging durch das Portal, und plötzlich war sie in Österreich. Sie hatte ein wunderschönes Dirndl an, sie sprach auf einmal österreichisch. Sie fand eine schöne Bergwiese und fing an, Blumen zu pflücken. Als sie fast fertig war mit ihrem Blumenstrauß, sah sie einen jungen Mann. Er war groß, hatte blaue Augen und blonde Haare. Sie ging auf den jungen Mann zu. Sie sagte „Hallo" zu dem Jungen und stellte sich vor: „Mein Name ist Olivia." Der Junge sagte auch: „Hallo, mein

Name ist Ben." Sie redeten eine Weile miteinander. Als es langsam anfing, dunkel zu werden, sagte Olivia, dass sie langsam nach Hause müsse. Olivia verabschiedete sich und ging. Der Junge rief ihr hinterher, ob sie sich bald wiedersehen? Darauf sagte Olivia: „Ja, wir sehen uns bald wieder." Olivia ging dann öfter zum Blumenpflücken nach Österreich, um ihren Freund Ben zu sehen. Die Blumen hat sie jedes Mal ihrer Mutter geschenkt.

Ronja Rappler
Grundschule Altenmünster, Klasse 4a

Fragen an die Zeit

Wir fragen uns, wie es wäre, wenn man in die Zukunft reisen könnte. Wir hätten so viele Fragen. Wie würde es dort aussehen? Gäbe es neue Erfindungen? Gäbe es noch Krieg? Haben wir alle Prüfungen bestanden? Leben unsere Haustiere noch? Ist die Inflation gesunken? Gibt es wieder Frieden auf der Welt und können wir wieder nach Russland und in die Ukraine reisen? All diese Fragen können uns jetzt nur beantwortet werden, wenn wir in die Zukunft reisen könnten. All diese Dinge können morgen, übermorgen oder auch erst in ein paar Jahren passieren. Aber uns interessiert noch etwas anderes. Wie war es damals eigentlich in der Vergangenheit? Hatten die Menschen schon Berufe, konnte man damals schon in andere Länder reisen? Hatten die Menschen schon Haustiere und sind viele Vulkane ausgebrochen? „Alle bitte aussteigen!", weckt uns die Durchsage im Bus aus unseren Gedanken. Wir realisieren, dass wir wieder in der Gegenwart sind.

Tabea Jasmin Remmele und Antonia Emilia Holzinger
Paul-Klee-Gymnasium Gersthofen, Klasse 6d

Maxi und der Zwergenaufstand

Ich bin mir sicher, jeder von euch hat einen Elternteil, der euch schon einmal nahegelegt hat, mit diesem Zwergenaufstand aufzuhören. Seit Jahr und Tag frag ich mich, was ist ein Zwergenaufstand? Vor allem, welche Zwerge proben ihn denn? Jeder weiß doch, dass sich dieses Thema bei den Gartenzwergen schon wieder erledigt hat. Oder doch nicht? Fragen des Alltags! Aber nicht mit mir. Da ich von Haus aus eher zu den neugierigen Menschen gehöre, beschloss ich, es herauszufinden. In der Garage stand noch ein Prototyp von einer Zeitmaschine herum, ein perfekter Anlass, sie zu testen. Ich gab als Ziel das Zwergenland ein und war gespannt, was passieren würde. Es wurde dunkel, und lautes Krachen und Zischen begleiteten mich in der Kapsel, bis ich ziemlich unsanft landete. Als ich die Tür der Maschine öffnete, traute ich kaum meinen Augen. Ich war im Mopfi-Land angekommen. Es liegt zwischen dem Voxi-Fluss und dem Riri-Land. Ich stieg aus und sah mich um. Das Mopfi-Land hatte viele grüne Wiesen und hohe Bäume, manche über neunzehn Meter hoch. Dies ist ziemlich günstig, um die Feinde im Visier zu behalten. Auf einmal stand ein kleines Wesen vor mir: ein Mopfi-Zwerg. Er hatte große, wasserblaue Augen und dicke, dicke Backen. Sein kugelrunder Bauch und die Stummel-Füße machten ihn komplett. Sein Name war Mopfriel. Wir kamen ins Gespräch, und ich erklärte ihm den Grund meines Besuchs, und er wiederum fing an, mir etwas über sein Land zu erzählen. Sie hatten einen Obermopfi namens Mopfilian. Dieser besaß ein Amulett, das nicht größer war als eine Dollarmünze. Genau hinter diesem waren die Riesen im Auftrag von Zauberer Rumpulutz her. Ihr habt richtig gelesen, Riesen! Wesen so groß wie die Bäume im Mopfi-Land, mit Bärten, die ihnen kreuz und quer ins Gesicht hingen. Igitt! Ich fragte Mopfriel, was es mit diesem Amulett auf sich habe. Er erklärte mir, dasss dieser Gegenstand die Eigenschaft besitze, den Besitzer unsterblich, klug und mächtig zu machen. Plötzlich hörte ich ein Knax-krach-ritsch. „Raaaaahhhh!" Mopfriel schrie auf und wir rannten so schnell wir konnten davon zu seinem Dorf. Dort angekommen erzählte er mir, dass der böse Zauberer den Befehl gegeben hatte, auf der Suche nach dem Amulett alle Zwergenländer zu zerstören und es so zu finden.

An einem schönen und sonnigen Sonntagmorgen, gingen Mopfriel und ich im Riri-Wald spazieren. Wir schlenderten gemütlich durch die Büsche und über die Wiesen und grüßten hier und da ein paar Riri-Zwerge. Plötzlich hörten wir ein lautes „Raaaahhhh!" Wir standen gerade am Anfang des Waldes und da sahen wir sie: große, graue, hässliche Köpfe!

Die Riesen, diese Wesen, die nichts anderes waren, als von Zauberer Rumpulutz verzauberte Zwerge, lebnten in seiner Gefangenschaft.

Da Mopfriel mir gesagt hatte, wie gefährlich sie waren, rannten wir um unser Leben. Wir schrieen jedem Zwerg, der uns entgegenkam, zu: „Rettet euch, die Riesen sind da! Kommt mit uns ins Mopfi-Land, da seid ihr sicher!" Panik brach aus, so schnell die Winzlinge konnten, liefen sie in das benachbarte Dorf. Als wir dort angekommen waren, wurde sofort eine Versammlung anberaumt.

Der Anführer Mopfilian erklärte sich sofort bereit, den benachbarten Zwergen Unterschlupf zu gewähren. In seiner Ansprache verkündete er: „Wir sind hier versammelt, um zu besprechen, wie wir die Riesen aufhalten und Rumpulutz entmachten können. Dazu muss ich euch ein Geheimnis verraten, über das bisher nur Mopfriel Bescheid wusste." Mopfilian schaute in die Runde: „Wie ihr euch denken könnt, sind die Riesen auf der Suche nach dem Amulett." „Mensch, komm endlich zur Sache!", rief ich ungehalten. Hatte ich schon erwähnt, dass ich zu extremer Neugierde neige? „Ok", fuhr Mopfilian fort, „das Amulett gehört mir". Die Zwerge sahen ihren Chef verdutzt an. „Wenn Rumpulutz das Medallion besitzt, bekommt er unglaubliche Macht. Aber wenn es in meinem Besitz bleibt, können wir es als Waffe gegen das Böse verwenden", schloss Mopfilian. „Dann hol es doch her", entfuhr es mir. „Stopp, das Amulett befindet sich nicht hier, sondern an einem sicheren Ort. Es liegt in einer Schatztruhe ganz unten im Stelmania-See. Einer von euch mutigen und tapferen Zwergen müsste mich allerdings begleiten. Wer möchte diesen Weg mit mir bestreiten?" Da konnte ich nicht mehr an mich halten, schließlich hatte ich diese Reise ja nicht umsonst gemacht. Also rief ich laut und deutlich: „Ich, großer Zwergenkönig, werde dich begleiten. Mein Name ist Maxi." Mopfilian schnippte mit seinen Fingern, und sofort eilten zwei Zwerge mit glänzenden Schwertern heran. Wir nahmen beide die Waffen, verabschiedeten uns und zogen los.

Mopfilian und ich liefen eine zeitlang schweigend nebeneinander her, doch ich musste endlich eine Frage loswerden: „Müssen wir tief tauchen? Welche Gefahren lauern dort im See?" Mopfilian sah mir tief in die Augen und sagte: „Mein tapferer Maximilian, du wirst all deinen Mut und deine Kraft gebrauchen können. Im Stelmania-See leben zwei fürchterliche Wasserdrachen, die wir nur gemeinsam besiegen können."

Allmählich wurde es dunkel und die Landschaft steiniger. Der See lag in einer Schlucht, umgeben von Bergen. Endlich waren wir an unserem Ziel angekommen. Das Wasser war fast schwarz, so tief war der See.

„So, Maximilian, unsere Schwerter werden wir mitnehmen, falls die Drachen uns angreifen", sagte Mopfilian. „Das wäre schon sinnvoll", sagte ich. „Doch ziehen uns die Waffen nicht auf den Grund des Sees?" Mopfilian lächelte mich an und antwortete: „Gut mitgedacht, genau das ist der Sinn davon. So haben wir es leichter mit dem Tauchen und können wertvolle Zeit sparen. Wenn wir unten angekommen sind, knacken wir mit den Schwertern die Schatztruhe und entnehmen das Amulett. Die Schwerter müssen wir dann allerdings zurücklassen, denn sie würden uns im Anschluss nur behindern. Wir müssen so schnell es geht auftauchen, aber immer auf der Hut sein!" Ich nickte und stellte fest: „Sieh nur, es wird schon wieder hell, ist das gut oder schlecht für uns?" Der Anführer meinte, es sei gut für sie beide. Denn dann würden sie unter Wasser besser sehen. Mopfilian stellte sich an den Rand des Felsen und zählte bis drei. Dann sprangen wir beide gleichzeitig und fast lautlos ins Wasser. Das Gewicht der Schwerter zog uns beide mit aller Macht in die Tiefe, mir war gar nicht wohl dabei. Da wir beide unter Wasser nicht sprechen konnten, verständigten wir uns mit Arm- und Beinbewegungen. Als wir auf Grund ankamen, wedelte Mopfilian mit seinen Händen, was bedeutete, dass ich ihm folgen sollte. Nach einiger Zeit stießen wir auf die Truhe. Ich war so froh, dass wir im Vorfeld Atemblütentee getrunken und damit eine unbegrenzte Zeit Sauerstoff zur Verfügung hatten. Ich zog mein Schwert und versuchte mich an der Truhe. Mopfilian eilte mir zu Hilfe. Gemeinsam und mit vereinten Kräften, schafften wir es, die Truhe zu öffnen. Ich staunte nicht schlecht, als ich das Amulett zu Gesicht bekam. In der Mitte prangte ein Smaragd, an den Seiten jeweils ein Rubin und ein Saphir. Der Hintergrund war blau und der Rand aus purem Gold. Während ich noch ganz verzückt das Amulett betrachtete, bekam Mopfilian einen Schreck! Er stieß mich an, und ich drehte mich um – pures Entsetzen machte sich in meinem Gesicht breit! Wir sahen in zwei riesige gelbe Augen. Die Wasserdrachen hatten uns bemerkt. Wir ließen die Schwerter fallen und paddelten um unser Leben. Einer der beiden Drachen packte mich am Bein und riss sein Maul auf, um mich zu fressen. Doch mein Judo-Kurs machte sich nun bezahlt. Blitzschnell drehte ich mich um und gab ihm eins auf die Nase. Der Drache heulte vor Schmerz auf und ließ mich los. Ich nutzte diesen Moment und schwamm schnell nach oben. In letzter Sekunde, bevor der Drache noch einmal nach mir schnappen konnte, zog mich Mopfilian aus dem Wasser auf den sicheren Felsen hinauf. Uns saß der Schrecken noch gründlich im Nacken. Mopfilian sagte zu mir sichtlich erschöpft: „Gerade nochmal gutgegangen. Nun müssen wir wohl weiterziehen zu Rumpulutz. Puh, dieser Name ist schon furchteinflösend." Nach einem langen Fußmarsch kamen wir an dem Schloss des Zauberers an. Es ragten spitze Türme und Dächer heraus, und sie waren von lodernden Flammen umgeben. Mopfilian schärfte mir ein: „Ich muss es schaffen, in diesen Turm zu gelangen." Ich fragte ihn vorsichtig: „Warum?" Mopfilian schaute mich ernst an und meinte: „Lieber Maximilian, jetzt ist es wohl an der Zeit, dir die ganze Wahrheit zu verraten. Der Zauberer Rumpulutz hat das Amulett verhext. Um dies zu entzaubern, müssen wir in sein privates Gemach hineingelangen. Dort angelangt musst du

die Krone an dich nehmen und den Edelstein herausziehen und stattdessen das Amulett einfügen. Nur so können wir ihn vernichten."
Ich schluckte und murmelte: „Klar, nix leichter als das."
Ein Wachposten schickte die Riesen zum Abendessen. Welch ein Glück für uns beide. Nun konnten wir uns ungehindert über die Treppe hinauf zur Turmspitze schleichen. Genau vor uns lag das Gemach von Rumpulutz. Wir schlichen hinein und sahen den bösen Zauberer. Ich rief lauthals: „Das Spiel ist aus, du grausamer Tyrann!" Rumpulutz wirbelte herum und schrie: „Ich werde euch ein Ende machen." Blitze und Feuer schlugen aus seinen Händen. Wir sprangen zur Seite und entkamen nur knapp dem Bösen. Säulen und Wände stürzten ein. Wir versteckten uns hinter einer Säule genau hinter ihm. Mopfilian schaute mich flehentlich an: „Nun lauf und stürz dich auf ihn. Nimm die Krone und setze unseren Edelstein ein. Möge die Macht mit dir sein, mein lieber Maximilian." Na, das ließ ich mir nicht zweimal sagen. Ich stürzte mich auf ihn, im größten Getümmel fing er an zu straucheln und ging zu Boden. Schnell tat ich, wie mir geheißen worden war, und riss die Krone herab und setzte den Stein der Zwerge ein. Bevor Rumpulutz wusste, wie ihm geschah, setzte ich ihm auch schon wieder die Krone auf. Erst als er dies mitbekam, fing sein Körper an zu zittern. Er wusste, dass er verloren hatte. Mit einem markerschütternden Schrei zerfiel er zu Staub. Mit seinem Tod zerbrach auch der Fluch, und alle Riesen wurden wieder zu Zwergen.
Mopfilian und ich fielen uns vor Erleichterung in die Arme und machten uns auf den Weg zurück ins Mopfi-Land. Dort angekommen, wurden wir mit Jubel und einem riesigen Fest empfangen.
Nach drei Tagen Party war es für mich an der Zeit, mich für dieses Erlebnis zu bedankenken. Ich versprach feierlich, allen von den Zwergen zu berichten. Als ich meinen neuen Freund Mopfriel zum Abschied in den Armen hielt, sagte ich: „Du, mein Freund, hast mir auf dieser Zeitreise gezeigt, dass es Zwerge nicht nur in Nachbars Garten gibt."
Als ich mit lautem Knall zu Hause in der Garage ankam, stand meine Mutter schon schimpfend parat. „Saperlott, ständig machst du Krach und eine solche Sauerei. Aber dann wieder einen Zwergenaufstand machen, wenn du Hausarrest bekommst."
Da nahm ich sie in den Arm und flüsterte in ihr Ohr: „Ach, Mama, vielleicht solltest du auch einmal den Zeitsprung zu Mopfilian wagen …

Maximilian Heinrich
Staatliches Gymnasium Königsbrunn, Klasse 10a

Ein anderes Zeitalter

Liebes Tagebuch, heute war mal wieder ein ganz normaler Tag. Ich war für drei Stunden in der Schule. Wir haben auf den iPads neue Rechenregeln gelernt. Zuhause angekommen fragte mich C-3PO, wie es in der Schule war. Ich antwortete gut. Er sagte, dass ein neuer Droidenmeister gewählt wird, da der alte in Rente geht. Abstimmen müssen wir auf dem neuen iPhone 23 Pro Max. Ich weiß noch nicht, wen ich wählen soll. Sicher ist, dass ich nicht Palpetine Tyrannus wähle. Er will das alle Bücher und Papiere vollständig weggeschmissen werden! Kannst du dir das vorstellen? Ich muss eh schon aufpassen, dass mich der Kameradroide nicht beim Tagebuchschreiben erwischt. Ich treffe mich in zwei Stunden mit Padmé zum Lernen. In Geschichte sollen wir etwas über das Jahr 2024 lernen. Damals war es wohl normal, dass man nicht mit zwei Jahren ein iPad bekommt! Kannst du das verstehen? Heute Abend muss ich mit meinem Kaufdroiden R2-DR eine neue Smart Watch kaufen. Morgen gehe ich mit Padmé in das 2000–2024-Museum. Dort gibt es so genannte Brettspiele, die ohne Strom funktionieren! Krass, oder? Ich muss später auch noch zur Bücherdemonstration online sein. Aber genau heute habe ich nur einen Balken WLAN. Das kann also dauern. Oh, nein. C-3PO hat nach mir gerufen. Meine Mama ruft mich gerade über Videoanruf an. Sie ist auf dem Saturn, bei einem Forschungsprojekt: Wie man im Weltall WLAN herstellen kann. Jetzt muss ich aber los! Ich schreibe dir morgen wieder. Hoffe, sie finden das Tagebuch nicht …

Karolina Sturm
Staatliche Realschule Zusmarshausen, Klasse 6d

Der Zeitsprung

Letzte Woche war ich bei dem ersten Spiel von Messi für Inter Miami. Es war ein ausgeglichenes Spiel und es ging bis in die 90. Minute mit einem 3:3. In der letzten Spielminute bekam Messi einen Freistoß und die Menge war totenstill! Während der Ball in das Netz flog, war ich im nächsten Augenblick im Jahr 2012. Ich war im Campnu, und Messi machte sein erstes Profi-Spiel für Barcelona. Es war wie ein Traum. Ich war voller Nostalgie. Wieder war die 90. Minute angebrochen. Messi wurde vor kurzem eingewechselt und bekam die letzte Chance. Er verwandelte die Aktion und das Tor wurde von keinem geringeren als Ronaldinho vorbereitet. Ich war überglücklich, dass ich sowas wieder erleben durfte. Nach dem Tor wurde ich wieder zurückteleportiert nach Miami. Mir wurde schnell klar, dass die Ära von Messi leider immer weiter ins Aus trieb und dass ich die letzten Jahre mit ihm genießen sollte. Ich werde diesen Ausflug nie vergessen.

Adam Trivaks
Staatliches Gymnasium Königsbrunn, Klasse 6b

KI

Was kann KI?
Weiß KI, was in der Zukunft passieren wird?
Wer ist das?
Was kann KI?
Wieso antwortet sie so schnell?
Kann sie mir sagen, wann wir sterben?
Was kann KI?
Weiß KI, was in der Zukunft passieren wird?

Ela Shurdhaj
Helen-Keller-Schule Dinkelscherben, Klasse 6Gb

Zeitsprung

Ich springe in die Zukunft.
Es gibt fliegende Kaffeemaschinen.
In der Zukunft gibt es größere Städte.
Ich springe in die Zukunft.
Ich könnte fliegen.
Ich darf Kaffee trinken.
Ich springe in die Zukunft.
Es gibt fliegende Kaffeemaschinen.

Annika Emilia Brecheisen
Helen-Keller-Schule Dinkelscherben, Klasse 3S

Eine andere Welt

Ich lag in meinem Bett, als ich ein seltsames Geräusch hörte. Es war Nacht und der Mond stand hoch am Himmel. Ich schlich aus meinem Zimmer und schaute nach, was es war. Das Geräusch wurde immer lauter und schließlich sah ich es. Es waren bunt ineinander verschlungene Kreise, die von einem Torbogen auszugehen schienen. Plötzlich fingen die Kreise an, sich zu drehen, und es sah aus wie ein Strudel. Ich wollte wegrennen, aber das Gewirr aus bunten Farben sog mich ein. Als ich wieder zu mir kam, entdeckte ich eine große Wiese, auf der ich lag. Ich stand auf und schaute mich um. Ich sah, wo ich auch hinschaute, nur Bäume und Sträucher. Da kam ein Eichhörnchen auf mich zu gerannt, das sich hinter einem Baum versteckt hatte. Es fragte mich: „Wie kommst du denn hierher? Die Menschen sind doch schon lange ausgestorben." „Aus diesem Portal hier", sagte ich und zeigte darauf. Ich fragte mich, wieso es reden konnte. „Wo bin ich hier gelandet?", wollte ich von ihm wissen. „Ich heiße Clarissa und du bist in der Zukunft", klärte mich das Eichhörnchen auf. Ich wollte gerade etwas fragen, als Clarissa mich mit einem „Menschen sind hier nicht erlaubt!" in das Portal zurückschubste. Gerade wollte ich wieder durch das Portal, als es sich vor meinen Augen schloss. Langsam trottete ich zu meinem Bett zurück und dachte mir: „Was für eine verrückte Nacht." Am nächsten Morgen erzählte ich dann alles meinen Eltern. Sie sagten zwar, ich hätte das alles nur geträumt, aber ich wusste, dass es echt gewesen war.

Tiana True
Leonhard-Wagner-Gymnasium Schwabmünchen, Klasse 5B

Die Zukunft

1. In meiner Zukunft sitze ich im fliegenden Auto.
2. Dieses Auto ist megagemütlich, mit LED-Lichtern drin.
3. Das Auto ist megaschnell und ich kann die Stadt sehen.
4. In meiner Zukunft sitze ich im fliegenden Auto.
5. Im Auto gibt es sogar bequeme Sitze.
6. Das Auto kann sogar das Dach aufmachen.
7. In meiner Zukunft sitze ich im fliegenden Auto.
8. Dieses Auto ist megagemütlich, mit LED-Lichtern drin.

Rayyan Stöger
Helen-Keller-Schule Dinkelscherben, Klasse 5G

Justus und die Zeitmaschine

In einem kleinen Dorf namens Hainhofen lebt ein kleiner Junge namens Justus. Justus liebt die Natur. Gerade eben läuft er im Hainhofer Wald herum. Da sieht er bei einer alten Eiche einen richtig hellen Lichtstrahl. Er rennt so schnell er kann zu der alten Eiche, obwohl seine Mama sagte, dass das zu gefährlich ist, weil die schweren Äste leicht runter fallen können. Als er da ist, sieht er einen komischen Apparat, der immer wieder grelle Lichtstrahlen in die Luft schießt. Als er gerade eben wieder einen Lichtstrahl abfeuert, trifft er einen Ast, der runterfällt, Justus direkt auf den Kopf. Auf einmal macht der Apparat komische Geräusche und Justus und der Ast sind w. Nein! Nicht ganz weg. Sie sind nur aus dieser Zeit verschwunden und in der Zukunft gelandet. Also gucken wir doch mal, wie es Justus geht: Justus steht mitten auf einem riesigen Raketenhafen. Die ganze Zeit starten und landen große Raketen. Justus sagt laut: „Wo bin ich?" Ein glänzender Roboter fährt zu ihm. „Geh von der Startbahn runter!", brüllt der Roboter böse. „Okay", sagt Justus und folgt dem Roboter. „Wer bist du?", fragt der Roboter. „Justus. Justus Fischer", sagt Justus. Der Roboter sagt: „Du willst mich doch veräppeln und dich als Justus Fischer ausgeben." Justus sagt: „Aber ich bin doch Justus Fischer." „Nein! Das ist mein Boss!", brüllt der Roboter. Der Roboter sagt: „Komm mit", und er schießt aus einem seiner Greifarme ein Seil. Es schlängelt sich um Justus, so dass er gefesselt ist. Der Roboter packt Justus und trägt ihn in ein großes Haus. In diesem Haus gibt es eine Rezeption. Der Roboter geht zur Rezeption und drückt auf einen Knopf, der auf dem Tisch der Rezeption steht. Der Roboter sagt: „sutsuJ." Plötzlich öffnet sich eine geheime Tür in der Wand. Der Roboter trägt Justus in den Raum hinter der Tür. Eine tiefe Stimme sagt: „Robi, wen hast du diesmal mitgebracht?" „Einen Junge, der sich mitten auf die Startbahn stellt und sich als Justus Fischer ausgibt", erklärt der Roboter. Der Mann mit der tiefen Stimme starrt auf Justus. Dann sagt er langsam: „Das ist Justus Fischer." Robi meint: „Aber Boss, Sie sind doch Justus Fischer." „Ich bin Justus Fischer, und das ist meine Vergangenheit", sagt der Mann mit der tiefen Stimme und deutet auf Justus. Der Zukunfts-Justus-Fischer gibt dem Justus aus der Vergangenheit einen kleinen Roboter. Justus Fischer aus der Zukunft sagt: „Geh jetzt nach Hause und nimm das als Andenken mit." „Aber wie?", fragt Justus Fischer aus der Vergangenheit. Justus Fischer aus der Zukunft öffnet einen Schrank. In dem Schrank ist ein Portal. Justus aus der Vergangenheit geht durch das Portal und ist zu Hause. Was war das nur für ein verrückter Tag!

Elia Trischler
Grundschule Westheim, Klasse 3b

Tagtraum 2060

Bald wird es wahrscheinlich nur noch KIs geben. Die KI wird die Jobs unserer Eltern übernehmen. Jetzt ist es das Jahr 2060, egal wo ich hingehe, überall sind KIs. Mein bester Freund ist auch eine KI, ich frage mich, was er denkt. Die KI hat unsere Jobs übernommen. Dank der KI können wir uns teleportieren. Zum Glück gibt es die KI, das Leben ist leichter. Ich muss nicht so viel arbeiten, weil die KI alles für mich macht.

Eljesa Gashi
Mittelschule Gersthofen, Klasse 8c

Zeitsprung

Zukunft ist schön!
Ich springe zehn Jahre voran.
Ich werde die Schule los sein.
Zukunft ist schön.
Ich kann dann arbeiten.
Ich bin dann neunzehn Jahre alt.
Zukunft ist schön!
Ich springe zehn Jahre vor.

Florian Konrad
Helen-Keller-Schule Dinkelscherben, Klasse 3S

Bernhard und Bruno in einem Land vor unserer Zeit

Eines Tages wühlten die Brüder Bernhard und Bruno auf dem Dachboden in den alten Sachen ihres Urgroßvaters. Dort entdeckten sie eine Rolle aus Pergament. Sie zogen sie aus der Kiste, wischten die dicke Schicht Staub, die darauf war, ab und rollten sie ab. Auf dem spröden Papier entdeckten sie Bilder von Dinosauriern, fliegenden Autos und Rittern. Bernhard wollte seinen Bruder auf die Abbildung eines riesigen Tyrannosaurus Rex hinweisen und legte den Zeigefinger auf die Zeichnung. Plötzlich spürten beide Jungen ein Kribbeln, etwas zog an ihnen, sie dachten, dass sie ohnmächtig werden würden. Bruno schrie laut auf: „Neeeeein, was ist das?" Als sie wieder zu sich kamen, sahen sie jedoch eine schöne Landschaft. Überall wuchsen hohe, grüne Bäume. Zwischen diesen schlängelten sich kleine Bäche, die sprudelnden Wasserquellen entsprangen. Sie hörten lautes Schwirren und entdeckten, dass es von riesigen Libellen stammte, die surrend durch die Lüfte flogen. Doch dann verschlug es ihnen die Sprache, denn sie vernahmen ein furchteinflößendes, ohrenbetäubendes Brüllen. Das Blut gefror ihnen in den Adern und sie starrten sich gegenseitig an. Woher kam das? Bernhard dreht sich vorsichtig um und sah einen meterhohen Tyrannosaurus Rex, der einen kleinen Pflanzenfresser jagte. Der Raubsaurier packte seine Beute mit messerscharfen Zähnen und verschlang sie mit einem Bissen.

Bruno und Bernhard dachten, sie befänden sich in einem Alptraum. Aber als sie sich gegenseitig zwickten, spürten sie den Schmerz klar und deutlich. Irgendwie mussten sie von hier entkommen! Der T-Rex hatte mittlerweile von den beiden Jungen Notiz genommen. Er blähte seine Nüstern weit auf und blickte in ihre Richtung. Unvermittelt rannte er auf sie zu. Die beiden Jungen spürten ihre Herzen bis zum Hals pochen, die Angst schien sie zu lähmen und ihre Knie fühlten sich wie Wackelpudding an. Der Raubsaurier kam immer näher. Sie waren zum Tode verurteilt! Als Bernhard sich ans Herz griff, spürte er das Pergament in der Brusttasche seines Hemdes. Schnell zog er es heraus und legte seinen Finger auf ein Symbol. Oh nein, es war das Zeichen des Ritters! Die Brüder merkten, wie es erneut zu kribbeln begann, alles drehte sich … Sie sahen eine mittelalterliche Stadt vor ihnen liegen.

Aber das ist eine andere Geschichte, die ein andermal erzählt werden soll.

Johann Aumüller
Staatliches Gymnasium Königsbrunn, Klasse 6b

Die Dinosaurier

1. Früher haben Dinosaurier gelebt.
2. Es gab große Dinosaurier, Fleischfresser oder Pflanzenfresser.
3. Die haben im Wald gelebt und nach Nahrung gesucht.
4. Früher haben Dinosaurier gelebt.
5. Die haben um Leben und Tod gekämpft.
6. Die Dinosaurier haben wenig Wasser gefunden.
7. Früher haben Dinosaurier gelebt.
8. Es gab große Dinosaurier, Fleischfresser oder Pflanzenfresser.

Lara Szelinski
Helen-Keller-Schule Dinkelscherben, Klasse 5G

Der Zeitsprung

Hallo, ich bin Tajana und erzähle eine Geschichte, die mir noch vor ein paar Wochen niemand abgekauft hätte.

Alles passierte am ersten Schultag nach den Faschingsferien, als ich gut gelaunt und voller Vorfreude auf meine Freundinnen in die Schule marschierte. Alles war in bester Ordnung und ich rannte wie gewohnt auf Minja und Emy zu. Ich hatte sie sehr vermisst und natürlich erzählten wir uns als erstes gegenseitig, was wir in den Ferien Spannendes erlebt hatten. Aber was in der ersten Stunde geschehen würde, darauf waren

Emy und ich nicht vorbereitet. Kurz nach Unterrichtsbeginn meinte Minja zu mir, sie wolle doch nicht mit Emy in der nächsten Jahrgangsstufe das Wahlpflichtfach Werken, sondern mit mir den Französischzweig nehmen. Das überraschte mich, weil sie vorher noch nie etwas davon erwähnt hatte. Ich musste diese freudige Neuigkeit von Minja sofort Emy erzählen. Sie war davon überhaupt nicht begeistert. Ich versuchte, Emy zu erklären, wie sehr es mich freute, dass ich eine meiner besten Freundinnen im nächsten Schuljahr bei mir habe, aber sie war vermutlich zu traurig, um sich für mich zu freuen. Naja, was sollte man da machen.

In der Pause ignorierte Emy uns. Ich versuchte, sie nochmal auszuquetschen, was sie über Minjas Entscheidung dachte, aber sie wollte Abstand von Minja und mir. Als wir später Kunst hatten, war komischerweise alles wieder vergessen und wir redeten wieder miteinander als wäre nie etwas gewesen. Am Abend schrieben wir uns bei WhatsApp noch ein bisschen, wie wir das Problem lösen könnten. Wir waren alle unzufrieden und traurig darüber, dass sich bald alles verändern würde. Irgendwann war es spät am Abend, aber zu einem guten Ergebnis waren wir leider nicht gekommen. Wir waren uns alle unsicher, ob unsere Freundschaft so weiter bestehen konnte.

Am nächsten Tag in der Schule ignorierte Emy mich wieder, also tat ich es ihr gleich und blieb auf Abstand. Minja hatte sich endgültig entschieden. Für Werken und damit auch für Emy. Ich war wahnsinnig enttäuscht. Auf dem Nachhauseweg musste ich viel über unsere Freundschaft nachdenken und war wirklich sehr traurig.

Zuhause angekommen holte ich die Post aus unserem Briefkasten. Dabei war ein kleines Päckchen mit einem Brief für mich daran. In fein säuberlicher Handschrift stand da:

„Hallo Tajana,

ich habe bemerkt, dass du in letzter Zeit wohl viel Kummer hast, darum möchte ich dir ein besonderes Geschenk machen. Mit dieser Uhr kannst du ein einziges Mal in der Zeit zurückreisen und mit etwas Glück das Blatt wenden.

Ich wünsche dir viel Erfolg bei deiner besonderen Reise durch die Zeit.

Viele Grüße,

Erika Meierhaff

Direktorin der Zeitreisen"

Ich war total verdutzt. Was wohl in dem Päckchen war? Vorsichtig öffnete ich es. Darin lag eine alte Taschenuhr. Sie schimmerte in zartem Roségold und war mit einem feinen Blumenmuster verziert.

Ich drückte den seitlichen Knopf, und es fühlte sich an, als würde das ganze Universum stillstehen, doch dann veränderte sich schlagartig meine Umgebung. Ein Sog zog mich in einen Wirbel aus bunten wunderschönen Lichtfäden.

Die Erinnerungen der letzten Tagen flogen an mir vorbei. Ich verlor die Orientierung und alles wurde plötzlich schwarz.

Mein Wecker klingelte. Ich machte ihn aus und sah auf das Datum. Zu meiner Überraschung war es zwei Tage früher. Zuerst dachte ich, es sei ein Traum, aber ich kniff mich fest in den Arm. Es war tatsächlich die Realität! Ich wusste nicht so recht, was ich tun sollte, also begann ich den Tag wie immer. Zähneputzen, anziehen, meinen Eltern einen schönen guten Morgen wünschen. Dann ging ich zum Bus und fuhr zur Schule. Minja und Emy warteten schon auf mich. Alles war genauso, wie es schon am vergangenen Montag passiert war.

Die erste Stunde fing an, und Minja erzählte mir wieder von ihrem Entschluss zu wechseln. Das war der entscheidende Moment, ich spürte es genau! Ich lächelte sie an und sagte ihr, dass ich mich sehr freue. Diesmal sagte ich jedoch nichts zu Emy. Ich blieb einfach still.

Wieder wurde alles um mich herum schwarz. Ich lag in meinem Bett, auf meinem Wecker stand das richtige Datum. Ich war wieder zurück in meiner Zeit. Neben mir lag ein Brief. Ich öffnete ihn und las:

„Hallo Tajana,

du hast es geschafft den Streit zwischen deinen Freundinnen und dir durch den Zeitsprung zu verhindern.

Ich bin stolz auf dich!

Wenn du wieder einmal Hilfe von der Zeit brauchst, dann drücke den Knopf auf der Taschenuhr. Vielleicht hören wir irgendwann wieder voneinander.

Alles Gute

Erika Meierhaff

Direktorin der Zeitreisen"

Tiara Nägele
Staatliche Realschule Neusäß, Klasse

War das echt?

Wie das eben mit sieben Jahren ist. Da denkt man sich, wie ist das, ein Erwachsener zu sein. An einem Abend dachte ich mir mal wieder, wie das ist. Ich träumte von mir. Aber ich war erwachsen. Ich hatte drei Kinder. Sie hießen Lena, Johanna und Tom. Mit meiner Familie war ich in den Bergen

Ski fahren. Das war sehr toll. Als ich aufwachte, war ich wieder normal und ich dachte mir: War das nur ein Traum oder ist die Zeit gesprungen?

Lara-Maria Walther
Grundschule Kutzenhausen, Klasse 2b

Zeitsprung

Ein Mann springt durch die Zeit
dann ist er gleich wieder bereit

und dann, wenn er bereit ist
läuft er zu Robert Walser

und von Robert Walser läuft er nach Afrika
und macht einen Riesenzeitsprung

und beim Zeitsprung macht er einen Riesensalto
nach dem Salto macht er einen Radschlag

vom Radschlag ist er dann geflogen,
geflogen bis zum Adler und hat ihm das Huhn bereitet
und vom Huhn kam dann nichts
außer Asche und Knochen.

Malik Erol
Josef-Priller Kindergarten, Klasse Midi

Der verzauberte Wald

Eines Tages lebten in einem kleinen Dorf neben einem Wald die Zwillinge Matteo und Julia. Während sie zuhause in ihren Zimmern am Handy saßen, kam ihre Mutter herein und sagte: „Matteo und Julia, das Mittagessen ist fertig. Kommt ihr?" Daraufhin antworteten sie: „Ja, wir kommen." Matteo und Julia gingen in die Küche und aßen ihr Mittagessen. Danach überlegten sie, was sie noch an diesem Tag machen könnten. Da sie neben einem Wald wohnten, beschlossen sie, ein bisschen im Wald spazieren zu gehen. Nach einer Weile fragte Julia Matteo, ob sie Verstecken und Fangen spielen sollten. Matteo antwortete: „Ja, gerne." Die Zwillinge spielten. Nach einer Weile fragte ihre Mutter: „Möchtet ihr noch bleiben? Papa und ich gehen nach Hause." Matteo antwortete: „Wir bleiben noch." Die Eltern gingen nach Hause. Plötzlich sahen Matteo und Julia ein Portal. Sie gingen näher heran und waren interessiert. Auf einmal wurden sie hineingesogen und erwachten in einer anderen Welt. Überall fuhren Ufos und in den Häusern waren Roboter. Sie bemerkten, dass alles hier elektrisch war. Julia fragte: „Wo sind wir? Ich will zurück nach Hause." Matteo antwortete: „Ich glaube, wir sind in der Zukunft." Nach einer Weile trafen sie einen Mann und eine Frau, die genauso aussahen wie Julia und Matteo. Julia fragte die Fremden nach ihren Namen und sie antworteten: „Ich heiße Matteo und meine Schwester heißt Julia." Matteo und Julia dachten, dass sie in der Zukunft erfolgreich sein würden. Sie fragten: „Wisst ihr, wie unsere Zukunft aussehen wird?" Die Antwort lautete: „Ihr habt eure eigene Firma, in der ihr Roboter herstellt, und seid die reichsten und klügsten." Nach einer Weile machten sie einen kurzen Spaziergang. Plötzlich sah Matteo eine seltsame Uhr an seinem Arm, auf der eine Zeit angezeigt wurde, die immer kürzer wurde. Sie erkannten schnell, dass es sich um einen Timer für die normale Welt handelte. Die Uhr zeigte noch 0:05:50 an, und sie verbrachten die verbleibende Zeit zusammen. Matteo aus der Zukunft sagte: „Ihr müsst uns beiden versprechen, dass ihr niemandem weitererzählt, was heute passiert ist." Plötzlich erschien das Portal wieder und saugte sie zurück in die normale Welt. Sie waren im Wald und gingen nach Hause. Es war dunkel und kalt. Nach einer Weile kamen sie zu Hause an. Mama fragte drinnen: „Wo wart ihr so lange im Wald?" 'Wir haben Spiele gespielt und Spaß gehabt", antwortete Matteo. Matteo und Julia versprachen, es niemandem weiterzuerzählen und machten sich bereit fürs Bett und gingen schlafen.

Filip Kosakowski
Mittelschule Schwabmünchen, Klasse 6d

Neu oder alt

Alles neu oder alt
Zukunft und Vergangenheit
alles ist so spannend
alles neu oder alt
ich verändere die Vergangenheit
Und die Zukunft
Alles neu oder alt
Zukunft und Vergangenheit

Christian Spengler
Helen-Keller-Schule Dinkelscherben, Klasse 6Ga

Zeitsprünge

„Weißt du, eigentlich wird mir da immer übel."

„Wann? Beim Zeitsprung? Ich spüre ein Pochen in meinem rechten Ohr."

„Ich finde es unheimlich."

„Ach, ist doch nur ein Zeitsprung."

„Auf jeden Fall, da bin ich mir sicher, ist das sicherer, als in einen Bus zu steigen."

„Und spannender."

„Das finde ich auch."

„Meiner Meinung nach ist das gefährlich, weil man nie weiß, ob man in einer realistischen oder unrealistischen Zukunft gelandet ist."

„Bei meinem letzten Sprung bin ich in einem tanzenden Müllberg gelandet."

„Ich finde das eher realistisch bei dem Müll, den wir produzieren."

„Wärst du mitgekommen und hättest den Müllberg gesehen, würdest du das nicht sagen."

„Bei mir ritten Eichhörnchen auf Kaninchen, was haltet ihr davon?"

„Wie soll das denn gehen?! Mhhh, außer natürlich ... die Kaninchen haben in dem Müllberg etwas zu fressen gefunden, was sie wie irre wachsen lässt."

„Ich stand vor baumhohen Kakteen, die von Elefantenmäusen bewacht wurden. Aber ... das eine Mal zuvor ... da habe ich eine Welt mit Nord- und Südpol ohne Eis gesehen."

„Und ich eine, in der die Pole viel mehr Eis hatten als bisher, weil die Menschen den Planeten ohne Kontrolle abgekühlt hatten."

„So oder so, beides ist echt schlecht. Am besten wäre es, wir würden die Pole so belassen, wie sie sind."

„Ich werde das nächste Mal einen Schutzhelm mitnehmen."

„Na, dann kann das Abenteuer ja beginnen."

„Darf ich zuhause bleiben? Mir wird da immer übel, und ich habe gar keinen Schutzhelm."

Ronja Reiser
Grundschule Horgau, Klasse 4a

Nebel heißt nie etwas Gutes

Ich wachte auf. Nachdem ich mich bemühte aufzustehen, sah ich aus meinem Fenster. Doch in meiner Grünwald-Straße konnte ich kaum etwas erkennen, da ein dichter Nebel mit grünlichem Schimmer über dem Boden schwebte.

„Ich frage besser mal meine Eltern", beschloss ich, als ich mich schon zur Tür bewegte. Müde stieg ich die Treppe hinunter, und da bemerkte ich, dass meine Eltern nicht da waren. Aber sie hatten mir freundlicherweise einen Zettel auf unserer Küchentheke hinterlassen, worauf stand: „Sind in der Praxis, kommen aber um 15 Uhr wieder. Milch haben wir keine mehr, musst dir dann was anderes machen." Diese Schrift war offensichtlich Mamas Handschrift. Da meine Eltern in einer Notarztpraxis für Kleintiere arbeiten, sind sie oft ungeplant weg.

Also ließ ich mich mit einem Joghurt voll mit bunten Smarties auf die Couch plumpsen. Nachdem ich mich im Badezimmer fertig gemacht hatte, zog ich mich um, da ich mit dem Fahrrad zum Park fahren wollte. Doch als ich den Griff des Garagentors hochzog, kam mir ein schlimmer Gestank entgegen. Sehen konnte ich nicht viel, aber nach meinem Geruchssinn, lag sehr viel Müll in der Auffahrt zur Garage. Schnell zog ich das Tor zu und lief mit der Hand vor der Nase wieder ins Haus. Hustend überlegte ich laut: „Wieso stinkt es draußen so, als ob jemand seinen Müll der letzten zwei Jahre abgeladen hätte?" Aber mein Kater Monte schaute mich nur verwirrt an. Also beschloss ich, selbst nachzusehen, da ich mich immer noch fragte, was das für ein Nebel sein könnte.

Mit einer Covid-Maske, Papas zu großen Gummistiefeln und Gummihandschuhen ging ich entschlossen zur Haustür. An dem Aufgang zu unserer Veranda angekommen, stockte ich. Es lag nicht nur auf der Einfahrt Müll, sondern überall verteilt Berge von Abfällen. Das war grauenvoll! Mit gerümpfter Nase, stapfte ich, wie ein Storch, nun durch unseren Vorgarten zum kleinen Gartentor. Ich drehte meinen Kopf nach rechts und nach links, um vielleicht irgendetwas durch den Nebel zu sehen. Nichts, was annähernd wie etwas Lebendiges aussah. Verwirrt drehte ich mich um und begab mich wieder ins Haus. Plötzlich stolperte ich über ein Häufchen aus Müll. Ich rappelte mich auf. Doch da blieb mein Blick an einer Zeitung hängen. Ich konnte nicht viel erkennen: „Und sch...", Mathias ... eine Goldmedall..., im Jahr 2386." „2386?!", wiederholte ich verblüfft. Ein mulmiges Gefühl breitete sich in mir aus. Es ratterte in meinem Kopf: „Ich bin in der Zukunft! Wie komme ich hier raus und wieder zurück? Was ist, wenn ich in einem dieser Müllhaufen verrecken werde?"

Ich wachte schweißgebadet auf. Schnell hopste ich aus meinem Bett und schob meinen Vorhang zur Seite. Mir kamen helle Sonnenstrahlen entgegen, alles war ganz normal. Meine Nachbarin goss ihre Blumen, während ihr Sohn im Sand spielte und der grimmige Nachbar mit seinem alten Dackel spazieren ging. Hastig ging ich die Treppen hinunter um meinen Eltern alles zu erzählen. Zuerst sprudelte ich los wie ein Wasserfall, aber völlig durcheinander. Doch Mama führte mich zur Couch und drückte mir einen frischgekochten Tee in die Hand. Papa beruhigte mich etwas und sagte dann mit seiner Therapeutenstimme: „Erzähl es uns mal in Ruhe ..."

Nachdem ich alles erzählt hatte, sahen mich meine Eltern erst verdutzt an. Aber dann setzte Mama ihr typisches „Ach-Schatz-Lächeln" auf und sagte: „Ach, Schatz!" Mein kleiner Bruder hatte sich jetzt inzwischen auch schon zu uns gesetzt und gespannt zugehört. Wie ein Blitz stand er auf und platzierte sein Fuß auf einer Lehne des Sessels, zeigte mit strenger Miene nach vorne und sagte in abenteuerlicher Stimme: „Lass uns die Zukunft retten!" Alle brachen erst in Gelächter aus. Kurz überlegte ich. „Vielleicht stimmt das ja ...!" Das Gelächter stoppte. Papa schien auch zu überlegen und schloss sich mir dann an.

So beschlossen wir, eine Website zu erstellen. Auf dieser lud ich ein Video hoch, indem ich erklärte, was ich gesehen hatte und dass das unsere Zukunft sein wird. Danach ließ ich mich erschöpft ins Bett fallen. Ich schlief sofort ein.

Am nächsten Morgen wachte ich auf und suchte schnell nach meinem Handy. Als ich es gefunden hatte, öffnete ich gespannt die Website. Erstaunliche zwei Millionen Aufrufe und fast viertausend Likes waren über Nacht zusammengekommen. Sofort berichtete ich meiner Familie, was passiert war. Sie waren, genauso wie ich, überrascht und erfreut zugleich. Wir erstellten einen Blog-Beitrag, in dem wir erklärten, wie jede einzelne Person helfen könnte. Dort kamen auch sehr viele Ideen zusammen. Ich machte ein Freudensprung. Dass es so schnell gehen würde, hätte ich nie erwartet.

Jetzt sind seit dem ersten Video schon einige Wochen vergangen und wir haben bereits ein paar Ideen umsetzten können, wie zum Beispiel weniger Plastik und mehr Einsatz für bedrohte Tierarten. Wenn alle zusammenhelfen, könnte sich unsere Zukunft noch zum Guten wenden!

Nele Reinsdorf
Staatliche Realschule Neusäß, Klasse 6e

Zi-Za-Zukunft

Zehn Milliarden Menschen
Energie aus Schwarzen Löchern

Insekten als Delikatesse
Tagträume statt Schlaftabletten
Solarbikes in der City
Planet wird heißer und heißer
Recycling von Müllbergen
Umweltfreundliche Raketen
Nahrungsmittel wachsen auf Supermarktdächern
Gondeln fahren uns täglich ins Weltall

Laurin Samuel Böck
Staatliche Realschule Zusmarshausen, Klasse 5b

Ein Sprung aus der Realität

Mal wieder liegt sie in ihrem Bett. Müde vom alltäglichen Leben. Wer kennt das nicht? Wie sehr sie sich nach etwas Anderem sehnt. Aber nach was? Durchatmen zu können, ohne an etwas anderes zu denken. Sie seufzt tief. Plötzlich klappen ihre Augenlider zu. Auf einen Schlag vergisst sie alles und jeden. Ein warmer sandiger Geruch hüllt sie ein, und sie kann förmlich die kleine Stadt vor ihren Augen sehen. Dort kennt sie niemand. Sie läuft weiter und lässt ihre Hand über die harte Rinde einer Palme streifen. Wie majestätisch sie dasteht, fast wie ein Wolkenkratzer ragt sie empor und erstaunt das Mädchen. Sie läuft immer weiter, angetrieben von einer einzigartigen Kraft, die sie nicht beschreiben kann. Wie real es sich doch anfühlt! Sie weiß nicht einmal, wohin sie läuft oder warum sie läuft, nur dass sie läuft. Ein riesiges, tiefblaues Meer erscheint und ihre Gesichtszüge entspannen sich wie auf Knopfdruck. Die ganze Anspannung und Tension ist vergessen und sie lächelt. Sie läuft immer weiter, bis das kalte Wasser ihre nackten Füße berührt. Wie ein Zeitsprung fühlt es sich an, ein Sprung in eine einzigartige Galaxie. Sie lacht wie ein kleines Mädchen und dreht sich im Kreis. Sie schließt ihre Augen und lässt sich von der prallen Sonne ihr Gesicht umkosen. Wow! Dieser Moment ist so besonders und unbeschreiblich, dass selbst einem Dichter die Worte fehlen würden. Das hatte sie vorher noch nie erlebt. Plötzlich wird die Tür aufgerissen und ihr Unterbewusstsein nimmt eine leise Stimme wahr. Immer lauter dröhnen die Worte in ihren Ohren: „Kommst du? Es gibt Abendessen." Langsam aber sicher öffnet das im Bett liegende Mädchen ihre Augen, doch das Lächeln ist noch auf ihrem Gesicht, wie aufgedruckt. Sie fällt Ihrem Bruder um den Hals. „Klar", raunt sie ihm in die Haare flüsternd zu und ist einfach nur von ihren Gefühlen überwältigt. Sie weiß, dass sie es im Hier und Jetzt liebt. Alles. Auch in schweren Zeiten. Die beiden umarmen sich noch lange und gehen Hand in Hand nach unten.

Tanja Laccone
Staatliches Gymnasium Königsbrunn, Klasse 8fi

Zeitsprung

Ich werde Fußballer, um berühmt zu werden.
Es macht Spaß Fußball zu spielen.
Ich werde Fußballer
Es ist das beste zu gewinnen
Alle jubeln mir zu
Ich werde Fußballer, um berühmt zu werden.

Mohammed Uri
Helen-Keller-Schule Dinkelscherben, Klasse 6Ga

Eine Reise in die Vergangenheit und in die Zukunft

Eines Tages beschloss ich, eine Reise in die Zukunft und in die Vergangenheit zu machen. Ich wollte sehen, wie meine Zukunft wohl aussehen wird und auch die von der Erde. Ob die Erde dann in dieser Zeit schon ganz verschmutzt sein wird, so dass nur noch wenig Sauerstoff übrig ist? Es könnte aber auch sein, dass die Erde sauberer ist und nur noch wenig Plastik produziert wird! Die Meere sind nicht mehr verschmutzt und kein einziges Tier ist vor dem Aussterben bedroht. Auch interessant wäre, wenn es fliegende Autos geben würde, mit denen man wie mit einem Flugzeug, von Land zu Land fliegen könnte. Sich mit einem Fingerschnips teleportieren zu können, wäre auch spannend. Ich war sehr neugierig und beeilte mich, da das Portal, mit dem man durch die Zeit reisen konnte, sehr gut im Wald versteckt war. Es öffnete sich nur einmal im Monat und blieb bis 16:16 Uhr offen. So schnell ich konnte, radelte ich mit meinem Fahrrad zum Portal. Als ich ankam, blickte ich auf meine Uhr, die 16:14 Uhr anzeigte. Am Anfang traute ich mich nicht, in das Portal zu springen. Doch ich musste mich entscheiden, da mir nur noch wenig Zeit blieb. Ich nahm all meinen Mut zusammen und sprang in die sich drehende Öffnung. Plötzlich gelangte ich in ein lila-blaues Rohr, das leicht durchsichtig war. Alles bewegte sich in Zeitlupe. Ich flog an verschiedenen Gegenständen und Sehenswürdigkeiten, wie zum Beispiel der Freiheitsstatue oder dem Eifelturm, vorbei. Es fühlte sich so an, als schwebte man im Weltall. Schlagartig blieb alles stehen! Das Rohr drehte sich nicht mehr und die Gegenstände neben mir blieben in der Luft hängen. Auf einmal fielen sie jedoch nacheinander hin und verschwanden. Mein Herz rutschte mir in die Hose, und ich wusste nicht, was gerade geschah. In einem Augenblick entstand im Rohr ein Loch, das mich einsaugte und ich stürzte auf den Boden. „Ich bin in der Zukunft!", sagte ich laut und lachte vor Freude. Langsam stand ich auf und sah mich um. Alles um mich herum war mit Pflanzen, Bäumen und Blumen bepflanzt und auf der Straße rechts von mir liefen die Menschen umher. Manche von ihnen hatten um ihren Arm kleine Uhren umgebunden. Mit einem Wisch konnten sie einen Bildschirm in die Luft vor ihnen projizieren. Dieser war transparent und man konnte erkennen, wie ein Mann gerade telefonierte. Das fand ich richtig cool, und ich war sehr erstaunt! Doch plötzlich fing die Tonne neben mir an zu wackeln, wie auch meine Beine, aber die Leute gingen entspannt weiter. Aus dem Nichts landete ein Auto sanft auf der Straße, und eine Frau mit ihrem Kind winkten aus dem Fenster einer anderen Person zu. Als ich auf die Kennzeichen schaute, verstand ich, dass diese Familie aus Italien kam. „Genauso, wie ich es mir mit den fliegenden Autos vorgestellt habe", dachte ich. Nun wollte ich meine Zukunft sehen und sprang wieder in das Portal. Es dauerte nicht lange, bis ich wieder rausfiel und auf dem Boden landete. Vor mir sah ich ein großes Haus mit einer Garage und einem ebenso riesigen Garten. Alles war so wunderschön. Im Garten spielten drei Kinder. Da ich nicht meine ganze Zukunft sehen wollte, beschloss ich jetzt, in die Vergangenheit zu reisen. Das Portal öffnete sich wieder, und ich sprang hinein. Dieses Mal hatte ich keine Angst mehr! Schon nach kurzer Zeit fiel ich aus dem Zeitreiserohr heraus. Dieses Mal aber ohne hinzufallen. Es wehte ein leichter Wind, und ich stand vor einem großen Schiff. Auf der Hafenmole stand eine große Menge von Leuten. Bestimmt 3000! Als ich auf die kleinen Buchstaben blickte, die auf dem Schiff zu sehen waren, las ich „TITANIC". Ich war überwältigt, wusste jedoch, dass mehr als die Hälfte der Menschen sterben und die Reise nach Amerika nicht überleben würden, obwohl man behauptet hatte, dass das Schiff unsinkbar wäre! Ich konnte leider nichts machen und schaute nur zu, wie das Schiff mit Jubel den Hafen verließ. Schließlich reiste ich noch in das Jahr 2003, um meinen Großvater und meine Urgroßmutter zu sehen. Leider durften sie mich nicht sehen, weil ich sonst die Zukunft verändert hätte. Als ich sie sah, war ich sehr traurig und einige Tränen flossen aus meinen Augen. Nach einer Weile musste ich mich langsam auf den Weg zurück ins Jahr 2024 machen. Dafür öffnete sich das Portal ein letztes Mal, und ich sprang hinein. Sanft und leicht landete ich nach kurzer Zeit wieder im Wald und radelte nach Hause. Es war so ein großartiges Erlebnis gewesen, dass ich es noch einmal erleben wollte. Würdest du dir deine Zukunft oder deine Vergangenheit anschauen?

Sophia Schiffelbein
Staatliches Gymnasium Königsbrunn, Klasse 6b

Die wertvolle Zeit des Lebens

Die Zeit geht manchmal viel zu schnell vorbei. Aber manchmal ist das auch gut, weil man noch viele tolle, weitere Momente in seinem Leben erleben darf.

Jakob Mikowski
Grundschule Bobingen an der Singold, Klasse 4c

Die geheimnisvolle Uhr

Es war einmal ein Junge, der hieß Louis und machte dauernd Fehler. Louis sagte eines Tages: „In zwei Wochen habe ich Geburtstag! Ich hoffe, Onkel und Tante schenken mir etwas Tolles." Louis rannte fröhlich die Treppe hinunter und jubelte: „Heute ist mein Geburtstag!" Zu Besuch kamen Oma und Opa, Onkel und Uroma, sogar sein Großonkel aus Frankreich hatte sich auf den Weg zu Louis gemacht. Das Geburtstagskind fragte neugierig: „Wo ist Tante Ätna?" Onkel Schmeinz meinte: „Sie ist leider krank geworden und muss das Bett hüten. Aber wir haben ein Geschenk für dich." „Was denn?", wollte Louis wissen. „Es ist eine geheimnisvolle Uhr", flüsterte sein Onkel, „Ich weiß selbst nicht genau, zu was sie gut ist, finde es bitte selbst heraus."

November. Es sind viele Monate vergangen. Louis ist jetzt zwölf Jahre alt. Endlich hat er das Geheimnis herausgefunden. Es ist eine Zeitsprung-Uhr, und sie ist sehr hilfreich. Seine Eltern wissen nichts davon, denn er wollte es geheim halten. Eines Tages im Wald stolperte er über eine Wurzel und drückte versehentlich auf den Knopf an der Uhr. Sogleich wurde Louis zehn Minuten zurückgebeamt, und er stand wieder mit Adiletten im Garten. Sofort war ihm klar, dass die Uhr ein Geheimnis in sich trug. Plötzlich kam ein Vogel aus der Uhr geflogen. Es war der Wächter der Uhr, er sprach: „Du wagst es, diese Uhr zu nutzen! Ich stelle dir jetzt drei Fragen, wenn du sie richtig beantwortest dann bekommst du 1 000 000 $. Wenn du sie falsch beantwortest, dann ziehe ich dich in die Uhr!" „Was ist grün und klopft?" Louis: „Ein Klopfsalat." Frage zwei: „Was ist rot und fährt den Aufzug hoch und runter?" Louis: „Eine Tomate." Frage drei: „Wann esse ich zu Mittag?" Louis schmunzelte: „Vielleicht in der Früh." Plötzlich verwandelte sich der Vogelgeist in einen Goldsack, in dem 1 000 000 $ steckten. Louis freute sich über den wunderbaren Reichtum und lebte nun in einem Haus mit seiner Frau und seinen drei Kindern glücklich bis an sein Lebensende.

Maximilian Rolle, Tizian Egermann und Alexander Barth
Grundschule Altenmünster, Klasse 4a

Die neue Welt

In einer Welt voller Träume und Fantasie
Blicken wir in die Zukunft, voller Harmonie.
Technologie und Fortschritt, weit und breit,
die Möglichkeiten sind grenzenlos bereit.
Wir träumen von Maschinen, die uns verstehen,
die unsere Wünsche und Bedürfnisse sehen.
Fliegende Autos, schwebende Städte im Licht,
in einer futuristischen Welt, so hell und schlicht.
Doch in all dem Fortschritt vergessen wir nicht,
dass die Menschlichkeit unser wahres Licht.
Wir sterben nach Gleichheit, Frieden und Glück,
eine Zukunft, in der jeder sein kann, wer er ist, Stück für Stück.

Marie Schrettle
Leonhard-Wagner-Gymnasium Schwabmünchen, Klasse 7a

In der Zeit vor den Menschen

Es war einmal vor ungefähr zwanzig Jahren, als ein Junge namens Tom nach der Schule in den Wald ging. Seine Freunde hatten keine Zeit. Er kletterte Bäume hoch und runter. Als er einen unbekannten Bereich sah, bemerkte er ein altes Haus. Neugierig ging er hinein. Da stand ein Schrank, welcher bunt leuchtete. Er griff nach dem Henkel und machte ihn begeistert auf. Da war ein seltsames Portal. Er steckte seinen Kopf durch und sah dahinter eine wunderschöne Welt, wo die unterschiedlichsten Tiere lebten: von Bären, Waschbären bis hin zu Giraffen. Er ging nun ganz rein. Das Portal verschwand hinter ihm, aber er bemerkte es nicht, da er zu fasziniert war. Tom ging auf die Bären zu, die nicht wegrannten, sondern näherkamen. Ein Bär sagte zu ihm: „Falls du den Weg zurück in deine Welt suchst, dann folge uns!" Tom sagte: „Hä?! Das Portal ist doch hier …" Das Portal war weg – das sah er aber erst jetzt. Er folgte den Bären, die in Richtung eines Berges liefen. Ein riesiger Berg lag vor ihnen, und sie kletterten hoch. Als sie oben angekommen waren, guckte Tom übers Tal. Alles war so schön, ganz ohne Fabriken, Autos und Lärm. Es war schön leise.

Tom fragte, ob es Menschen gäbe. Der Bär sagte: „Nein, die sind noch gar nicht auf der Welt." Die Bären zeigten auf ein Portal und sagten: „Da musst du rein und du landest wieder in deiner Zeit." „Tschüss! Es war sehr schön hier." Tom ging durch das Portal und war wieder in seiner Welt. Er ging nach Hause und erzählte seiner Mutter, was geschehen war. Sie lachte und meinte, Tom hätte eine lustige Fantasie. Und wenn er nicht gestorben ist, dann lebt er noch heute.

Niklas Blecher
Helen-Keller-Schule Dinkelscherben, Klasse 7Ga

Warum Zeitsprung, wenn es doch Momente gibt?

Warum sollte ich mir einen Zeitsprung wünschen? Ganz im Gegenteil, es gibt Momente, in denen ich die Zeit einfach anhalten würde. Momente, die ich fühle – mit vielen Emotionen. Wo Tränen fließen, Tränen der Freude, des Glücks. Momente mit viel Adrenalin. Momente, in denen es im Bauch kribbelt – bis in die Fingerspitzen. Ja, sogar Momente, in welchen ich mit tollen und lieben Personen rede. Momente, die ich mit meinen Freunden verbringe. Momente, in denen ich mit meiner ganzen Familie wieder vereint bin und nicht über ein Jahr warten muss, dass ich sie in meine Arme schließen kann.

Gurleen Kaur Gill
Staatliches Gymnasium Königsbrunn, Klasse 8di

Von jetzt auf dann in eine andere Welt

„Es ist spät", dachte ich mir. „Sehr spät. Ich sollte in mein Bett gehen." Ich versuchte, die Fernbedienung unter meiner Decke zu finden, doch ich sah sie nicht. „Wo ist die Fernbedienung?" Mama schaute von ihrem digitalen Puzzle auf, was sie auf ihrem Tablet spielte, schaute sich flüchtig auf der Couch um, sagte: „Keine Ahnung" und widmete sich wieder ihrem Puzzle. Da fiel mein Blick auf meine Katze. Ich musterte sie, sie musterte mich. Sie maunzte. „Du, also richtig?", fragte ich sie mit einem strengen Blick. Sie schaute mich mit großen Augen an. Ich nahm sie hoch und sie hatte nichts

Besseres zu tun, als ihre Quetschgeräusche zu machen. Und wo lag die Fernbedienung? Natürlich genau dort, wo sie vorher gelegen hatte. Ich schaltete den Fernseher aus und sagte zu meiner Mutter: „Ich geh ins Bett", während ich mich streckte. Als ich aus dem Wohnzimmer hinausging, sah ich meine Katze vor der Kellertreppe stehen. Sie maunzte schon wieder, und wenn sie dies vor der Kellertreppe tat, wusste ich genau, was sie wollte: „Mensch! Siehst du diese Treppe dort? Sie führt zu meinem heiligen Futternapf. Und nun hast du die ehrenvolle Mission, mir dort Nass- und Trockenfutter hineinzugeben!" Also ging ich die Treppe hinunter (zumindest ein Stück). Als ich auf der Treppe war, hörte ich das Tapsen meines geliebten Wellenfells. Als ich mich zum oberen Treppenende umdrehte, wo ich herkam, entdeckte ich zwei kleine braune Äuglein, die mich liebevoll und interessiert musterten. Mein Herz wurde ganz warm vor Liebe zu diesem Tier. Ich dachte an die Zeit zurück, als ich noch kein treues Welli an meiner Seite hatte. Diese Zeit war viel trister als die jetzige gewesen. Immer, wenn ich damals nach Hause kam, waren meine ersten Gedanken, dass ich meine Hausaufgaben erledigen musste. Jetzt aber freue ich mich sogar schon in der ersten Stunde der Schule auf meinen kleinen süßen Welpen, der zu Hause auf mich wartet. Immer wenn ich von der Bushaltestelle heim laufe, habe ich schon das Gefühl, dass sie mich bereits freudig umstürmt und mit dem Kringel-Schwanz wedelt. Es fühlt sich so an, als wäre es erst gestern gewesen, als ich zum ersten Mal in meinem Leben vor Freude Tränen vergoss, als mein Vater mir verkündete, dass er angefragt hatte, damit wir einen der Welpen bekommen. Ein sehr schöner Moment war für mich auch, als ich zusammen mit meinem Vater ihren Zweitnamen aussuchte. Manchmal sehe ich mich so in der Vergangenheit, aber auch ab und zu in der Zukunft, wo Cassie mindestens meine allerbeste Freundin sein wird. Aber jetzt sage ich erst einmal: Gute Nacht!

Lara Winter
Staatliches Gymnasium Königsbrunn, Klasse 8b

Frozen at the edge of the time

Trittst du ein in den geheimnisvollen Wald
und siehst einen Spiegel, der als verwunschen galt,
sei wachsam, denn ist die Versuchung noch so groß,
wirst du deine vergangenen Fehler so schnell nicht mehr los.
Das las ich auf diesem Spiegel,
der dort stand im leichten Niesel.

Er war so außergewöhnlich verziert,
ich konnt nicht glauben, dass er existiert.
Denn in dem Spiegel loderte kaltes Feuer,
das war mir nicht so ganz geheuer.
Die Pflanzen um mich auf dem Feld,
sahen aus wie aus ner anderen Welt.
Eigentlich wollte ich das nicht,
doch eine unsichtbare Kraft zog mich zu sich.
Sie riss mich in den Spiegel rein
und dann war ich in seinem Schein.
Bro, was dann kam, war überhaupt nicht nice,
denn plötzlich sah ich nur noch weiß.
Da war so'n krasser Nebel, Alter,
aber so'n richtig kalter.
Ey Mann, ich sah nen Fehler,
den ich machte in der Vergangenheit.
Die Version war überall und weit und breit.
Doch ich erreichte nur falsche Ziele.
Es waren total mega viele.
Das sah wirklich krass bekloppt aus,
noch wusst' ich nicht was zu tun war,
doch bald schon find ich es heraus.
Digga, doch zu entkommen war noch voll weit,
denn ich war eingefroren hier am Rand der Zeit.

Hanna Kirscher, Klara Kern und Anna-Lena Röltgen
Staatliches Gymnasium Königsbrunn, Klasse 6f

Altes Ägypten

Ich reise in das alte Ägypten zu den Pyramiden. Toll!

Lilli Kassulke
Helen-Keller-Schule Dinkelscherben, Klasse 7Gb

Frieden

Es soll keine Kriege mehr geben.
Alle Waffen abschaffen.
Keine Angst mehr haben.
Es soll keine Kriege mehr geben.
Jeder kann ohne Panik in seine Heimat gehen.

Seine Freunde und Bekannte wieder treffen.
Es soll keine Kriege mehr geben.
Alle Waffen abschaffen.

Mohamad Al Satam
Helen-Keller-Schule Dinkelscherben, Klasse 6Ga

Der Zeitsprung

Wenn ich einen Zeitsprung machen könnte, dann würde ich in die Zukunft springen. Dort würde ich eine Zeit lang bleiben und mir die umweltfreundlichsten Erfindungen (die man dort schon erfunden hat) aufschreiben. Danach würde ich in meine eigentliche Zeit springen. Dann würde ich den Leuten dieser Zeit die aufgeschriebenen Ideen sagen, damit man sie früher bauen kann. So könnte man die Erde früher schützen.

Rachel Selig
Grundschule Gessertshausen, Klasse 2b

Der unglückliche Junge

Mein Vater starb an meinem achten Geburtstag. Ich erzähle euch mal dieses Unglück. Ich fange an: Es war der 31. Mai 2019, mein Geburtstag, meine Eltern hatten sich ein paar Monate davor getrennt. Weil es sehr viel Streit gab, entschied meine Mutter, dass sie sich trennte. Seitdem lebe ich mit meiner Mutter. Meine große Schwester ist mit meinem Vater nach Köln gezogen. An meinem Geburtstag fuhren sie immer zu uns. An dem Geburtstag meiner Schwester fuhren wir zu ihnen. Meine Mutter und ich hatten schon alles vorbereitet. Es war 15:00 Uhr, sie sollten langsam da sein. Wir feierten die Feier auf unserer Dachterrasse. Angekommen waren sie, meine Schwester kam schon mal. Ich umarmte sie und ich fragte: „Wo ist Papa?" Sie antwortete: „Er sucht einen Parkplatz." Wir setzten uns auf das Sofa. Er kam eine Weile lang nicht, ich machte mir Sorgen. Ich stand auf und sah runter. Auf einmal kam ein Krankenwagen. Ich informierte meine Mutter und meine Schwester, dass da ein Unfall sei. Ein Mann sei angefahren worden! Sie kamen zu mir und sahen, was passiert war. „Das ist Papa!", schrie meine Schwester! Ich rannte nach unten, aber sie haben mich nicht zu ihm gelassen. Wir fuhren dem Krankenwagen hinterher. Angekommen im Krankenhaus warteten wir auf den Arzt. Der Arzt kam, er hatte keine guten Nachrichten. Der Arzt berichtete: „Ihr Vater ist gestorben." Wir weinten Tag und Nacht. Am dritten Juni haben wir ihn begraben. Seitdem ging ich immer zu seinem Grab, wenn ich Zeit hatte. Am fünfzehnten Februar 2023 war ich im Keller meines Vaters und sah einen Spiegel, daneben war so ein roter Knopf, ich drückte ihn, und es kam ganz helles Licht und oben auf dem Spiegel stand: Vergangenheit. Ich konnte auswählen, in welches Jahr ich reisen wollte. Ich entschied mich für 2018, weil mein Vater zu der Zeit noch lebte. Ich ging hinein und kam 2018 bei meinem Vater zuhause aus seinem Spiegel raus. Mein Vater saß am Esstisch mit meiner Schwester, sie aßen Frühstück. Sie haben geredet und als sie fertig waren, spielten sie Spiele. Ich habe lachend zugeschaut, es war sehr süß, wie sie miteinander gespielt und gelacht haben. Ich bin dann am Abend zurück in den Spiegel hinein und dann nach Hause. Seitdem gehe ich immer in den Keller und drücke den roten Knopf, wenn ich Sehnsucht nach meinem Vater habe.

Lediona Ratkoceri
Mittelschule Stadtbergen, Klasse 6a

Der Zeitsprung

Die Zeit ist hier und da. Sie kommt und geht auf ihrem Weg.
Ein Sprung durch die Zeit ist ziemlich schwer,
doch für meine Gedanken nicht so sehr.
Ich springe zurück durch meine Zeit,
dort sehe ich meine Vergangenheit.
Erst klein und leicht, dann groß und schwer,
ich springe in meine Zukunft hin und her!

Kaya Karabarlas
Staatliches Gymnasium Königsbrunn, Klasse 6c

Der Zeitsprung

Wochenende: „Ah, es ist Samst…" – Zack! Und schon ist Montag. Das kennt bestimmt jeder.

Louisa Nkopchieu
Staatliches Gymnasium Königsbrunn, Klasse 6f

Zeitsprung

Wenn ich einen Zeitsprung machen könnte, dann würde ich in die Zukunft reisen. Wie sieht unsere Erde in der Zukunft aus? Und wie sehen die Meere aus? Wie sehen die Strände in der Zukunft aus? Wie sieht unsere

Umwelt aus? Unsere Erde sieht sehr verschmutzt aus in der Zukunft. Unsere Meere sehen nicht gut aus. Unsere Strände sehen sehr ungut aus. Wie sieht unsere Politik in der Zukunft aus? Die Politik sieht in der Zukunft nicht gut aus. Wie sieht die ganze Erde aus? Nur wir Menschen können die Erde noch retten!

Paul Seitz
Grundschule Gessertshausen, Klasse 2a

Eine spannende Reise

Es war einmal ein Junge, der hieß Tim. Tim war gerade zehn Jahre alt geworden. Einmal ging er spazieren. Er ging in den Wald. Nachdem er ein bisschen gelaufen war, sah er auf einmal einen mysteriösen Tempel. In der Mitte des Tempels stand ein großer Spiegel. Tim wusste nicht, was es war. Er ging auf den Spiegel zu und berührte ihn. Da zog der Spiegel ihn an, und Tim war plötzlich im Spiegel. Ihm war ganz komisch. Auf einmal war er in einer anderen Welt. Tim schaute auf seine Uhr. Dort stand nicht mehr 2024, sondern 3024! Er ging raus und bemerkte, dass er auf einem Bauernhof war mit ganz vielen seltsamen Tieren. Sie sahen ein bisschen aus wie Pokemon-Figuren, aber nicht ganz. Er guckte sich noch ein bisschen um. Er sah einen Hügel und ist hinaufgestiegen. Als er oben war, sah er eine große Stadt. In der Mitte der Stadt war eine Akademie mit einer Beere drauf. Er schaute sich in der Stadt um. Auf einmal kam eine Person auf ihn zu. Die Person fragte ihn, ob er hier in der Stadt neu sei. Und die Person fragte, wie Tims Name sei. Tim sagte: „Ich heiße Tim." Jetzt fragte Tim die Person nach ihrem Namen. Die Person sagte: „Max." Tim fragte: „Wo wohnst du?" Max antwortete: „Da drüben." Dann fragte Tim, was das für eine Akademie sei. Max sagte: „Das ist die Orangenakademie." Und Tim fragte: „Was sind das hier für Tiere?" Max sagte: „Das sind Flowmon. Du kannst Kämpfe mit ihnen machen und du fängst sie mit einer Beere und einem Jokball. Hier – dein erstes Flowmon, ein Emrok. Damit kannst du Blitz- und Feuerattacken machen und Flugattacken." Tim sagte: „Oha!" Nach ein paar Tagen wollte Tim gerade mit Max in die Zeitung gucken, aber dann löste er sich auf. Auf einmal war er wieder am Anfang des Waldes, wo er den Tempel mit dem Portal gefunden hatte. Er hatte aber noch immer sein Flowmon. Und er wusste jetzt immer, wo das Portal ist, um in die Zukunft zu reisen.

Theo Schwarz
Grundschule Steppach, Klasse 2a

Jurymitglieder

Peter Dempf	Leitung der Jury
Melanie Mannl	Realschule Königsbrunn
Katrin Schillat-Böhm	Leonhard-Wagner-Gymnasium Schwabmünchen
Susanne Hilgenfeld	Gymnasium Königsbrunn
Anita Becker-Schwaiger	Gymnasium Königsbrunn
Birgit Atterer	Grundschule Gessertshausen
Sebastian Aufheimer	Helen-Keller-Schule Dinkelscherben
Michaela Sandner	Parkschule Stadtbergen (MS)
Stefanie Dietrich	Berufliches Schulzentrum Neusäß
Sabina Rößle	Grundschule Fischach-Langenneufnach
Tanja Heufelder	Grundschule Kriegshaber
Sybille Walch	Privat
Stefan Blümelhuber	Grundschule-Horgau
Regina Striegel	Christophorus-Schule Königsbrunn
Stephanie Janisch	Helen-Keller-Schule Dinkelscherben
Gabriela Uhl	Realschule Neusäß
Margrit Horsche	Privat
Michaela Labee	Mittelschule Fischach-Langenneufnach
Angelina Meitinger	Grund- und Mittelschule Fischach/Langenneufnach
Sabine Blümelhuber	Leopold-Mozart-Grundschule Leitersthofen
Susanne Mayr	Grundschule Königsbrunn Nord
Katja Zucker	Realschule Neusäß
Julia Kind	Leonhard-Wagner-Gymnasium Schwabmünchen
Carolin Horak	Realschule Neusäß
Aenne Schwarz	Grundschule Fischach-Langenneufnach

Schulen und Klassen